# 수능 어원편

# 한 입

VOCA

시잉글리쉬
www.seeenglish.com

# 한 입 VOCA 수능 어원편

초판 발행: 2021년 10월 9일

지은이 · 손 창 연
펴낸이 · 손 창 연
내지 일러스트 및 교정· 수강 학생들
(규림, 민찬, 지헌, 휘민, 서연, 용현, 예담, 하은, 예진, 정은, 예지, 서경, 지훈 등)
표지 디자인 · 박현정
펴낸곳 · 시잉글리쉬
서울 서초구 양재동 106-6 정오 B/D 402호(우 137-891)
Tel: [02] 573-3581
등록번호 제 22- 2733호
Homepage: www.seeenglish.com

ISBN · 979-11-975070-0-7

정 가 · 13,000원

| 명, n | 명사 |
|---|---|
| 동, v | 동사 |
| 형, a | 형용사 |
| 부, ad | 부사 |
| 전치사, prep | 전치사 |
| 명접 | 명사형 접미사 |
| 동접 | 동사형 접미사 |
| 형접 | 형용사형 접미사 |
| 부접 | 부사형 접미사 |
| 유사어 | 동의어 |
| 반의어, ↔ | 반의어 |
| 다의어 | 다의어( 여러가지 단어 뜻을가진 단어) |
| pl) | 복수형 |

# Preface 머리말

수십 년 영어를 지도하면서 체계적인 단어 학습 지도에 대해 오랫동안 고민해오다 이 책을 쓰게 되었습니다. 그동안 외국어로써 영어 학습에서 가장 중요한 어휘 학습을 상대적으로 소홀히 한 것이 사실입니다. 결코 소홀히 할 수 없는 어휘 학습을 보다 체계적이고 효과적인 학습이 되도록 하였습니다.

이 책을 통해 영어 단어 학습이 무조건 암기하는 것이 아니고, 단어 원리를 이해하는 것이 얼마나 효과적인가를 알 수 있을 것입니다. 맹목적인 단어 암기와 이해를 통한 영어 단어 학습은 많은 차이가 있습니다. 단순 암기(memorizing)는 음식을 씹지도 않고 삼키는 것(swallowing)이라면, 반면에 이해한다는 것(understanding)은 피가 되고 살이 되도록 씹고 소화하는 것(digesting)과 같습니다. 단어를 이해하는 것은 글의 이해 능력과 활용 능력을 동시에 크게 높일 수 있습니다.

제대로 된 영어 어휘 학습은 영어 학습의 본령 중 하나입니다. 단어 하나 하나는 평생 함께하는 인생에서 소중한 좋은 친구, 여행에서 만나는 추억의 멋진 여행지, 혹은 한 여름 밤 하늘에서 처음 본 반짝이는 별빛 같은 존재가 될 수도 있습니다. 학습자들의 영어 학습 과정에서 하나의 이정표나 미래의 꿈을 심는 소중한 씨앗으로 기능할 수 있을 것입니다.

실제로 필자는 중고시절 만난 inspiration(영감)이라는 단어는 깜깜한 밤하늘을 비추는 별빛처럼 다가왔던 기억이 선명합니다. 또 sympathy(공감, 동정) 등의 단어를 공부하면서는 공감한다는 의미를 되새기곤 하였고 단어 philosophy(철학), psychology(심리학)를 통해 철학, 심리학 등에 호기심을 가졌던 적도 있었습니다.

아무쪼록 이 책으로 공부하는 학생들 모두 단어 암기에 대한 거부감을 없애고 어휘 학습, 영어 학습, 나아가 인생 여정에서 밤하늘에 수 놓은 별을 함께 찾는 우정과 추억 가득한 소중한 친구 같은 책이 되길 기원합니다.

마지막으로 이 책이 나올 수 있었던 것은 제 수업을 수강한 학생들 덕분입니다. 가르친다는 것은 더 많은 것을 배울 수 있는 기회였습니다. 특히 학생들이 힘들어하는 단어 학습에 관해 많은 고민을 할 수 있었으며 좋은 아이디어, 나아가 큰 영감을 주기도 하였습니다. 특히 장기 기억을 위해 단어를 그림으로 표현해 주고 교정 등에서 도움을 준 규림, 서연, 예담, 하은, 민찬, 휘민, 지헌, 민재, 찬호, 정은, 용현, 예진, 예원, 예지, 채린, 서경, 지훈, 찬영, 종성, 재익, 서현, 상혁, 상준, 준우 등 학생들에게 큰 고마움을 전하고 싶습니다. 이 책을 집필하고 편집하는 동안 필자에게는 이 친구들이 별빛처럼 길을 밝혀주었습니다. 그들에게도 이 책이 작은 별 빛이 되기를 기원합니다.

눈에 보이지 않는 코로나바이러스와 싸워 인류가 승리하는 한 가운데에서.

2021년 10월 9일

저자 손 창 연

# 영어 실력, 결국 어휘 실력으로 판가름 난다!

외국어로서 영어학습에서 넘어야 할 산은 많습니다. 영어 학습의 목표는 영어 구조 원리(Grammar & Structure)를 이해해야 하고 읽고(Reading) 듣고(Listening) 말하고(Speaking) 쓸 수(Writing) 있어야 합니다. 이것들을 제대로 하기 위해서 빼놓을 수 없는 것이 바로 어휘(Vocabulary)입니다.

생각해 봅시다. 멋진 식탁이 있습니다. 고급 밥 그릇과 국 그릇, 그리고 여러 반찬 그릇들이 있습니다. 배가 몹시 고파 맛있는 밥을 생각하며 식탁에 앉았는데, 밥도 국도 반찬도 아무것도 없는 텅 빈 그릇들이라면 얼마나 실망스러울까요? 그릇들을 영어의 구조라고 할 수 있는 문법(Grammar & Structure)에 비유할 수 있습니다. 반면에 어휘(Vocabulary)는 맛있는 밥과 국, 여러 반찬 같은 내용물이라고 말할 수 있습니다. 어휘 없는 언어, 영어는 존재할 수 없습니다.

## 결국 영어 실력은 어휘 실력으로 판가름 난다고 말할 수 있습니다.

이렇게 중요한 어휘 학습을 수박 겉 핥기식 단순 암기식으로 공부해서는 어휘를 정복할 수 없습니다. 영어를 가르치면서 가장 안타까운 것 중 하나가 많은 학생들이 맹목적이고 단순 암기식으로 어휘 학습을 하여 얼마 있지 않아 잊어버리기를 반복합니다.

이 책은 어휘 학습에서 피상적이고 맹목적인 단순 암기를 지양하고, 단어의 원리를 이해하여 쉽고 재미있게 그리고 오래 기억할 수 있도록 하였습니다. 따라서 오래된 골동품, 멋진 조각품 혹은 웅장한 건축물 등 예술품 감상하듯 단어를 '어휘를 감상하고 맥락을 이해하고 추론하자'는 개념(concept)으로 집필하였습니다. 실제로 수백 년 혹은 수천 년을 인류와 함께 견디어 온 단어 하나하나는 위대한 예술품의 하나임이 틀림없습니다.

수능 영어는 철학, 심리, 예술, 문학 등 인문, 정치, 경제, 법 등 사회, 생물, 물리, 기술 등 자연과학에 걸쳐 전 분야의 내용이 출제되고 있습니다. 수능 영어는 EBS 연계지문으로 일부 지문이 부분적으로 사전에 노출되기는 하지만, 일반적 영어 실력을 평가하기 위하여 사전 노출 없는 지문을 이해할 수 있는가가 주요한 수능시험 출제 의도이기 때문에 보통 학생들에게 노출되지 않는 논문이나 저술들을 활용하고 있습니다.따라서 이 같은 수능 영어 독해를 위해서는 어휘의 핵심 의미를 이해하고 유추 등을 통해 활용할 수 있도록 더 깊이 있게 공부해야 합니다. 나아가 대학에 진학하여 영어원서로 학습하는 여러 기초학문을 공부하고 TOEFL, TEPS, TOEIC 등 전문 영어공인 시험 공부에도 자연스럽게 연결되도록 집필하였습니다.

영어 실력, 결국은 영어단어 !!

〈한 입 VOCA, 수능 어원 편〉 시리즈는,
수험생들의 영어 어휘 학습을 도와 영어 성공의 길로 안내할 것입니다.

# <한 입 VOCA, 수능 어원 편> 구성

## 영어단어 암기? '감상하고 이해하고 추론하자!'

이 책은 Prestudy, Chapter 1, Chapter 2, Chapter 3으로 접미사, 접두사, 어근 등 어원별로 구성되어 있습니다.

### 1 Prestudy: 기본 품사 용법과 단어 뜻의 파생과 품사 활용

핵심 품사인 명사와 동사, 그리고 형용사와 부사가 문장에서 어떻게 쓰이는가를 설명하였습니다. 또 단어들이 여러 뜻이 생겨나고 두 가지 이상 품사로 사용되는 원리들을 살펴 보았습니다.

영어에서 단어별 품사 사용법은 영어 문법 중에서 기초이자 가장 중요합니다. 또 단어의 핵심 뜻을 이해하고 여러 가지 뜻으로 파생하는 원리를 이해하는 것이 어휘 학습에서 필요합니다. 나아가 하나의 단어가 한 가지 품사로만 고정하여 쓰이지 않고 두 개 이상 품사로 활용되는 단어들이 많습니다. 몇 개의 단어들의 예를 들어 설명하였습니다.

### 2 Chapter 1: 접미사(suffix)

Chapter 1에서는 명사, 동사, 형용사 등 품사를 결정하는 접미사(suffix)를 학습할 수 있습니다. 많은 경우 단어의 형태만으로도 핵심 품사를 구분할 수 있습니다.

**ex** discuss(토론하다)+ion(명사형 접미사) → discussion(명-토론)

### 3 Chapter 2: 접두사(prefix)

접두사(prefix)는 단어 맨 앞에 시간과 공간상에서 전후, 상하, 안과 밖, 좋은 것과 나쁜 것 등을 나타내는 것들입니다. 접두사는 단어 뜻을 추론할 수 있고 글의 큰 맥락을 이해하는데 단서를 제공할 수도 있습니다.

**ex** fore(먼저-접두사)+sight(보는 것) → foresight(명-선견지명)

### 4 Chapter 3: 어근(root)

어근(root)은 단어의 핵심 뜻을 말하는 뿌리입니다. 어근(root)을 배워 단어 핵심 뜻을 이해하고 오래도록 기억하도록 하였습니다. 어근은 상당히 많습니다. 하지만 단어학습의 효용성 측면에서 중요한 것들을 선별하였습니다. 모든 단어의 어근을 다 알 필요는 없습니다. 어원이 명확하지 않은 것도 있고 오히려 어려울 수도 있기 때문입니다.

**ex** e(out-밖으로)+mit(send 보내다-어근) → emit(동-발산하다)

# <한 입 VOCA, 수능 어원 편> 특징

**01.** 각 Chapter별 어원 목록을 제시하여 어원별 학습해야 할 단어들을 모아 아는 단어와 모르는 단어를 사전 점검하도록 하였다.
　　　☞ page 35 등  참고

**02.** Prestudy에서 핵심 품사 사용법과 단어들의 뜻과 품사 파생을 살펴보았다.
　　　☞ page 16, 21 참고  page 15~30 참고

**03.** 각 어원 제시와 어원에 대한 감을 익히도록 하는 학생들이 직접 그린 그림을 제시하였다.
　　　☞ page  78, 83 등  참고

**04.** 각 Day 끝에 Day별 공부한 어휘에 대한 테스트를 위하여 문제를 제공하였다.
　　　또한 책 뒤쪽에 정답과 해석을 제공하였다. ☞ 400 page 참고

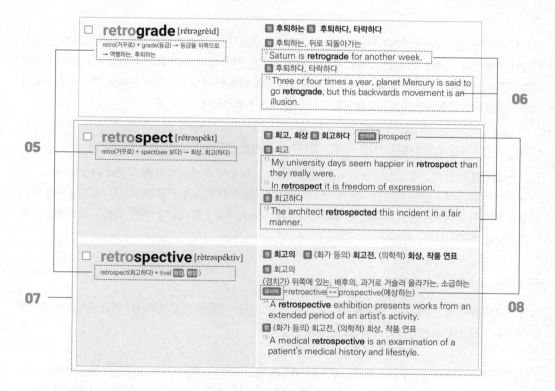

**05.** 각 단어에 대한 어원을 설명하여 단어를 이해하도록 하였다.

**06.** 실용적인 최신 문장들을 예문으로 제시하여 외운 단어를 활용하도록 하였다.

**07.** 파생어를 한 단어에 묶어 설명하면서도 독립시켜 각각 단어별 학습을 강조하였다.

**08.** 필요한 경우 유사어(synonym)와 반의어(antonym) 등을 실었다.

**09.** 필요한 단어를 찾아볼 수 있도록 책 맨 뒤에 색인(index)을 제공하였다. ☞ page  414  참고

**10.** 학생들이 어디서나 편리하게 단어학습을 할수 있도록 미니 단어장을 제공하였다.

# 50일에 끝내는, <한 입 VOCA, 수능 어원 편> 학습 계획

**첫째,** 단어 학습 전에 어원별로 모아 놓은 단어 모음에서 스스로 아는 단어와 모르는 단어를 점검해 본다. 1회 학습 후에도 다시 되돌아와 3번까지 스스로 반복 점검해 봅니다. 3회 반복하여도 쉽지 않은 어려운 단어들은 별도 노트에 정리하여 끊임없이 반복하여 완전히 자기 것으로 만들기 바랍니다.

**둘째,** 각 day 당 단어 30개(+,-) 구성되어 있는 매일 day 하나씩 학습하고 Lesson Test를 통해 점검합니다. 50일 계획(주말을 쉬면 10주 과정)으로 Lesson 50개를 모두 학습합니다. 어원 등 단어 기초가 약한 학생들은 최소 3회 이상 반복 학습을 권유합니다. 그래야 어원을 확실히 자기 것으로 만들 수 있고 단어를 오랫동안 기억할 수 있습니다.

반드시 각 단원 끝에 있는 문제를 풀면서 학습한 내용을 스스로 점검해 보기 바랍니다. 문제는 크게 두 가지 유형입니다. 먼저 단어와 뜻 쓰는 문제와 문장 빈칸에 알맞은 단어 찾아 넣기 문제 유형입니다. 단어 실력이 약한 학생들은 먼저 단어와 단어 뜻 문제만 먼저 풀고 문장에 나온 단어 넣기 문제는 단어를 먼저 학습하여 단어에 익숙한 다음에 문장을 학습하고 문제를 푸는 방법도 한 방법입니다.

**셋째,** 자신의 수준에따라 예문까지를 학습할 것인가는 스스로 판단해서 학습하길 바랍니다.
△ 어휘 실력이 약한 학생들 – 먼저 단어 만을 먼저 학습하고 두 번째 이상 학습할 때 예문을 학습합니다.
△ 어휘 실력이 중급 이상인 학생들 – 단어뿐만 아니라 예문을 통한 학습을 권고합니다. 특히 여러 가지 뜻이 있는 다의어 단어들은 문장 속에서 문맥에 따라 반복 학습하기를 권유합니다. 예문 학습은 독해력을 크게 증진시켜 줄 것입니다.

**마지막**으로 하나 더 권유하고 자 합니다.

동생 등 가족들이나 친구들에게 어원별 핵심 뜻과 관련 단어들을 예를 들어 설명하면서 함께 공부하면 오랫동안 단어를 잊지 않고 자신의 것으로 만들 수 있을 것입니다.

또한, 어원별로 학습한 후 그 단원 어원을 혼자서 생각해 보고 기억을 더듬어서 학습한 단어들을 생각해 보고 빈 종이나 스마트폰 메모장 등에 써보는 습관을 권유합니다. 책을 보지 않은 채 학습한 단원의 어원을 기억하고 또 어원에 해당하는 몇 개의 단어라도 기억할 수 있고 쓸 수 있다면 큰 발전입니다.

기억을 더듬어 보는 것은 거리를 걸으면서도 버스나 지하철을 타고 이동 중에도 가능한 일입니다. 학습은 꼭 책상 앞에서만, 또 책을 보면서 만 할 수 있는 것이 아닙니다. 농구나 축구 등 스포츠, 또 피아노 등 곡 연주 등에서 활용되는, 실제로 운동과 연주를 직접 하지 않으면서도 머릿속으로 연습하는 멘탈 프랙티스(mental practice)를 어휘 학습에서도 활용하여 좋은 성과를 얻을 수 있습니다.

# 현대 영어 단어의 유래

사람들이 집단을 이루면서 의사소통을 위하여 단어들을 만들어 낸다. 그 단어가 상당한 의미가 있을 때 그 단어는 사회화되고 역사화 된다. 또 왕래, 교류, 이주, 침략, 전쟁이나 정복 등을 통하여 집단 간 통합에 따라 언어(단어)가 타 언어를 수용 통합하고 사멸, 변형, 생성, 발전, 번성해 나간다.

이 같은 단어는 한 번에 우주에서 떨어지는 것이 당연히 아니다. 산과 바다, 강의 지형과 바위 등이 파도와 비바람에 무너지고 부서지고, 구르고 닳아서 단단해지듯 단어 하나하나도 수년 수십 년 수백 년 이상의 오랜 시간 동안 인고의 시간을 거쳐 존재 지속하는 것이다. 과거에는 지리적으로 가까운 언어의 영향을 많이 받았다. 최근에는 서적과 인터넷의 발달로 국가와 문화 등 벽을 빠르게 벗어나고 있다.

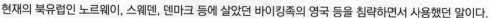

| 영어의 기원<br>~ 5세기 | 고대영어<br>500년~1070년 | 중세영어<br>1070년~1600년 | 근현대영어<br>1600년대~최근 |
| --- | --- | --- | --- |

## 1 영어의 기원 ( ~ 5세기)

영어는 5세기까지는 독일어와 네덜란드어가 발전하는 게르만어에 뿌리를 두고 있다. 또 고대 로마에서 사용되었던 언어인 라틴어로부터 많은 영향을 받는다.

**ex** · mother(엄마): ← mutter(독일어), mater(라틴어)  · father(아빠): ← vater(독일어), pather(라틴어)

## 2 고대영어 (500~1,100년)

현재의 북유럽인 노르웨이, 스웨덴, 덴마크 등에 살았던 바이킹족의 영국 등을 침략하면서 사용했던 말이다.

**ex** water, god, be, wind, strong
· water(물): ← wæter, wæterian(게르만어 어원)  ※ 참고: Wasser(물-독일어)
· god(신): ← god(네덜란드) ※ 참고: Gott(독일어)

## 3 중세 영어 (1100~ 1600)

프랑스어를 사용하였던 노르만은 1066년 영국정복으로 사업적이고 정치적 혹은 권력과 관련된 프랑스어를
수용하였다.

**ex** air, philosophy, science, peace, time, space, beef, cotton, machine, business
- air(공기): ┌air(고대 프랑스어)  ┌aer(라틴어) ← aēr(그리스어)
                              └aire(고대 프랑스어) ← ager, agr (라틴어)
            └aria(이탈리아어)
- philosophy(철학): ┌ philosophie(고대 프랑스어) ← philosophia(라틴어)
                    └ philosophia (그리스어) ← philo(그리스어)+sophia(그리스어)
- science(과학): ← scientia(라틴어) ← scire(라틴어)
- peace(평화): ← pais(고대 프랑스어) ← pax, pac (라틴어)
- time(시간): ← tima(게르만어)
- space(공간): ← espace(고대 프랑스어) ← spatium(라틴어)

## 4 1,600년 ~ 오늘날

- commerce: ← commercium ← com + mercium ← merx, merc-(라틴어)
- history: ← historia ← histor(그리스어)

현대 영어는 윌리엄 셰익스피어 시대에 출현하였다. 셰익스피어 작품에는 셰익스피어 자신에 의해서 만들어지
고 나중에 뜻이 발전된 수많은 단어와 구절이 있다. 15세기 인쇄술의 발전으로 철자 등이 표준화되었다. 최초
의 영어사전이 1604년에 발행되었다.

특히 현대에는 과학 기술의 발전함에 따라서 과학, 의학, 공학, 컴퓨터 등이 발전하고, 최근에는 인터넷 공
간이 일상화되고 게임, 로봇 산업 등이 크게 발전하였다. 의학, 공학, 유전공학, 디자인, AI 등 학문이 세분
화되고 전문화되며 언어(단어)는 새로운 물질이나 상황, 그리고 개념을 표현하는 신조어가 많이 생겨난다.
cyberspace(사이버공간), robotics(로봇 공학), internet(인터넷), uncontact(비접촉) 등의 단어를 생각해
보면 쉽게 알 수 있다.

## □ 현대 영어 단어의 지역 및 민족 별 유래

현대 영어 단어는 라틴어, 앵글로 프랑스어를 포함하는 프랑스어, 게르만어(고대 유럽 사
회를 이루었던 고대와 중세 영어, 노르웨이어, 네덜란드어를 아우르는)가 각각 25%에서
30%에 이르러 이 세 가지 언어가 84~85% 이른다. 나머지 그리스어가 5~6%, 아랍어와
기타 밝혀지지 않는 말이 5~6%, 또 강이나 산 등 지역, 음식, 사람 등 고유명사로부터 나온
단어가 3~4% 이른 것으로 알려진다.

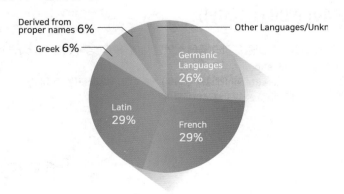

# [참고] 별책: 한 입 VOCA 수능 어원편 플러스+

# Prestudy

1. 단어의 핵심 품사와 사용 위치
2. 단어 뜻의 파생과 품사 활용: 다의어

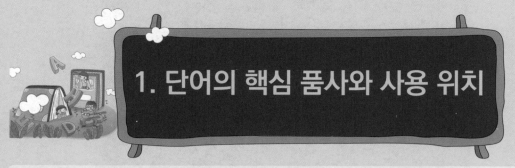

# 1. 단어의 핵심 품사와 사용 위치

영어 단어는 품사별로 문장에서 사용되는 위치가 정해져 있다. 핵심 품사는 명사(noun)와 동사(verb), 형용사(adjective)와 부사(adverb) 4가지다.

## 1. 명사(noun)의 쓰임

명사는 세상의 모든 사람, 동식물, 무생물, 추상적인 것들의 이름을 나타낸다. **문장에서 주요 기능인 주어, 목적어, 보(충)어에 사용할 수 있는 품사이다.** 명사는 보통 n(noun)으로 표시한다.

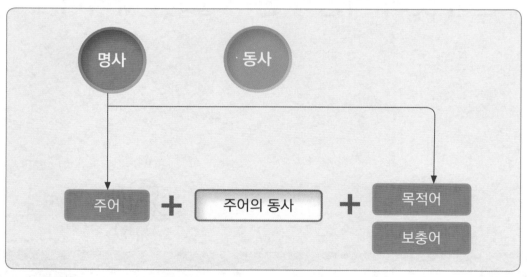

### 주어

The tides are due to the gravitation of the moon. 　조수는 달의 인력때문이다.

Kafka worked at an insurance company. 　카프카는 보험 회사에서 일했다.

### 목적어

The actors's diolog got the audience cheerful. 　배우들의 대화는 청중들을 유쾌하게 하였다.

Some scientists studied woodpeckers. 　얼마간의 과학자들은 딱따구리를 연구했다.

### 보어

Korean is not certainly a difficulty language. 　한국어는 확실히 어려운 언어가 아니다.

The project was a great success. 　그 프로젝트는 크게 성공했다.

## 2. 동사 (verb)의 쓰임

동사는 '동작(움직임)'과 '상태'를 표현한다. 문장에서 오직 주어의 동사(보통 주어 뒤)에서만 사용되는 품사이다. 보통 동사는 영문으로 verb이다. 보통 v로 표시한다.

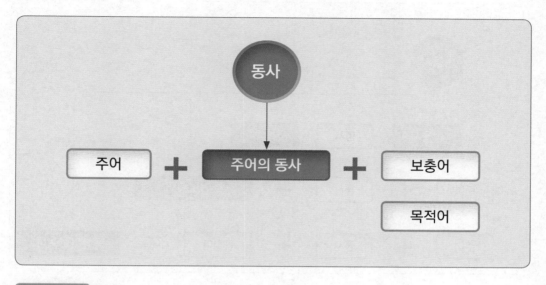

동작(움직임)

He laughed quietly. 그는 조용히 웃었다.

She gave me a present. 그는 나에게 선물을 주었다.

Dangerous work environments experience brain injuries. 위험한 작업 환경은 뇌 부상을 일으킨다.

Woodpeckers knock their heads against hard surfaces. 딱따구리는 머리를 딱딱한 표면에 두드린다.

상태

I love you. 나는 너를 사랑해.

The character in the movie is handsome. 그 영화에 나오는 배우는 잘 생겼다.

Some tall trees stand on the hill. 몇 그루의 큰 나무들이 그 언덕에 서있다.

The teacher wears sunglasses. 그 선생님은 선글래스를 착용한다.

The followers believe that the old man will be immortal. 추종자들은 그 노인이 죽지 않을것이라고 믿는다.

형용사는 명사의 상태, 성질 등을 표현하여 명사를 꾸며주는 말이다. 명사의 앞이나 뒤, 주어 보충어(주격 보어), 목적어 보충어(목적격 보어)자리에서 쓰인다. 보통 형용사(adjective)로 a로 표시한다.

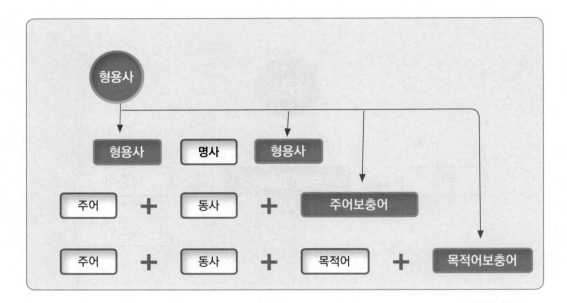

### 명사 앞

The wall was in very poor condition. 벽은 상태가 매우 좋지 않았어.

Many ancient languages have perished over time. 많은 고대 언어들이 시간이지나면서 사라졌다

Different plant species appear in this region. 다른 식물 종들이 이 지역에 나타난다.

### 명사 뒤

The people sure of president vision are increasing. 대통령의 비젼에 확신하는 국민들이 증가하고 있다.

The firefighters entered the room full of smoke. 소방관들은 연기로 가득 찬 방안에 들어갔다.

### 주어 보충어

The summer in Korea is hot and humid. 한국에서의 여름은 덥고 습하다.

Food intake is essential for the survival. 음식 섭취는 생존을 위해서 필수적이다.

Our trip to Venice was short. 우리의 베니스로의 여행은 짧았다.

### 목적어 보충어

The heavy snow made the roads dangerous.. 폭설은 도로를 위험하게 만들었다.

Wall paintings make old neighborhoods bright and new. 벽화는 오래된 동네를 밝고 새롭게 만들어.

부사는 동사, 형용사, 다른 부사, 문장 전체를 꾸며주는 역할을 한다. 보통 부사(adverb)는 ad로 표시한다.

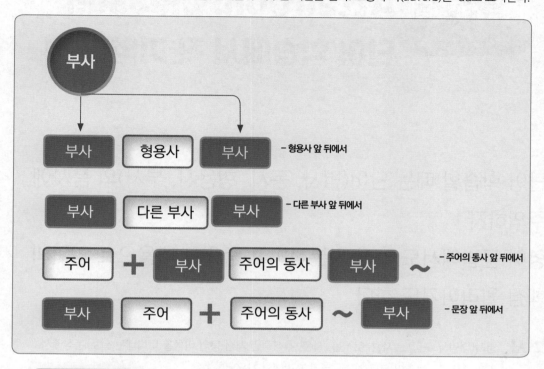

## 형용사, 부사 앞

The flower on my painting is so real. 나의 그림에 있는 꽃이 너무나 사실감이 있다.

Honey can last almost forever. 꿀은 거의 영원히 상하지 않을 수 있다.

## 형용사, 부사 뒤

The man is strong enough to carry the heavy box. 그 남자는 그 무거운 상자를 옮길 정도로 충분히 강하다.

The singer sings well enough to win the first prize in the competition.
그 가수는 그 대회에서 우승할 정도로 노래를 충분히 잘 부른다 .

## 동사 앞 뒤

A bee landed there. 벌이 거기에 앉았다.

We didn't just paint pictures on a wall that day. 우리는 그 날 벽에 바로 그림을 그리지 않았다.

## 문장 전체 앞 뒤

First, bees give us honey. 첫째, 벌은 우리에게 꿀을 준다.

The scientists studied woodpeckers closely. 과학자들은 딱따구리를 면밀하게 연구했다.

# Attention, please!!
# 단어 학습에서 꼭 기억할 것

단어 학습할 때는 단어(명사, 동사, 형용사, 부사)의 품사에
주의하자 !
영어 문법에서도 가장 기본적이고 중요한 내용으로 영어의
핵심 원리이기도 하다.

**명사,** 명사(대명사 포함)는 사람, 동식물, 사물, 추상적인 개념 등의 이름을 나타내는 말로 문장에서
주어, 목적어, 보충어, 전치사 뒤, 동격 자리에서 사용된다.

**동사,** 동사는 동작과 상태를 나타내는 말로 문장에서 오직 주어의 동사로만 사용된다.

**형용사,** 형용사는 명사를 꾸며주는 말로 명사 앞과 뒤, 주어 보충어, 목적어 보충어 자리에 사용된다.

**부사,** 부사는 동사, 형용사, 다른 부사, 문장 전체를 꾸며주며 동사, 형용사, 다른 부사, 문장 전체
앞뒤에서 사용된다.

# 2.단어 뜻 파생과 품사 활용:다의어

단어는 씨앗 뜻에서 여러 가지 뜻이 파생된다. 또 두 개 이상 품사로 활용되는 단어들이 많다. 보통 다의어라고 말한다.

영어단어는 핵심적인 씨앗 뜻에서 유사한 상황으로 활용되어 여러 뜻이 생겨납니다. 또한, 단어는 한가지 품사로만 사용되는 단어들도 있지만 두 개 이상의 품사로 사용되는 단어들도 많습니다. 특히 한 단어가 명사와 동사 두 가지 품사로 사용되는 단어들이 많습니다.

leaf - 잎
twig - 가지
branch - 가지
trunk - 몸통
root - 뿌리

단어는 유사한 상황에 활용하여 여러 가지 뜻이 파생되고 다른 품사로 활용됩니다. 전혀 다른 뜻인 것처럼 보이지만 사실은 핵심적인 뜻에서 파생 확장된 것입니다.

단어들이 여러 가지 뜻을 가지고 있는 것은 마치 위 그림의 나무가 줄기(trunk)와 가지(branch, twig), 잎(leaf), 그리고 뿌리(root) 등 각각 다르게 보이는 여러 형태로 구성되어 있는 것과 같은 이치입니다.

또한 새 싹이 돋는 봄 나무, 짙푸른 여름 나무, 울긋 불긋 가을 나무, 눈꽃 피는 겨울 나무를 생각해 보자. 같은 나무지만 각각 다른 형태를 한 같은 나무이다.

# 1. 명사

**핵심 뜻** 여러 가지 면에서 힘

- 정신적, 신체적 힘 → 능력, 기능, 재능
- 경제적 능력 → 재력, 지급 능력
- 대학의 능력 → 학부, 분과
- 대학 학부의 능력 → 교수단, 교원
- 직능단체로 능력을 과시하는 → 의사, 변호사의 동업자 단체

faculty는 정신적인 면과 물질적인(신체적인) 면의 능력을 말하는 말로 '기능', '재능'의 뜻으로 사용한다. 경제적인 면에서 '재력'이나 '지급 능력'이라는 뜻도 있다. 또 대학에서의 능력(역량)은 '학부'라고 볼 수 있다. 대학에서 학부의 능력은 '교수단'이나 '교원들'로부터 나온다고 볼 수 있다. 의사나 변호사들이 자신들의 능력(역량)을 표현하기 위하여 직능 단체인 '동업자 단체'를 만든다.

 **예문**

● 능력

She has the faculty of making friends easily. 그녀는 친구를 쉽게 사귀는 능력이 있다.
Miss Lee has a great faculty for learning languages. 이 양은 언어 학습 능력이 대단하다.
Working out is good at improving your physical faculty.
운동하는 것은 너의 신체 능력을 증진하는 데 좋다.

● 학부

Here is the faculty of law. 이곳이 법학부이다.
See the faculty website for more details. 자세한 내용은 학부 웹 사이트를 참조하세요.

● 교수진

We are very proud of the outstanding faculty members.
우리는 뛰어난 교수진을 매우 자랑스럽게 생각한다.

The woman is a member of the Harvard faculty. 그 여자는 하버드 교수진의 일원이다.
The faculty agreed on a change in the requirements. 교수진은 필수사항 변경에 동의했다.
All students and faculty, please exit the facility immediately.
　　모든 학생과 교직원 여러분 건물 밖으로 나가주시기 바랍니다.

● 지급능력

The company has a great faculty to buy an expensive building in New York over 300 billion dollars. 그 회사는 뉴욕에 있는 3,000억 이상의 비싼 빌딩을 살 수 있는 대단한 지불능력을 갖추고 있다.

# 2. 동사

씨앗 뜻

## submit [səbmít]

sub(under 아래로) + mit(send 보내다) – 아래로 보내다

— (보고서 등을 아래로) 제출하다
— (자세를 낮추어 아래로) 복종하다, 항복하다, 감수하다
— (자세를 낮추어 공손히) 말하다, 진술하다, 제안하다

submit은 어원에서 보는 것처럼 단어의 씨앗 뜻이 '아래로 보내다'이다. 즉 서류 등을 아래로 '제출하다'와 적 등에게 아래로 '항복하다'뜻이다. 또 자세를 아래로 낮춰서 공손하게 '말하다'라는 뜻으로 사용된다.

● 제출하다

Submit your application no later than January 31st. 늦어도 1월 31일까지 신청서를 제출하세요.

Artists may submit one or two pieces for consideration.
예술가들은 심사를 위해 하나 또는 두 개의 작품을 제출할 수 있다.

The first step is to submit your application to the new bank.
첫 번째 단계는 새 은행에 신청서를 제출하는 것이다.

● 굴복하다, 항복하다

The people refused to submit to threats of the dictator.
국민은 독재자의 위협에 굴복하기를 거부했다.

Party members should submit to his leadership of the party.
당원들은 당 지도부에 복종해야 한다.

The man submitted himself to a search by the police.
그 남자는 경찰이 수색하도록 자기 자신을 복종하였다.

● 정중히 말하다, 진술하다, 제안하다

The judge submitted that the evidence was inadmissible.
그 판사는 그 증거는 인정할 수 없다고 말했다.

I respectfully submit that custody will not address those issues.
저는 양육권이 이러한 문제를 해결하지 못할 것이라는 점을 정중하게 제안한다.

# 3. 명사와 동사로 사용되는 단어

씨앗 뜻 **무엇인가를 구성하는 구성물질이나 요소(를 넣다)**

- 물건, 재료, 원료, 물자, 소지품
- 자료, 내용, 요소
- (비물질적인) 소질, 재능
- 근무, 할 일
- (물질을) …에 채우다
- (관·구멍을) 메우다
- (요리할 조류에) 소를 넣다
- (사람에게 지식 등을) 주입하다

stuff는 명사의 뜻으로 온갖 '잡동사니들'을
표현하는 말이다. 이는 '재료', '원료', '내용',
'요소' 등 물질적인 것뿐만 아니라 '소질',
'재능', '본질' 등 비물질적인 것들까지 포함한다.
또 동사의 뜻으로 어떤 용기나 만두와 같은
음식 등에 무엇인가를 '채워 넣다'나 '메워 넣다'
뜻이나 사람들의 머리에 지식 등을
'주입해 넣다'의 의미로도 쓰인다.

## 명사

● 물건

This is dangerous stuff.
이것은 위험한 물건이다.

Leave your stuff here.
소지품은 이곳에 두어라.

Instead of buying stuff, she's been making a list. 물건을 사는 대신 그녀는 목록을 만들고 있다.

The stuff you buy isn't nearly as recyclable as you think.
당신이 사는 물건은 당신이 생각하는 것처럼 거의 재활용되지 않는다.

● 내용

Things that are objective are stuff like maths, science and programming.
객관적인 것들은 수학, 과학 그리고 프로그래밍 같은 것들이 있다.

● (추상적인) 할 일, 본질

This is our stuff.
이것은 우리가 할 일이다.

What is the stuff of life?
인생의 본질이 무엇인가?

● 소질, 재능

Tom has good stuff in him.
탐에겐 뛰어난 소질이 있다.

# 동사

● 채워 넣다

The young boys stuffed their pockets with candy.
> 그 어린 소년들은 그들의 주머니를 사탕으로 가득 채웠다.

Stuff the pillow and then sew up the final seam.
> 베개를 채우고 마지막 솔기를 꿰매시오.

The businessman stuffed bank notes into his wallet in a hurry.
> 그 사업가는 서둘러서 은행 수표들을 그의 지갑 속에 쑤셔 넣었다.

The teacher stuffs young students' mind with positive ideas.
> 그 선생님은 젊은 학생들의 마음속에 긍정적인 생각들을 불어넣는다.

---

## contract

| 명 | contraction [kəntrǽkʃən] 수축, 수렴, 단축 |
| 형 | contractive [kəntrǽktiv] 줄어드는, 수축성의 |

**씨앗 뜻** A와 B가 서로 잡아당겨서 연결하다

- (A와 B가 잡아당겨) 계약(하다)
- (남과 여가 서로 잡아당겨) 약혼하다
- (사람 등 동물과 병균이 서로 잡아당겨) 걸리다
- (빚을) 지고 있다
- (버릇, 우정을) 가지고 있다
- (금속 등 물질이 서로 잡아당겨) 수축하다, 감소하다
- (문장 등이 잡아당겨) 단축된다

contract의 핵심 뜻은 A와 B가 서로 '잡아당기다'는 뜻으로 A와 B가 서로 잡아당겨 '계약(하다)', '약혼(하다)', '(병 등에)걸리다', '(수축·단축)하다', '빚지다', '(버릇, 친교 등을) 가지고 있다'의 뜻이 생긴다.

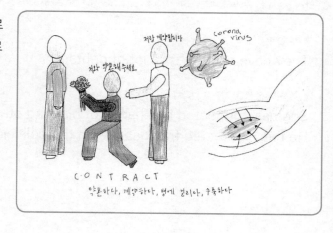

● 계약, 계약서

The football player signed a contract.     그 풋볼 선수가 계약서에 서명하였다.

A real estate agent is drawing up a contract.     부동산 업자가 계약서를 작성하고 있다.

The contract expires on May 15, a little over two months away.
계약은 2개월이 조금 지난 5월 15일에 만료된다.

Teams will be able to finalize contracts with free agents.
팀들은 자유 계약 선수들과 계약을 체결할 수 있다.

● 약혼

The contract between the bride and the bridegroom was broken.
신부와 신랑의 약혼이 파기되었다.

# 동사 [kəntrǽkt]

● 계약하다, 계약을 맺다

We have contracted that firm for that job. 우리는 그 일에 대해서 그 회사와 계약을 했다.
The player is contracted to play until August.     그 선수는 8월까지 뛰는 것으로 계약이 되어 있다.
He contracted with the company to provide services. 그는 서비스를 제공하기로 그 회사와 계약하였다.

● (감기나 병 등)에 걸리다

The man contracted AIDS. 그들은 AIDS에 걸렸다.
Many workers contracted corona-virus in the workplace.
많은 노동자가 직장에서 코로나바이러스에 감염됐다.

● 수축하다

Wood contracts as it dries. 나무는 마를 때 줄어든다.
As it cooled, the metal contracted. 냉각되면서 금속이 수축했다.
The heart muscles contract to expel the blood. 심장 근육은 혈액을 내보내기 위해 수축한다.
In spoken English 'does not' often contracts to 'doesn't', and 'can not' contracts
to can't. 구어체 영어에서 'do not'은 종종 'don't'와 축약된다, 그리고 'can not'은 can't로 수축한다.

● (빚을) 지다

They have contracted a lot of debts. 그들은 많은 빚을 지고 있다.

● (버릇, 우정 등을) 가지고 있다

She has contracted bad habits of blaming others. 그녀는 남을 비난하는 나쁜 버릇을 가지고 있다.
He has contracted friendship with the politician. 그는 그 정치인과 친교가 있다.

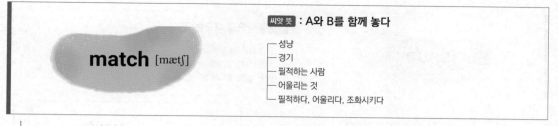

씨앗 뜻 : A와 B를 함께 놓다

# match [mætʃ]

- 성냥
- 경기
- 필적하는 사람
- 어울리는 것
- 필적하다, 어울리다, 조화시키다

match는 A와 B가 '함께 어울리다'의 뜻에서
'필적하다', '조화시키다'로 쓰인다.
명사로 '필적하는 사람'들이 '경기' 뜻이 나온다.
두 개가 부딪혀서 불을 발생시키는 '성냥'의
뜻이 생겼다.

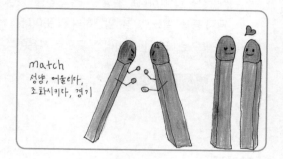

match
성냥, 어울리다,
조화시키다, 경기

## 예문

## 명사

● 성냥

Light a match. 성냥에 불을 붙여라.

A match is a tool for starting a fire. 성냥은 불을 켜는 도구다.

Typically, matches are made of small wooden sticks or stiff paper.
일반적으로 성냥은 작은 나무 막대기나 딱딱한 종이로 만든다.

For a long time, matches were manufactured by hand. 오랫동안 성냥은 수작업으로 제작되었다.

● 어울리는 것

The new tie is a good match for your shirt. 새 넥타이와 셔츠는 잘 어울린다.

● 경기

Amazingly, it was just second-ever match for the USA in the state of California.
놀랍게도, 그것은 캘리포니아주에서 미국의 두 번째 경기였다.

Both the teams have performed well in their 1st matches.
두 팀 모두 첫 경기에서 좋은 성적을 거두었다.

## 동사

● 어울리다

His tie doesn't match his shirt. 그의 넥타이가 셔츠와 안 어울린다.

This bright wallpaper matches my room. 이 밝은 벽지가 나의 방에 어울린다.

The fantasy of better battery science doesn't match reality.
더 나은 배터리 과학의 환상이 현실과 일치하지 않는다.

● 같은 것을 찾아내다

Family members DNA sample has been collected to match it with the bodies
that are charred and are beyond recognition.
새까맣게 타서 알아볼 수 없는 시신의 DNA를 확인하기 위하여 가족 구성원들의 샘플을 모아 왔다.

● ~ 에 필적하다

My talent does not match his. 나의 재능은 그에게 미치지 못한다.

No one can match him in strength. 힘으론 아무도 그를 당할 수 없다.

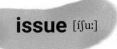
**issue** [íʃuː]

씨앗 뜻 **밖으로 나오는 것**

┌ (의견 충돌 등) 논쟁거리
├ (책 등) 발행, (출판물) ~ 호, 발행하다
└ (명령, 법령) 발표하다

issue는 '밖으로 나오다'의 뜻에서
책 등을 '발행(하다)', 발행된 '~호', 법령, 영장,
딱지 등을 '발표, 발부, 발행하다'의 뜻이다.
또 밖으로 나온 '논쟁거리'의 뜻으로 사용한다.

# 명사

● 논쟁거리

Medical issues are a public matter.
의료 문제는 공적인 문제다.

Abortion is a highly controversial issue. 낙태는 매우 논란이 많은 문제다.

The President's speech addressed a number of important issues.
대통령의 연설은 여러 가지 중요한 문제를 다루었다.

Her speech was full of excuses and evasions and never properly addressed
the issue.
그녀의 연설은 변명과 회피로 가득 찼으며 결코 적절하게 그 문제를 다루지 않았다.

The current situation on the Iranian nuclear issue is at a critical point, with
both opportunities and challenges. 이란 핵 문제의 현재 상황은 기회와 도전과 함께 중요한 시점에 있다.

● ~호

The publishing company issued the first issue of its novel 10 years ago.
그 출판사는 10년 전에 그 출판사 소설 첫 호를 발행했다.

In this issue of Journal of the Neurological Sciences, an interesting paper
analyses causative effect of care on stroke patients.
Journal of the Neurological Sciences의 이번 호에서 흥미로운 논문은 뇌졸중 환자 치료의 원인 효과를 분석한다.

# 동사

● 발표하다, 발행하다

A severe storm warning has been issued.     심각한 폭풍 경보가 발령되었다.

The court has issued a warrant for her arrest.     법원은 그녀의 체포 영장을 발부했다.

A 21-year-old man was charged with speeding and issued a $718 ticket.
21세의 남성은 과속 혐의로 기소되어 718달러 짜리 딱지가 발행되었다.

# overlook [òuvərlúk]

**씨앗 뜻** 위에서 내려다보는 것

- (위에서 보는) 경치, 장면, 전망
- (위에서) 내려다보다, 감독하다
- (위에서 보지 못하고) 간과하다

overlook은 위에서 아래를 '내려다보다'의 뜻에서 '경치', '장면', '전망' 등의 뜻이다. 또 위에서 보지 못하고 넘어가는 '간과하다'나 '눈감아 주다'의 뜻으로도 사용된다.

 예문

## 명사

● 경치, 전망

Look at the Green River overlooks.
멋진 그린강 경치를 봐.

There are lots of scenic overlooks along the road in the Southern coast.
남해안 길을 따라 많은 경치 좋은 전망이 있다.

The travellers were happy with a dramatic overlook of Canyon Overlook Trail.
여행객들은 Canyon Overlook Trail의 멋진 경치에 행복했다.

## 동사

● 내려다 보이다

Our hotel room overlooks the harbor.     우리 호텔 방은 항구를 내려다본다.
We can overlook the sea from our office.     우리는 사무실에서 바다가 바라다 보인다.

● 간과하다

The detective overlooked an important clue.     형사는 중요한 단서를 간과했다.
The teacher overlooked the error in the answer sheet of the student.
그 선생님은 학생 답안지에서 실수를 간과했다.

Both the writer and the publisher overlooked a misspelled word.
저자도 출판업자도 틀린 철자를 못 보고 넘어갔다.

● 눈감아 주다

Such a cruel crime should not be overlooked.     그러한 잔인한 범죄를 눈감아 주어서는 안 된다.

● 감시하다

The police overlooked the celebrities in the past governments.
과거 정부에서 경찰은 유명 인사를 감시하였다.

## board [bɔːrd]

**씨앗 뜻** 널빤지처럼 생긴 것

널, 판자, 선반 널, 받침, 게시판, 칠판, 흑판, 기판

- 식탁
- (식탁에서) 식사
- (음식을 제공하는) 하숙하다
- 회의용 탁자
- (탁자를 사이에 두고) 회의
- (회의하는) 이사회, 평의원(회), 위원(회)
- (비행기 등 널빤지 같은 바닥에) 타다

board는 '널빤지'가 씨앗 뜻이다. '칠판'이나 '게시판', '식탁', '회의용 탁자' 등이 널판자로 이루어져 있다. 회의용 탁자에서 '이사회', '위원(회)'가 '회의'를 한다. 또 배나 비행기, 지하철 등 바닥이 큰 '널빤지'처럼 생긴 탈 것에 '타다'. 또 밥을 '탁자'에서 먹는 모습에서 '하숙하다'의 뜻으로 활용된다.

**예문**

Board:
판자, 게시판, 칠판, 회의, 위원(회) 등 --

## 명사

● 널빤지, 게시판, 칠판

A board is a flat, thin, rectangular piece of wood or plastic.
널빤지는 평평하고 얇은 직사각형의 목재 또는 플라스틱 조각이다.

The class president stuck up a notice on the board with pins.
학급회장은 게시판에 핀으로 공지 사항을 붙였다.

The teacher wrote the subject for a discussion up on the board.
선생님은 칠판에 토론을 위한 주제를 썼다.

● 위원(회), 이사회

The board has decided to reject the proposal. 이사회는 제안을 거부하기로 했다.

New school board chair complains about board members.
새로운 교육위원회 위원장이 이사회 구성원에 대해 불평한다.

Recently elected chair and vice chair for the board of directors aren't feeling the chill like we are.　최근 이사회 의장 겸 부의장은 우리처럼 냉담하지 않다.

## 동사

● (비행기 등을) 타다

They boarded the plane for Russia.　그들은 러시아행 비행기를 탔다.

At the airport he boarded a plane to London.　공항에서 그녀는 런던행 비행기를 탔다.

Please, will passengers waiting to board line up here? 탑승을 기다리는 승객은 줄을 서 주시겠어요?

● 하숙하다

How much do you board a person for near a university in Seoul?
서울의 대학 근처에서 한 사람 하숙하는데 비용이 얼마인가요?

# Chapter I

## 품사를 결정하는 단어 끝에 붙이는, 주요 suffix(접미사)

**명사형 접미사 (noun suffix)**

명사형 접미사는 크게 사람을 나타내는 것 들과 상태, 특성, 동작, 결과, 수단이나 신분이나 지위 등 추상명사를 만들기 위하여 많이 쓰인다.

| 명사형 접미사 | 단어 예 | 의미 |
|---|---|---|
| -ar | liar 거짓말 장이 | 보통 '~ 사람'을 나타낸다.<br>일부 사물 등을 나타낼 수 있다. |
| -er | admirer 숭배자 | |
| -or | actor 배우 | |
| -ee | examinee 수험자 | |
| -ant | participant 참가자 | |
| -ent | superintendent 감독 | |
| -ist | idealist 이상가 | |
| -ive | representative 대표자 | |
| -ary | beneficiary 수익자 | |
| -hood | neighborhood 이웃 | 신분, 지위, 상태 등 추상명사 |
| -ship | chairmanship 의장직 | |
| -ic, -ics | physics 물리학 | 학문 등 추상명사 |
| -logy | sociology 사회학 | |
| -ism | realism 현실주의 | 주의 등 추상명사 |
| -et | pamphlet 팸플릿, 작은 책자 | 작은 것 |
| -ette | cigarette 담배 | 작은, 여성, 집단 |
| -ness | consciousness 의식 | 특성, 상태, 동작, 결과,<br>수단 등을 나타내는 추상 명사 |
| -th | growth 성장 | |
| -dom | kingdom 왕국 | |
| -ion(-sion, -tion) | omission 생략, vacation 휴가 | |
| -ment | punishment 벌 | |
| -al | proposal 신청, 제안 | |
| -ry | delivery 인도, 배달 | |
| -ance(-ancy) | elegance (=elegancy)우아함 | |
| -ence(-ency) | evidence 증거 | |
| -ure | pleasure 기쁨 | |
| -ty, -ety, -ity | liberty 자유, safety 안전<br>velocity 속도 | |
| -cy | privacy 사생활 | |
| -mony | ceremony 의식 | |
| -age | average 평균 | |

## B 동사형 접미사 (verb suffix)

| 동사형 접미사 | 단어 예 | 의미 |
|---|---|---|
| -fy(-efy, -ify) | liquefy 녹이다, 용해시키다<br>clarify 분명하게 하다 | ~ 하게 하다 |
| -ize | criticize 비평하다<br>apologize 사죄하다 | |
| -en | moisten 축축하게 하다 | |
| -ate | communicate 전달하다 | |

## C 형용사형 접미사(adjective suffix)

| 형용사형 접미사 | 단어 예 | 의미 |
|---|---|---|
| -able | available 이용할 수 있는 | ~할 수 있는(능력) |
| -ible | audible 들리는 | |
| -ful | careful 주의 깊은 | ~ 가득 찬, ~하기 쉬운 |
| -al | central 중심의, 중앙의 | …와 같은, …성질의,<br>…하기 쉬운,<br>…에 관계가 있는 |
| -ant/-ent | attendant 시중드는<br>apparent 명백한 | |
| -ary/-ory | necessary 필요한<br>auditory 청각의 | |
| -ic/-ical | electric, electrical 전기적인 | |
| -ish | selfish 이기적인 | |
| -ive | active 활동적인 | |
| -ly/-y | bodily 신체의, dirty 더러운 | |
| -ous | conscientious 양심적인 | |
| -some | handsome 잘생긴 | |
| -ern | western 서쪽의 | 방향 |
| -ese | Chinese 중국의 | 국가이름 등을 형용사로 만든다 |
| -less | flawless 흠 없는 | ~ 없는 |
| -ing | satisfying 만족하게 하는 | ~ 하게 하는(감정 유발) |
| | existing 현존하는 | ~한(상태 지속) |
| -ed | satisfied 만족된 | ~ 되어진(수동) |
| -en | wooden 나무로 된 | ~ 로 만든 |

## D 부사형 접미사(adverb suffix)

| 부사형 접미사 | 단어 예 | 의미 |
|---|---|---|
| -ly | softly 부드럽게 | |
| -way(s) | sideways 옆으로 | 방식 |
| -wise | otherwise 그렇지 않으면 | |
| -ward(s) | downward(s) 아래 쪽으로 | 방향 |

## E 두가지 이상 품사로 사용되는 접미사(surffix)

아래 표에서 보는 것처럼 두 가지 이상 품사에서 쓰이는 접미사가 있다. 특히 -ant, -ate, -ary, -ive, -ly는 한 단어가 두 가지 이상의 품사로도 사용되기도 한다.

| 어미 | 명사 | 동사 | 형용사 | 부사 |
|---|---|---|---|---|
| -al | trial 시도 | | equal 같은 | |
| -ant | assistant 조수 | | assistant 보조의 | |
| -ate | separate 갈라진 것 | separate 분리하다 | separate 분리된 | |
| -ar | scholar 학자 | | regular 규칙적인 | |
| -ary | missionary 선교사 | | missionary 전도(자)의 | |
| -en | children 아이들 | moisten 축축하게 하다 | golden 황금으로 된 | |
| -ent | superintendent 감독 | | insistent 주장하는 | |
| -ic | rhetoric 수사학 | | magnetic 자석의 | |
| -ive | relative 친척 | | relative 비교상의 | |
| -y | jealousy 질투 | | greedy 탐욕스러운 | |
| -ly | | | monthly 매월의 | monthly 매월 |

# 01 day

## 명사 접미사 1

### 1. 사람을 나타내는 명사 – ~한 사람 :

-ar, -er, -or, -ee, -ant, -ent, -ist, -ive, -ary

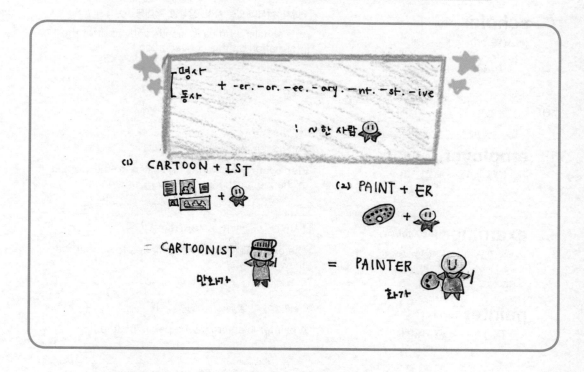

이 단원에서 학습할 단어모음입니다. □□□에 각각 모르는 단어를 3회에 걸쳐 ☑(체크표시)해 보세요.
모르는 단어는 끝까지 학습하세요.

### Preview Words

□□□ **liar** [láiər] n. 거짓말쟁이
□□□ **beggar** [bégər] n. 거지
□□□ **scholar** [skɔ̀lər] n. 학자, 학식 있는 사람, 장학생
□□□ **employer** [implɔ́iəːr] n. 고용주
□□□ **examiner** [igzǽminər] n. 시험관
□□□ **painter** [péintər] n. 화가
□□□ **interviewer** [íntərvjùːəːr] n. 면접관
□□□ **peddler** [pédlər] n. 행상인

□□□ **actor** [ǽktər] n. 배우
□□□ **counselor** [káunsələr] n. 상담가
□□□ **inventor** [invéntər] n. 발명자, 발명가
□□□ **survivor** [sərváivər] n. 생존자
□□□ **appointee** [əpɔ̀intí] n. 피임명자
□□□ **examinee** [igzǽməníː] n. 수험자
□□□ **interviewee** [íntərvjùːəːr] n. 인터뷰 대상자

## -ar

☐ **liar** [láiər]
lie( 통 거짓말하다) + ar( 명 -행위자)

명 liar [láiər] **거짓말쟁이**  lie [lai] 명 거짓말  통 거짓말하다

[1] The former secretary of state called Trump a chronic **liar**.

☐ **beggar** [bégər]
beg( 통 구하다) + ar( 명 - 행위자)

명 **거지**  beg [beg] 통 빌다, 구하다

[2] One of the **beggars** asked me for money for a cup of coffee.

☐ **scholar** [skálər]
school( 명 학습) + ar( 명접 - 사람)

명 **학자, 학식이 있는 사람, 장학생, 특대생**

[3] As a **scholar**, you have significantly to offer the information on this conversation.

## -er

☐ **employer** [implɔ́iər]
employ( 통 고용하다) + er( 명 - 행위자)

명 **고용주**  employ [emplɔ́i] 통 고용하다

[4] **Employers** offer wages or a salary to the workers in exchange for the worker's work or labor.

☐ **examiner** [igzǽminər]
examine( 통 시험보다) + er( 명 - 행위자)

명 **시험관**  examine [igzǽmin] 통 시험하다

[5] The **examiner** told the examinees to submit the answer sheets.

☐ **painter** [péintər]
paint( 통 그리다) + er( 명 - 행위자)

명 **화가**  paint [peint] 통 그림을 그리다

[6] A **painter** is an artist who paints pictures.

☐ **interviewer** [íntərvjùːər]
interview( 통 인터뷰하다) + er( 명 - 행위자)

명 **면접관**  interview [íntərvjùː] 통 인터뷰하다

[7] Follow the **interviewer**'s lead and let him guide the direction of the conversation.

☐ **peddler** [pédlər]
peddle( 통 행상하다) + er( 명접 - 사람)

명 **행상인**  peddle [pédl] 통 행상하다

[8] These individuals should be able to show you a valid **peddler**'s licence.

---

1. 전 국무장관은 트럼프를 만성적인 거짓말쟁이라고 불렀다.
2. 거지 중 한 명이 커피 한 잔을 위한 돈을 달라고 간청했다.
3. 학자로서 당신은 이 대화에 대한 정보를 제공해야 한다.
4. 고용주는 근로자의 노동 또는 노동 대가로 근로자에게 임금 또는 급여를 제공한다.
5. 시험관은 수험생들이 답안지를 제출하라고 말했다.
6. 화가는 그림을 그리는 예술가이다.
7. 면접관의 지시에 따라 그가 대화 방향을 안내하도록 하여라.
8. 이 사람들은 유효한 행상인 면허증을 보여줄 수 있어야 한다.

## -or

☐ **actor** [ǽktər]

act( 통 행동하다) + or( 명 -행위자)

명 배우　act [ækt] 통 행동하다

[9] An **actor** is a person who portrays a character in a performance.

☐ **counselor** [káunsələr]

counsel( 통 상담하다) + or( 명 -행위자)

명 상담가　counsel [káunsəl] 통 충고하다

[10] A **counselor** is professional who counsels people, especially on personal problems.

☐ **inventor** [invéntər]

invent( 통 발명하다) + or( 명 -행위자)

명 발명자, 발명가　invent [invént] 통 발명하다, 고안하다

[11] Do you want to be a successful **inventor**? Use these ideas to help.

☐ **survivor** [sərváivər]

survive( 통 생존하다) + or( 명접 )

명 살아남은 사람, 생존자　survive [sərváiv] 통 생존하다

[12] In all, at least four **survivors** were taken to area hospitals in critical condition.

## -ee

☐ **appointee** [əpɔ̀intí]

appoint( 통 임명하다) + ee( 명 -대상자)

명 피임명자　appoint [əpɔ́int] 통 지명하다, 임명하다

[13] An Interior Department **appointee** violated his ethics pledge.

☐ **examinee** [igzǽməníː]

examine( 통 시험보다) + ee( 명 -대상자)

명 수험자　examine [igzǽmin] 통 시험하다

[14] The **examinees** took the online exam from wherever they are.

☐ **interviewee** [íntərvjùːəːr]

interview( 통 인터뷰하다) + ee( 명 -대상자)

명 인터뷰 대상자

interview [íntərvjùː] 명 인터뷰 통 인터뷰하다

[15] Meeting face to face with your **interviewee** is the best opportunity for a comfortable environment, back-and-forth participation, video recording and the personal touches.

---

9. 배우는 공연에서 등장인물을 표현하는 사람이다.

10. 상담가는 사람들, 특히 개인적인 문제에 관해 조언하는 전문가이다.

11. 성공적인 발명가가 되기를 원하는가? 도움이 되는 이러한 아이디어를 사용하세요.

12. 전체적으로 최소 네 명의 생존자가 위중한 상태에서 지역 병원

으로 이송되었다.

13. 내무부 지명인이 그의 윤리 서약을 위반했다.

14. 수험생들은 그들이 있는 곳 어디서나 온라인 시험을 치렀다.

15. 인터뷰 대상자와 얼굴을 마주 보는 것은 편안한 환경, 서로간의 참여, 비디오 녹화 및 개인적인 접촉을 위한 최고의 기회다.

## 2. 신분이나 계급, 학문 등을 나타내는 추상명사

-hood, -ship, -ic(s), -logy, -ism

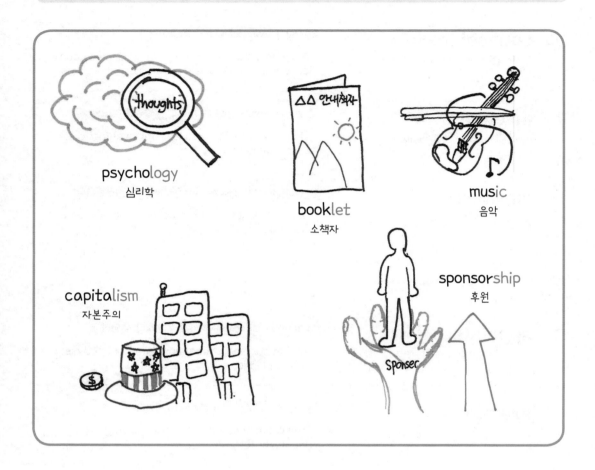

이 단원에서 학습할 단어모음입니다. □□□에 각각 모르는 단어를 3회에 걸쳐 ☑(체크표시)해 보세요.
모르는 단어는 끝까지 학습하세요.

**Preview Words**

□□□ **brotherhood** [bráðərhùd] n. 형제 관계, 형제애
□□□ **falsehood** [fɔ́ːlshùdhùd] n. 거짓, 허위
□□□ **censorship** [sénsərʃip] n. 검열
□□□ **fellowship** [félouʃìp] n. 친구임, 우정
□□□ **sponsorship** [spánsərʃip] n. 후원, 발의
□□□ **economics** [ìːkənámiks] n. 경제학
□□□ **ethics** [éθiks] n. 윤리학, 윤리
□□□ **physics** [fíziks] n. 물리학

□□□ **music** [mjúːzik] n. 음악, 악곡
□□□ **rhetoric** [rétərik] n. 수사, 수사학
□□□ **psychology** [saikáklədʒi] n. 심리학
□□□ **sociology** [sòusiáklədʒi] n. 사회학
□□□ **theology** [θiːáklədʒi] n. 신학
□□□ **capitalism** [kǽpitəlìzəm] n. 자본주의
□□□ **socialism** [sóuʃəlìzəm] n. 사회주의

## -hood: 신분, 계급, 처지, 상태

☐ **brotherhood** [brʌ́ðəhùd]

brother(명 형제) + hood(명접)

명 형제 관계, 형제애  brother [brʌ́ðər] 명 남자 형제

[1] All we want for our countries is peace and **brotherhood**.

☐ **falsehood** [fɔ́:lshùdhùd]

false(형 그릇된) + hood(명접)

명 거짓, 허위  false [fɔːls] 형 그릇된, 틀린

[2] They don't understand the difference between truth and **falsehood**.

## -ship: 상태, 신분, 직

☐ **censorship** [sénsərʃip]

censor(통 검열하다) + ship(명접)

명 검열  censor [sénsər] 명 검열관 통 검열하다

[3] **Censorship** can be conducted by governments, private institutions, and other controlling bodies.

☐ **fellowship** [félouʃip]

fellow(명 친구) + ship(명접)

명 친구임, 우정  fellow [félou] 명 친구

[4] He enjoyed the **fellowship** of other actors in the company.

☐ **sponsorship** [spánsərʃip]

sponsor(명 후원자) + ship(명접)

명 후원, 발의  ponsor [spánsər] 명 후원자

[5] Corporate **sponsorship** is a form of advertising in which companies pay to be associated with certain events.

## -ic(s): 학문

☐ **economics** [ìːkənámiks]

economy(명 경제) + ics(명접)

명 경제학  economy [ikánəmi] 명 절약, 경제

[6] **Economics** is the social science that studies the production, distribution, and consumption of goods and services.

☐ **ethics** [éθiks]

ethos(명 기풍) + ics(명접) → 사회의 기풍과 관련된 학문
→ 윤리학

명 윤리학, 윤리

[7] **Ethics** is the philosophical discipline concerned with what is morally good and bad and right and wrong.

☐ **physics** [fíziks]

phys(명 nature 자연) + ics(명접)
→ 자연의 물리적 상태에 관련된 학문 → 물리학

명 물리학

[8] **Physics** is the search for and application of rules that can help us understand and predict the world around us.

---

1. 우리가 국가를 위하여 원하는 모든 것은 평화와 형제애이다.
2. 그들은 진실과 거짓의 차이점을 이해하지 못하는 것 같다.
3. 검열은 정부, 민간 기관 및 기타 통제 기관에서 수행 할 수 있다.
4. 그는 회사의 다른 배우들과의 교제를 즐겼다.
5. 기업 후원은 회사가 특정 이벤트와 관련하여 지불하는 광고 형태이다.

6. 경제학은 상품과 서비스의 생산, 유통 및 소비를 연구하는 사회과학이다.
7. 윤리는 도덕적으로 좋은 것과 나쁜 것, 옳고 그른 것에 관한 철학적 학문이다.
8. 물리학은 우리가 주변 세계를 이해하고 예측하는 데 도움이되는 규칙을 찾아 응용하는 것이다.

## cf) -ic

☐ **music** [mjúːzik]

명 음악, 악곡

[9] **Music** is an art form, and cultural activity, whose medium is sound.

☐ **rhetoric** [rétərik]

rhetor(웅변가) + ic(명접)

명 수사, 수사학

[10] **Rhetoric** aims to study the capacities of writers or speakers needed to inform, persuade, or motivate particular audiences in specific situations.

## -logy: 말이나 학문

☐ **psychology** [saikálədʒi]

psycho(정신) + logy(명접 – 학문)

명 심리학

[11] **Psychology** is the science of mind and behavior.
[12] **Psychology** includes the study of conscious and unconscious phenomena, as well as feeling and thought.

☐ **sociology** [sòusiálədʒi]

socio(사회의) + logy(명접 – 학문)

명 사회학

[13] Ramos is a professor and chair in the department of **sociology** at Ontario's Western University.

☐ **theology** [θiːálədʒi]

theo(god 신) + logy(명접 – 학문)

명 신학

[14] The word "**theology**"comes from two Greek words, theos(God) and logos(word).

## -ism: ~ 주의

☐ **capitalism** [kǽpitəlìzəm]

capital(명 자본) + ism(명접 – 주의)

명 자본주의   capital [kǽpitl] 명 자본

[15] Central characteristics of **capitalism** include private property and the recognition of property rights, capital accumulation, wage labor, voluntary exchange, a price system and competitive markets.

☐ **socialism** [sóuʃəlìzəm]

social(사회적인) + ism(명접 – 주의)

명 사회주의(운동)   social [sóuʃəl] 형 사회적인

[16] **Socialism** is a political, social, and economic philosophy encompassing a range of economic and social systems characterised by social ownership of the means of production and workers' self-management of enterprises.

---

9. 음악은 예술 형식이며 문화 활동이다. 그것의 매체는 소리다.
10. 수사학은 특정 상황에서 특정 청중에게 정보를 제공하고, 설득시키며 혹은 동기를 부여하기 위하여 요구되는 작가 또는 연설자의 역량을 연구하는 것을 목표로 한다.
11. 심리학은 마음과 행동의 과학이다.
12. 심리학에는 의식과 무의식 현상 뿐만 아니라 느낌과 사고에 대한 연구가 포함된다.
13. Ramos는 Ontario's Western University의 사회학과 교수 겸 의장이다.

14. "신학"이라는 단어는 그리스어 두 단어인 테오스(하나님)와 로고(단어)에서 유래했다.
15. 자본주의 주요 특징은 사유 재산 및 재산권의 인식, 자본 축적, 임금 노동, 자발적 교환, 가격 체계 및 경쟁 시장을 포함한다.
16. 사회주의는 생산 수단의 사회 소유권과 노동자들의 자주적인 정신으로 특징 지어지는 다양한 경제 및 사회 시스템을 포괄하는 정치, 사회 및 경제 철학이다.

※ 아래에서 우리말은 영어로 영어는 우리말로 각각 뜻을 쓰시오.

1. 피임명자 _____
2. 거짓, 허위 _____
3. 검열 _____
4. 경제학 _____
5. 면접관 _____
6. 행상인 _____
7. 상담가 _____
8. 윤리학, 윤리 _____
9. 시험관 _____
10. 발명자, 발명가 _____
11. 물리학 _____
12. 심리학 _____
13. 사회주의 _____

14. sociology _____
15. examinee _____
16. rhetoric _____
17. interviewee _____
18. brotherhood _____
19. theology _____
20. capitalism _____
21. beggar _____
22. fellowship _____
23. sponsorship _____
24. scholar _____
25. employer _____
26. survivor _____

※ 다음 문장의 빈칸에 알맞은 단어를 보기에서 찾아 넣으시오. 필요 시 대문자, 수, 시제, 태 등 문법적 요소를 고려하여 쓰세요.(다만 본문 예문 학습을 유도하기 위하여 예문에서 사용한 단어를 정답으로 하였다.)

**보기**

scholar, peddler, counselor, inventor, survivors, physics, economics, censorship, psychology, leaflets, theology, falsehood, sponsorship, ethics, appointee, examinees

27. _____ is the science of mind and behavior.

28. An Interior Department _____ violated his ethics pledge.

29. The _____ took the online exam from wherever they are.

30. As a _____ , you have significantly to offer the information on this conversation.

31. These individuals should be able to show you a valid _____'s licence.

32. A _____ is professional who counsels people, especially on personal problems.

33. Do you want to be a successful _____? Use these ideas to help.

34. In all, at least four _____ were taken to area hospitals in critical condition.

35. They don't understand the difference between truth and _____.

36. To spread the word that your band is playing tonight, you could hand out _____.

37. The word "_____" comes from two Greek words, theos(God) and logos(word).

38. _____ can be conducted by governments, private institutions, and other controlling bodies.

39. Corporate _____ is a form of advertising in which companies pay to be associated with certain events.

40. _____ is the philosophical discipline concerned with what is morally good and bad and right and wrong.

41. _____ is the social science that studies the production, distribution, and consumption.

42. _____ is the search for and application of rules that can help us understand and predict the world.

# 명사 접미사 2

## 상태, 특성, 동작, 결과, 수단을 나타내는 추상명사 1

-ness, -t(h), -dom, -ion(-sion, -tion), -ment, -al , -let, -ette

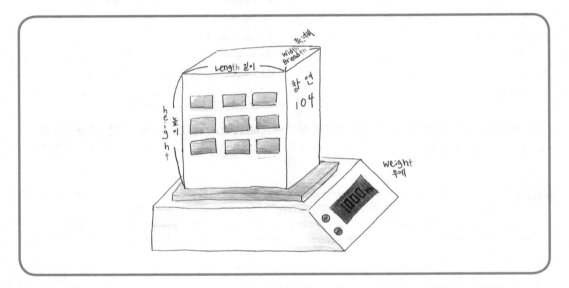

이 단원에서 학습할 단어모음입니다. □□□에 각각 모르는 단어를 3회에 걸쳐 ☑(체크표시)해 보세요.
모르는 단어는 끝까지 학습하세요.

### Preview Words

□□□**aware**ness [əwéərnis] n. 인식
□□□**still**ness [stílnis] n. 고요, 정적
□□□**sweet**ness [swíːtnis] n. 단맛, 달콤함
□□□**tru**th [truːθ] n. 진실, 진리
□□□**grow**th [grouθ] n. 성장
□□□**wid**th [widθ] n. 너비
□□□**brea**dth [bredθ] n. 나비, 폭
□□□**leng**th [leŋkθ] n. 길이
□□□**heigh**t [hait] n. 높이
□□□**weigh**t [weit] n. 무게, 중량
□□□**free**dom [fríːdəm] n. 자유
□□□**king**dom [kíŋdəm] n. 왕국, 왕토
□□□**official**dom [əfíʃəldəm] n. 관공리의 지위
□□□**occupa**tion [ákjəpéiʃən] n. 직업

□□□**civiliza**tion [sìvəlizéiʃən] n. 문화
□□□**omi**ssion [oumíʃən] n. 생략
□□□**permi**ssion [pəːrmíʃən] n. 허락
□□□**unifica**tion [jùːnəfikéiʃən] n. 통일, 단일화
□□□**vaca**tion [veikéiʃən] n. 휴가
□□□**environ**ment [inváiərənmənt] n. 환경
□□□**improve**ment [imprúːvmənt] n. 개량, 개선
□□□**dispos**al [dispóuzəl] n. 처분, 배치
□□□**refus**al [rifjúːzəl] n. 거절, 거부
□□□**book**let [buklit] n. 소책자, 팸플릿
□□□**leaf**let [líːflit] n. 작은 잎, 전단
□□□**cigar**ette [sìgərét] n. 담배
□□□**oct**ette [aktét] n. 8중창

## -ness: '성질, 상태'를 나타내는 추상명사

☐ **aware**ness [əwéərnis]

aware (형 인식하는) + ness(명접) → awareness

명 인식    aware [əwéər] 형 깨닫고, 의식하고

[1] Environmental **awareness** has increased dramatically over the past decade.

☐ **still**ness [stílnis]

still(형 고요한) + ness(명접) → stillness

명 고요, 정적    still [stil] 형 정지한, 조용한

[2] The dancer's dance included moments of **stillness**.

☐ **sweet**ness [swíːtnis]

sweet(형 달콤한) + ness(명접) → sweetness

명 단맛, 달콤함    sweet [swiːt] 형 단, 달콤한

[3] Do you prefer the **sweetness** obtained from fruits?

## -t(h): 성질이나 상태, 치수 등 추상명사

☐ **tru**th [truːθ]

true(형 진실한) + th(명접)

명 진실, 진리    true [truː] 형 정말의, 진실한

[4] **Truth** is the property of being in accord with fact or reality.

☐ **grow**th [grouθ]

grow (형 자라다) + th(명접)

명 성장    grow [grou] 동 자라다

[5] The city has undergone explosive **growth** in recent years.

☐ **wid**th [widθ]

wide (형 폭넓은) + th(명접)

명 너비    wide [waid] 형 폭넓은

[6] The strange man carefully measured the length and **width** of the toilet.

☐ **bread**th [bredθ]

broad(형 폭이 넓은) + th(명접)

명 너비, 폭    broad [brɔːd] 형 폭이 넓은

[7] We measured the height, **breadth**, length, and depth of each piece of furniture.

☐ **leng**th [leŋkθ]

long(형 긴) + th(명접)

명 길이    long [lɔːŋ] 형 긴

[8] The **length** of the table is seven feet, and its width is four feet.

---

1. 지난 10년 동안 환경에 대한 인식이 크게 높아졌다.
2. 그 댄서의 춤에는 정지의 순간이 포함되어 있다.
3. 과일에서 얻은 단맛을 좋아합니까?
4. 진실은 사실 또는 진실과 일치하는 속성이다.

5. 최근 몇 년 동안 도시는 폭발적인 성장을 겪고 있다.
6. 그 낯선 남자는 화장실의 길이와 너비를 신중하게 측정했다.
7. 우리는 각 가구의 높이, 너비, 길이 및 깊이를 측정했다.
8. 그 테이블의 길이는 7피트이며 너비는 4피트다.

## cf) -t

☐ **height** [hait]

high(형 높은) + t(명접)

명 높이  high [hái] 형 높은

[9] We examine variations in mean male and female **heights** by country.

☐ **weight** [weit]

weigh(형 무게를 달다) + t(명접)

명 무게, 중량  weigh [wei] 동 무게를 달다

[10] There is not one ideal healthy **weight** for each person, because a number of different factors play a role.

## -dom: 지위, 권력 등 추상명사

☐ **freedom** [fríːdəm]

free(형 자유로운) + dom(명접)

명 자유  free [friː] 형 자유로운

[11] **Freedom**, generally, is to act or change without constraint.

☐ **kingdom** [kíŋdəm]

king(명 왕) + dom(명접)

명 왕국, 왕토  king [kiŋ] 명 왕

[12] Millions of Muslims visit the Saudi **kingdom** each year.

☐ **officialdom** [əfíʃəldəm]

official (형 공무상의) + dom(명접)

명 관공리의 지위  official [əfíʃəl] 형 공무상의

[13] **Officialdom** is used to refer to officials who work for the government organizations.

## -ion(-ation, -sion, -tion): 행위·상태·결과 등 추상명사

## -ation

☐ **occupation** [ákjəpéiʃən]

occupy (동 종사하다) + ation(명접)

명 직업  occupy [ákjəpài] 동 차지하다, 종사하다

[14] Farming is a preserved **occupation** because the country needs to feed people.

☐ **civilization** [sìvəlizéiʃən]

civilize(동 문명화하다) + ation(명접)

명 문화  civilize [sívəlàiz] 동 문명화하다

[15] I major in ancient Greek **civilization**.

---

9. 우리는 국가별로 남성과 여성의 평균 신장 차이를 조사한다.
10. 많은 다른 요소들이 역할하기 때문에 각 개인에게 단 하나의 이상적인 건강한 체중은 없다.
11. 자유는 일반적으로 제약없이 행동하거나 변화시키는 것이다.
12. 매년 수백만의 무슬림들이 사우디아라비아를 방문한다.

13. 공무원은 정부 조직에서 근무하는 공무원을 지칭하는 데 사용된다.
14. 국가는 사람들에게 식량을 공급해야하기 때문에 농업은 보호되는 직업이다.
15. 나는 고대 그리스 문명을 전공한다.

## -sion

☐ **omis**sion [oumíʃən]
omit( 통 생략하다) + sion( 명접 )

명 생략 omit [oumít] 통 생략하다
[16]There are some serious errors and **omissions** in the book.

☐ **permis**sion [pəːrmíʃən]
permit( 통 허락하다) + sion( 명접 )

명 허락 permit [pəːrmít] 통 허락하다
[17]The construction company got **permission** from the city to build an apartment complex.

## -tion

☐ **unifica**tion [jùːnəfikéiʃən]
unify( 통 통합하다) + ication( 명접 )

명 통일, 단일화 unify [júːnəfài] 통 통합하다
[18]A progressive union of Europe requires the political **unification** of the working class.

☐ **vaca**tion [veikéiʃən]
vacate( 통 비게 하다) + ion( 명접 )

명 휴가 vacate [véikeit] 통 비게 하다, 공허하게 하다
[19]Planning a **vacation** is almost as much fun as taking a **vacation**.

## -ment: 동작·상태·결과·수단 등 추상명사

☐ **environ**ment [inváiərənmənt]
environ ( 통 둘러싸다) + ment( 명접 )

명 환경 environ [inváiərən] 통 둘러싸다, 포위하다
[20]The natural **environment** encompasses all living and non-living things occurring naturally.

☐ **improve**ment [imprúːvmənt]
improve( 통 개량하다) + ment( 명접 )

명 개량, 개선 improve [imprúːv] 통 개량하다, 개선하다
[21]The **improvement** in sales figures had a beneficial effect on the company as a whole.

## -al: 상태, 동작 등 추상명사

☐ **dispos**al [dispóuzəl]
dispose( 통 배치하다, 처분하다) + al( 명접 )

명 처분, 배치 dispose [dispóuz] 통 배치하다, 처분하다
[22]Some cities in the world do not have proper facilities for the **disposal** of sewage.

☐ **refus**al [rifjúːzəl]
refuse( 통 거절하다) + al( 명접 )

명 거절, 거부 refuse [rifjúːz] 통 거절하다
[23]The government has reiterated its **refusal** to compromise with terrorists.

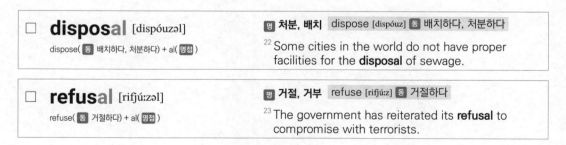

16. 이 책에 심각한 오류와 누락이 있다.
17. 그 건설회사는 도시에서 아파트 단지를 건설 할 수 있는 허가를 받았다.
18. 유럽의 진보적인 노동조합은 노동계급의 정치적 통일을 요구한다.
19. 휴가를 계획하는 것은 휴가를 보내는 것 만큼이나 재미있다.
20. 자연환경은 자연적으로 발생하는 모든 생물과 무생물을 포함한다.
21. 판매량 증가는 전체적으로 회사에 유익한 영향을 미쳤습니다.
22. 세계의 얼마간의 도시에는 하수 처리를 위한 적절한 시설이 없다.
23. 정부는 테러리스트와의 타협 거부를 반복하고 있다.

## -let: 작은 것

☐ **booklet** [buklit]
book(명 책) + let(명접 -작은 것)

명 소책자, 팸플릿 | book [buk] 명 책, 책자

[24] A **booklet** is a small, thin book that gives you information.

☐ **leaflet** [lí:flit]
leaf (명 나뭇잎) + let(명접 -작은 것)

명 작은 잎, 전단 | leaf [li:f] 명 나뭇잎

[25] To spread the word that your band is playing tonight, you could hand out **leaflets**.

## -ette: 작은, 여성, 집단

☐ **cigarette** [sìgərété]
cigar(명 엽권련) + ette(명접)

명 담배 | cigar [sigé:r] 명 엽궐련, 시가

[26] There are about 600 ingredients in **cigarettes** and they create more than 7,000 chemicals.

☐ **octette** [aktét]
oct(명 8) + ette(명접) → 여덟 명이 노래하는 것 → 8중창

명 8중창

[27] An **octette** is a musical composition written for eight performers.

---

24. 소책자는 종이 표지가 있고 정보를 제공하는 작고 얇은 책이다.
25. 오늘 밤 너의 밴드가 연주한다는 말을 전하기 위해 전단지를 나눠 줄 수 있다.
26. 담배에는 약 600가지 성분이 있으며 7,000가지가 넘는 화학물질을 생성한다.
27. 8중주곡은 8명의 공연자를 위하여 씌어진 음악 작곡이다.

※ 아래에서 우리말은 영어로 영어는 우리말로 각각 뜻을 쓰시오.

1. 환경          _____

2. 개량, 개선      _____

3. 단맛, 달콤함    _____

4. 휴가          _____

5. 성장          _____

6. 처분, 배치      _____

7. 허락          _____

8. 인식          _____

9. 거절, 거부      _____

10. 소책자, 팸플릿 _____

11. 작은 잎, 전단   _____

12. 너비         _____

13. 8중창        _____

14. breadth       _____

15. cigarette      _____

16. civilization    _____

17. omission      _____

18. stillness      _____

19. length        _____

20. kingdom      _____

21. officialdom    _____

22. height        _____

23. truth         _____

24. unification    _____

25. weight        _____

26. freedom       _____

※ 다음 문장의 빈칸에 알맞은 단어를 보기에서 찾아 넣으시오. 필요 시 대문자, 수, 시제, 태 등 문법적 요소를 고려하여 쓰세요.(다만 본문 예문 학습을 유도하기 위하여 예문에서 사용한 단어를 정답으로 하였다.)

**보기**

improvement, refusal, booklet, truth, length, height, freedom, kingdom, environment, omissions, disposal, occupation, octette, unification, civilization, growth

27. I major in ancient Greek _____ .

28. The city has undergone explosive _____ in recent years.

29. _____ is the property of being in accord with fact or reality.

30. The _____ of the table is seven feet, and its width is four feet.

31. We examine variations in mean male and female _____ by country.

32. _____ , generally, is to act or change without constraint.

33. Millions of Muslims visit the Saudi _____ each year.

34. There are some serious errors and _____ in the book.

35. The government has reiterated its _____ to compromise with terrorists.

36. A _____ is a small, thin book that gives you information.

37. An _____ is a musical composition written for eight performers.

38. A progressive union of Europe requires the political _____ of the working class.

39. The natural _____ encompasses all living and non-living things occurring naturally.

40. Some cities in the world do not have proper facilities for the _____ of sewage.

41. Farming is a preserved _____ because the country needs to feed people.

42. The _____ improvement in sales figures had a beneficial effect on the company as a whole.

# 명사 접미사 3

## 상태, 특성, 동작, 결과, 수단을 나타내는 추상명사 2

-ry, -ance (-ancy), -ence(-ency), -ure,
-cy, -ty(-ety, -ity), -mony, -age

이 단원에서 학습할 단어모음입니다. □□□에 각각 모르는 단어를 3회에 걸쳐 ☑(체크표시)해 보세요.
모르는 단어는 끝까지 학습하세요.

### Preview Words

□□□ **mastery** [mǽstəri] n. 지배, 숙달, 정통
□□□ **recovery** [rikʌ́vəri] n. 회복
□□□ **slavery** [sléivəri] n. 노예 상태
□□□ **assistance** [əsístəns] n. 원조, 도움
□□□ **endurance** [indjúərəns] n. 인내력
□□□ **insurance** [inʃúərəns] n. 보험
□□□ **difference** [dífərəns] n. 차이, 다른 점, 구별
□□□ **emergence** [imə́ːrdʒəns] n. 출현
□□□ **exposure** [ikspóuʒər] n. 노출
□□□ **failure** [féiljər] n. 실패
□□□ **pleasure** [pléʒər] n. 기쁨, 즐거움
□□□ **beauty** [bjúːti] n. 아름다움
□□□ **liberty** [líbərti] n. 자유

□□□ **propriety** [prəpráiəti] n. 적절성
□□□ **subtlety** [sʌ́tlti] n. 섬세, 미묘
□□□ **activity** [æktívəti] n. 움직임, 활기
□□□ **adversity** [ædvə́ːrsəti] n. 역경
□□□ **accuracy** [ǽkjərəsi] n. 정확, 정확도
□□□ **bankruptcy** [bǽŋkrʌptsi] n. 파산, 부도
□□□ **conspiracy** [kənspírəsi] n. 공모, 모의, 음모
□□□ **testimony** [téstəmòuni] n. 증언, 선언, 증거
□□□ **matrimony** [mǽtrəmòuni] n. 결혼, 결혼 생활
□□□ **bondage** [bándidʒ] n. 구속
□□□ **passage** [pǽsidʒ] n. 통행
□□□ **mileage** [máilidʒ] n. 마일리지
□□□ **postage** [póustidʒ] n. 우편 요금

# -ry : 상태, 신분 등의 추상명사

☐ **mastery** [mǽstəri]
master( 명 주인) + ry( 명접 )

명 지배, 숙달, 정통   master [mǽstərr] 명 주인
[1] They were impressed by her **mastery** of the foreign affairs.

☐ **recovery** [rikʌ́vəri]
recover( 동 회복하다) + ry( 명접 )

명 회복   recover [rikʌ́vər] 동 되찾다
[2] Apply for a small business COVID-19 **recovery** grant.

☐ **slavery** [sléivəri]
slave( 명 노예) + ry( 명접 )

명 노예 상태   slave [sleiv] 명 노예
[3] The social, economic, and legal positions of slaves have differed vastly in different systems of **slavery** in different times and places.

# -ance, -ence: 행동·상태·성질·정도 추상명사

## -ance

☐ **assistance** [əsístəns]
assist( 동 원조하다) + ance( 명접 )

명 원조, 도움   assist [əsíst] 동 원조하다, 돕다
[4] This program provides **assistance** to families with children who are eligible for free lunches.

☐ **endurance** [indjúərəns]
endure( 동 견디다) + ance( 명접 )

명 인내력   endure [endjúər] 동 견디다
[5] **Endurance** exercise is one of the four types of exercise along with strength, balance and flexibility.

☐ **insurance** [inʃúərəns]
insure ( 동 보험을 계약하다) + ance( 명접 )

명 보험   insure [inʃúər] 동 보험을 계약하다
[6] Auto **insurance** is a contract between you and the **insurance** company that protects you against financial loss in the event of an accident or theft.

---

1. 그녀의 외교 문제에 대한 그녀의 정통에 깊은 인상을 받았다.
2. 소기업 COVID-19 회복 보조금을 신청하세요.
3. 노예의 사회적, 경제적, 법적 지위는 시간과 장소에 따라 다른 노예 제도에서 크게 달랐다.
4. 이 프로그램은 무료 점심을 이용할 수 있는 자녀가 있는 가족에게 지원을 제공한다.
5. 지구력 운동은 힘, 균형 및 유연성과 함께 네 가지 유형의 운동 중 하나다.
6. 자동차 보험은 사고 또는 도난시 금융 손실로부터 귀하를 보호하는 귀하와 보험 회사 간의 계약이다.

# -ence

☐ **difference** [dífərəns]

differ( 통 다르다) + ence( 명접 )

명 차이, 다른 점, 구별  differ [dífər] 통 다르다

[7] What's the **difference** between an ape and a monkey?

☐ **emergence** [imɔ́ːrdʒəns]

emerge( 통 나타나다) + ence( 명접 )

명 출현  emerge [imɔ́ːrdʒ] 통 나타나다

[8] America faces China's **emergence** as an economic power.

# -ure: 동작, 상태, 성질, 결과 추상명사

☐ **exposure** [ikspóuʒər]

expose( 통 노출시키다) + ure( 명접 )

명 노출  expose [ikspóuz] 통 노출시키다

[9] The candidates are competing for television **exposure**.

☐ **failure** [féiljər]

fail( 통 실패하다) + ure( 명접 )

명 실패  fail [feil] 통 실패하다, 실수하다

[10] The business man became discouraged by his repeated **failures** in business.

☐ **pleasure** [pléʒər]

please( 통 기쁘게 하다) + ure( 명접 )

명 기쁨, 즐거움  please [pliːz] 통 기쁘게 하다, 만족시키다

[11] It is a special **pleasure** for me to be here with you today.

# -ty, -ety, -ity : 성질·상태 추상명사

# -ty

☐ **beauty** [bjúːti]

beau(멋) + ty( 명접 )

명 아름다움  beautiful [bjúːtəfəl] 형 아름다운, 고운, 예쁜

[12] Countless people enjoy the **beauty** and tranquility of the garden.

☐ **liberty** [líbərti]

liber( 형 free 자유) + ty( 명접 )

명 자유  liberal [líbərəl] 형 자유주의의, 자유를 존중하는

[13] Broadly speaking, **liberty** is the state to do as one pleases.

---

7. 꼬리 없는 원숭이와 꼬리 있는 원숭이의 차이점은 무엇인가요?

8. 미국은 경제 강국으로서 중국의 출현에 직면해 있다.

9. 후보들은 텔레비전 노출을 위해 경쟁하고 있다.

10. 그 사업가는 사업에서 반복적인 실패로 낙담했다.

11. 오늘 여러분과 함께하게 되어 매우 기쁘다.

12. 수 많은 사람들이 정원의 아름다움과 평온함을 즐긴다.

13. 넓게 말하면 자유는 자신이 원하는 대로 할 수 있는 상태다.

## -ety

☐ **propriety** [prəpráiəti]
proper(형 적당한) + ety(명접)

명 적절성　proper [prápər] 형 적당한

[14] The interviewees were careful to behave with **propriety**.

☐ **subtlety** [sʌ́tlti]
subtle(형 미묘한) + ty(명접)

명 섬세, 미묘

subtle [sʌ́tl] 형 미묘한, 포착하기 힘든

[15] The violinist performed with **subtlety** and passion.

## -ity

☐ **activity** [æktívəti]
active(형 활동적인) + ity(명접)

명 움직임, 활기

act[ækt] 명 행위 동 행하다, active [ǽktiv] 형 동적인

[16] There has been a lot of criminal **activity** in the small city lately.

☐ **adversity** [ædvə́ːrsəti]
adverse(형 역의) + ity(명접)

명 역경　adverse [ædvə́ːrs] 형 역(逆)의, 거스르는

[17] The road to happiness is filled with **adversities**.

## -cy : 지위, 신분, 성질, 상태 추상명사

☐ **accuracy** [ǽkjərəsi]
accura(exact 정확한) + cy(명접)

명 정확, 정확도

[18] The committee raised the question about the **accuracy** of the report.

☐ **bankruptcy** [bǽŋkrʌptsi]
bank(명 둑, 은행) + rupt(break 부서지다) + cy(명접)
→ 둑(은행)이 무너지는 상태 → 파산

명 파산, 도산, 부도　bank [bæŋk] 명 둑, 제방

[19] **Bankruptcy** is a legal proceeding involving a person or business that is unable to repay their outstanding debts.

☐ **conspiracy** [kənspírəsi]
conspire(음모를 꾸미다) + acy(명접)

명 공모, 모의, 음모　conspire [kənspáiər] 동 음모를 꾸미다

[20] He's not surprised **conspiracy** theories are spreading, but he doesn't think they're spreading at an alarming rate.

---

14. 인터뷰 대상자들은 적정하게 행동하기 위하여 조심했다.
15. 그 바이올린이스트는 섬세하고 열정적으로 공연했다.
16. 최근 그 작은 도시에서 많은 범죄 행위가 있었다.
17. 행복으로 가는 길에는 역경이 가득하다.

18. 위원회는 그 보고서의 정확성에 대한 의문을 제기하였다.
19. 파산은 미지급 부채를 상환할 수 없는 개인 또는 사업체 관련된 법적 소송 절차이다.
20. 그는 음모론이 퍼지고 있다는 사실에 놀랍지 않지만 놀라운 속도로 퍼지고 있다고 생각하지 않는다.

## -mony: 결과, 상태, 동작 추상명사

☐ **testi**mony [téstəmòuni]

testi(증거) + mony(명접)

명 증언, 선언, 증거

[21] In the law, **testimony** is a form of evidence that is obtained from a witness who makes a solemn statement or declaration of fact.

☐ **matri**mony [mǽtrəmòuni]

matri(결혼) + mony(명접)

명 결혼, 결혼 생활, 결혼식

[22] The priest has united the couple in the bonds of holy **matrimony**.

## -age: 집합, 상태, 행위, 요금, 수 추상명사

☐ **bond**age [bándidʒ]

bond(명 묶는 것) + age(명접)

명 구속, 노예의 신분    bond [band] 명 묶는 것

[23] Slaves resisted their **bondage** in a variety of ways.

☐ **mile**age [máilidʒ]

mile(명 마일) + age(명접)

명 마일리지

[24] "What's the **mileage** on your car?" "Oh, it's about 65,000."

☐ **pass**age [pǽsidʒ]

pass(동 지나다) + age(명접)

명 통행    pass [pæs] 동 지나다

[25] The **passage** of strangers is rare in the valley of this mountain.

☐ **post**age [póustidʒ]

post(명접 우편) + age(명접)

명 우편 요금    post [poust] 명 우편

[26] We have reduced **postage** costs by nearly $24,000 as a result of the direct deposit option.

---

21. 법에서 증언은 엄숙한 진술이나 사실 선언을 하는 증인으로부터 얻은 증거의 한 형태다.
22. 성직자는 거룩한 결혼의 유대 안에서 그들을 결합시켰다.
23. 노예들은 다양한 방법으로 속박에 저항했다.
24. "자동차의 주행 거리는 얼마입니까?" "오, 약 40,000."
25. 이 산의 그 계곡은 외지인의 통행이 드물다.
26. 직접 입금 옵션의 결과 우송료 비용이 거의 24,000달러 줄었다.

※ 아래에서 우리말은 영어로 영어는 우리말로 각각 뜻을 쓰시오.

1. 실패 _____
2. 파산, 부도 _____
3. 공모, 모의, 음모 _____
4. 회복 _____
5. 마일리지 _____
6. 우편 요금 _____
7. 원조, 도움 _____
8. 차이, 다른 점, 구별 _____
9. 노예 상태 _____
10. 결혼, 결혼 생활 _____
11. 구속 _____
12. 통행 _____
13. 증언 _____

14. mastery _____
15. emergence _____
16. pleasure _____
17. beauty _____
18. endurance _____
19. insurance _____
20. liberty _____
21. propriety _____
22. adversity _____
23. accuracy _____
24. exposure _____
25. subtlety _____
26. activity _____

※ 다음 문장의 빈칸에 알맞은 단어를 보기에서 찾아 넣으시오. 필요 시 대문자, 수, 시제, 태 등 문법적 요소를 고려하여 쓰세요.(다만 본문 예문 학습을 유도하기 위하여 예문에서 사용한 단어를 정답으로 하였다.)

**보기**

passage, assistance, endurance, difference, accuracy, exposure, adversities, bondage, liberty, recovery, testimony, bankruptcy, failures, conspiracy, pleasure, matrimony

27. The road to happiness is filled with _____ .

28. Slaves resisted their _____ in a variety of ways.

29. Broadly speaking, _____ is the state to do as one pleases.

30. Apply for a small business COVID-19 _____ grant.

31. The candidates are competing for television _____ .

32. The _____ of strangers is rare in the valley of this mountain.

33. It is a special _____ for me to be here with you today.

34 The priest has united the couple in the bonds of holy_____ .

35. The committee raised the question about the _____ of the report.

36. What's the _____ between an ape and a monkey?

37. This program provides _____ to families with children who are eligible for free lunches.

38. _____ exercise is one of the four types of exercise along with strength, balance and flexibility.

39. The business man became discouraged by his repeated _____ in business.

40. He's not surprised _____ theories are spreading, but he doesn't think they're spreading at an alarming rate.

41. In the law, _____ is a form of evidence that is obtained from a witness who makes a solemn statement or declaration of fact.

42. _____ is a legal proceeding involving a person or business that is unable to repay their outstanding debts.

# 동사 접미사

## -(e,i)fy, -ise, -ize, -en, -ate

이 단원에서 학습할 단어모음입니다. ☐☐☐에 각각 모르는 단어를 3회에 걸쳐 ☑(체크표시)해 보세요.
모르는 단어는 끝까지 학습하세요.

### Preview Words

☐☐☐**simplify** [símpləfài] v. 단순화하다

☐☐☐**liquefy** [líkwifài] v. 녹이다, 용해시키다

☐☐☐**amplify** [ǽmpləfài] v. 확대하다, 확장하다

☐☐☐**modify** [mádəfài] v. 수정하다

☐☐☐**categorize** [kǽtigəràiz] v. 분류하다

☐☐☐**memorize** [méməràiz] v. 기억하다

☐☐☐**modernize** [mádərnàiz] v. 현대화하다

☐☐☐**organize** [ɔ́:rgənàiz] v. 조직하다

☐☐☐**oxidize** [áksədàiz] v. 산화시키다

☐☐☐**realize** [rí:əlàiz] v. 실현하다, 현실화하다

☐☐☐**supervise** [sú:pərvàiz] v. 지휘하다

☐☐☐**activate** [ǽktəvèit] v. 활동시키다

☐☐☐**agitate** [ǽdʒətèit] v. 동요시키다, 선동하다

☐☐☐**associate** [əsóuʃièit] v. 연합시키다, 참가시키다

☐☐☐**calculate** [kǽlkjəlèit] v. 계산하다

☐☐☐**educate** [édʒukèit] v. 교육하다

☐☐☐**separate** [sépərèit] v. 분리하다

☐☐☐**awaken** [əwéikən] v. 깨우다, 일으키다

☐☐☐**deepen** [dí:pn] v. 깊게 하다, 깊어지다

☐☐☐**heighten** [háitn] v. 높게 하다, 높이다

☐☐☐**broaden** [brɔ́:dn] v. 넓어지다, 넓히다

☐☐☐**frighten** [fráitn] v. 두려워하게 하다

☐☐☐**sharpen** [ʃá:rpən] v. 날카롭게 하다

☐☐☐**weaken** [wí:kən] v. 약하게 하다, 약화시키다

# 주요 동사형 접미사

명사나 형용사, 또는 어근에 동사형 어미 -fy, -ize, -en, -ate를 붙여서 '~하게 하다'의 뜻의동사를 만든다. 문장에서 주어의 동사로 사용된다.

## -fy,-efy,-ify: make의 뜻 – ~하도록 하다

☐ **liquefy** [líkwifài]
liquid( 형 액체의) + efy( 동접 )

동 녹이다, 용해시키다  liquid [líkwid] 형 액체의, 유동체의
[1] Gases **liquefy** under pressure.

☐ **simplify** [símpləfài]
simple( 형 단순한) + ify( 동접 )

동 단순화하다  simple [símpəl] 형 단순한
[2] The new software **simplifies** the process.

☐ **amplify** [ǽmpləfài]
ample( 형 광대한) + ify( 동접 )

동 확대하다, 확장하다  ample [ǽmpl] 형 광대한, 넓은
[3] Technology will **amplify** productivity.

☐ **modify** [mádəfài]
mod( 명 형태, 방법) + ify( 동접 )
→ (유행에 맞게) 형태를 만들다

동 수정하다  mode [moud] 명 양식, 형식
[4] The school board will **modify** its existing employment policy.

## -ize, -ise: ~ 하다, ~ 하게 하다

☐ **categorize** [kǽtigəràiz]
category( 명 범주) + ize( 동접 )

동 분류하다  category [kǽtəgò:ri] 명 범주, 카테고리
[5] The population of above graph is **categorized** according to age, sex, and social group.

☐ **memorize** [méməràiz]
memory( 명 기억) + ize( 동접 )

동 기억하다  memory [méməri] 명 기억, 기억력
[6] We were required to **memorize** a poem in our school days.

☐ **modernize** [mádərnàiz]
modern( 형 현대의) + ize( 동접 )

동 현대화하다  modern [mádərn] 형 현대의
[7] President recently announced plans to **modernize** the army.

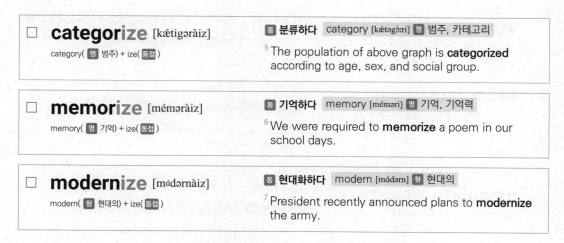

1. 압력 하에서 가스가 액화된다
2. .새로운 소프트웨어는 프로세스를 단순화한다.
3. 기술은 생산성을 확대해 줄 것이다.
4. 학교 이사회는 현재의 고용정책을 수정할 것이다.

5. 위 그래프의 인구는 연령, 성별 및 사회 집단에 따라 분류된다.
6. 우리는 학창시절에 시를 암기하도록 요구 받았다.
7. 대통령은 최근 군을 현대화할 계획을 발표하였다.

☐ **organize** [ɔ́ːrgənàiz]

organ( 명 생물의 기관) + ize( 동접 )

동 조직하다　organ [ɔ́ːrgən] 명 (생물의) 기관

[8] He has **organized** a company to manufacture his invention.

☐ **oxidize** [ɑ́ksədàiz]

oxide( 명 산화물) + ize( 동접 )

동 산화시키다　oxide [ɑ́ksaid] 명 산화물

[9] The paint **oxidizes** and discolors rapidly.

☐ **realize** [ríːəlàiz]

real( 형 진실의) + ize( 동접 )

동 실현하다　real [ríːəl] 형 진실의, 진짜의

[10] The climbers did not **realize** the risk that was involved.

☐ **supervise** [súːpərvàiz]

super( 명 감독) + vi(see 보다) + ise( 동접 )

동 지휘하다

super [súːpər] 명 감독 supervision [sùːpərvíʒən] 명 감독, 지휘

[11] The United Nations **supervised** the handover of the prisoners of war.

## -ate: ~하도록 하다

☐ **activate** [ǽktəvèit]

active( 형 활동적인) + ate( 동접 )

동 활동시키다　active [ǽktiv] 형 활동적인, 활동하는

[12] Vitamins **activate** the growth of new cells.

☐ **agitate** [ǽdʒətèit]

agit(drive 몰다) + ate( 동접 ) → 하도록 몰다 → 선동하다

동 동요시키다, 선동하다　agitation [ædʒətèiʃən] 명 동요,진동,선동

[13] Students are **agitating** for more freedom.

☐ **associate** [əsóuʃièit]

associ(join-연결하다) + ate( 동접 ) → 연합시키다

동 연합시키다, 참가시키다

association [əsòusiéiʃən] 명 연합, 관련

[14] They were closely **associated** with each other during the criminal case.

☐ **calculate** [kǽlkjəlèit]

calcul(compute 계산하다) + ate( 동접 )

동 계산하다

calculated [kǽlkjəlèitid] 형 계산된, 계획적인, 고의적인

[15] It makes more sense to **calculate** consumption rather than income.

---

8. 그는 발명품을 제조하기 위하여 회사를 조직하였다.
9. 페인트는 빠르게 산화되고 변색된다.
10. 그 등산객들은 관련된 위험을 깨닫지 못했습니다.
11. 유엔은 포로의 양도를 감독했다.

12. 비타민은 새로운 세포의 성장을 활성화 시킨다.
13. 학생들은 더 많은 자유를 위해 선동하고 있는 중이다.
14. 그들은 범죄 사건 동안 서로 밀접한 관련이 있었다.
15. 소득보다는 소비를 계산하는 것이 더 합리적이다.

☐ **educate** [édʒukèit]

educ(lead out 밖으로 끌어내다) + ate(**동접**)
→ (내재된 능력을) 밖으로 끌어내다 → 교육하다

**통** 교육하다

educated [édʒukèitid] **형** 교육받은, 교양 있는, 숙련된

[16] Emmanuel came to **educate** us.

---

☐ **separate** [sépərèit]

se(away 떨어져) + par(prepare 준비하다) + ate(**동접**)
→ 떼어서 준비시키다 → 분리하다

**통** 분리하다 [sépərit] **형** 갈라진, 분리된

[17] England is **separated** from France by the Channel.

---

## -en: ~하도록 하다

☐ **awaken** [əwéikən]

awake(**형** 깨어 있는) + en(**동접**)

**통** 깨우다, 일으키다   awake [əwéik] **형** 깨어 있는

[18] The family were **awakened** by a noise last night.

---

☐ **deepen** [díːpn]

deep(**형** 깊은) + en(**동접**)

**통** 깊게 하다, 깊어지다   deep [diːp] **형** 깊은

[19] The book certainly helped to **deepen** my understanding of the situation.

---

☐ **heighten** [háitn]

height(**명** 높이) + en(**동접**)

**통** 높게 하다, 높이다   height [hait] **명** 높음, 높이

[20] The violent police only **heightened** the tension among the crowd.

---

☐ **broaden** [brɔ́ːdn]

broad(**형** 폭이 넓은) + en(**동접**)

**통** 넓어지다, 넓히다   broad [brɔːd] **형** 폭이 넓은

[21] The villiagers are **broadening** the road to speed up the flow of traffic.

---

☐ **frighten** [fráitn]

fright (**명** 공포) + en(**동접**)

**통** 두려워하게 하다   fright [frait] **명** 공포

[22] The armed soldiers fired off several shots to **frighten** the terrorists.

---

☐ **sharpen** [ʃáːrpən]

sharp (**형** 날카로운) + en(**동접**)

**통** 날카롭게 하다   sharp [ʃaːrp] **형** 날카로운

[23] He **sharpened** that knife.

---

☐ **weaken** [wíːkən]

weak(**형** 약한) + en(**동접**)

**통** 약하게 하다, 약화시키다   weak [wiːk] **형** 약한, 무력한

[24] The country's economy continues to **weaken** in coronavirus pandemic.

---

16. 엠마뉴엘은 우리를 교육하려고 왔다.
17. 영국은 영국 해협에 의해 프랑스와 분리되어 있다.
18. 가족들은 어젯밤 소음으로 깨어났다.
19. 그 책은 그 상황에 대한 나의 이해를 심화시키는 데 확실히 도움이 되었다.
20. 폭력적인 경찰은 군중들 사이의 긴장을 고조시켰다.

21. 그 마을 사람들은 교통 흐름을 가속화하기 위해 다리를 넓히고 있는 중이다.
22. 무장 군인들은 테러리스트를 겁주기 위해 몇 발의 총을 발사했다.
23. 그는 그 칼을 날카롭게 했다.
24. 코로나 바이러스 대유행으로 국가 경제는 계속 약화되고 있다.

※ 아래에서 우리말은 영어로 영어는 우리말로 각각 뜻을 쓰시오.

1. 두려워하게 하다 _____
2. 단순화하다 _____
3. 교육하다 _____
4. 분리하다 _____
5. 현대화하다 _____
6. 조직하다 _____
7. 수정하다 _____
8. 분류하다 _____
9. 높게 하다, 높이다 _____
10. 실현하다, 현실화하다 _____
11. 지휘하다 _____
12. 활동시키다 _____

13. deepen _____
14. oxidize _____
15. broaden _____
16. agitate _____
17. associate _____
18. liquefy _____
19. calculate _____
20. awaken _____
21. amplify _____
22. memorize _____
23. sharpen _____
24. weaken _____

※ 다음 문장의 빈칸에 알맞은 단어를 보기에서 찾아 넣으시오. 필요 시 대문자, 수, 시제, 태 등 문법적 요소를 고려하여 쓰세요.(다만 본문 예문 학습을 유도하기 위하여 예문에서 사용한 단어를 정답으로 하였다.)

**보 기**

separate, associate, activate, modernize, sharpened, amplify, frighten, deepen, awaken, memorize, weaken, organize, heighten, liquefy, simplify, broaden

25. He _____ ed that knife.

26. Gases _____ under pressure.

27. Vitamins _____ the growth of new cells.

28. The new software _____ the process.

29. Technology will _____ productivity.

30. The family were _____ ed by a noise last night.

31. We were required to _____ a poem in our school days.

32. President recently announced plans to _____ the army.

33. He has _____ d a company to manufacture his invention.

34. England is _____ from France by the Channel.

35. The villiagers are _____ the road to speed up the flow of traffic.

36. They were closely _____ with each other during the criminal case.

37. The violent police only _____ ed the tension among the crowd.

38. The book certainly helped to _____ my understanding of the situation.

39. The country's economy continues to _____ in coronavirus pandemic.

40. The armed soldiers fired off several shots to _____ the terrorists.

# 형용사 접미사

이 단원에서 학습할 단어모음입니다. □□□에 각각 모르는 단어를 3회에 걸쳐 ☑(체크표시)해 보세요.
모르는 단어는 끝까지 학습하세요.

## Preview Words

□□□ **change**able [tʃéindʒəbəl] a. 변하기 쉬운
□□□ **flex**ible [fléksəbəl] a. 구부리기 쉬운, 굴절성의, 유연한
□□□ **faith**ful [féiθfəl] a. 충실한, 성실한
□□□ **force**ful [fɔ́ːrsfəl] a. 힘이 있는
□□□ **cultur**al [kʌ́ltʃərəl] a. 문화의
□□□ **essenti**al [isénʃəl] a. 근본적인, 필수의, 불가결한
□□□ **pleas**ant [pléznt] a. 즐거운, 유쾌한
□□□ **significant** [signífikənt] a. 중대한, 의의 깊은
□□□ **element**ary [èləméntəri] a. 기본적, 초보의
□□□ **compuls**ory [kəmpʌ́lsəri] a. 강제된, 강제적인
□□□ **hero**ic [hiróuik] a. 영웅적인, 씩씩한
□□□ **electric**al [iléktrikəl] a. 전기적인
□□□ **fool**ish [fúːliʃ] a. 어리석은
□□□ **self**ish [sélfiʃ] a. 이기적인
□□□ **competit**ive [kəmpétətiv] a. 경쟁의, 경쟁적인
□□□ **product**ive [prədʌ́ktiv] a. 생산적인
□□□ **father**ly [fáːðərli] a. 아버지의, 부성애의

□□□ **thrift**y [θrífti] a. 검소한, 절약하는
□□□ **ambiti**ous [æmbíʃəs] a. 야심 있는
□□□ **mysteri**ous [mistíəriəs] a. 신비한, 불가사의한
□□□ **quarrel**some [kwɔ́ːrəlsəm] a. 싸우기를 좋아하는
□□□ **trouble**some [trʌ́blsəm] a. 골치 아픈
□□□ **north**ern [nɔ́ːrðərn] a. 북쪽에 있는
□□□ **Japan**ese [dʒæ̀əpəníːz] a. 일본의, 일본인의
□□□ **flaw**less [flɔ́:lis] a. 흠없는
□□□ **harm**less [háːrmlis] a. 해가 없는
□□□ **frustrat**ing [frʌ́streitiŋ] a. 좌절하게 하는
□□□ **inspir**ing [inspáiəriŋ] a. 영감을 주는
□□□ **miss**ing [mísiŋ] a. 분실한
□□□ **neighbor**ing [néibəriŋ] a. 인접해 있는
□□□ **convinc**ed [kənvínst] a. 확신 되어진
□□□ **delight**ed [diláitid] a. 기뻐진
□□□ **earth**en [ɔ́:rθən] a. 흙으로 만든

# 주요 형용사형 접미사

**-able, -ible, -ful, -al, -ant/-ent, -ary/-ory, -ic/-ical, -ish, -ive, -ly/-y, -ous, -some, -ern, -ese, -less, -ing, -ed, -en**

## -able, -ible: ~ 할 수 있는(능력)

☐ **changeable** [tʃéindʒəbəl]
change (명 변화) + able(형접)

형 변하기 쉬운  change [tʃeindʒ] 명 변화 동 바꾸다
[1] The weather in Britain is notoriously **changeable**.

☐ **flexible** [fléksəbəl]
flex(동 구부리다) + ible(형접)

형 구부리기 쉬운, 굴절성의, 유연한  flex [fleks] 동 구부리다
[2] My schedule is **flexible**.

## -ful: ~가득 찬

☐ **faithful** [féiθfəl]
faith(명 신념) + ful(형접)

형 충실한, 성실한  faith [feiθ] 명 신념
[3] Lian was a **faithful**, loving and considerate husband.

☐ **forceful** [fɔ́ːrsfəl]
force(명 힘) + ful(형접)

형 힘이 있는  force[fɔːrs] 명 힘, 세력 동 강제하다
[4] The candidate developed a **forceful**, emotional speech.

## -al: 성질

☐ **cultural** [kʌ́ltʃərəl]
culture(명 문화) + al(형접)

형 문화의  culture [kʌ́ltʃər] 명 문화
[5] The best films are those which transcend national or **cultural** barriers.

☐ **essential** [isénʃəl]
essence(명 본질) + al(형접)

형 근본적인, 필수의, 불가결한
essence [ésəns] 명 본질, 진수, 정수
[6] Oxygen is **essential** for the maintenance of life.

---

1. 영국의 날씨는 악명 높게 변덕스럽다.
2. 내 일정은 유동적이다.
3. 라이언은 충실하고 사랑이 많고 사려 깊은 남편이었다.

4. 그는 강력하고 감정적인 연설을 발전시켰다.
5. 최고의 영화는 국가 또는 문화적 장벽을 초월한 영화다.
6. 산소는 생명 유지에 필수 불가결한 것이다.

# -ant/-ent: …상태

☐ **pleasant** [pléznt]

please( 동 기쁘게 하다) + ant( 형접 )

형 즐거운, 유쾌한   please [pliːz] 동 기쁘게 하다

[7] They spent a **pleasant** afternoon reading a book in the seashore.

☐ **significant** [signífikənt]

signify( 동 의미하다) + ant( 형접 )

형 중대한, 의의 깊은   signify [sígnəfài] 동 의미하다

[8] The institution of a Freedom of Information Act has had a **significant** effect.

# -ary/-ory: 장소, 특성

☐ **elementary** [èləméntəri]

element ( 명 요소) + ary( 형접 )

형 기본의, 초보의   element [éləmənt] 명 요소, 성분

[9] People don't have even the most **elementary** notions of fairness and justice.

☐ **compulsory** [kəmpʌ́lsəri]

compel( 동 강제하다) + ory( 형접 )

형 강제된, 강제적인   compel [kəmpél] 동 강제하다

[10] **Compulsory** retirement is at age 62.

# -ic/-ical …의 성질의, …같은, 학문의

☐ **heroic** [hiróuik]

hero( 명 영웅) + ic( 형접 )

형 영웅적인, 씩씩한   hero [híːrou] 명 영웅

[11] The fighter for democracy received medals for their **heroic** actions.

☐ **electrical** [iléktrikəl]

electr(전기어원) + ical( 형접 )

형 전기적인   electricity [ilèktrísəti] 명 전기, 전기학

[12] There is a 20% discount sale on all **electrical** goods until the end of the month.

# -ish: …같은, …다운

☐ **foolish** [fúːliʃ]

fool( 명 바보) + ish( 형접 )

형 어리석은   fool [fuːl] 명 바보

[13] It was very **foolish** for her to go out in a boat in the cold weather.

---

7. 그들은 해변에서 책을 읽으면서 즐거운 오후를 보냈다.

8. 정보의 자유법(Freedom of Information Act) 제도는 중요한 영향을 미친다.

9. 그는 가장 기본적인 공정성과 정의 개념조차 가지고 있지 않다.

10. 강제적인 퇴직이 62세이다.

11. 민주 투사들은 영웅적인 행동으로 메달을 받았다.

12. 이달말까지 모든 전기 제품에 대하여 20% 할인 판매를 한다.

13. 그녀가 그 추운 날씨에 보트를 타고 나가는 것은 어리석었다.

☐ **selfish** [sélfiʃ]

self( 명 자기) + ish( 형접 )

형 **이기적인**  self [self] 명 자기

[14] Are humans rational or **selfish**?

## –ive: 의 성질을 지닌, …하기 쉬운

☐ **competitive** [kəmpétətiv]

compete( 통 경쟁하다) + ive( 형접 )

형 **경쟁의, 경쟁적인**  compete [kəmpíːt] 통 경쟁하다

[15] We live in a toughly **competitive** world.

☐ **productive** [prədʌ́ktiv]

produce( 통 산출하다) + ive( 형접 )

형 **생산적인**  produce [prədjúːs] 통 산출하다

[16] Some workers are more **productive** than others.

## –ly/–y: …와 같은

☐ **fatherly** [fɑ́:ðərli]

father( 명 아버지) + ly( 형접 )

형 **아버지의, 부성애의**  father [fɑ́:ðər] 명 아버지

[17] **Fatherly** love is more conditional than motherly love.

☐ **thrifty** [θrífti]

thrift( 명 검소) + y( 형접 )

형 **검소한, 절약하는**  thrift [θrift] 명 검약, 검소

[18] **Thrifty** student replaces expensive lost headphones with 'I Love Music' face.

## –ous: 특성

☐ **ambitious** [æmbíʃəs]

ambition( 명 야망) + ous( 형접 )

형 **야심찬**  ambition [æmbíʃən] 명 야망

[19] The boss of our company has some **ambitious** plans for her business.

☐ **mysterious** [mistíəriəs]

mystery( 명 신비) + ous( 형접 )

형 **신비한, 불가사의한**  mystery [místəri] 명 신비, 불가사의

[20] These **mysterious** creatures live at the bottom of the ocean.

---

14. 인간들은 합리적인가 이기적인가?
15. 우리는 경쟁이 치열한 세상에 살고 있다.
16. 얼마간의 노동자들은 다른 사람들보다 더 생산적이다.
17. 아버지 사랑은 어머니 사랑보다 조건부이다.

18. 검소한 학생들은 고가의 잃어버린 헤드폰을 'I Love Music' face로 대체한다.
19. 우리 회사 사장은 사업에 대한 야심찬 계획을 가지고 있다.
20. 이 신비스런 생물은 바다의 바닥에 산다.

## -some:성격

☐ **quarrelsome** [kwɔ́:rəlsəm]
quarrel( 명 싸움) + some( 형접 )

형 논쟁적인  quarrel [kwɔ́:rəl] 명 싸움 동 싸우다
[21] The world is a contradictory and **quarrelsome** place.
[22] A **quarrelsome** person often gets involved in arguments.

☐ **troublesome** [trʌ́blsəm]
trouble ( 명 두통거리) + some( 형접 )

형 골치 아픈  trouble [trʌ́bəl] 명 두통거리
[23] The plant is regarded as a **troublesome** weed in rice fields.

## -ern:방향

☐ **northern** [nɔ́:rðərn]
north( 명 북) + ern( 형접 )

형 북쪽에 있는  north [nɔːrθ] 명 북
[24] The earth's **northern** lands are suffering massive change.

## -ese: 국가이름 등에 붙여 '~의'

☐ **Japanese** [dʒæ̀pəníːz]
Japan( 명 일본) + ese( 형접 )

형 일본의, 일본인의  Japan [dʒəpǽn] 명 일본
[25] The **Japanese** writing system consists of three different character sets: Kanji, Hiragana and Katakana.

## -less: ~가 없는

☐ **flawless** [flɔ́:lis]
flaw( 명 흠) + less( 형접 )

형 흠 없는  flaw [flɔ:] 명 결점, 흠
[26] Look for work that appears natural and **flawless**.

☐ **harmless** [háːrmlis]
harm( 명 해) + less( 형접 )

형 해가 없는  harm [haːrm] 명 해, 위해
[27] Radioactive waste needs to be stored for 25,000 years before it is **harmless**.

---

21. 세상은 모순되고 논쟁적인 장소다.
22. 논쟁을 좋아하는 사람은 종종 논쟁에 참여한다.
23. 이 식물은 논에서 골치 아픈 잡초로 간주된다.
24. 지구의 북부 땅은 엄청난 변화를 겪고 있다.

25. 일본어 문자 시스템은 한자와 히라가나와 가타카나의 세 가지 문자 세트로 구성되어 있다.
26. 자연스럽고 완벽한 것처럼 보이는 일을 찾으세요.
27. 방사성 폐기물은 무해하기 전에 25,000년 동안 보관해야 한다.

# -ing : 감정유발(~하게 하는), 상태지속

## 1. 감정유발(~하게 하는)

☐ **frustrating** [frʌ́streitiŋ]

frustrate( 통 실망시키다) + ing( 형접 –감정유발)

형 **좌절하게 하는** frustrate [frʌ́streit] 통 실망시키다

[28] Delays to weddings due to coronavirus lockdown rules are "**frustrating**" to couples.

☐ **inspiring** [inspáiəriŋ]

inspire( 통 영감을 주다) + ing( 형접 –감정유발)

형 **영감을 주는** inspire [inspáiər] 통 영감을 주다

[29] This is an **inspiring** tale of a nurse who survived COVID 19.

## 2. 상태지속

☐ **missing** [mísiŋ]

miss( 통 놓치다) + ( 형접 –상태지속)

형 **분실한** miss [mis] 통 놓치다

[30] An ongoing search for a **missing** dog came to a tragic end over the weekend.

☐ **neighboring** [néibəriŋ]

neighbor( 통 서로 이웃하다) + ( 형접 –상태지속)

형 **인접해 있는** neighbor [néibər] 명 이웃 통 서로 이웃하다

[31] The fire spread to **neighboring** 1614 Fourth Ave.

# -(e)d: ~ 되어진(수동적인 뜻)

☐ **convinced** [kənvínst]

convince( 통 확신시키다) + d( 형접 )

형 **확신 되어진** convince [kənvíns] 통 확신시키다

[32] Experts are not **convinced** by a new coronavirus healthcare proposal.

☐ **delighted** [diláitid]

delight( 통 매우 기쁘게 하다) + ed( 형접 )

형 **기뻐진** delight [diláit] 명 기쁨, 즐거움 통 매우 기쁘게 하다

[33] We are **delighted** to launch our operations in South Korea which is world's 12th largest economy.

# -en: 재료

☐ **earthen** [ə́ːrθən]

earth( 명 흙) + en( 형접 )

형 **흙으로 만든** earth [əːrθ] 명 흙

[34] **Earthen** pot sellers are struggling to make ends meet as a result of reduced demand during the Covid-19 crisis.

---

28. 코로나 바이러스 폐쇄 규칙으로 인한 결혼식 지연은 커플들에게 "좌절하게"한다.
29. 코로나 19에서 살아남은 간호사의 감동적인 이야기다.
30. 실종된 개에 대한 계속된 수색은 주말 동안에 비극적인 결과를 맞았다.
31. 그 화재가 이웃 1614 Fourth Ave로 퍼졌다.

32. 전문가들은 새 코로나바이러스 건강 관리 제안을 확신하지 못한다.
33. 우리는 세계에서 12번째로 큰 경제인 한국에서 사업을 시작하게 된 것을 기쁘게 생각한다.
34. 흙으로 만든 항아리 판매자는 Covid-19 위기 동안 수요 감소의 결과로 최종 목표를 달성하기 위해 애쓰고 있는 중이다.

※ 아래에서 우리말은 영어로 영어는 우리말로 각각 뜻을 쓰시오.

1. 강제된, 강제적인 _____
2. 영웅적인, 씩씩한 _____
3. 힘이 있는 _____
4. 근본적인, 필수의, 불가결한 _____
5. 기본의, 초보의 _____
6. 야심 있는 _____
7. 영감을 주는 _____
8. 확신 되어진 _____
9. 전기적인 _____
10. 경쟁의, 경쟁적인 _____
11. 검소한, 절약하는 _____
12. 변하기 쉬운 _____
13. 구부리기 쉬운, 굴절성의, 유연한 _____

14. faithful _____
15. delighted _____
16. earthen _____
17. pleasant _____
18. mysterious _____
19. neighboring _____
20. quarrelsome _____
21. harmless _____
22. frustrating _____
23. troublesome _____
24. flawless _____
25. significant _____
26. missing _____

※ 다음 문장의 빈칸에 알맞은 단어를 보기에서 찾아 넣으시오. 필요 시 대문자, 수, 시제, 태 등 문법적 요소를 고려하여 쓰세요.(다만 본문 예문 학습을 유도하기 위하여 예문에서 사용한 단어를 정답으로 하였다.)

**보기**

significant, compulsory, inspiring, foolish, cultural, forceful, heroic, competitive, productive, changeable, essential, elementary, quarrelsome, ambitious, flexible, selfish

27. My schedule is _____ .

28. Are humans rational or _____ ?

29. _____ retirement is at age 62.

30. We live in a toughly _____ world.

31. Some workers are more _____ than others.

32. The weather in Britain is notoriously _____ .

33. Oxygen is _____ for the maintenance of life.

34. A _____ person often gets involved in arguments.

35. This is an _____ tale of a nurse who survived COVID 19.

36. It was very _____ of her to go out in a boat in the cold weather.

37. The best films are those which transcend national or _____ barriers.

38. The candidate developed a _____ , emotional speech.

39. The institution of a Freedom of Information Act has had a _____ effect.

40. People don't have even the most _____ notions of fairness and justice.

41. The boss of our company has some _____ plans for her business.

42. The fighter for democracy received medals for their _____ actions.

# 부사 접미사

## -ly, -ways, -wise, -wards

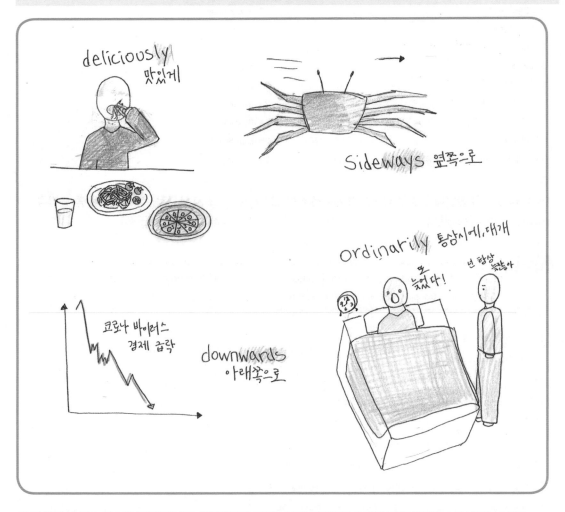

deliciously 맛있게

sideways 옆쪽으로

ordinarily 통상시에, 대개
또 늦었다!
넌 항상 늦잖아

코로나 바이러스
경제 급락
downwards 아래쪽으로

이 단원에서 학습할 단어모음입니다. □□□에 각각 모르는 단어를 3회에 걸쳐 ☑(체크표시)해 보세요.
모르는 단어는 끝까지 학습하세요.

### Preview Words

□□□ **ordinari**ly [ɔ̀ːrdənérəli] ad. 통상시에, 대개
□□□ **delicious**ly [dilíʃəsli] ad. 맛있게
□□□ **side**ways [sáidwèiz] ad. 옆(쪽)으로

□□□ **other**wise [ʌ́ðərwàiz] ad. 그렇지 않으면
□□□ **like**wise [láikwàiz] ad. 똑같이, 마찬가지로
□□□ **down**wards [dáunwərz] ad. 아래쪽으로

## -ly

☐ **ordinarily** [ɔ̀ːrdənérəli]

ordinary( 형 보통의) + ly( 부접 )

**부** 통상시에, 대개   ordinary [ɔ̀ːrdənèri] 형 보통의

[1] A parasite **ordinarily** infects birds and snails.
[2] The winter sports season **ordinarily** begins in November.

☐ **deliciously** [dilíʃəsli]

delicious( 형 맛있는) + ly( 부접 )

**형** 맛있게   delicious [dilíʃəs] 형 맛있는, 맛좋은

[3] The best ingredients go **deliciously** well with pasta, curry, and even on toast.

## -ways

☐ **sideways** [sáidwèiz]

side( 명 측면) + ways( 부접 -방향)

**부** 옆(쪽)으로   side [said] 명 쪽, 측, 측면

[4] The car slid **sideways** as it hit the two protesters.

## -wise

☐ **otherwise** [ʌ́ðərwàiz]

other( 형 다른) + wise( 부접 -방향)

**부** 그렇지 않으면   other [ʌ́ðər] 형 다른

[5] We have to be optimistic, **otherwise** you give up.
[6] Strong storms may hit this evening, **otherwise** hot, muggy and breezy.

☐ **likewise** [láikwàiz]

like( 형 닮은) + wise( 부접 -방향)

**부** 똑같이, 마찬가지로   like [laik] 형 닮은

[7] Their expenditure is **likewise** classed as obligatory and optional.

## -wards

☐ **downwards** [dáunwərz]

down( 형 아래로의) + wards( 부접 -방향)

**부** 아래쪽으로   down [daun] 형 아래로의

[8] Your loan rates aren't headed **downwards**.
[9] The number of new coronavirus cases may be trending **downwards** lately.

---

1. 대개 기생충은 조류와 달팽이를 감염시킨다.
2. 겨울 스포츠시즌이 대개 11월에 시작한다.
3. 최고의 재료들은 파스타, 카레, 심지어 토스트에도 맛있게 잘 어울린다.
4. 차가 두 시위대를 치면서 옆으로 미끄러졌다.
5. 우리는 낙관적이어야 한다. 그렇지 않으면 너는 포기한다.
6. 오늘 저녁 강한 폭풍우가 닥칠 수 있다, 그렇지 않으면 덥고, 후덥지근하고 시원할 것이다.
7. 그들의 지출은 마찬가지로 의무적이고 선택적인 것으로 분류된다.
8. 당신의 대출 금리는 하향 조정되지 않는다.
9. 최근 새로운 코로나바이러스 환자가 점점 줄어들고 있다.

# 여러 품사로 쓰이는 접미사

두 가지 이상 품사에서 쓰이는 접미사가 있다.

-al, -ant , -ate, -ar, -ary, -en , -ent, -ic, -ive , -y, -ly

이 단원에서 학습할 단어모음입니다. ☐☐☐에 각각 모르는 단어를 3회에 걸쳐 ☑(체크표시)해 보세요.
모르는 단어는 끝까지 학습하세요.

### Preview Words

☐☐☐ **arrival** [əráivəl] n. 도착, 도달
☐☐☐ **ceremonial** [sèrəmóuniəl] a. 의식의, 공식의
☐☐☐ **scholar** [skálər] n. 학자
☐☐☐ **regular** [régjələr] a. 규칙적인
☐☐☐ **children** [tʃíldrən] n. 아이들
☐☐☐ **moisten** [mɔ́isən] v. 축축하게 하다
☐☐☐ **golden** [góuldən] a. 금빛의, 황금빛의
☐☐☐ **rhetoric** [rétərik] n. 수사학
☐☐☐ **magnetic** [mæɡnétik] a. 자석의
☐☐☐ **jealousy** [dʒéləsi] n. 질투
☐☐☐ **greedy** [ɡríːdi] a. 탐욕스러운

☐☐☐ **advocate** [ǽdvəkèit] v. 옹호하다 n. 옹호자
☐☐☐ **separate** [sépərèit] v. 떼어 놓다 a. [sépərit] 갈라진, 분리된
☐☐☐ **assistant** [əsístənt] n. 조수, 보좌역 a. 보조의
☐☐☐ **missionary** [míʃənèri] a. 전도(자)의 n. 선교사
☐☐☐ **superintendent** [sùːpərinténdənt] n. 감독 a. 감독하는
☐☐☐ **relative** [rélətiv] n. 친척 a. 비교상의
☐☐☐ **representative** [rèprizéntətiv] a. 대표적인 n. 대표자
☐☐☐ **monthly** [mánθli] a. 매월의 ad. 매월
☐☐☐ **quarterly** [kwɔ́ːrtərli] a., ad. 연(年) 4회의[에], 분기별
　　　　　　　　　　　　　　　　n. 연4회 간행물, 계간지

## -al (명사, 형용사)

☐ **arrival** [əráivəl]
arrive( 통 도착하다) + al( 형접 )

명 도착, 도달
[1] New Infrastructure Plan will facilitate the **Arrival** of an Intelligent Economy and Society.

☐ **ceremonial** [sèrəmóuniəl]
ceremony( 명 의식) + al( 형접 )

형 의식의, 공식의
[2] As the **ceremonial** head of the university, Farrell will preside over formal occasions such as convocation.

## -ar (명사, 형용사)

☐ **scholar** [skάlər]
schol(학교) + ar( 명접 )

명 학자
[3] Police seizure of Chinese **scholar** and critic raises new fear of academic repression in Hong Kong.

☐ **regular** [régjələr]
regul(rule 규칙) + ar( 형접 )

형 규칙적인
[4] All events at churches except **regular** services banned starting July 10.

## -en (명사, 동사, 형용사)

☐ **children** [tʃíldrən]
child( 명 아이) + (r) + en( 명접 )

명 아이들
[5] Biologically, **children** are a human being between the stages of birth and puberty, or between the developmental period of infancy and puberty.

☐ **moisten** [mɔ́isən]
moist( 형 습기있는) + en( 동접 )

동 축축하게 하다
[6] The dew **moistened** the meadows.

☐ **golden** [góuldən]
gold( 명 황금) + en( 형접 )

형 금빛의, 황금빛의
[7] Once upon a time there was a beautiful young princess with long **golden** hair.

---

1. "새로운 인프라 계획"은 지능형 경제와 사회의 도착을 촉진할 것이다.
2. 파렐은 대학의 공식적인 총장으로서 회의와 같은 공식 행사를 주재할 것이다.
3. 홍콩에서 중국 학자와 비판가들에 대한 경찰의 체포는 학원 탄압에 대한 새로운 두려움을 제기한다.
4. 7월 10일 부터 정례 예배를 제외한 모든 교회 행사를 금지하였다.
5. 생물학적으로, 어린이는 출생 단계와 사춘기 사이, 발달 단계의 유아기와 사춘기 사이의 인간이다.
6. 이슬이 초원을 적셨다.
7. 옛날 옛적에 긴 황금 머리를 가진 아름다운 어린 공주가 있었다.

## -ic (명사, 형용사)

☐ **rhetoric** [rétərik]

rhetor(웅변가) + ic(형접 -학문)

명 **수사학**   rhetorical 형 수사학의

[8] **Rhetoric** is also the art of speaking and writing effectively, or the study of this art. rhetorical.

☐ **magnetic** [mægnétik]

magnet(명 자석) + ic(형접)

형 **자석의**

[9] A magnet is a material or object that produces a **magnetic** field.

## -y (명사, 형용사)

☐ **jealousy** [dʒéləsi]

jealous(형 질투심이 많은) + y(명접)

명 **질투**

[10] **Jealousy** isn't necessarily a bad thing. It's human nature. It's natural to feel jealous from time to time.

☐ **greedy** [gríːdi]

greed(명 탐욕) + y(형접)

형 **탐욕스러운**

[11] Some landlords have become **greedy** and are demanding higher rents than people can afford.

# ※ 하나의 단어가 여러 품사로 사용되는 접미사: -ate, -ant, -ary, -ent, -ive, -ly

## -ate (동사, 명사, 형용사)

☐ **advocate** [ǽdvəkèit]

advoc(support 옹호) + ate(동접 , 명접)

동 **옹호하다** 명 [ǽdvəkit] **옹호자** advocacy [ǽdvəkəsi] 명 옹호, 지지

동 **옹호하다**

[12] He **advocates** traditional teaching methods.

명 **옹호자**

[13] He is an **advocate** for peace.

☐ **separate** [sépərèit]

separ(away 떨어져 있는) + ate(동접 , 형접)

동 **떼어 놓다**   형 [sépərit] **갈라진, 분리된**

동 **떼어 놓다**

[14] The previously conjoined twins were successfully **separated**.

형 **갈라진, 분리된**

[15] Practically every field is treated as a **separate** farm in itself.

8. 수사학은 효과적으로 말하고 쓰는 기술, 혹은 이 기술에 대한 연구다.
9. 자석은 자기장을 생성하는 재료 또는 물체다.
10. 질투가 반드시 나쁜 것은 아니다. 인간의 본성이다. 때때로 질투하는 것이 당연하다.
11. 일부 집주인은 탐욕스럽다. 그리고 사람들이 감당할 수 있는 것보다 높은 임대료를 요구한다.

12. 그는 전통적인 교수법을 옹호한다.
13. 그는 평화론자이다.
14. 이전에 연결된 쌍둥이는 여러 번의 수술 후 성공적으로 분리되었다.
15. 실제로 모든 들판은 그 자체로 분리된 농장으로 취급된다.

# – ant (명사, 형용사)

□ **assistant** [əsístənt]

assist( 통 돕다) + ant( 명접 , 형접 )

명 조수, 보좌역    형 보조의    assist [əsíst] 통 원조하다, 돕다

명 조수, 보좌역

[16] We are searching for a highly personable, enthusiastic, and motivated **assistant** who wants to be part of a caring and dedicated team.

형 보조의

[17] Kalisha Morgan has been named as the new **assistant** superintendent for equity, curriculum and instruction for the Montclair school district.

# -ary (명사, 형용사)

□ **missionary** [míʃənèri]

mission( 명 임무) + ary( 명접 , 형접 )

형 전도(자)의    명 선교사    mission [míʃən] 명 임무

형 전도(자)의

[18] Nancy Green is described as a storyteller, cook, and **missionary** worker.

명 선교사

[19] A **missionary** is a member of a religious group sent into an area to promote their faith or perform ministries of service, such as education, literacy, social justice, health care, and economic development.

# -ent (명사, 형용사)

□ **superintendent**

[sùːpərinténdənt]

superintend( 통 감독하다) + ent( 명접 , 형접 )

명 감독, 지휘자    형 감독하는

superintend [sùːpərinténd] 통 지휘(관리, 감독)하다

명 감독, 지휘자

[20] The role and powers of the **superintendent** vary among areas.

형 감독하는

[21] There are no current **superintendent** job openings in our department.

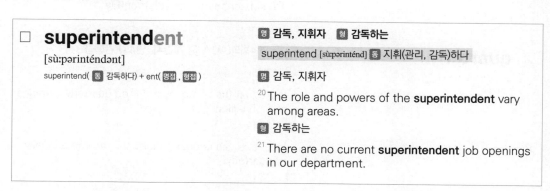

16. 우리는 주의 깊고 헌신적인 팀의 일원이 되고자 하는 매우 인간적이고 열정적이며 동기부여 된 조수를 찾고 있다.

17. Kalisha Morgan은 Montclair 학군의 평등, 교과 과정 및 수업을 위한 새로운 부교육감으로 지명되었다.

18. Nancy Green은 스토리텔러, 요리사 그리고 선교 노동자로 설명된다.

19. 선교사는 교육, 문해력, 사회 정의, 건강 관리 및 경제 발전과 같은 신앙을 증진 시키거나 봉사의 직무를 수행하기 위해 지역으로 파견된 종교 단체의 일원이다.

20. 감독의 역할과 권한은 지역마다 다르다.

21. 현재 우리 부서에 감독관 일자리가 없다.

# -ive (명사, 형용사)

## □ relative [rélətiv]
relate( 동 관련시키다 ) + ive( 명접 , 형접 )

명 친척　형 비교상의　relate [riléit] 동 관계시키다

명 친척

22 At the separated family reunion, they met **relatives** they haven't seen in 65 years.

형 비교상의

23 They are living in **relative** comfort.

## □ representative [règprizéntətiv]
represent( 동 대표하다 ) + ative( 형접 , 명접 )

형 대표적인　명 대표자　represent [règprizént] 동 대표하다

형 대표적인

24 The paintings are **representative** of English art in the early 19th century.

명 대표자

25 We elected him as our **representative**.

# -ly (명사, 형용사, 부사)

## □ monthly [mʌ́nθli]
month( 명 달) + ly( 형접 , 부접)

형 매월의　부 매월　month [mʌnθ] 명 (한)달, 월

형 매월의

26 The mortgage is payable in **monthly** instalments.

부 매월

27 The members began meeting **monthly** in 2018.

명 월간지

28 He subscribes the travel **monthly**.

## □ quarterly [kwɔ́ːrtərli]
quarter(4분의 1) + ly( 형접 , 부접)

형 부 연 4회의[에]　명 계간지, 연4회 간행물

형 분기별

29 In August the company reported **quarterly** earnings of $1.5 billion.

부 분기별

30 Investors can choose to take the income annually or **quarterly**.

명 계간지

31 The company issues the **quarterly**.

---

22. 그들은 이산가족 상봉에서 65년 동안 보지 못했던 친척들을 만났다.
23. 그들은 비교적 편하게 살고 있다.
24. 그림은 19 세기 초 영국 예술을 대표한다.
25. 우리는 그를 대표자로 선출했다.
26. 주택 담보 대출은 매월 할부로 지불가능하다.
27. 그 회원들은 2018년에 매월 만나는 것을 시작했다.
28. 그는 여행 월간지를 정기구독한다.
29. 8월에 그 회사는 분기별 15억 달러의 수익을 보고했다.
30. 투자자는 연간 또는 분기별로 수입을 선택할 수 있다.
31. 그 회사는 계간지를 발행한다.

※ 아래에서 우리말은 영어로 영어는 우리말로 각각 뜻을 쓰시오.

| | | | |
|---|---|---|---|
| 1. 수사학 | _____ | 13. scholar | _____ |
| 2. 자석의 | _____ | 14. regular | _____ |
| 3. 질투 | _____ | 15. moisten | _____ |
| 4. 탐욕스러운 | _____ | 16. golden | _____ |
| 5. 옹호하다, 옹호자 | _____ | 17. missionary | _____ |
| 6. 떼어 놓다, 갈라진, 분리된 | _____ | 18. superintendent | _____ |
| 7. 조수, 보좌역, 보조의 | _____ | 19. relative | _____ |
| 8. 그렇지 않으면 | _____ | 20. representative | _____ |
| 9. 똑같이, 마찬가지로 | _____ | 21. quarterly | _____ |
| 10. 아래쪽으로 | _____ | 22. ordinarily | _____ |
| 11. 도착, 도달 | _____ | 23. deliciously | _____ |
| 12. 의식의, 공식의 | _____ | 24. sideways | _____ |

※ 다음 문장의 빈칸에 알맞은 단어를 보기에서 찾아 넣으시오. 필요 시 대문자, 수, 시제, 태 등 문법적 요소를 고려하여 쓰세요.(다만 본문 예문 학습을 유도하기 위하여 예문에서 사용한 단어를 정답으로 하였다.)

보 기

golden, rhetoric, greedy, representative, missionary, moisten, relative, otherwise, superintendent, separate, magnetic, jealousy, advocate, ordinarily, deliciously, regular

25. He is an _____ for peace.

26. The dew _____ ed the meadows.

27. They are living in _____ comfort.

28. We have to be optimistic, _____ you give up.

29. The role and powers of the _____ vary among areas.

30. Practically every field is treated as a _____ farm in itself.

31. The paintings are _____ of English art in the early 19th century.

32. Nancy Green is described as a storyteller, cook, and _____ worker.

33. A magnet is a material or object that produces a _____ field.

34. The winter sports season _____ begins in November.

35. The best ingredients go _____ well with pasta, curry, and even on toast.

36. All events at churches except _____ services banned starting July 10.

37. Once upon a time there was a beautiful young princess with long _____ hair.

38. _____ is also the art of speaking and writing effectively, or the study of this art.

39. Some landlords have become _____ and are demanding higher rents than people can afford.

40. _____ isn't necessarily a bad thing. It's human nature. It's natural to feel jealous from time to time.

Shall we take a rest?

It is the time you have wasted for your rose that
makes your rose so important.
너의 장미가 그토록 소중한건 네가 장미에게 쏟아부은 시간 때문이야.

- 〈Little Prince 어린왕자 by 생텍쥐페리〉 중에서.

# Chapter II

# 단어 앞에 붙이는
# 주요 prefix(접두사)

**참고** 단어 앞에 붙이는 주요 **접두사(prefix) –** 공간과 시간, 긍정부정, 수 등 표현

| 접두사 | 뜻 | 단어 예 |
|---|---|---|
| pre | ~ 앞에(before) | precede 앞서다 |
| pro | ~ 앞에(before) | proceed 앞으로 나아가다 |
| fore | ~ 앞에(before) | forecast 예측하다 |
| ant(e, t) | ~ 이전에(before) | anticipate 예상하다 |
| post | ~ 뒤에(behind) | postdate 실제보다 늦추다 |
| re | 다시(again), 뒤로(back) | recover 회복하다, 되찾다 |
| after | 뒤에 | aftercare 치료 후 몸조리 |
| retro | 뒤로(back) | retroact 반동하다 |
| over | 위로 | overcharge 과잉청구하다 |
| super | 위에 | superior 우수한 |
| up | 위로 | uphold 지지하다 |
| hyper | 위 | hyperacid 위산과다의 |
| hypo | 아래 | hypoacidity 산과소 |
| under | 아래 | undercover 비밀로 한 |
| su(b, f, g, p, s, r) | 아래(under) | subconscious 잠재의식의 |
| $in^1$, $im^1$ | ~ 안에 | include 포함하다 |
| inter | ~ 사이에(beween) | interact 상호작용하다 |
| e(x) | 밖에(out) | elicit 이끌어내다<br>exaggerate 과장하다 |
| (o)ut | 밖에 | outbreak 발발, 발병<br>utter 말하다 |
| extra | 밖의, 여분의(out) | extraneous 외래의 |
| trans | 통과하여(through) | transatlantic 대서양 건너의 |
| dia | 가로질러(across), 사이에(between) | dialogue 대화 |
| per | 완전히 통과하여(through) | perceive 인식하다 |
| with | ~ 함께(together) | withdraw 철회하다 |
| syn, sym | ~ 함께(together) | sympathy 동정, 공감 |
| co(l,m,r) | ~ 함께(together) | coexist 공존하다 |
| $in^2$, il, $im^2$, ir | ~ 없는(not) | inability 무능력 |
| dis | ~ 없는(not), 사라진(away) | disable 쓸모없게 만들다 |
| non | ~ 가 아닌(not) | nonchalance 무관심, 냉담 |
| a(n) | ~ 없는(not) | achromatic 무색의 |
| un | ~ 없는(not) | unaware 모르고 있는 |

| 접두사 | 뜻 | 단어 예 |
|---|---|---|
| counter, contra | ~ 에 받대하여(against) | counteract 대응하다 |
| ant(i) | ~ 에 반대하는(against) | antagonize 반감을 사다 |
| tel(e, o) | 멀리 떨어진, 전신 | telebanking 텔레뱅킹 |
| se | 떨어져(away) | section 분할, 구역 |
| a(b) | 떨어져(away) | abduct 유괴하다 |
| bene | 좋은(good) | benefaction 은혜(를 베풂) |
| mal(e) | 나쁜(bad) | malice 악의 |
| ambi | 양쪽의(both),둘레의(around) | ambiance 주변의 모양, 분위기 |
| en | 만들다(make) | enable 할 수 있게 만들다 |
| auto | 스스로 | autobiography 자서전 |
| mis | 잘못 | misapply 잘못 적용하다 |
| a(b, c, d, p, r, s, t) | ~ 쪽으로(to) | adhere 부착하다, 고수하다 |

| 수와 관련된 접두어 | mono | one (1- 하나) | monach 군주제 |
|---|---|---|---|
| | uni | | unity 단결, 통일성 |
| | bi | two (2- 둘) | bifocal 이중 초점의 |
| | due | | duo 2인조, 2중주 |
| | tri | three (3- 셋) | triathlon 3종 경기 |
| | tetra | four (4- 넷) | tetragon 4각형 |
| | penta | five (5- 다섯) | pentagon 5각형 |
| | hexa | six (6- 여섯) | hexagon 6각형 |
| | hepta | seven (7- 일곱) | heptagon 7각형 |
| | sept | | septangle 7각형 |
| | oct | eight (8- 여덟) | octave 옥타브, 8도음정 |
| | non(a) | nine (9- 아홉) | nonagon 9변형 |
| | dec(a) | ten (10- 열) | decade 10년 |
| | hemi | half(½, 반) | hemisphere 반구 |
| | semi | | semiarid 반건조의 |
| | demi | | demigod 반신반인 |
| | quarter | ¼(4분의 1) | quarterfinal 준준결승 |
| | multi | 여러 개 | multimedia 멀티미디어 |

# 07 day

# pre-: before 미리, 먼저

이 단원에서 학습할 단어모음입니다. □□□에 각각 모르는 단어를 3회에 걸쳐 ☑(체크표시)해 보세요.
모르는 단어는 끝까지 학습하세요.

## Preview Words

□□□ **pre**caution [prikɔ́ːʃən] n. 예방, 조심

□□□ **pre**cede [prisíːd] v. ~에 앞서다

□□□ **pre**cedence [présədəns] n. 선행, 우선, 우월

□□□ **pre**cedent [présədənt] n. 선례, 전례, 판례

□□□ **pre**cedented [présədèntid] a. 선례 있는

□□□ **un**precedented [ənprésədèntid] a. 유례없는

□□□ **pre**decessor [prédisèsər] n. 선행자

□□□ **pre**date [prideit] v. ~보다 먼저 일어나다

□□□ **pre**dict [pridíkt] v. 예언하다

□□□ **pre**diction [pridíkʃən] n. 예언

□□□ **pre**dominate [pridámənèit] v. 뛰어나다

□□□ **pre**dominant [pridámənənt] a. 우세한

□□□ **pre**dominance [pridámənəns] n. 우월, 탁월

□□□ **pre**face [préfis] n. 서문 v. ~에 서문을 쓰다

□□□ **pre**judice [prédʒədis] n. 편견

□□□ **pre**lude [prélju:d] n. 서곡, 전조

□□□ **pre**mature [prìːmətjúəɾ] a. 정상보다 빠른

□□□ **pre**mise [prémis] n. 전제 pl) 구내, 건물과 토지

□□□ **pre**occupy [prìːákjəpài] v. 먼저 점유하다, 마음을 빼앗다

□□□ **pre**pare [pripéər] v. 준비하다

□□□ **pre**paration [prèpəréiʃən] n. 준비

□□□ **pre**requisite [prirékwəzit] n. 전제조건

□□□ **pre**sume [prizúːm] v. 추정하다

□□□ **pre**sumption [prizʌ́mpʃən] n. 추정

□□□ **pre**view [príːvjùː] n. 시사회

단어 앞에 붙는 접두어 **Pre**는 before '앞서서', '미리'의 뜻이다.

□ **precaution** [prikɔ́ːʃən]
pre(before 미리) + caution(조심) → 미리 조심 → 예방

명 예방, 조심
[1] A homeowner should take the basic **precaution** of locking windows.

□ **precede** [prisíːd]
pre(before 미리) + cede(가다) → 먼저 일어나다

동 ~에 앞서다
[2] Verbs usually **precede** objects in English.
[3] Lightning **precedes** thunder.

□ **precedence** [présədəns]
pre(before 미리) + cede(가다) + ence(명접) → 선행

명 선행, 우선, 우월, 우위, 우선권
[4] **Precedence** must be given to the injured in the evacuation plans.

□ **precedent** [présədənt]
pre(before 미리) + cede(가다) + ent(명접) → 선례

명 선례, 전례, 판례
[5] There is a clear **precedent** on this matter.

□ **precedented** [présədèntid]
precedent(선례) + ed(형접) → 선례 있는

형 선례 있는, 전례 있는
[6] The severe 5 year drought we recently experienced is **precedented**.

□ **unprecedented**
[ənprésədèntid]
pre(before 미리) + cede(가다) + or(명접 –사람) → 먼저 간 사람 → 선행자, 전임자

형 유례없는, 전례 없는
[7] Unemployment rate has reached an **unprecedented** level.

□ **predecessor** [prédisèsər]
un(not) + precedented(선례 있는) → 유례없는

명 선행자, 전임자
[8] My **predecessor** worked in this job for twelve years.

□ **predate** [prideit]
pre(before 미리) + date(날짜) → 날짜가 앞서다

동 ~보다 먼저 일어나다
[9] Some species of bat **predate** small mammals.

1. 집주인은 창문을 잠그는 기초적인 예방 조치를 취해야 한다.
2. 영어에서 보통 동사가 목적어 앞에 온다.
3. 천둥 소리보다 번개가 먼저 발생한다.
4. 대피 계획에서 부상자들에게 우선권이 주어져야 한다.
5. 이 문제에 대한 명확한 선례가 있다.

6. 우리가 최근에 경험한 심각한 5년 가뭄이 전례가 있다.
7. 실업률이 전례없는 수준에 이르렀다.
8. 나의 전임자는 12년 동안 이 일에 종사했다.
9. 몇몇 종의 박쥐들은 조그만 포유류보다 앞선다.

## predict [pridíkt]
pre(before 미리) + dict(say 말하다) → 예언하다

동 예언하다 [유사어] anticipate, forecast, foresee

[10] The weather caster **predicts** that a storm is coming.

[11] The manager **predicts** a 4% sales increase this year.

## prediction [pridíkʃən]
pre(before 미리) + diction(말하기) → 예언

명 예언

[12] The **prediction** that he might succeed came true.

## predominate [pridámənèit]
pre(before 미리) + domin(지배)+ate(명접)
→ 앞서서 지배하다 → 지배하다, 뛰어나다

동 지배하다, 뛰어나다

[13] Women **predominated** in the audience.

## predominant [pridámənənt]
predominate (지배하다) + ant(형접) → 앞서서 지배하는

동 우세한

[14] Recently women have a **predominant** role as health care professionals.

## predominance [pridámənəns]
predominate (지배하다) + ance(명접)

명 우월, 탁월

[15] The singer first came to **predominance** as an artist in 2019.

## preface [préfis]
pre(before 미리) + face(얼굴) → 서문

명 서문, 머리말   동 ~에 서문을 쓰다, (말을) 시작하다

명 서문, 머리말

[16] A **preface** is a brief introduction written by the author.

동 ~에 서문을 쓰다, (말을) 시작하다

[17] He **prefaced** his lecture with a critical remark about the institution.

## prejudice [prédʒədis]
pre(before 미리) + judice(판단) → 먼저 판단하는 것 → 편견

명 편견 [유사어] bias

[18] **Prejudice** is an idea or opinion that disregards basic facts.

## prelude [préljuːd]
pre(before 미리) + lude(play 놀이) → 본행사 등에 앞서는 것
→ 전조, 서곡

명 서곡, 전조 [유사어] introduction, prologue

[19] For me, reading was a necessary **prelude** to sleep.

## premature [prìːmətjúər]
pre(before 미리) + mature(익는) → 앞서서 익는
→ 정상보다 빠른

형 정상보다 빠른, 너무 이른

[20] It is **premature** to carry out the plan.

---

10. 기상 예보관은 폭풍우가 올 것을 예보한다.
11. 그 매니저는 올해 4프로의 판매 증가를 예언한다.
12. 그가 성공하게 될 것이라는 예언이 실현되었다.
13. 청중에는 여성들이 압도적이었다.
14. 최근 여성들이 건강 관리 전문가로서 지배적인 역할을 한다.
15. 그 가수는 처음 2019년에 예술가로서 탁월함을 보여 주었다.

16. 서문은 저자에 의해서 씌어 지는 짧은 소개문이다.
17. 그는 그 단체에 대한 비판적인 의견으로 그의 강연을 시작하였다.
18. 편견은 기본적인 사실을 무시하는 생각이나 의견이다.
19. 나에게 독서는 잠들기 전 필수적인 서곡이었다.
20. 그 계획을 실행하기에는 아직 시기가 빠르다.

## 다의어 premise [prémis]

pre(before 미리) + mise(send 보내다) → 본격적인 일보다 먼저 제시된 것

ㅡ 전제
ㅡ pl) 건물이 들어서기 전에 필요한 토지, 구내

**명 전제, pl) 구내, 건물(집)과 토지**

21 We must act on the **premise** that the worst may happen.
22 They started with the **premise** that all men are created equal.
23 The **premises** of a business or an institution are all the buildings and land that it occupies in one place.

---

☐ **preoccupy** [prìːákjəpài]

pre(before 미리) + occupy(점유하다) → 앞서서 점유하다

**동 먼저 점유하다, 마음을 빼앗다**

24 Financial situation **preoccupied** president.

---

☐ **prepare** [pripéər]

pre(before 미리) + pare(supply 공급하다) → (먼저 공급하여) 준비하다

**동 준비하다**

25 You should **prepare** the project work.

---

☐ **preparation** [prèpəréiʃən]

prepare(준비하다) + ation( 명접 )

**명 준비**

26 We're making **preparations** for moving house.

---

☐ **prerequisite** [prirékwəzit]

pre(before 미리) + requisite(require 요구하다) → 앞서서 요구하는 것 → 전제조건

**명 전제조건**

27 Good health is a **prerequisite** for happiness.

---

☐ **presume** [prizúːm]

pre(before 미리) + sume(suppose 상상하다) → 앞서서 생각하다 → 추정하다

**동 추정하다** 유사어 assume, guess, suppose

28 I **presume** that the debate will continue.

---

☐ **presumption** [prizʌmpʃən]

pre(before 미리) + sumption(상상) → 앞선 상상 → 추정

**명 추정**

29 The **presumption** of innocence is central to law.

---

☐ **preview** [príːvjùː]

pre(before 미리) + view(see 보다) → 먼저 보는 것 → 시사회

**명 시사회**

30 There was a **preview** screening of the movie on Monday night.

---

21. 최악의 사태도 일어날 수 있다는 전제 하에 행동하지 않으면 안 된다.
22. 그들은 모든 인간은 평등하게 창조되었다는 전제에서 시작했다.
23. 기업이나 기관의 구내는 한 곳에서 차지하는 모든 건물과 토지다.
24. 재정적 문제가 대통령을 고민하게 하였다.
25. 여러분은 수행평가 준비를 해야 한다.
26. 우리는 이사 준비 중이다.

27. 건강은 행복의 필수 조건 중 하나다.
28. 나는 그 논쟁이 계속될 것이라고 추정한다.
29. 무죄에 대한 추정이 법에서 중심이다.
30. 월요일 밤에 그 영화에 대한 시사회 상영이 있었다.

# TEST ____ DAY 07

※ 아래에서 우리말은 영어로 영어는 우리말로 각각 뜻을 쓰시오.

1. 예방, 조심 _____
2. ~에 앞서다 _____
3. 선행, 우선, 우월 _____
4. 선례, 전례, 판례 _____
5. 선례 있는 _____
6. 유례없는 _____
7. 선행자 _____
8. ~보다 먼저 일어나다 _____
9. 예언하다 _____
10. 예언 _____
11. 뛰어나다 _____
12. 우세한 _____

13. preface _____
14. prejudice _____
15. prelude _____
16. premature _____
17. premise _____
18. preoccupy _____
19. prepare _____
20. preparation _____
21. prerequisite _____
22. presume _____
23. presumption _____
24. preview _____

※ 다음 문장의 빈칸에 알맞은 단어를 보기에서 찾아 넣으시오. 필요 시 대문자, 수, 시제, 태 등 문법적 요소를 고려하여 쓰세요.(다만 본문 예문 학습을 유도하기 위하여 예문에서 사용한 단어를 정답으로 하였다.)

**보기**

predominant, predominance, premise, precedence, prejudice, unprecedented, predecessor, precedes, preparations, prerequisite, presumption, prelude, preface, predict, prepare, premature

25. Lightning _____ thunder.

26. You should _____ the project work.

27. It is _____ to carry out the plan.

28. We're making _____ for moving house.

29. Good health is a _____ for happiness.

30. The _____ of innocence is central to law.

31. For me, reading was a necessary _____ to sleep.

32. A _____ is a brief introduction written by the author.

33. Unemployment rate has reached an _____ level.

34. My _____ worked in this job for twelve years.

35. The weather caster _____ that a storm is coming.

36. The singer first came to _____ as an artist in 2019.

37. _____ is an idea or opinion that disregards basic facts.

38. They started with the _____ that all men are created equal.

39. _____ must be given to the injured in the evacuation plans.

40. Recently women have a _____ role as health care professionals.

# 08 / day

# pro-: forward 앞으로/in favor 찬성하여

이 단원에서 학습할 단어모음입니다. □□□에 각각 모르는 단어를 3회에 걸쳐 ☑(체크표시)해 보세요.
모르는 단어는 끝까지 학습하세요.

## Preview Words

□□□ **proceed** [prousí:d] v. 앞으로 나아가다

□□□ **procedure** [prəsí:dʒər] n. 순서, 절차

□□□ **process** [práses] n. 진행, 경과

□□□ **procession** [prəséʃən] n. 행렬

□□□ **progress** [prágres] n. 전진, 진행, 경과

□□□ **propose** [prəpóuz] v. 제안하다

□□□ **proposal** [prəpóuzəl] n. 신청, 제안, 제의

□□□ **produce** [prədjú:s] v. 생산하다 n. 농산물, 생산품

□□□ **product** [prádəkt] n. 생산물

□□□ **production** [prədʌ́kʃən] n. 생산

□□□ **producer** [prədjú:sər] n. 생산자

□□□ **project** [prədʒékt] v. 계획하다 n. 프로젝트

□□□ **prologue** [próulɔ:g] n. 프롤로그, 머리말

□□□ **prolong** [prəulɔ́:ŋ] v. 연장하다

□□□ **prophecy** [práfəsi] n. 예언

□□□ **prophesy** [práfəsài] v. 예언하다

□□□ **prophet** [práfit] n. 예언자

□□□ **protect** [prətékt] v. 보호하다

□□□ **protection** [prətékʃən] n. 보호, 보안

□□□ **prominent** [prámənənt] a. 돌출된, 유명한

□□□ **prominence** [prámənəns] n. 돌출, 명성

□□□ **promote** [prəmóut] v. 진전시키다, 승진하다

□□□ **promotion** [prəmóuʃən] n. 승진, 승격, 진급

□□□ **prospect** [práspekt] n. 기대, 전망, 가능성

□□□ **prospective** [prəspéktiv] a. 장래의, 유망한

□□□ **protest** [prətést] v. 항의하다 n. [próutest] 항의

□□□ **provide** [prəváid] v. 주다, 공급하다, 준비하다

□□□ **provision** [prəvíʒən] n. 예비, 준비, 공급, 제공

□□□ **providence** [právədəns] n. 섭리, 선견(지명), 조심

□□□ **pros and cons** [pras ænd kans] n. 찬반양론, 장단점

한 입 VOCA 수능 어원편 ▶ 83

☐ **proceed** [prousí:d]

pro(forward 앞으로) + ceed(go 가다) → 앞으로 나아가다, 진행하다

**동** 앞으로 나아가다 **유사어** advance, progress

[1] The construction project was **proceeding** with surprising speed.

☐ **procedure** [prəsí:dʒər]

pro(forward 앞으로) + ced(go 가다) + ure( **명접** ) → 앞으로 나아가는 과정 → 순서, 절차

**명** 순서, 절차

[2] What's the **procedure** for obtaining a visa?

☐ **process** [práses]

pro(forward 앞으로) + cess(go 가다) → 진행(하다)

**명** 진행, 경과  **동** 처리하다

**명** 진행, 경과

[3] Graying hair is part of the aging **process**.

**동** 처리하다

[4] The new oil refinery **processes** 250,000 barrels of crude a day.

☐ **procession** [prəséʃən]

pro(forward 앞으로) + cess(go 가다) + ion( **명접** ) → (가는) 행렬

**명** 행렬, 진행

[5] The festival will open with a **procession** led by the mayor.

☐ **progress** [prágres]

pro(forward 앞으로) + gress(go 가다) → 앞으로 가다 → 진행, 전진(하다)

**명** 전진, 진행, 경과  **동** [prəgrés] 진행하다

**명** 전진, 진행, 경과

[6] I'm not making much **progress** with my Chinese.

**동** 전진하다, 진척하다  **반의어** retrogress 후퇴하다

[7] The cold front **progressed** south.

☐ **propose** [prəpóuz]

pro(forward 앞으로) + pose(put 놓다) → 앞에 놓다 → 제안하다

**동** 제안하다

[8] She **proposed** a boycott of the meeting.

☐ **proposal** [prəpóuzəl]

propose(제안하다) + al( **명접** ) → 제안

**명** 신청, 제안, 제의

[9] They announced a **proposal** for a ban on the use of nuclear weapons.

---

1. 그 건설 공사는 놀라운 속도로 진행되고 있었다.
2. 비자를 받는 절차는 어떻게 되어 있습니까?
3. 희끗희끗 해지는 머리는 노화과정의 일부다.
4. 새 정유소가 하루에 250,000 배럴의 원유를 처리한다.
5. 축제는 시장이 이끄는 행렬과 함께 시작될 것이다.

6. 나의 중국어 실력이 많이 발전하고 있지 않다.
7. 한랭전선이 남하했다.
8. 그녀는 그 회의 참가 거부를 제안하였다.
9. 그들은 핵무기 사용 금지 제안을 발표하였다.

**다의어** **produce** [prədjúːs]

pro(forward 앞으로) + duce(lead 이끌다)
→ 앞으로 끌어내다

┌ 생산하다
└ 농산물

동 생산하다　명 [prɑ́djuːs] 생산물, 농산물
동 생산하다
[10] The company **produces** electrical goods.
명 생산물, 농산물
[11] This implies that younger consumers bought fresh agricultural **produce** at a higher price.

---

☐ **product** [prɑ́dəkt]

명 생산물
[12] In marketing, a **product** is an object or system made available for consumer use.

---

☐ **production** [prədʌ́kʃən]

produce(생산하다) + tion(명접) → 생산

명 생산
[13] **Production** is a process of combining various material inputs and immaterial inputs.

---

☐ **producer** [prədjúːsər]

produce(생산하다) + er(명접 – ~하는 사람)
→ 생산하는 사람

명 생산자
[14] A **producer** is a person who creates economic value, or produces goods and services.

---

☐ **project** [prədʒékt]

pro(forward 앞으로) + ject(throw 던지다)
→ 앞으로 던져진 것 → 프로젝트

동 입안하다, 계획하다　명 [prɑ́dʒekt] 프로젝트, 계획
동 입안하다, 계획하다, 내던지다
[15] The work is **projected** to start in November.
[16] The candidate **projects** supreme confidence in his own views and abilities.
명 프로젝트, 계획
[17] My next **project** is decorating the kitchen.

---

☐ **prologue** [próulɔːg]

pro(forward 앞으로) + logue(discourse 말) → 앞에 오는 말
→ 프롤로그, 머리말

명 프롤로그, 머리말　반의어 epilogue [épilɔːg] 끝맺음 말
[18] A **prologue** is a part at the beginning of a play, story, or long poem that introduces it.

---

☐ **prolong** [proulɔ́ːŋ]

pro(forward 앞으로) + long(긴) → 앞으로 길게 늘리다
→ 연장하다

동 연장하다　유사어 protract
[19] They were having such a good time that they decided to **prolong** their stay by another week.

---

10. 그 회사는 전기제품을 생산한다.
11. 이것은 젊은 소비자들이 신선한 농산물을 높은 가격에 구매한다는 것을 암시한다.
12. 마켓팅에서 상품은 소비자가 사용할 수 있도록 만들어진 물건이나 시스템이다.
13. 생산은 여러 가지 물질적 혹은 비물질적 투입을 결합하는 과정이다.
14. 생산자는 경제적 가치나 혹은 상품이나 서비스를 생산하는 사람이다.

15. 그 일은 11월에 시작하기로 계획되었다.
16. 그 후보는 자신의 관점과 능력에 대해 최고 자신감을 나타낸다.
17. 나의 다음 계획은 부엌을 장식하는 것이다.
18. 프롤로그(prologue)는 소개하는 연극, 이야기, 혹은 긴 시의 시작 부분이다.
19. 그들은 너무나 좋은 시간을 보내고 있는 중어서 또 한 주 더 연장하기로 결정했다.
20. 전쟁이 일어나리라는 그의 예언이 들어맞았다.

| ☐ **pro**phecy [práfəsi] | 명 예언 |
| pro(forward 앞으로) + phecy(say 말) → 먼저 말하는 것 → 예언 | [20] His **prophecy** that war would break out came true. |

| ☐ **pro**phesy [práfəsài] | 동 예언하다 유사어 foretell |
| pro(forward 앞으로) + phesy(say 말하다) → 먼저 말하다 → 예언하다 | [21] The gypsy **prophesied** her a happy marriage. |

| ☐ **pro**phet [práfit] | 명 예언자 |
| pro(forward 앞으로) + phet(speaker 말하는 사람) → 앞으로 말하는사람 → 예언자 | [22] A **prophet** is a person who is the mouthpiece of God. |

| ☐ **pro**tect [prətékt] | 동 보호하다 유사어 safeguard |
| pro(forward 앞으로) + tect(cover 막다) → 앞에서 막는다 → 보호하다 | [23] They **protected** their own claims with perfect unity. |

| ☐ **pro**tection [prətékʃən] | 명 보호, 보안 |
| protect(보호하다) + ion( 명접 ) | [24] Raincoats give **protection** from rain. |

| ☐ **pro**minent [prámənənt] | 형 돌출된, 유명한 유사어 outstanding |
| pro(forward 앞으로) + min(rise 오르다) + ent( 형접 ) → 앞으로 올라온 → 유명한 | [25] The government should play a more **prominent** role in promoting human rights. |

| ☐ **pro**minence [prámənəns] | 명 명성 |
| pro(forward 앞으로) + min(rise 오르다) + ence( 명접 ) → 앞으로 올라온 것 → 명성 | [26] Most of the papers today give **prominence** to the same story. |

| ☐ **pro**mote [prəmóut] | 동 진전시키다, 승진하다 유사어 advocate, boost |
| pro(forward 앞으로) + mote(move 움직이다) → 앞으로 나아가다 → 승진하다 | [27] Greenpeace **promotes** awareness of the dangers that threaten our planet today. |

| ☐ **pro**motion [prəmóuʃən] | 명 승진, 승격, 진급 |
| promote(승진하다) + ion( 명접 ) | [28] The study showed that obese employees were repeatedly passed over for **promotion**. |

21. 집시는 그녀에게 행복한 결혼을 예언했다.
22. 예언자는 신을 대변하는 사람이다.
23. 그들은 굳게 단결하여 자신들의 권리를 지켰다.
24. 비 옷은 비로부터 보호를 해 준다.
25. 정부는 인권 증진을 위하여 보다 중요한 역할을 해야 한다.

26. 오늘자 대부분의 신문들은 똑같은 이야기에 두드러지게 보도한다.
27. 그린피스는 오늘날 우리의 행성- 지구-을 위협하는 위험들에 대한 인식을 증진시킨다.
28. 연구는 비만한 직원들은 반복적으로 승진에서 누락되었다는 것을 보여 주었다.

**다의어 prospect** [práspekt]

pro(forward 앞으로) + spect(see 보다) → 미리 보는 것

┌ 기대, 전망
└ 전망이 좋다

명 기대, 전망, 가능성  동 [prəspékt] 답사하다, 전망이 좋다

명 기대, 전망, 가능성

29 Is there any **prospect** of the work condition improving?

30 This place commands a fine **prospect**.

동 답사하다, 전망이 좋다

31 The gold mine **prospects** well.

---

☐ **prospective** [prəspéktiv]

pro(forward 앞으로) + spect(see 보다) + ive(형접)
→ 미리 보는 → 장래의

형 장래의, 유망한

32 Don't miss chance to question **prospective** leaders.

---

☐ **protest** [prətést]

pro(forward 앞으로) + test(witness 증거)
→ (증거를 앞에 제시하면서) 항의하다

동 항의하다  명 [próutest] 항의

동 항의하다

33 Lots of people **protested** about the new working condition.

명 항의

34 A formal **protest** was made by the German team.

---

☐ **provide** [prəváid]

pro(forward 앞으로) + vide(see 보다)
→ 미리 예측하고 주다 → 제공하다

동 주다, 공급하다, 준비하다  유사어 furnish, supply

35 Cows **provide** milk for us.

---

☐ **provision** [prəvíʒən]

pro(forward 앞으로) + vision(see 보다)
→ 미리 보고 준비하는 것 → 준비

명 예비, 준비, 공급, 제공

36 We should make **provision** against accidents.

---

☐ **providence** [právədəns]

provide(공급하다, 준비하다) + ence(명접)
→ 신이 먼저 준비해서 제공한 것 → 섭리

명 섭리, 신의 뜻, 선견지명, 조심

37 He trusts in divine **providence**.

---

☐ **pros and cons**

pros(in favor 찬성) and cons (against 반대)

명 찬반양론, 장단점

38 The **pros and cons** of something are its advantages and disadvantages.

---

29. 노동 조건이 개선될 얼마간의 전망이 있나요?
30. 이 곳은 전망이 훌륭하다.
31. 그 금광은 전망이 좋다.
32. 유망한 지도자들에게 질문할 기회를 놓치지 말아라.
33. 많은 사람들은 새로운 노동 조건에 관하여 항의했다.

34. 공식적인 항의가 독일 팀에 의해 이루어졌다.
35. 암소는 우리에게 우유를 제공한다.
36. 우리는 사고에 대비해야 한다.
37. 그는 신성한 신의 섭리를 신뢰한다.
38. 어떤 것의 장단점(pros and cons)은 장점과 단점이다.

※ 아래에서 우리말은 영어로 영어는 우리말로 각각 뜻을 쓰시오.

1. 찬반양론 _____
2. 전진, 진행, 경과 _____
3. 제안하다 _____
4. 신청, 제안, 제의 _____
5. 생산물 _____
6. 생산 _____
7. 예비, 준비, 공급, 제공 _____
8. 섭리, 선견(지명), 조심 _____
9. 생산자 _____
10. 계획하다,프로젝트 _____
11. 프롤로그, 머리말 _____
12. 돌출된, 유명한 _____
13. 연장하다 _____

14. procedure _____
15. promotion _____
16. proceed _____
17. prophet _____
18. protection _____
19. prospective _____
20. prominence _____
21. promote _____
22. process _____
23. procession _____
24. prophesy _____
25. prospect _____
26. protest _____

※ 다음 문장의 빈칸에 알맞은 단어를 보기에서 찾아 넣으시오. 필요 시 대문자, 수, 시제, 태 등 문법적 요소를 고려하여 쓰세요.(다만 본문 예문 학습을 유도하기 위하여 예문에서 사용한 단어를 정답으로 하였다.)

보기

propose, project, protection, prophet, process, produce, procedure, production, prologue, procession, promotes, prolong, prominent, proposal, product, prophecy

27. Raincoats give _____ from rain.

28. What's the _____ for obtaining a visa?

29. Graying hair is part of the aging _____ .

30. She _____ d a boycott of the meeting.

31. My next _____ is decorating the kitchen.

32. His _____ that war would break out came true.

33. A _____ is a person who is the mouthpiece of God.

34. The festival will open with a _____ led by the mayor.

35. They announced a _____ for a ban on the use of nuclear weapons.

36. Greenpeace _____ awareness of the dangers that threaten our planet today.

37. This implies that younger consumers bought fresh agricultural _____ at a higher price.

38. In marketing, a _____ is an object or system made available for consumer use.

39. _____ is a process of combining various material inputs and immaterial inputs.

40. A _____ is a part at the beginning of a play, story, or long poem that introduces it.

41. They were having such a good time that they decided to _____ their stay by another week.

42. The government should play a more _____ role in promoting human rights.

# 09 day

# fore-: before ~ 앞에, ~전에

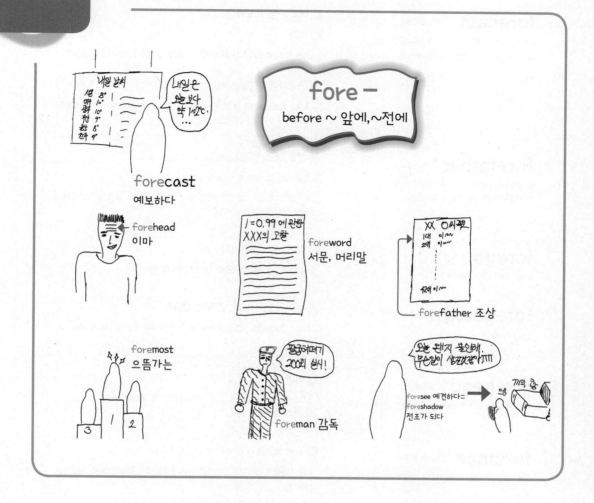

이 단원에서 학습할 단어모음입니다. ☐☐☐에 각각 모르는 단어를 3회에 걸쳐 ☑(체크표시)해 보세요.
모르는 단어는 끝까지 학습하세요.

## Preview Words

☐☐☐ **fore**cast [fɔ́:rkæ̀æst] n. 예측, v. 예보하다

☐☐☐ **fore**father [fɔ́:rfɑ̀:ðər] n. 조상

☐☐☐ **fore**go [fɔːrgóu] v. 앞에 가다, 선행하다

☐☐☐ **fore**going [fɔːrgóuiŋ] a. 앞의, 먼저의

☐☐☐ **fore**head [fɔ́:rhèd] n. 이마

☐☐☐ **fore**man [fɔ́:rmən] n. 감독

☐☐☐ **fore**most [fɔ́:rmòust] a. 으뜸가는

☐☐☐ **fore**runner [fɔ́:rrʌ̀nər] n. 선구자

☐☐☐ **fore**shadow [fɔːrʃǽdou] v. 전조가 되다

☐☐☐ **fore**see [fɔːrsíː] v. 예견하다, 선견지명이 있다

☐☐☐ **fore**sight [fɔ́:rsàit] n. 예지력, 선견지명

☐☐☐ **fore**word [fɔ́:rwəːrd] n. 머리말

**fore-**는 **before**의 뜻으로 공간과 시간적으로 '~앞에', 혹은 '~ 전에'라는 뜻이다.
**'pre-'**와 **'pro-'**와 의미가 비슷하다.

---

☐ **forecast** [fɔ́ːrkæǽst]

fore(before 이전에) + cast(throw 던지다)
→ 먼저 던지다 → 예보(하다), 예측(하다)

명 예측   동 예보하다

명 예측

[1] The **forecast** for Sunday, March 31, will be partly sunny.

동 예측하다 유사어 predict, prophesy, foretell, foresee

[2] They **forecast** a large drop in unemployment over the next two years.

---

☐ **forefather** [fɔ́ːrfɑ́ːðər]

fore(before 이전에) + father(아버지)
→ 아버지보다 앞서는 사람 → 조상, 선조

명 선조, 조상 유사어 ancestor, ascendant
반의어 descendant, successor

[3] Is Leonardo da Vinci the **Forefather** of the Animal Rights Movement?

---

☐ **forego** [fɔːrgóu]

fore(before 먼저) + go(가다)

동 앞에 가다, 선행하다

[4] Stone tools **forego** bronze tools.

---

☐ **foregoing** [fɔːrgóuiŋ]

forego(앞에 가다)+ing(형접)

형 앞의(preceding), 먼저의, 전술한

[5] Your **foregoing** statement contradicts your latest one.

---

☐ **forehead** [fɔ́ːrhèd]

fore(before 이전에) + head(머리) → 머리 앞부분 → 이마

명 이마

[6] The man puts a gun at victim's **forehead** and threatens to kill.

---

☐ **foreman** [fɔ́ːrmən]

fore(before 이전에) + man(남자) → 앞에 있는 사람 → 감독

명 감독 유사어 superintendent, supervisor

[7] He has worked as a construction **foreman** at the mine.

---

☐ **foremost** [fɔ́ːrmòust]

fore(before 이전에) + most(가장) → 가장 앞에 있는
→ 으뜸가는

형 으뜸가는

유사어 leading, preeminent, primary, prime, supreme

[8] Sale says winning was **foremost** on his mind.

---

1. 3월 31일 일요일에 대한 예보는 부분적으로 맑을 것이다.
2. 그들은 다음 2년 동안에 걸쳐 실업률이 크게 떨어질 것을 예측한다.
3. 레오나르도 다빈치(Leonardo da Vinci)가 동물 권리 운동의 대부인가?
4. 석재 도구는 청동 도구보다 앞선다.

5. 네가 앞서 말한 내용이 최신 내용과 모순된다.
6. 그 남자는 희생자의 이마에 총을 대고 죽이려고 위협한다.
7. 그는 그 광산에서 건설 감독으로 일해오고 있다.
8. Sale은 승리가 그의 마음 속에 최우선이었다고 말한다.
9. 검은 구름은 폭풍의 전조이다.

☐ **forerunner** [fɔ́ːrrʌ́nər]

fore(before 이전에) + runner(달리는 사람)
→ 앞서서 달리는 것이나 사람 → 전조, 예고, 선구자

명 전조, 예고, 선구자  유사어 precursor

[9] Black clouds are **forerunners** of a storm.

[10] An ancient toothless whale was **forerunner** of modern cetacean giants.

☐ **foreshadow** [fɔ́ːrʃæ̀dou]

fore(before 이전에) + shadow(그림자)
→ 앞에 그림자가 오다 → 전조가 되다

동 전조가 되다  유사어 foretell, portend, predict

[11] This signal can **foreshadow** a significant move in economy of South Korea.

☐ **foresee** [fɔːrsíː]

fore(before 이전에) + see(보다) → 먼저 보다 → 예견하다

동 예견하다

[12] Market experts **foresee** US gasoline prices rising.

☐ **foresight** [fɔ́ːrsàit]

fore(before 이전에) + sight(see 보다) → 먼저 보는 것
→ 예지력, 선견지명

명 예지력, 선견지명

[13] He was the one who had **foresight**.

☐ **foreword** [fɔ́ːrwəːrd]

fore(before 이전에) + word(말) → 먼저 오는 말 → 머리말

명 머리말  유사어 preface, introduction

[14] He even did a **foreword** on an album that we put out.

---

10. 고대 이 없는 고래가 현대 고래 거인의 선조였다.
11. 이러한 신호는 대한민국 경제에 중요한 움직임을 보여 줄 수 있다.
12. 시장 전문가들은 미국의 휘발유 가격 인상을 예측한다.

13. 그는 선견지명을 가진 사람이었다.
14. 그는 심지어 우리가 발매한 앨범에 서문을 썼다.

# ante-, ant(i)-, anc(i)-, an-: 이전의

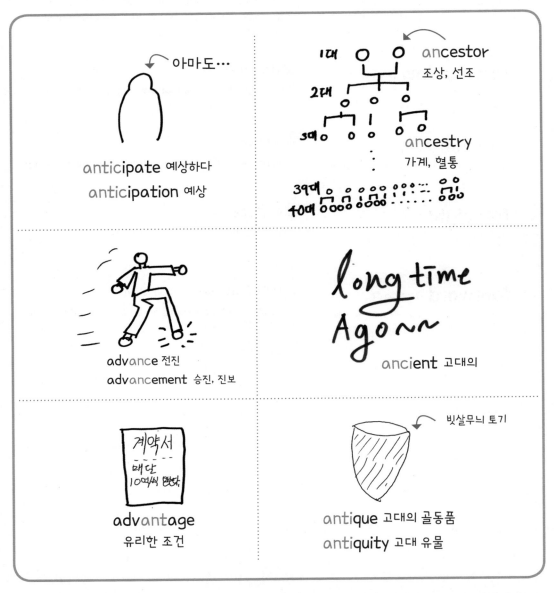

아마도…

anticipate 예상하다
anticipation 예상

ancestor
조상, 선조

ancestry
가계, 혈통

1대
2대
3대
:
39대
40대

advance 전진
advancement 승진, 진보

long time Agonn

ancient 고대의

계약서
매단
10억씩 땡땨.

advantage
유리한 조건

빗살무늬 토기

antique 고대의 골동품
antiquity 고대 유물

이 단원에서 학습할 단어모음입니다. □□□에 각각 모르는 단어를 3회에 걸쳐 ☑(체크표시)해 보세요.
모르는 단어는 끝까지 학습하세요.

### Preview Words

□□□ **anticipate** [æntísəpèit] v. 예상하다
□□□ **anticipation** [æntìsəpéiʃən] n. 예상
□□□ **antedate** [æntidèit] v. …에 앞서다
□□□ **antique** [æntíːk] a. 고대의 n. 골동품
□□□ **antiquity** [æntíkwəti] n. 고대 유물
□□□ **ancestor** [ænsestər] n. 조상, 선조

□□□ **ancestral** [ænséstrəl] a. 조상(대대로)의
□□□ **ancestry** [ænsestri] n. 가계, 혈통
□□□ **ancient** [éinʃənt] a. 고대의, 옛날의
□□□ **advance** [ædvæns] v. 전진하다 n. 전진
□□□ **advancement** [ædvænsmənt] n. 승진, 진보
□□□ **advantage** [ædvæntidʒ] n. 유리한 조건

## ante- 변형: ant(i)-, anc(i)-, an-는 ' beore(앞에, 이전에)'라는 뜻으로 'pre-'나 'pro-'와 유사하다.

☐ **anticipate** [æntísəpèit]
anti(before 앞에) + cip(take 가지다) + ate(동접)
→ 먼저 (정보 등을) 가지다 → 예상하다

[동] 예상하다 [유사어] forecast, foresee
[1] The organization **anticipated** that 100 new jobs may appear in the future.

☐ **anticipation** [æntìsəpéiʃən]
anticipate (예상하다) + ion(명접) → 예상

[명] 예상
[2] Many fans will be in **anticipation** of his future success.
[3] The child waited with eager **anticipation** for Christmas.

☐ **antedate** [æntidèit]
ante(before) + date(날짜) → 날짜가 앞서다

[동] …에 앞서다, …보다 먼저 일어나다
[4] My few surviving telephonic friendships **antedate** the internet.

☐ **antique** [æntíːk]

[명] 골동품 [형] 고대의
[명] 골동품
[5] Priceless **antiques** were destroyed in the fire.
[형] 고대의 [유사어] ancient
[6] **Antique** furniture is a popular area of antiques because furniture has obvious practical uses as well as collector value.

☐ **antiquity** [æntíkwəti]
antique(고대의) + ity(명접)

[명] 고대 [유사어] ancient times
[7] The statue was brought to Rome in **antiquity**.

☐ **ancestor** [ǽnsestər]
an(before 앞에) + cest(go 가다) + or(명접 – 사람)
→ 먼저 지나간 사람 → 조상, 선조

[명] 조상, 선조 [유사어] antecedent, forefather
[반의어] descendant
[8] His **ancestors** had come to America from Ireland.

☐ **ancestry** [ǽnsestri]
an(before 앞에) + cest(go 가다) + ry(명접)

[명] 가계, 혈통
[9] Humans share a common **ancestry** with chimpanzees.

☐ **ancestral** [ænséstrəl]
ancestry(혈통) + al(형접)

[형] 조상(대대로)의
[10] The Yellowstone is their **ancestral** homeland.

---

1. 그 기관은 100가지 새로운 직업이 미래에 등장할 것으로 예측했다.
2. 많은 팬들이 앞으로 그의 성공을 기대하고 있을 것이다.
3. 그 아이는 기대로 가슴을 졸이며 크리스마스를 기다렸다.
4. 살아남은 소수의 전화 우정은 인터넷을 앞선다.
5. 그 화재로 대단히 귀중한 골동품들이 소실되었다.
6. 고대 가구는 수집가 가치뿐만 아니라 분명한 실용적 용도가 있기 때문에 골동품들 중에서 인기 있는 영역이다.
7. 그 동상은 고대에 로마로 가져 오게 되었다
8. 그의 조상은 아일랜드에서 미국으로 왔다.
9. 인간은 침팬지와 공통된 혈통을 가지고 있다.
10. 엘로스톤 강이 그들 조상의 고향이다.

□ **anci**ent [éinʃənt]

an(before 앞에) + ci(go 가다) + ent(형접)

형 고대의, 옛날의 <유사어> antique, archaic

[11] The coin belongs to an **ancient** civilization.

---

□ **advance** [ædvǽns]

adv(away 떨어져) + an(before 앞에) + ce(go 가다)
→ (이전으로부터) 떨어져 좋아진 → 전진(하다)

동 전진하다    명 전진, 향상

동 전진하다

[12] The general **advanced** the troops to the front.

명 전진

[13] The new system represents a considerable **advance** over the old one.

---

□ **advancement** [ædvǽnsmənt]

advance(전진하다) + ment(명접)

명 승진, 진보

[14] Their lives were devoted to the **advancement** of science.

---

□ **advantage** [ædvǽntidʒ]

advance(전진하다) + age(명접 – 상태)
→ (이전 것으로부터 떨어져 나아진) 유리한 상태 → 유리한 조건

명 유리한 조건

[15] Each of these systems has its **advantages** and disadvantages.

---

11. 그 코인은 고대 문명에 속한다.
12. 장군은 군대를 전선으로 전진시켰다.
13. 새로운 시스템은 이전 것에 비해 상당한 향상을 의미한다.

14. 그들의 삶은 과학의 발전에 헌신했다.
15. 이 시스템 각각은 장단점을 가지고 있다.

# post-: behind 뒤에, 다음에

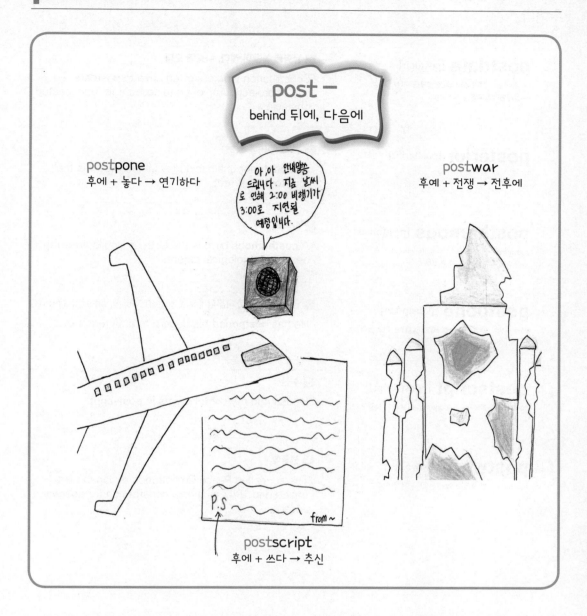

이 단원에서 학습할 단어모음입니다. ☐☐☐에 각각 모르는 단어를 3회에 걸쳐 ☑(체크표시)해 보세요.
모르는 단어는 끝까지 학습하세요.

**'post-'는 공간적으로 '뒤에', 또 시간적으로 '후에'라는 의미의 다른 단어 앞에 붙는 접두어다.**

---

☐ **postdate** [pɑstdeit]
post(after ~ 한 후에) + date(날짜를 적다)
→ 실제보다 날짜를 늦추어 적다

동 **날짜를 늦추어 적다, 나중에 오다**
[1] Construction workers often have to **postdate** the day of project completion to account for unexpected obstacles.

---

☐ **posterior** [pɑstíəriər]

형 **뒤의, 뒤쪽에 있는**
[2] The **posterior** chain includes all the muscles that run from your foot.

---

☐ **posthumous** [pástʃuməs]
post(after ~한 후에) + humous(earth 땅)
→ 흙속에 묻힌 후에 → 죽은 후에

형 **사후의**
[3] A **posthumous** birth is the birth of a child after the death of a biological parent.

---

☐ **postpone** [poustpóun]
post(after ~한 후에) + pone(put 놓다) → 뒤로 놓다
→ 연기하다

부 **연기하다, 뒤로 미루다** 유사어 put off, delay, defer, adjourn
[4] He has **postponed** his departure until tomorrow.

---

☐ **postscript** [póustskrìpt]
post(after ~한 후에) + script(write 쓰다) → 나중에 쓰는 것
→ 추신

명 **추신**
[5] Please add my compliments in **postscript**.

---

☐ **postwar** [póustwɔ́ːr]
post(after ~한 후에) + war(전쟁) → 전쟁 후에

형 **전후에**
[6] The so-called Peace Constitution of Japan was enacted in 1947 as a new constitution for **postwar** Japan.

---

1. 건설 노동자들은 가끔 예측하지 못한 장애물을 설명하기 위하여 프로젝트 완성일 날짜를 늦춰 잡아야 한다.
2. 후방사슬(신체 뒷면)은 다리에서부터 흐르는 모든 근육들을 포함한다.
3. 유복자 출생(사후출생)은 생물학적 부모가 죽은 후 출생한 아이다.
4. 그는 내일까지 그의 출발을 연기했다.
5. 추신으로 내 안부를 전해 주십시오.
6. 소위 일본의 평화 헌법은 전후 일본의 새 헌법으로서 1947년 제정되었다.

※ 아래에서 우리말은 영어로 영어는 우리말로 각각 뜻을 쓰시오.

1. 승진, 진보 _____
2. 감독 _____
3. 예상하다 _____
4. 뒤의, 뒤쪽에 있는 _____
5. 앞의(preceding), 먼저의 _____
6. 추신 _____
7. 예상 _____
8. 조상, 선조 _____
9. 조상(대대로)의 _____
10. 전조가 되다 _____
11. 예견하다, 선견지명이 있다 _____
12. 유복자로 태어난 사후의 _____
13. 연기하다, 뒤로 미루다 _____

14. ancient _____
15. advance _____
16. advantage _____
17. postdate _____
18. postwar _____
19. forecast _____
20. forerunner _____
21. antedate _____
22. forefather _____
23. foremost _____
24. antique _____
25. antiquity _____
26. foresight _____

※ 다음 문장의 빈칸에 알맞은 단어를 보기에서 찾아 넣으시오. 필요 시 대문자, 수, 시제, 태 등 문법적 요소를 고려하여 쓰세요.(다만 본문 예문 학습을 유도하기 위하여 예문에서 사용한 단어를 정답으로 하였다.)

**보기**

foremost, anticipation, forerunners, forehead, postscript, postponed, foregoing, ancestry, forego, posterior, posthumous, foreman, ancestors, forecast

27. Stone tools _____ bronze tools.

28. Sale says winning was _____ on his mind.

29. Please add my compliments in _____ .

30. Black clouds are _____ of a storm.

31. The man puts a gun at victim's _____ and threatens to kill.

32. He has _____ his departure until tomorrow.

33. Your _____ statement contradicts your latest one.

34. He has worked as a construction _____ at the mine.

35. His _____ had come to America from Ireland.

36. Humans share a common _____ with chimpanzees.

37. Many fans will be in _____ of his future success.

38. They _____ a large drop in unemployment over the next two years.

39. The _____ chain includes all the muscles that run from your foot.

40. A _____ birth is the birth of a child after the death of a biological parent.

# 10 day

# re-: 다시, 반복, 원상태로

re –
다시, 반복, 원상태로

recycle
재활용하다

replace
교체하다

remove
제거하다

이 단원에서 학습할 단어모음입니다. ☐☐☐에 각각 모르는 단어를 3회에 걸쳐 ☑(체크표시)해 보세요.
모르는 단어는 끝까지 학습하세요.

**Preview Words**

☐☐☐ **re**cover [rikʌ́vər] v. 회복하다

☐☐☐ **re**covery [rikʌ́vəri] n. 회복, 복구, 경기 회복

☐☐☐ **re**concile [rékənsàil] v. 화해시키다

☐☐☐ **re**conciliation [rèkənsìliéiʃən] n. 조정, 화해, 조화

☐☐☐ **re**fund [ríːfʌnd] n. 환불(금), 변상 v. 환불 하다

☐☐☐ **re**sume [rizúːm] v. 다시 차지하다, 회복하다, 다시 시작하다

☐☐☐ **re**sumption [rizʌ́mpʃən] n. 되찾음, 회수, 회복, 재개시, 속행

☐☐☐ **re**deem [ridíːm] v. 되찾다 , 보상하다

☐☐☐ **re**novate [rénəvèit] v. 개조하다

☐☐☐ **re**treat [ritríːt] n. 퇴각 v. 후퇴하다

☐☐☐ **re**trieve [ritríːv] v. 되찾아오다, 회수하다

☐☐☐ **re**trieval [ritríːvəl] n. 만회, 회복, 정정, 보상

☐☐☐ **re**habilitate [rìːhəbílətèit] v. 회복시키다

☐☐☐ **re**habilitation [rìːhəbìlətéiʃən] n. 명예 회복, 복직, 복권

☐☐☐ **re**trace [ritréis] v. (길 따위를) 되돌아가다

☐☐☐ **re**unite [rìːjunáit] v. 재결합하다

☐☐☐ **re**vert [rivə́rt] v. 본래 상태로 되돌아가다

☐☐☐ **re**vive [riváiv] v. 회복시키다

☐☐☐ **re**vival [riváivəl] n. 소생, 재생, 부활, 회복

☐☐☐ **re**cite [risáit] v. 암송하다

☐☐☐ **re**cycle [riːsáikəl] v. 재활용하다

☐☐☐ **re**inforce [rìːinfɔ́rs] v. 강화하다, 보장하다

☐☐☐ **re**main [riméin] v. 남아 있다

☐☐☐ **re**mainder [riméindər] n. 나머지, 잔여, 잔류자

☐☐☐ **re**move [rimúːv] v. 옮기다, 제거하다, 해임시키다

☐☐☐ **re**moval [rimúːvəl] n. 이동, 제거, 철수, 해임

☐☐☐ **re**place [ripléis] v. 대신하다, 교체하다

☐☐☐ **re**placement [ripléismənt] n. 교체, 대치, 복직

☐☐☐ **re**present [rèprizént] v. 대표하다

☐☐☐ **re**presentation [rèprizentéiʃən] n. 표현, 묘사, 진술

☐☐☐ **re**presentative [rèprizéntətiv] a. 대표하는 n.대표자

☐☐☐ **re**produce [rìːprədjúːs] v. 번식하다, 복제하다

☐☐☐ **re**productive [rìːprədʌ́ktiv] a. 생식의, 재생의, 다산적인

☐☐☐ **re**production [rìːprədʌ́kʃən] n. 재생, 복제(물), 복사, 생식

**re**는 back(이전)으로 '다시 되돌아 가는'의 뜻과 'again(다시 반복하여)의 뜻으로 쓰인다.

## 1. back(이전)의 뜻이 강한 것

☐ **recover** [rikʌ́vər]

re(back 이전으로) + cover(덮다)
→ 덮은 것은 다시 원상태로 돌리다 → 회복하다

**동** 회복하다 **유사어** restore
[1] It took her a long time to **recover** after her heart operation.

☐ **recovery** [rikʌ́vəri]

recover(회복하다) + ry(**명접**)

**명** 회복, 복구, 경기 회복
[2] Mira made a full **recovery** from the operation.

☐ **reconcile** [rékənsàil]

re(back 이전으로) + concile(com 함께)
→ 다시 함께 하게 하다 → 화해시키다

**동** 화해시키다 **유사어** harmonize
[3] There is no way to **reconcile** the two stances.

☐ **reconciliation** [rèkənsìliéiʃən]

reconcile(화해시키다) + ation(**명접**)

**명** 조정, 화해, 조화
[4] **Reconciliation** is the act of bringing people together to be friendly again or coming to an agreement.

☐ **refund** [ríːfʌnd]

re(back 이전으로) + fund(자금) → 자금을 다시 찾다
→ 환불하다

**명** 환불(금), 변상 **동** 환불 하다 **유사어** repay
**명** 환불(금), 변상
[5] I received a tax **refund** this year.
[6] You should go down there and demand a **refund**.
**동** 환불 하다
[7] The hospital **refunded** me a quarter of the medical expenses.

☐ **resume** [rizúːm]

re(back 이전으로) + sume(take 가져가다) → 다시 차지하다
→ 회복하다

**동** 다시 차지하다, 회복하다, 다시 시작하다
[8] She **resumed** her career after an interval of six years.

☐ **resumption** [rizʌ́mpʃən]

resume (다시 차지하다) + tion(**명접**)

**명** 되찾음, 회복, 재개시
[9] The president called for a **resumption** of negotiations between the two sides.
[10] He worked for the **resumption** of economic ties between Vietnam and the US.

---

1. 그녀가 심장 수술 후 회복하는데 오랜 시간 걸렸다.
2. 미라는 수술로 완전히 회복하였다.
3. 두 가지 입장을 화해시킬 어떤 방법도 없다.
4. 화해는 다시 우호적이고 조화를 가져오는 사람들의 행동이다.
5. 금년에는 세금을 환불 받았다.

6. 너는 거기에 가서 환불을 요구해야 한다.
7. 병원은 나에게 의료비 4분의 1을 환불해 주었다.
8. 그녀는 6년이라는 공백 후에 직장 생활을 재개했다.
9. 대통령은 양측 사이에 즉각적인 협상 재개를 요구했다.
10. 그는 베트남과 미국 사이에 경제 제휴 재개를 위하여 일했다.

## redeem [ridíːm]

re(back 이전으로) + deem(buy 사다) → 다시 사다 → 되찾다

**동** 되찾다, 보상하다 **유사어** regain, repay, restore

¹¹ The excellent acting was enough to **redeem** a weak plot.

## renovate [rénəvèit]

re(back 이전으로) + novate(새롭게 만들다)
→ 다시 새롭게 하다 → 개조하다

**동** 개조하다

¹² I'd like to **renovate** my old house.

## retreat [ritríːt]

re(back 이전으로) + treat(draw 잡아 당기다)
→ (앞으로 나아간 사람을 뒤로) 잡아 당기다 → 후퇴하다

**명** 퇴각 **동** 후퇴하다

**명** 퇴각

¹³ The president's speech marked a **retreat** from his usual extreme views.

**동** 후퇴하다

¹⁴ The army was forced to **retreat** after suffering heavy losses.

## retrieve [ritríːv]

re(back 이전으로) + trieve(find 찾다)
→ (잃어버렸던 것을) 되찾아 오다

**동** 되찾아오다, 회수하다

¹⁵ The police **retrieved** the black box.

## retrieval [ritríːvəl]

retrieve(되찾아오다, 회수하다) + al(명접)

**명** 만회, 회복, 정정, 보상

¹⁶ The data management system facilitates easy **retrieval** of evidence.

## rehabilitate [rìːhəbílətèit]

re(back 이전으로) + habilitate(ability 능력)
→ 다시 활력을 주다 → 회복시키다

**동** 회복시키다

¹⁷ This program could help **rehabilitate** your image.

## rehabilitation [rìːhəbìlətéiʃən]

rehabilitate(회복시키다) + tion(명접)

**명** 사회 복귀, 명예 회복, 복직, 복권

¹⁸ Stroke **rehabilitation** is important for recovery after stroke.

## retrace [ritréis]

re(back 이전으로) + trace(발자국)
→ 발자국을 따라 되돌아 가다

**동** (길 따위를) 되돌아가다

¹⁹ He **retraced** his steps to the spot where he'd left the case.

## reunite [rìːjunáit]

re(back 이전으로) + unite(결합하다) → 다시 결합하다

**동** 재결합하다

²⁰ Sarah was finally **reunited** with her children at the airport.

---

11. 뛰어난 연기도 약한 구성을 만회하기에는 충분했다.
12. 내 낡은 집을 개조하고 싶다.
13. 대통령의 연설은 그의 보통의 극단적인 관점들에서 후퇴를 표현했다.
14. 그 군대는 많은 사상자를 낸 뒤 후퇴해야만 했다.
15. 경찰은 그 블랙박스를 회수했다.

16. 데이타 관리 시스템은 손쉬운 증거의 복원을 쉽게 한다.
17. 이 프로그램은 너의 이미지를 원 상태로 되돌리는데 도움을 줄 것이다.
18. 뇌출혈의 재활은 뇌 출혈 후에 회복을 위해서 중요하다.
19. 그는 그가 상자를 놓아 두었던 지점까지 되돌아 갔다.
20. 사라는 마침내 공항에서 그녀의 아이들과 재회하였다.

☐ **revert** [rivə́ːrt]

re(back 이전으로) + vert(turn 향하다)
→ 본래 상태로 되돌아 가다

동 본래 상태로 되돌아가다

[21] The region has **reverted** to a wilderness.

☐ **revive** [riváiv]

re(back 이전으로) + vive(live 살다) → 다시 생명을 주다
→ 회복시키다

동 회복시키다

[22] We tried to **revive** the old customs.

☐ **revival** [riváivəl]

revive(회복시키다) + al( 명접 )

명 소생, 재생, 부활, 회복, 부흥

[23] Odisha plans **revival** of tourism post lockdown.

## 2. again(반복)의 뜻이 강한 것

☐ **recite** [risáit]

re(again 다시) + cite(인용하다)
→ (쓰여 있는 것을) 다시 말로 인용하다 → 암송하다

동 암송하다

[24] The teacher **recited** the poem to the class.

☐ **recycle** [riːsáikəl]

re(again 다시) + cycle(순환시키다) → 다시 순환시키다
→ 재활용하다

동 재활용하다

[25] Aluminum cans are very easy to **recycle**.

☐ **remain** [riméin]

re(again 다시) + main(stay 머무르다) → 다시 머무르다

동 남아 있다

[26] Questions **remain** about the president's honesty.

☐ **remainder** [riméindər]

remain(남아 있다) + er( 명접 – 사람)

명 나머지, 잔여, 잔류자

[27] The campers ate most of the food and gave the little **remainder** to the dog.

☐ **remove** [rimúːv]

re(again 다시) + move(움직이다) → 다시 움직이다
→ 제거하다, 해임시키다

동 옮기다, 제거하다, 해임시키다

[28] **Remove** my name from a list.

☐ **removal** [rimúːvəl]

remove (옮기다, 제거하다) + al( 명접 )

명 이동, 이전, 제거, 철수, 해임

[29] We arranged for the **removal** of the old car.

---

21. 그 지방은 본래의 황야로 되돌아갔다.
22. 우리는 옛 풍습을 부흥시키려고 힘썼다.
23. Odisha는 봉쇄 후 관광 부활을 계획하고 있다.
24. 그 선생님은 학급생들에게 시를 읊어 주었다.
25. 알루미늄 캔들은 재활용하기 매우 쉽다.

26. 대통령의 정직성에 대한 의문들은 아직 남아 있다.
27. 캠핑객들은 음식 대부분을 먹고 약간의 나머지를 개에게 주었다.
28. 명단에서 내 이름을 빼줘.
29. 우리는 오래된 차 폐기를 위해 준비했다.

| □ **reinforce** [rìːinfɔ́ːrs] | 통 강화하다, 보장하다 |
|---|---|
| re(again 다시) + inforce(힘으로 만들다) → 강화시키다 | 30 Success in the talks will **reinforce** his reputation as an international statesman. |

| □ **replace** [ripléis] | 통 대신하다, 교체하다 |
|---|---|
| re(again 다시) + place(놓다) → (다른 사람 자리에) 다시 놓다 → 대신하다, 교체하다 | 31 Miss. Kim will **replace** me in export services. |

| □ **replacement** [ripléismənt] | 명 교체, 대치, 복직 |
|---|---|
| replace(대신하다, 교체하다) + ment(명접) | 32 Now finding the right **replacement** is crucial. |

| □ **represent** [rèprizént] | 통 대표하다 |
|---|---|
| re(again 다시) + present(참석하다) → (반복하여) 다시 참석하다 → 대표하다 | 33 The union **represents** over 200,000 teachers. |

| □ **representation** [rèprizentéiʃən] | 명 표현, 묘사, 초상(화), 설명, 진술 |
|---|---|
| represent (대표하다) + ation(명접) | 34 The letters of the alphabet are **representations** of sounds. |

| □ **representative** [rèprizéntətiv] | 형 대표적인, 전형적인, 대표하는  명 대표자, 대행자, 대리인 |
|---|---|
| represent (대표하다) + ative(형접 or 명접) | 형 대표적인, 전형적인, 대표하는<br>35 The Congress is **representative** of the people.<br>명 대표자, 대행자, 대리인<br>36 Do you know who your **representatives** are? |

| □ **reproduce** [rìːprədjúːs] | 통 번식하다, 복제하다 |
|---|---|
| re(again 다시) + produce(생산하다) → (반복하여) 다시 생산하다 → 번식하다 | 37 The cell is able to **reproduce** itself. |

| □ **reproductive** [rìːprədʌ́ktiv] | 형 생식의, 재생의, 재현의, 다산적(多産的)인 |
|---|---|
| reproduce(번식하다, 복제하다) + tive(형접) | 38 The major function of the **reproductive** system is to ensure survival of the species. |

| □ **reproduction** [rìːprədʌ́kʃən] | 명 재생산, 복제(물), 복사, 생식 |
|---|---|
| reproduce(번식하다, 복제하다) + tion(명접) | 39 **Reproduction** is the process by which organisms make more organisms like themselves. |

30. 그 회담이 성공하면 국제적인 정치가로서의 그의 명성이 강화될 것이다.
31. 미스 김이 저를 대신해 수출 업무를 담당할 것입니다.
32. 지금 올바른 대체물을 찾는 것이 중요하다.
33. 그 노조는 20만 명이 넘는 교사들을 대변한다.
34. 알파벳 문자들은 소리를 표현한다.

35. 의회는 국민을 대표한다.
36. 당신은 당신의 대표자가 누구인지 아십니까?
37. 세포는 자가복제된다.
38. 생식 계통의 주요한 기능은 종의 생존을 확실하게 하는 것이다.
39. 생식은 생물들이 자기 자신과 같은 생물을 더 많이 만드는 과정이다.

※ 아래에서 우리말은 영어로 영어는 우리말로 각각 뜻을 쓰시오.

1. 회복하다 _____
2. 소생, 재생, 부활, 회복 _____
3. 화해시키다 _____
4. 남아 있다 _____
5. 환불(금), 변상, 환불 하다 _____
6. 되찾음, 회수, 회복, 재개시, 속행 _____
7. 되찾다 _____
8. 개조하다 _____
9. 퇴각, 후퇴하다 _____
10. 되찾아오다, 회수하다 _____
11. 대표하다 _____
12. 회복시키다 _____
13. 생식의, 재생의, 다산적인 _____

14. recovery _____
15. removal _____
16. retrieval _____
17. reunite _____
18. revert _____
19. reconciliation _____
20. recite _____
21. reinforce _____
22. remove _____
23. replacement _____
24. representative _____
25. reproduce _____
26. retrace _____

※ 다음 문장의 빈칸에 알맞은 단어를 보기에서 찾아 넣으시오. 필요 시 대문자, 수, 시제, 태 등 문법적 요소를 고려하여 쓰세요.(다만 본문 예문 학습을 유도하기 위하여 예문에서 사용한 단어를 정답으로 하였다.)

보기

recovery, reconcile, remove, reunited, remainder, resumption, reinforce, reconciliation, reproduce, representative, retreat, rehabilitate, retraced, removal, retrieve, recover

27. The police _____ d the black box.

28. _____ my name from a list.

29. We arranged for the _____ of the old car.

30. The cell is able to _____ itself.

31. The Congress is _____ of the people.

32. Mira made a full _____ from the operation.

33. There is no way to _____ the two stances.

34. The army was forced to _____ after suffering heavy losses.

35. This program could help _____ your image.

36. He _____ his steps to the spot where he'd left the case.

37. Sarah was finally _____ with her children at the airport.

38. It took her a long time to _____ after her heart operation.

39. The campers ate most of the food and gave the little _____ to the dog.

40. He worked for the _____ of economic ties between Vietnam and the US.

41. Success in the talks will _____ his reputation as an international statesman.

42. _____ is the act of bringing people together to be friendly again or coming to an agreement.

# 11 day

## after-: 뒤에

이 단원에서 학습할 단어모음입니다. □□□에 각각 모르는 단어를 3회에 걸쳐 ☑(체크표시)해 보세요.
모르는 단어는 끝까지 학습하세요.

### Preview Words

□□□ **aftercare** [ǽftərkɛər] n. 병 치료 후(산후)의 몸조리, 형기 따위를 마친 뒤의 관리

□□□ **aftercrop** [ǽftərɑp] n. 그루갈이, 이모작

□□□ **aftereffect** [ǽftərifékt] n. 잔존 효과, (사고의) 후유증

□□□ **afterglow** [ǽftərglou] n. 저녁놀, 즐거운 회상(추억), 잔광

□□□ **afterimage** [ǽftərímidʒ] n. 잔상

□□□ **afterlife** [ǽftərlaif] n. 내세, 여생

□□□ **afterpain** [ǽftərpein] n. 후통, (pl.) 산후 복통, 훗배 앓이

□□□ **aftershock** [ǽftərʃɑk] n. 여진, 여파

□□□ **aftertaste** [ǽftərteist] n. (특히, 불쾌한) 뒷맛, 여운

□□□ **afterwards** [ǽftərwərdz] ad. 후에

□□□ **afterword** [ǽftərwəːrd] n. 발문

□□□ **afterworld** [ǽftərwəːrld] n. 미래, 내세

**after-**는 공간적으로 '~뒤에'의 뜻이다. 보통 다른 단어와 결합하여 시간적으로
'~후에'라는 뜻으로 많이 쓰인다.

---

☐ **aftercare** [ǽftərkɛər]

after(이후에) + care(관리) → 나중 관리 → 사후관리

명 병 치료 후(산후)의 몸조리, 형기 따위를 마친 뒤의 관리

[1] **Aftercare** is the care and treatment of a convalescent patient.

---

☐ **aftercrop** [ǽftərɑp]

after(이후에) + crop(수확) → (1년중) 2번째 수확

명 그루갈이, 이모작

[2] **Aftercrop** means a later crop of the same year from the same soil.

---

☐ **aftereffect** [ǽftərifékt]

after(이후에) + effect(효과) → 나중에 나타나는 효과

명 잔존 효과, (사고의) 후유증, (약 따위의) 후속 작용(효과)

[3] The major **aftereffect** was that I was cheerful all day.

---

☐ **afterglow** [ǽftərglou]

after(이후에) + glow(붉은 빛) → 잔광

명 저녁놀, 즐거운 회상(추억), 잔광

[4] An **afterglow** happens when the sun lights up the underside of the clouds.

---

☐ **afterimage** [ǽftərímidʒ]

after(이후에) + image(이미지) → 잔상

명 잔상

[5] An **afterimage** is an image that continues to appear in one's vision after the exposure to the original image has ceased.

---

☐ **afterlife** [ǽftərlaif]

after(이후에) + life(삶) → 죽은 후의 삶

명 내세, 여생

[6] Does he believe in an **afterlife**?

[7] The **afterlife** is the belief that the essential part of an individual's identity or the stream of consciousness continues after the death of the physical body.

---

☐ **aftertaste** [ǽftərteist]

after(이후에) + taste(맛) → 뒷맛

명 (특히, 불쾌한) 뒷맛, 여운

[8] The wine had a bitter **aftertaste**.

---

☐ **afterpain** [ǽftərpein]

after(이후에) + pain(고통) → 나중에 나타나는 통증

명 후통, (pl.) 산후 복통, 훗배 앓이

[9] **Afterpain** is a common phenomenon after delivery.

---

1. 사후 관리(aftercare)는 회복기 환자의 관리와 치료이다.
2. 이모작(aftercrop)은 같은 토양에서 연중 나중 수확을 의미한다.
3. 주요 후속 효과는 내가 하루 종일 유쾌했다는 것이다.
4. 잔광(afterglow)은 태양이 구름의 아래 쪽을 밝혔을 때 일어난다.
5. 잔상(afterimage)은 원래 이미지 노출이 중단한 후에도 시야에 계속 나타나는 이미지다.
6. 그는 내세의 삶을 믿는가요?
7. 내세(afterlife)는 육체의 죽음 후에도 개인의 실체의 핵심이나 혹은 의식의 흐름이 계속된다는 믿음이다.
8. 그 와인은 쓴 뒷맛을 가지고 있다.
9. Afterpain(산후통)은 분만 후 일반적인 현상이다.

☐ **aftershock** [ǽftərʃɑk]

after(이후에) + shock(충격) → 여진

명 **여진, 여파**

[10] An **aftershock** is a smaller earthquake that follows a larger earthquake.

---

☐ **afterwards** [ǽftərwərdz]

after(이후에) + wards(~쪽으로) → 나중 쪽으로

부 **후에**

[11] We had tea, and **afterwards** we sat in the garden for a while.

---

☐ **afterword** [ǽftərwəːrd]

after(이후에) + word(말) → (책) 뒤에 오는 말

명 **발문**

[12] **Afterword** generally covers the story of how the book came into being, or of how the idea for the book was developed.

---

☐ **afterworld** [ǽftərwəːrld]

after(이후에) + world(세상) → 나중의 세상

명 **미래, 내세**

[13] An **afterworld** is the place where you are after you die.

---

10. 여진(aftershock)은 큰 지진 후에 뒤따르는 조그만 지진이다.
11. 우리는 차를 마셨다. 그리고 이후에 우리는 얼마 동안 정원에 앉았다.

12. 발문(afterword)은 일반적으로 어떻게 책이 나오게 되었는가 혹은 어떻게 그 책의 아이디어가 발전되었는가에 관한 이야기다.
13. 내세(afterworld)는 네가 죽은 후 네가 존재하게 되는 장소다.

# retro-: 뒤로, 거꾸로, 거슬러 ⇔ pro-: 앞으로

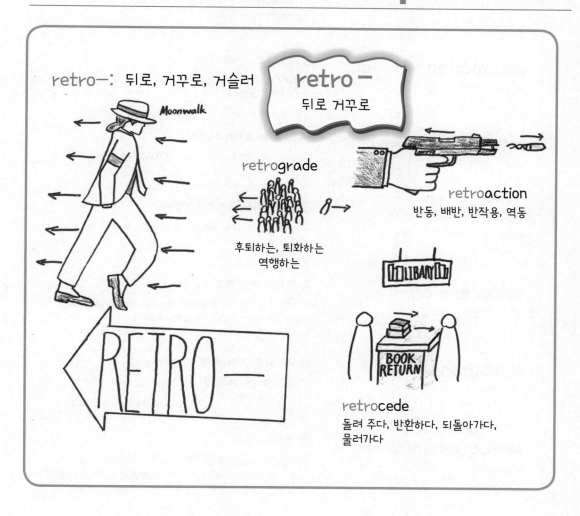

retro-: 뒤로, 거꾸로, 거슬러

retro-
뒤로 거꾸로

Moonwalk

retrograde
후퇴하는, 퇴화하는
역행하는

retroaction
반동, 배반, 반작용, 역동

LIBANY

BOOK RETURN

retrocede
돌려 주다, 반환하다, 되돌아가다,
물러가다

RETRO-

이 단원에서 학습할 단어모음입니다. □□□에 각각 모르는 단어를 3회에 걸쳐 ☑(체크표시)해 보세요.
모르는 단어는 끝까지 학습하세요.

## Preview Words

□□□ **retroact** [rétrouækt] v. 반동하다, 과거로 거슬러 올라가다
□□□ **retroaction** [rètrouǽkʃən] n. 반동, 배반, 반작용
□□□ **retroactive** [rètrouǽktiv] a. 반동하는, 효력이 소급하는
□□□ **retrocede** [rètrəsíːd] v. 돌려 주다, 되돌아가다
□□□ **retrocession** [rètrəséʃən] n. 반환, 후퇴
□□□ **retrograde** [rétrəgrèid] a. 후퇴하는, 뒤로 되돌아가는

□□□ **retrogress** [rétrəgrès] v. 뒤로 되돌아가다, 역행하다
□□□ **retrogression** [rétrəgrèʃən] n. 후퇴, 역행
□□□ **retrogressive** [rètrəgrésiv] a. 후퇴하는, 퇴보하는
□□□ **retrospect** [rétrəspèkt] n. 회고, 회상, v. 회고하다
□□□ **retrospective** [rètrəspéktiv] a. 회고의

## retroact [rétrouækt]

retro(back 뒤로) + act(행동하다) → 거꾸로 행동하다
→ 반동하다, 배반하다

동 반동하다, 배반하다
[1] To **retroact** is to act backward, or to act in opposition.

## retroaction [rètrouǽkʃən]

retroact(반동하다) + tion( 명접 )

명 반동, 배반, 반작용, 소급
[2] A **retroaction** is any action that has an influence due to a past event.

## retroactive [rètrouǽktiv]

retroact(반동하다) + tive( 형접 )

명 반동하는, 효력이 소급하는
[3] The changes will not be **retroactive**.

## retrocede [rètrəsíːd]

retro(거꾸로) + cede(go 가다) → 거꾸로 가다
→ 돌려 주다, 반환하다

동 (영토 따위를) 돌려 주다, 반환하다
[4] Japan must **retrocede** a territory to a former proprietor.

## retrocession [rètrəséʃən]

retrocede(반환하다) + sion( 명접 )

명 (영토의) 반환, 후퇴
[5] They discussed issues involving **retrocession** of the four northern islands from Russia.

## retrogress [rétrəgrès]

retro(거꾸로) + gress(go 가다) → 거꾸로 가다
→ 뒤로 되돌아가다, 쇠퇴하다

동 뒤로 되돌아가다, 역행하다 ↔ progress
[6] She **retrogressed** to the starting point of her rehabilitation.

## retrogression [rétrəgrèsʃən]

retrogress(역행하다) + sion( 명접 )

명 역행
[7] The organization of labor is one of the chief acknowledged factors in the **retrogression** of British trade.

## retrogressive [rètrəgrésiv]

retrogress(역행하다) + sive( 형접 )

형 후퇴(역행)하는, 퇴보(퇴화)하는 ↔ progressive
[8] There is always a certain amount of variation, either progressive or **retrogressive**.

---

1. 반동하는 것(To retroact)은 거슬러 올라가는 것, 즉 정반대로 행동하는 것이다.
2. 소급(retroaction)은 과거의 사건 때문에 영향을 갖는 행동이다.
3. 변화들은 효력이 소급되지는 않을 것이다.
4. 일본은 이전 소유자에게 영토를 반환하여야 한다.
5. 그들은 러시아로부터 4개 북방 섬들의 반환을 포함하는 이슈들을 토론했다.
6. 그녀는 명예 회복의 출발 지점까지 후퇴했다.
7. 노동 조직은 영국 노조의 쇠퇴에서 주요한 인정받는 요소들 중 하나다.
8. 진보적이든 퇴행적이든 항상 얼마간의 변동이 있다.

□ **retrograde** [rétrəgrèid]

retro(거꾸로) + grade(등급) → 등급을 뒤쪽으로
→ 역행하는, 후퇴하는

형 후퇴하는 동 후퇴하다, 타락하다

형 후퇴하는, 뒤로 되돌아가는

[9] Saturn is **retrograde** for another week.

동 후퇴하다, 타락하다

[10] Three or four times a year, planet Mercury is said to go **retrograde**, but this backwards movement is an illusion.

---

□ **retrospect** [rétrəspèkt]

retro(거꾸로) + spect(see 보다) → 회상, 회고(하다)

명 회고, 회상 동 회고하다 ↔ prospect

명 회고

[11] My university days seem happier in **retrospect** than they really were.

[12] In **retrospect** it is freedom of expression.

동 회고하다

[13] The architect **retrospected** this incident in a fair manner.

---

□ **retrospective** [rètrəspéktiv]

retrospect(회고하다) + tive( 형접 , 명접 )

형 회고의 명 (화가 등의) 회고전, (의학적) 회상, 작품 연표

형 회고의

(경치가) 뒤쪽에 있는, 배후의, 과거로 거슬러 올라가는, 소급하는
유사어 retroactive ↔ prospective(예상하는)

[14] A **retrospective** exhibition presents works from an extended period of an artist's activity.

명 (화가 등의) 회고전, (의학적) 회상, 작품 연표

[15] A medical **retrospective** is an examination of a patient's medical history and lifestyle.

---

9. 토성은 추가적인 한 주 동안 역행한다.
10. 1년에 3~4번 수성이 역행한다고 이야기되지만, 이 역행 움직임은 환영이다.
11. 회고해 볼 때 나의 대학 시절은 그 당시 실제보다 더 행복한 것처럼 보인다.

12. 돌이켜 생각해보면 그것은 표현의 자유이다.
13. 그 건축가는 공정한 태도로 이 사건을 회고했다.
14. 회고전은 한 예술가의 활동의 확대된 기간부터 작품을 출품한다.
15. 의학적인 회상(retrospective)은 환자의 의학적 병력이나 삶에 대한 시험이다.

※ 아래에서 우리말은 영어로 영어는 우리말로 각각 뜻을 쓰시오.

1. 회고, 회상, 회고하다 _____
2. 회고의 _____
3. 저녁놀, 즐거운 회상(추억), 잔광 _____
4. 발문 _____
5. 반동, 배반, 반작용 _____
6. 병 치료 후 몸조리, 형기 후 관리 _____
7. 그루갈이, 이모작 _____
8. 내세, 여생 _____
9. 후퇴, 역행 _____
10. 뒤로 되돌아가다, 역행하다 _____
11. 미래, 내세 _____
12. 반동하다, 과거로 거슬러 올라가다 _____

13. aftertaste _____
14. retroactive _____
15. retrocede _____
16. afterpain _____
17. aftershock _____
18. afterwards _____
19. retrocession _____
20. retrograde _____
21. aftereffect _____
22. retrogressive _____
23. afterimage _____

※ 다음 문장의 빈칸에 알맞은 단어를 보기에서 찾아 넣으시오. 필요 시 대문자, 수, 시제, 태 등 문법적 요소를 고려하여 쓰세요.(다만 본문 예문 학습을 유도하기 위하여 예문에서 사용한 단어를 정답으로 하였다.)

**보기**

Aftercare, retrogressive, retrogress, aftershock, retrospect, afterlife, retrospective, aftereffect, retrospective, aftertaste, retrospect, retrocede, retrospect, afterglow, aftercrop, afterpain

24. Does he believe in an _____ ?

25. The wine had a bitter _____ .

26. _____ is a common phenomenon after delivery.

27. The major _____ was that I was cheerful all day.

28. In _____ it is freedom of expression.

29. The architect _____ ed this incident in a fair manner.

30. Japan must _____ a territory to a former proprietor.

31. She _____ ed to the starting point of her rehabilitation.

32. _____ is the care and treatment of a convalescent patient.

33. There is always a certain amount of variation, either progressive or _____ .

34. An _____ happens when the sun lights up the underside of the clouds.

35. _____ means a later crop of the same year from the same soil.

36. An _____ is a smaller earthquake that follows a larger earthquake.

37. My university days seem happier in _____ than they really were.

38. A _____ exhibition presents works from an extended period of an artist's activity.

39. A medical _____ is an examination of a patient's medical history and lifestyle.

# 12 day

# over-: ~ 위로

over-
위에

overhead → 머리 위에
위에 + 머리

overcome → 극복하다
위에 + 오다

overthrow → 타도, 전복
위로 + 던지다

이 단원에서 학습할 단어모음입니다. □□□에 각각 모르는 단어를 3회에 걸쳐 ☑(체크표시)해 보세요. 모르는 단어는 끝까지 학습하세요.

## Preview Words

□□□ **overcharge** [óuvərtʃɑːrdʒ] v. 과잉청구하다
□□□ **overcome** [òuvərkʌ́m] v. 극복하다
□□□ **overdue** [òuvərdjuː] a. 기한이 지난
□□□ **overflow** [òuvərflóu] v. 넘쳐 흐르다 n. 범람
□□□ **overhear** [òuvərhíər] v. 우연히 듣다, 엿듣다
□□□ **overhead** [óuvərhéd] ad. 머리 위에, a. 머리 위의
□□□ **overlook** [òuvərlúk] v. 간과하다, 내려다 보이다 n. 경치
□□□ **overseas** [óuvərsíː(z)] a. 해외의 ad. 해외로

□□□ **override** [óuvərraid] v. 타고 넘다, 무시하다, 기각하다
□□□ **overshadow** [òuvərʃǽdou] v. 그늘지게 하다
□□□ **overtake** [òuvərtéik] v. 따라 잡다
□□□ **overthrow** [òuvərθróu] v. 뒤엎다 n. 타도
□□□ **overwhelm** [òuvərhwélm] v. 압도하다, 당황하게 하다
□□□ **overwhelming** [òuvərhwélmiŋ] a. 압도적인
□□□ **overwork** [òuvərwə́ːrk] v. 과로하다 n. 과로

접두어 over-는 보통 공간상 '~보다 위'를 표현하는 말이다. 시간적으로는 시간이 '지나서'의 뜻으로도 쓰인다.

☐ **over**charge [óuərvtʃɑːrdʒ]
over(위) + charge(부담시키다) → 부담을 많이 시키다
→ 과잉청구하다

**통** 과잉 청구하다
[1] The state has fined two area stores for **overcharging** customers.

☐ **over**come [òuərkʌ́m]
over(위) + come(오다) → (어려움을) 넘어서 오다 → 극복하다

**통** 극복하다  **유사어** get over
[2] We don't know how to **overcome** crises.

☐ **over**due [òuərdjú:]
over(위) + due(기한이 만기인) → 기한이 넘은

**형** 기한이 지난
[3] This is long **overdue**.

☐ **over**flow [òuərflóu]
over(위) + flow(흐르다) → 넘쳐 흐르다

**통** 넘쳐 흐르다, 범람시키다  **명** 홍수
**통** 넘쳐 흐르다, 범람시키다
[4] Because of heavy rain, the river may **overflow** its banks.
**명** 홍수
[5] Heavy rain causes **overflow** at city wastewater treatment plant.

☐ **over**hear [òuərhíər]
over(위) + hear(듣다) → (담 같은 것을) 넘어서 듣다

**통** 우연히 듣다, 엿 듣다
[6] Did he **overhear** her conversation?

☐ **over**head [óuərhéd]
over(위) + head(머리) → 머리 위에

**부** 머리 위에, 상공에  **형** 머리 위의
**부** 머리 위에
[7] **Overhead** the moon was shining.
[8] A flock of geese flew **overhead**.
**형** 머리 위의, 천장의
[9] This room needs **overhead** lighting.

☐ **over**ride [óuərraid]
over(위) + ride(타다) → (말 등을 타고 그냥) 넘어 가다

**통** 말을 타고 지나다, 무시하다, 기각하다
[10] We must **override** this veto.

☐ **over**shadow [òuərʃǽdou]
over(위) + shadow(그림자) → 그림자를 위에서 드리우다

**통** 그늘지게 하다
[11] Clouds **overshadow** the moon.

1. 그 주는 고객들에게 과잉 청구에 대해 두 지역 가게들에 벌금을 부과하였다.
2. 우리는 위기를 극복하는 방법을 모른다.
3. 이번은 기한이 오래 지났다.
4. 폭우 때문에 강이 그것의 둑을 범람할지도 모른다.
5. 폭우는 도시 하수 처리 공장에서 범람을 일으켰다.

6. 그가 그녀의 대화를 엿들었나요?
7. 머리 위에 달이 빛나고 있었다.
8. 한 떼의 거위가 머리 위에서 날았다.
9. 이 방은 머리 위 조명이 필요하다.
10. 우리는 이번 거부를 무시해야 한다.
11. 구름이 달을 가리고 있다.

**다의어** **overlook** [òuvərlúk]

over(위) + look(보다) →

└ 보는 것을 넘어가다(눈감아 주다)
└ 위에서 내려다 보다, (위에서 보는) 경치

图 간과하다, 눈감아 주다, (건물 등이) 내려다 보다　图 경치

图 간과하다, 눈감아 주다, (건물 등이) 내려다 보다
[12] He **overlooked** one important fact.
[13] The detective **overlooked** an important clue.
[14] We can **overlook** the sea from here.
图 경치
[15] The building has three scenic **overlooks**.

---

☐ **overseas** [óuvərsí:(z)]

over(위) + seas(바다) → 바다 너머

图 해외의　图 해외로

图 해외의
[16] We need to open up **overseas** markets.
图 해외로
[17] You'd better expand your business **overseas**.

---

☐ **overtake** [òuvərtéik]

over(위) + take(잡다) → 넘어서 잡다 → 따라 잡다

图 따라 잡다
[18] The runner **overtook** him at the finish line.

---

☐ **overthrow** [òuvərθróu]

over(위) + throw(던지다) → 위로 던져 버리다 → 타도하다

图 무너뜨리다, 뒤엎다 图 타도
图 뒤엎다
[19] Their ultimate goal is to **overthrow** the government.
图 타도
[20] The **overthrow** of the dictatorship occurred in 1960.

---

☐ **overwhelm** [òuvərhwélm]

over(위) + whelm(turn upside down 뒤 엎다) → 위로 뒤집어 엎다 → 압도하다

图 압도하다, 당황하게 하다
[21] Korea **overwhelmed** Japan with 31 wins and eight losses.
[22] He quickly **overwhelmed** the defending forces.

---

☐ **overwhelming**
[òuvərhwélmiŋ]

overwhelm (압도하다) + ing( 형접 – ~하게 하는)

图 압도적인, 저항할 수 없는
[23] An **overwhelming** majority has voted in favor of the policy.

---

☐ **overwork** [òuvərwə́:rk]

over(위) + work(일하다) → 일을 너무 많이 시키다

图 과로시키다 图 과로
图 과로시키다
[24] Don't **overwork** yourself on your new job.
图 과로
[25] He got sick through **overwork**.

---

12. 그는 중요한 사실을 간과했다.
13. 탐정이 중요한 단서를 간과했다.
14. 여기서 바다를 내려다볼 수 있다.
15. 그 빌딩은 3개의 멋진 경치를 가지고 있다.
16. 우리는 해외 시장을 여는 것이 필요하다.
17. 너의 사업을 해외로 확대하는 것이 좋겠다.
18. 그 주자가 결승선에서 그를 추월했다.

19. 그들의 궁극적인 목적이 정부를 타도하는 것이다.
20. 독재 타도가 1960년에 일어났다.
21. 한국이 31승 8패로 일본을 압도했다.
22. 그는 신속히 저항군을 압도하였다.
23. 압도적인 다수가 그 정책에 찬성표를 던졌다.
24. 새 일로 너무 과로하지 마라.
25. 그는 과로 때문에 아팠다.

# super-, sover-, sur-: beyond ~위에

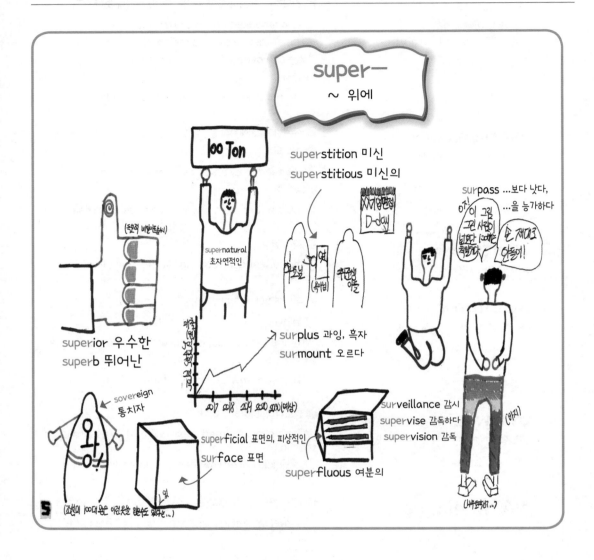

super—
~ 위에

superstition 미신
superstitious 미신의

surpass ...보다 낫다, ...을 능가하다

supernatural 초자연적인

superior 우수한
superb 뛰어난

surplus 과잉, 흑자
surmount 오르다

sovereign 통치자

surveillance 감시
supervise 감독하다
supervision 감독

superficial 표면의, 피상적인
surface 표면

superfluous 여분의

이 단원에서 학습할 단어모음입니다. □□□에 각각 모르는 단어를 3회에 걸쳐 ☑(체크표시)해 보세요.
모르는 단어는 끝까지 학습하세요.

## Preview Words

- □□□ **superior** [səpíəriər] a. 우수한
- □□□ **superb** [supə́:rb] a. 뛰어난
- □□□ **supreme** [səprí:m] a. 최상의
- □□□ **superficial** [sù:pərfíʃəl] a. 표면의, 피상적인
- □□□ **sovereign** [sávərin] n. 통치자 a. 최고의 권력을 가진
- □□□ **surface** [sə́:rfis] v. 표면 위로 떠오르다 n. 표면
- □□□ **surpass** [sərpǽs] v. ···보다 낫다, ···을 능가하다
- □□□ **surplus** [sə́:rplʌs] n. 과잉, 흑자
- □□□ **surmount** [sərmáunt] v. 오르다
- □□□ **superfluous** [su:pə́:rfluəs] a. 여분의
- □□□ **supernatural** [sù:pərnǽtʃərəl] a. 초자연적인
- □□□ **superstitious** [sù:pərstíʃəs] a. 미신의
- □□□ **superstition** [sù:pərstíʃən] n. 미신, 미신적 관습
- □□□ **surveillance** [sərvéiləns] n. 감시
- □□□ **supervise** [sú:pərvàiz] v. 감독하다
- □□□ **supervision** [sù:pərvíʒən] n. 감독

접두어 **super**는 over-보다 더 강조된 '~ 위에 (beyond)에 가깝다. 변형으로는 sover, sur의 형태로도 쓰인다.

---

☐ **superior** [səpíəriər]

super + ior(라틴어 형접 )

형 우수한, 뛰어난

[1] This is clearly the work of a **superior** artist.
[2] The **superior** product is the more expensive one.

---

☐ **superb** [supə́:rb]

형 우수한, 뛰어난

[3] The exhibition includes several **superb** works.

---

☐ **supreme** [səprí:m]

형 최상의, 우수한

[4] For me, dieting requires a **supreme** effort of will.

---

**※ 참고**

superior, superb, supreme 등은 모두, '우수한', '뛰어난' 뜻으로 동의어다. 아래 단어들도 비슷한 단어들이다.

excellent, first-rate, first-class, outstanding, remarkable, marvelous, magnificent, wonderful, splendid, glorious, awesome, brilliant, gorgeous

---

☐ **superficial** [sù:pərfíʃəl]

super(above ~위에) + fici(face 얼굴) + al( 형접 )
→ 얼굴 위의 → 표면의, 외면의

형 표면의, 피상적인

[5] If you're judging a book by its cover, you're **superficial**.

---

☐ **sovereign** [sávərin]

sover(above ~위에) + reign(rule 통치하다)
→ 위에서 통치하는 사람

명 통치자    형 최고 권력을 가진

명 통치자

[6] **Sovereign** has everything to do with power.

형 최고 권력을 가진

[7] **Sovereign** power is said to lie with the people in some countries, and with a ruler in others.

---

☐ **surpass** [sərpǽs]

sur(above ~위에) + pass(지나가다) → 위로 지나가다

동 …보다 낫다    유사어 excel, exceed, transcend, outdo

[8] South Korea's budget **surpasses** 500 trillion won.

---

☐ **surplus** [sə́:rplʌs]

sur(above ~위에) + plus(여분) → 위로 덧붙여진 것 → 나머지

명 나머지, 잉여, 과잉, 흑자

[9] Korea will sustain its trade **surplus** in the coming months.

---

1. 이것은 분명히 뛰어난 한 예술가의 작품이다.
2. 더 나은 제품은 더 비싼 제품이다.
3. 그 전시회는 여러 뛰어난 작품들을 포함하고 있다.
4. 나에게 다이어트는 최고 수준의 의지력을 필요로 한다.
5. 네가 책을 표지로 판단하고 있다면 너는 피상적이다.

6. 통치자는 권력을 행사할 모든 것을 가지고 있다.
7. 주권은 어떤 나라에서는 국민에게 있고 어떤 나라에서는 통치자에게 있다고 한다.
8. 한국의 예산이 500조를 초과한다.
9. 한국이 향후 수 개월 동안에도 무역 흑자를 유지할 것이다.

## surface [sə́ːrfis]
sur(above ~위에) + face(얼굴) → 얼굴 위(표면)

**동** 표면 위로 떠오르다　**명** 표면

**동** 표면 위로 떠오르다

[10] The submarine **surfaced** a few miles off the coast.

**명** 표면

[11] What's hidden beneath the **surface**?

## surmount [sərmáunt]
sur(above ~위에) + mount(climb 오르다) → 위로 오르다

**동** 오르다, 극복하다　**유사어** overcome, conquer, get over

[12] The candidate must **surmount** a variety of hurdles.

## superfluous [suːpə́ːrfluəs]
super(above ~위에) + flu(flow 흐르다) + ous(형접)
→ (남아서) 위로 흐르는 → 여분의

**형** 여분의

[13] Our new mayor plans to eliminate **superfluous** programs.

## supernatural [sùːpərnǽtʃərəl]
super(above ~위에) + nature(자연의) + al(형접)
→ 자연 이상의

**형** 초자연적인

[14] The wrestler has **supernatural** force.

## superstitious [sùːpərstíʃəs]
super(above ~위에) + stiti(stand 서다) + ous(형접)
→ (마음) 위에 서 있는 → 미신의

**형** 미신의

[15] The natives in the village are **superstitious**.

## superstition [sùːpərstíʃən]
super(above ~위에) + stiti(stand 서다) + ion(명접)

**명** 미신, 미신적 관습

[16] A **superstition** is any belief or practice based upon one's trust in luck or other irrational, unscientific, or supernatural forces.

## surveillance [sərvéiləns]
sur(above ~위에) + veill(see 보다) + ance(명접)
→ 위에서 보는 → 감시

**명** 감시, 감독

[17] More banks are now installing **surveillance** cameras.

## supervise [súːpərvàiz]
super(above ~위에) + vise(see 보다) → 위에서 보다
→ 감독하다

**동** 감독하다　**유사어** superintend, oversee

[18] The manager **supervises** 70 employees in our order department.

## supervision [sùːpərvíʒən]
super(above ~위에) + vision(sight 시야)
→ 위에서 보는 사람 → 감독

**명** 감독　**유사어** superintendence

[19] The machine should only be used with adult **supervision**.

---

10. 잠수함이 연안으로부터 몇 마일 떨어져서 표면 위로 떠올랐다.
11. 표면 아래 무엇이 숨겨져 있는가?
12. 후보자는 여러 종류의 장애물을 극복하여야 한다.
13. 새 시장은 여분의 프로그램을 제거하는 것을 계획하고 있다.
14. 그 레슬링 선수는 초자연적인 힘을 가지고 있다.

15. 그 마을 원주민들은 미신적이다.
16. 미신은 행운이나 다른 불합리하고 비과학적이고, 초자연적인 힘들에 대한 신뢰를 기초로 한 어떠한 믿음이나 관습이다.
17. 지금 더 많은 은행들이 감시카메라를 설치하고 있는 중이다.
18. 그 매니저가 주문부서 70명의 노동자를 감독한다.
19. 그 기계는 단지 성인의 감독 하에서만 사용되어야 한다.

※ 아래에서 우리말은 영어로 영어는 우리말로 각각 뜻을 쓰시오.

1. 과잉청구하다 _____
2. 통치자 _____
3. 표면 위로 떠오르다, 표면 _____
4. …보다 낫다, …을 능가하다 _____
5. 극복하다 _____
6. 기한이 지난 _____
7. 최상의 _____
8. 표면의, 피상적인 _____
9. 압도하다, 당황하게 하다 _____
10. 과잉, 흑자 _____
11. 오르다 _____
12. 넘쳐 흐르다, 범람 _____
13. 타고 넘다, 무시하다, 기각하다 _____

14. overwhelming _____
15. superior _____
16 superb _____
17. superstition _____
18. overtake _____
19. superfluous _____
20. overthrow _____
21. supervision _____
22. superstitious _____
23. surveillance _____
24. overhear _____
25. overlook _____
26. supervise _____

※ 다음 문장의 빈칸에 알맞은 단어를 보기에서 찾아 넣으시오. 필요 시 대문자, 수, 시제, 태 등 문법적 요소를 고려하여 쓰세요.(다만 본문 예문 학습을 유도하기 위하여 예문에서 사용한 단어를 정답으로 하였다.)

**보기**

overflow, overthrow, surveillance, overshadow, superfluous, supervises, superficial, sovereign, surpasses, surplus, surmount, overwhelming, superstitious, superstition

27. Clouds _____ the moon.

28. Because of heavy rain, the river may _____ its banks.

29. Their ultimate goal is to _____ the government.

30. An _____ majority has voted in favor of the policy.

31. The natives in the village are _____ .

32. More banks are now installing _____ cameras.

33. If you're judging a book by its cover, you're _____ .

34. _____ has everything to do with power.

35. South Korea's budget _____ 500 trillion won.

36. Korea will sustain its trade _____ in the coming months.

37. The candidate must _____ a variety of hurdles.

38. Our new mayor plans to eliminate _____ programs.

39. The manager _____ 70 employees in our order department.

40. A _____ is any belief or practice based upon one's trust in luck or other irrational, unscientific, or supernatural forces.

# 13 day

## up-: 위로

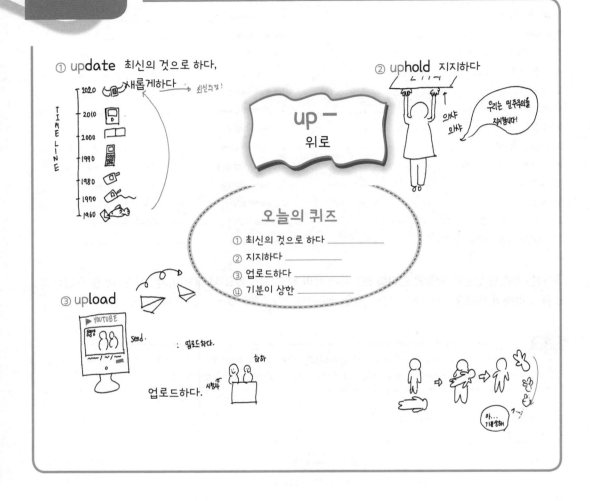

이 단원에서 학습할 단어모음입니다. ☐☐☐에 각각 모르는 단어를 3회에 걸쳐 ☑(체크표시)해 보세요.
모르는 단어는 끝까지 학습하세요.

**Preview Words**

☐☐☐ **update** [ʌ́pdèit] v. 최신의 것으로 하다 n. 갱신
☐☐☐ **upgrade** [ʌpgreíd] n. 향상, 상승, v. 높이다
☐☐☐ **upheaval** [ʌphíːvəl] n. 들어 올림, 융기, 대변동, 격변
☐☐☐ **uphold** [ʌphóuld] v. 지지하다

☐☐☐ **upload** [ʌplòud] n. 업로드 v. 업로드하다.
☐☐☐ **upright** [ʌpràit] a. 똑바로 선
☐☐☐ **upset** [ʌpsét] v. 뒤집어 엎다 n. 전복 a.기분이 상한

**접두어 up-**은 공간적으로 '**~ 위로**'의 뜻이다. 시간적으로는 '**최신으로**' 뜻으로 사용된다.

---

☐ **update** [ʌ́pdèit]
up(위) + date(날짜) → 날짜를 최근으로 하다

[동] 새롭게 하다, 최신의 것으로 하다　[명] 갱신
[동] 새롭게 하다, 최신의 것으로 하다
[1] Textbooks must be **updated** regularly.
[명] 갱신
[2] He gave me an **update** on the situation in New York.

---

☐ **upgrade** [ʌpgreíd]
up(위) + grade(등급) → 등급을 위로 올리다

[동] 높이다　[명] 향상, 상승
[동] 높이다
[3] I've decided to **upgrade** my old computer.
[명] 향상, 상승
[4] The **upgrade** to version 6.0 costs $525.

---

☐ **upheaval** [ʌphíːvəl]
up(위) + heaval(rise 상승) → 위로 올라오는 것 → 융기, 대변동

[명] 들어 올림, 융기, 대변동, 격변
[5] A great **upheaval** occurred in Europe in 1789.

---

☐ **uphold** [ʌphóuld]
up(위) + hold(유지하다) → 위로 지지하다

[동] 지지하다　[유사어] support
[6] I cannot **uphold** such conduct.

---

☐ **upload** [ʌplòud]
up(위) + load(짐) → 짐을 위로 싣다 → 업로드

[명] 업로드　[동] 업로드하다
[명] 업로드
[7] First, prepare data for **upload**.
[동] 업로드하다
[8] **Upload** information to a server.

---

☐ **upright** [ʌpràit]
up(위) + right(올바른) → 위로 올바른 → 똑바로 선

[형] 똑바로 선
[9] Please return your seat to an **upright** position and fasten your belt.

---

[다의어] **upset** [ʌpsét]
up(위) + set(놓다) → 위로 뒤집어 엎다
┌ 화나게하다, 기분이 상한
└ 뒤집어 엎다, 전복

[동] 뒤집어 엎다, 화나게 하다　[명] 전복　[형] 기분이 상한
[동] 뒤집어 엎다, 화나게 하다
[10] The governor's veto **upset** a lot of people.
[명] 전복
[11] Melanie has a stomach **upset**.
[형] 기분이 상한
[12] She was very **upset** about losing her wallet.

---

1. 교과서는 정기적으로 업데이트 되어야 한다.
2. 그는 나에게 뉴욕에서의 최신 상황을 알려주었다.
3. 나는 나의 오래된 컴퓨터를 업그레이드 하기로 결정했다.
4. 버전 6.0으로 업그레이드는 525달러 비용이 든다.
5. 대변혁이 1789년 유럽에서 일어났다.
6. 그런 행위는 지지할 수 없다.

7. 먼저 업로드를 위하여 데이터를 준비하세요.
8. 서버에 정보를 올려라.
9. 너의 의자에 돌아가 똑바로 하고 안전벨트를 매세요.
10. 정부의 거부가 많은 사람들을 화나게 했다.
11. 멜라니는 배탈이 났다.
12. 그녀는 지갑을 잃어버려서 매우 화가 났다.

# hyper-: 위쪽, 초과, 과도 ⇔ hypo-: 아래

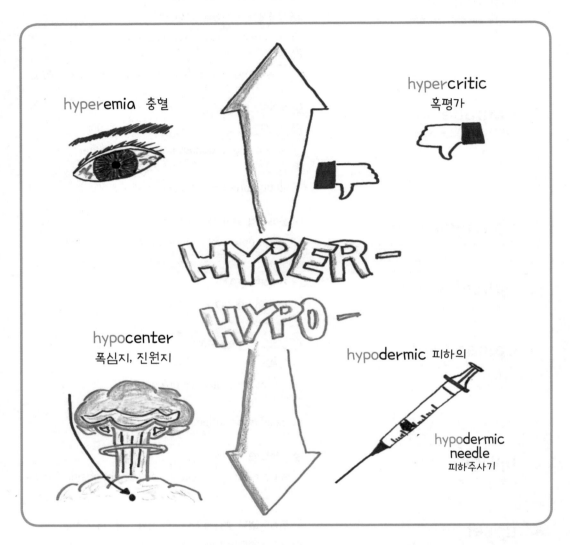

hyperemia 충혈

hypercritic
혹평가

hypocenter
폭심지, 진원지

hypodermic 피하의

hypodermic
needle
피하주사기

이 단원에서 학습할 단어모음입니다. ☐☐☐에 각각 모르는 단어를 3회에 걸쳐 ☑(체크표시)해 보세요.
모르는 단어는 끝까지 학습하세요.

## Preview Words

☐☐☐ **hyperacid** [hàipərǽsid] a. 위산 과다의
☐☐☐ **hyperactive** [hàipərǽktiv] a. 지극히 활동적인
☐☐☐ **hyperactivity** [hàipərӕktíviti] n. 과다활동, 활동항진
☐☐☐ **hyperaesthesia** [hàipərəsθíːʒiə] n. 감각 과민(증)
☐☐☐ **hyperanxious** [hàipərǽnkʃəs] a. 몹시 걱정하는
☐☐☐ **hyperbole** [haipóːrbəlì:] n. 과장(법), 과장 어구
☐☐☐ **hyperemia** [hàipərí:miə] n. 충혈
☐☐☐ **hyperconscious** [hàipərkánʃəs] a. 의식 과잉의

☐☐☐ **hypercritic** [hàipərkrítik] n. 혹평가
☐☐☐ **hypertension** [hàipərténʃən] n. 고혈압(증), 긴장 항진(증)
☐☐☐ **hypoacidity** [hàipəsídəti] n. (위액 등의) 산과소, 저산증
☐☐☐ **hypocenter** [hàipəséntər] n. (핵폭발의) 폭심지, 진원지
☐☐☐ **hypodermic** [hàipədə́:rmik] a. 피하(살가죽 아래)의
☐☐☐ **hypotension** [hàipəténʃən] n. 저혈압(증)
☐☐☐ **hypotonia** [hàipətóuniə] n. 긴장 감퇴(저하), 저혈압(증)

접두어 **hyper-**는 공간상 **'위쪽'**의 뜻이다. 특히 추상적으로 '초과, 과도'의 의미로 활용하여 많이 쓰인다. 반대말로는 '아래'를 뜻하는 **'hypo-'**가 쓰인다.

---

☐ **hyper**acid [hàipərǽsid]
hyper(위쪽, 초과) + acid(산) → 위산이 과다한

형 **위산 과다의**
[1] There is never any desire for acid fruits through real hunger, especially those of the **hyperacid** kinds.

---

☐ **hyper**active [hàipərǽktiv]
hyper(위쪽, 초과) + active(활동적인) → 활동이 과다한

형 **매우 활동적인**
[2] **Hyperactive** people often become anxious or depressed because of their condition and how people respond to them.

---

☐ **hyper**activity [hàipərǽktiviti]
hyperactive(지극히 활동적인) + ity(명접) → 과다활동

명 **과다활동, 활동항진**
[3] **Hyperactivity** is a state of being unusually or abnormally active.

---

☐ **hyper**aesthesia
[hàipərəsθíːʒiə]
hyper(위쪽, 초과) + aesthesia(감각) → 감각 과민

명 **감각 과민(증), 지극히 활동적인 (사람)**
[4] **Hyperesthesia** is a condition that involves an abnormal increase in sensitivity to stimuli of the sense.

---

☐ **hyper**anxious [hàipərǽŋkʃəs]
hyper(위쪽, 초과) + anxious(걱정하는) → 초과하여 걱정하는, 지나치게 염려하는

형 **몹시 걱정하는, 지나치게 염려하는**
[5] I get treated like an argumentative, **hyperanxious**, irrational adolescent.

---

☐ **hyper**bole [haipɔ́ːrbəlìː]
hyper(위쪽, 초과) + bole(throw 던지다)
→ 초과하여 던지는 것 → 과장

명 **과장(법), 과장 어구**
[6] **Hyperbole** is a figure of speech that uses extreme exaggeration to make a point or show emphasis.

---

☐ **hyper**emia [hàipəríːmiə]
hyper(위쪽, 초과) + mia(blood 혈액)
→ 피가 과도하게 몰리는 것 → 충혈

명 **충혈**
[7] **Hyperemia** is the increase of blood flow to different tissues in the body.
[8] **Hyperemia** occurs when excess blood builds up in the system of blood vessels in the body.

---

1. 배고픔 때문에 신맛 과일에 대한 욕구는 결코 없다, 특히 위산과다 종류의 과일에는.
2. 과다 활동의 사람들은 그들의 상황이나 사람들이 어떻게 그들에게 반응하는가 때문에 가끔 걱정하고 우울하게 된다.
3. 과다 활동은 특별히 혹은 비정상적으로 활동적인 상태이다.
4. 감각 과민(hyperaesthesia)은 감각 자극에 비정상적인 감성의 증가와 관련된 상황이다.

5. 나는 논쟁적이고, 지나치게 염려하고 비합리적인 성인처럼 다루어졌다.
6. 과장법(hyperbole)은 핵심을 정하고 강조를 위해 극단적인 과장을 사용하는 언어의 비유법이다.
7. 충혈(hypermia)은 몸의 다른 조직들에 피 흐름의 증가이다.
8. 충혈(hypermia)은 몸 안에 혈관 조직에서 과도한 피가 쌓일 때 발생한다.

## hyperconscious

[hàipərkánʃəs]
hyper(위쪽, 초과) + conscious(의식의)
→ 과도하게 의식하는, 의식과잉의

형 의식 과잉의

[9] It seems like everybody is **hyperconscious** of body image these days.

## hypercritic [hàipərkrítik]

hyper(위쪽, 초과) + critic(비평가) → 가혹하게 비평하는 사람
→ 혹평가

명 혹평가

[10] A **hypercritic** is a person who is excessively critical.

## hypertension [hàipərténʃən]

hyper(위쪽, 초과) + tension(긴장) → 고혈압

명 고혈압(증), 긴장 항진(증)

[11] High blood pressure, or **hypertension** increases the risk of heart disease and stroke.
[12] Normal blood pressure is 120 over 80 mm of mercury (mmHg), but **hypertension** is higher than 130 over 80 mmHg.

## hypoacidity [hàipəsídəti]

hypo(under 아래) + acidity(산) → 산이 적은 상태 → 산 과소

명 (위액 등의) 산과소, 저산증    반의어 hyperacidity 산과다

[13] **Hypoacidity** is the condition of having less than the normal amount of acidity in the stomach.

## hypocenter [hàipəséntər]

hypo(under 아래) + center(중심) → (중심 아래) 진원지

명 (핵폭발의) 폭심지(ground zero), (지진의) 진원지

[14] A **hypocenter** is the point of origin of an earthquake.

## hypodermic [hàipədə́:rmik]

hypo(under 아래) + dermic(가죽의, 피부의)
→ 살가죽 아래의

형 피하(살가죽 아래)의

[15] A **hypodermic** needle injects medicine into your veins.

## hypotension [hàipəténʃən]

hypo(under 아래) + tension(긴장) → 저혈압

명 저혈압(증)

[16] **Hypotension** is blood pressure that is lower than 90/60 mmHg.

## hypotonia [hàipətóuniə]

hypo(under 아래) + tonia(tone 긴장) → 긴장이 저하된 상태 → 긴장저하

명 긴장 감퇴(저하), 저혈압(증)

[17] **Hypotonia** is the medical term for decreased muscle tone.

---

9. 요즈음 모든 사람들이 몸매에 관하여 의식 과잉인 것처럼 보인다.
10. 혹평가는 과도하게 비판적인 사람이다.
11. 높은 혈압 즉 고혈압(hypertension)은 심장병이나 뇌졸중의 위험을 증가시킨다.
12. 정상 혈압은 120/80mmHg이다. 그러나 고혈압은 130/80mmHg 보다 높다.
13. 저산증(Hypoacidity)은 위장에서 정상보다 더 적은 양의 산을 갖는 상태이다.
14. 진원지(A hypocenter)는 지진의 처음 일어난 지점이다.
15. 피하 주사 바늘이 약을 너의 정맥 안으로 주사한다.
16. 저혈압(Hypotension)은 90/60 mmHg보다 낮은 혈압이다.
17. 긴장 저하증(Hypotonia)은 감소된 근육 긴장에 대한 의학적 용어다.

※ 아래에서 우리말은 영어로 영어는 우리말로 각각 뜻을 쓰시오.

1. 최신의 것으로 하다, 갱신 _____
2. 폭심지, 진원지 _____
3. 피하(살가죽 아래)의 _____
4. 업로드하다 _____
5. 저혈압(증) _____
6. 똑바로 선 _____
7. 감각 과민(증) _____
8. 몹시 걱정하는 _____
9. 과장(법), 과장 어구 _____
10. 뒤집어 엎다, 전복, 기분이 상한 _____
11. 위산 과다의 _____

12. hyperactive _____
13. upgrade _____
14. hypotonia _____
15. upheaval _____
16. hypercritic _____
17. hypertension _____
18. hypoacidity _____
19. uphold _____
20. hyperactivity _____
21. hyperemia _____
22. hyperconscious _____

※ 다음 문장의 빈칸에 알맞은 단어를 보기에서 찾아 넣으시오. 필요 시 대문자, 수, 시제, 태 등 문법적 요소를 고려하여 쓰세요.(다만 본문 예문 학습을 유도하기 위하여 예문에서 사용한 단어를 정답으로 하였다.)

**보기**

hypotension, upheaval, uphold, hypotonia, hypertension, update, upload,
hypodermic, upgrade, upright, hyperactivity, hypocenter, upset, hyperbole

23. Textbooks must be _____ (e)d regularly.

24. The _____ to version 6.0 costs $525.

25. A great _____ occurred in Europe in 1789.

26. I cannot _____ such conduct.

27. _____ information to a server.

28. Please return your seat to an _____ position and fasten your belt.

29. The governor's veto _____ a lot of people.

30. _____ is a state of being unusually or abnormally active.

31. A _____ is the point of origin of an earthquake.

32. A _____ needle injects medicine into your veins.

33. _____ is blood pressure that is lower than 90/60 mmHg.

34. _____ is the medical term for decreased muscle tone.

35. High blood pressure, or _____ increases the risk of heart disease and stroke.

36. _____ is a figure of speech that uses extreme exaggeration to make a point or show emphasis.

# 14 day

# under-: ~ 아래에

under -
아래에

undergraduate
아래 + 졸업 → 대학생

undergo
경험하다

undertake
책임을 맡다

이 단원에서 학습할 단어모음입니다. ☐☐☐에 각각 모르는 단어를 3회에 걸쳐 ☑(체크표시)해 보세요.
모르는 단어는 끝까지 학습하세요.

## Preview Words

☐☐☐ **undercover** [ʌ́ndərkʌ́vər] a. 비밀로 한 n. 비밀첩보활동
☐☐☐ **underestimate** [ʌ́ndəréstəmèit] v. 과소평가하다
☐☐☐ **undergo** [ʌ́ndərgou] v. 경험하다
☐☐☐ **undergraduate** [ʌ́ndərgrǽdʒuèit] n. 대학생, 학부생

☐☐☐ **underground** [ʌ́ndərgraund] a. 지하의 n. 지하
☐☐☐ **undermine** [ʌ́ndərmain] v. 아래를 파다, 약화시키다
☐☐☐ **understate** [ʌ́ndərsteit] v. 축소해서 말하다
☐☐☐ **undertake** [ʌ́ndərteik] v. 책임을 맡다

☐ **undercover** [ʌ́ndərkʌ́vər]

under(아래) + cover(뚜껑) → 뚜껑 아래에서 → 비밀로 하는

📏 **비밀로 한** 유사어 covert, secret, clandestine

[1] Every year the police use **undercover** police officers in dozens of investigations.

☐ **underestimate**

[ʌ́ndəréstəmèit]
**under(아래)** + estimate(평가하다) → (액면) 이하로 평가하다
→ 과소평가하다

🔹 **과소평가하다** 유사어 underrate

[2] We **underestimate** the power of a touch, a smile, a kind word, a listening ear, an honest compliment, or the smallest act of caring.

☐ **undergo** [ʌ́ndərgou]

under(아래) + go(가다) → 아래로 지나가다 → 겪다, 경험하다

🔹 **경험하다** 유사어 go through, experience

[3] The patient will **undergo** a new stem cell therapy.

☐ **undergraduate**

[ʌ́ndərgrǽdʒuèit]
under(아래) + graduate(대학 졸업자, 대학원생) →
대학졸업 아래(이전에) 있는 → 대학생

📛 **대학생, 학부생**

[4] An **undergraduate** is a college or university student who's not a graduate student.

☐ **underground** [ʌ́ndərgraund]

under(아래)+ground(땅) → 땅 아래에

📛 **지하** 📏 **지하의**

📛 **지하**

[5] Out of necessity, the **underground** continued to flourish.

📏 **지하의**

[6] Farmers keep crops **underground** to protect them from the cold weather.

☐ **undermine** [ʌ́ndərmain]

under(아래) + mine(광산, 갱도를 파다) →
~ 아래에 갱도를 파다

🔹 **아래를 파다, 약화시키다** 유사어 weaken

[7] To **undermine** literally means to dig a hole underneath something, making it likely to collapse.

☐ **understate** [ʌ́ndərsteit]

under(아래)+state(say 말하다) → 아래로 말하다

🔹 **축소해서 말하다**

[8] The press has **understated** the extent of the problem.

☐ **undertake** [ʌ́ndərteik]

under(아래) + take(seize 잡다) → 아래에서 짐을 맡다
→ (책임을) 떠 맡다

🔹 **(책임) 떠맡다**

[9] Whatever task you **undertake**, do it with all your heart and soul.

---

1. 매년 경찰은 수십 개의 수사에서 비밀 경찰을 이용한다.
2. 우리는 접촉, 미소, 친절한 말, 듣는 귀, 정직한 칭찬, 아주 사소한 동정의 힘을 과소평가한다.
3. 그 환자는 새로운 줄기세포 치료법을 경험할 것이다.
4. 대학생(학부생)은 대학원생이 아닌 대학에 다니는 학생이다.
5. 부득이하게 지하 세계는 계속 번영했다.
6. 농부들이 추운 날씨로부터 농작물을 보호하기 위하여 지하에서 농작물을 보관한다.
7. 문자 그대로 아래를 판다는 것(to undermine)은 어떤 것이 붕괴하도록 만들면서 어떤 것 아래 구멍을 파는 것을 의미한다.
8. 언론은 문제의 정도를 축소 보도하고 있다.
9. 네가 어떠한 과제를 떠맡든지 모든 너의 열정으로 행하라.

# sub-, suf-, sug-, sup-, sus-, sur- : under ~아래에

이 단원에서 학습할 단어모음입니다. □□□에 각각 모르는 단어를 3회에 걸쳐 ☑(체크표시)해 보세요.
모르는 단어는 끝까지 학습하세요.

## Preview Words

□□□ **sub**conscious [sʌbkánʃəs] n. 잠재의식
　　　　　　　　　　　a. 어렴풋이 의식하고 있는

□□□ **subject** [sʌ́bdʒikt] n. 주제, 과목 a.지배를 받는

□□□ **sub**marine [sʌ́bməriːn] n. 잠수함. a. 해저의

□□□ **sub**merge [səbmə́ːrdʒ] v. 물 속에 잠그다, 물 아래로 잠기다

□□□ **sub**mit [səbmít] v. 복종시키다, 제출하다

□□□ **sub**side [səbsáid] v. 가라 앉다

□□□ **suf**fer [sʌ́fər] v. (고통 등을) 경험하다

□□□ **sug**gest [səgdʒést] v. 암시하다, 제안하다

□□□ **sug**gestion [səgdʒéstʃən] n. 암시, 시사, 제안, 제의, 제언

□□□ **sup**port [səpɔ́ːrt] n. 지지, 부양 v. 지지하다, 부양하다,

□□□ **sup**press [səprés] v. 억압하다, 진압하다

□□□ **sup**pression [səpréʃən] n. 억압, 진압, 억제

□□□ **sur**render [səréndər] v. 항복하다

□□□ **sus**tain [səstéin] v. 떠받치다, 부양하다

☐ **subconscious** [sʌbkánʃəs]

sub(under 아래에) + conscious(알고 있는) → 의식 아래에

명 잠재의식　형 어렴풋이 의식하고 있는

명 잠재의식

[1] The memory was buried deep within my **subconscious**.

형 어렴풋이 의식하고 있는

[2] Your **subconscious** mind is like a huge memory bank.

---

다의어 **subject** [sʌ́bdʒikt]

sub(under 아래에) + ject(throw 던지다) (토론이나 학습 등에서) 아래로 던져진 것 →

　주제, 과목, 신하, 피사체
　지배를 받는, ~ 하기 쉬운

명 주제, 과목　형 지배를 받는

명 주제, 과목

[3] Our **subject** for discussion is the education for the future.

형 지배를 받는

[4] All the people are **subject** to our constitution.

---

☐ **submarine** [sʌ́bməriːn]

sub(under 아래에) + marine(sea 바다) → 바다 아래에

명 잠수함　형 해저의

명 잠수함

[5] The **submarine** sailed deep under the ice cap.

형 해저의

[6] This accident has raised concerns among those in the **submarine** building industry.

---

☐ **submerge** [səbmə́ːrdʒ]

sub(under 아래에) + merge(plunge 물속에 들어가다) → (물속) 아래로 잠기다

동 물속에 잠그다, 물 아래로 잠기다

반의어 emerge (물속으로부터 ) 밖으로 나오다

[7] The submarine **submerged** when enemy planes were sighted.

---

다의어 **submit** [səbmít]

sub(under 아래에) + mit(send 보내다) → 아래로 보내다
　제출하다
　복종하다, 항복하다

동 복종하다, 제출하다

[8] Women **submitted** to the authority of their fathers.

[9] You must **submit** your application before 30 January.

---

☐ **subside** [səbsáid]

sub(under 아래에) + side(settle 자리잡다) → 아래로 가로 앉다, 침전하다

동 가라 앉다

[10] I'll wait a few minutes until the storm **subsides**.

---

1. 그 기억이 나의 잠재의식 안에 깊게 묻혀 있다.
2. 너의 무의식적인 마음은 거대한 기억 은행과 같다.
3. 우리의 토론 주제는 미래를 위한 교육이다.
4. 모든 국민은 헌법에 복종해야 한다.
5. 잠수함이 만년설 아래로 깊게 항해했다.

6. 이 사고는 해저 건설 산업에 종사하는 사람들 사이에서 우려를 제기 해왔다.
7. 잠수함이 적들의 비행기가 보였을 때 물 속으로 들어갔다.
8. 여자들은 그들의 아버지의 권위에 복종했다.
9. 1월 30일 전에 신청서를 내야 한다.
10. 나는 폭풍우가 가라앉을 때까지 몇 분 기다릴 것이다.

□ **suffer** [sʌ́fər]

sub(under 아래에) + fer(carry 지나가다 or bear 참다)
→ 아래에서 지나가도록 하다, 혹은 아래에서 참다 → 경험하다

동 (고통 등을) **경험하다** 유사어 endure

[11] Both sides **suffered** many casualties during their engagement.

---

□ **suggest** [səgdʒést]

sub(under 아래에) + gest(bring 가져 오다)
→ 아래에 가져오다 → 제안하다, 암시하다

동 **제안하다, 암시하다** 유사어 propose

[12] I would strongly **suggest** not using the light.

---

□ **suggestion** [səgdʒéstʃən]

suggest (제안하다, 암시하다) + ion(명)

명 암시, 제안

[13] Arnold forced his wife to accept the **suggestion** with some appearance of pleasure.

---

□ **support** [səpɔ́ːrt]

sub(under 아래에) + port(carry 옮기다)
→ 아래에서 (위쪽으로) 옮기다

명 지원, 지지, 부양   동 지지하다, 부양하다

명 지원, 지지, 부양

[14] He applied for financial **support** from the state.

동 지지하다, 부양하다

[15] These metal beams **support** the heavy roof.

---

□ **suppress** [səprés]

sub(under 아래에) + press(누르다) → 아래로 누르다
→ 억압하다

동 **억압하다, 진압하다** 유사어 repress, crush

[16] The general **suppressed** a rebellion.

---

□ **suppression** [səpréʃən]

suppress(억압하다) + ion(명접)

명 억압, 진압, 억제

[17] We think of their **suppression** of speech as a human rights issue.

---

□ **surrender** [səréndər]

sub(under 아래에) + render(do 행하다) → 아래로 행하다
→ 양보하다, 항복하다

동 항복하다

[18] The Japanese refused to unconditionally **surrender** to allied forces.

---

□ **sustain** [səstéin]

sus(under 아래에) + tain(hold 유지하다)
→ (아래에서 유지하기 위해) 떠받치고 있다

동 떠받치다, 부양하다

[19] That kind of activity, over time, cannot **sustain** the support of the public.

---

11. 양측은 그들의 교전 동안 많은 사상자를 내었다.
12. 나는 강력히 빛을 사용하지 않아야 한다고 제안한다.
13. 아놀드는 그의 아내가 얼마간의 즐거운 표정으로 제안을 받아들이고 강요했다.
14. 그는 국가로부터 금융 지원을 신청했다.

15. 이 금속 대들보들이 무거운 지붕을 지탱하고 있다.
16. 그 장군은 반란을 진압했다.
17. 우리는 표현에 대한 억압을 인권 문제로 생각한다.
18. 일본은 조건 없이 연합군에 항복하는 것을 거부하였다.
19. 시간이 지나면서 그 같은 활동은 대중의 지지를 유지할 수 없다.

※ 아래에서 우리말은 영어로 영어는 우리말로 각각 뜻을 쓰시오.

1. 억압, 진압, 억제 _____
2. 비밀로 한, 비밀첩보활동 _____
3. 과소평가하다 _____
4. 경험하다 _____
5. 암시, 시사, 제안 _____
6. 대학생, 학부생 _____
7. 지하의, 지하 _____
8. 억압하다, 진압하다 _____
9. 항복하다 _____
10. 떠받치다, 부양하다 _____
11. 아래를 파다, 약화시키다 _____

12. submit _____
13. subside _____
14. suffer _____
15. suggest _____
16. understate _____
17. subconscious _____
18. subject _____
19. submarine _____
20. undertake _____
21. submerge _____
22. support _____

※ 다음 문장의 빈칸에 알맞은 단어를 보기에서 찾아 넣으시오. 필요 시 대문자, 수, 시제, 태 등 문법적 요소를 고려하여 쓰세요.(다만 본문 예문 학습을 유도하기 위하여 예문에서 사용한 단어를 정답으로 하였다.)

보 기  suppress, suppression, surrender, subject, subject, submit, submit, sustain, undergo, subconscious, submarine, submerge, underground, undertake, support, subside

23. The general _____ ed a rebellion.

24. I'll wait a few minutes until the storm _____ .

25. He applied for financial _____ from the state.

26. The patient will _____ a new stem cell therapy.

27. The memory was buried deep within my _____ .

28. Our _____ for discussion is the education for the future.

29. The _____ sailed deep under the ice cap.

30. The submarine _____ d when enemy planes were sighted.

31. Women _____ ed to the authority of their fathers.

32. All the people are _____ to our constitution.

33. You must _____ your application before 30 January.

34. Farmers keep crops _____ to protect them from the cold weather.

35. Whatever task you _____ , do it with all your heart and soul.

36. We think of their _____ of speech as a human rights issue.

37. The Japanese refused to unconditionally _____ to allied forces.

38. That kind of activity, over time, cannot _____ the support of the public.

# in-, im-: ~ 안에

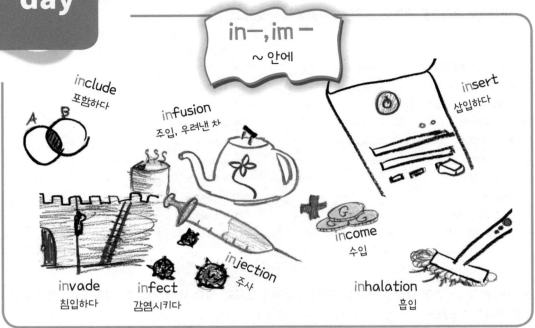

in-, im-
~ 안에

include 포함하다

infusion 주입, 우려낸 차

insert 삽입하다

income 수입

invade 침입하다

infect 감염시키다

injection 주사

inhalation 흡입

이 단원에서 학습할 단어모음입니다. □□□에 각각 모르는 단어를 3회에 걸쳐 ☑(체크표시)해 보세요. 모르는 단어는 끝까지 학습하세요.

## Preview Words

□□□ **im**migrate [ímɔgrèit] v. 이민 오다
□□□ **im**migration [ìmɔgréiʃən] n. (입국) 이주, 입국
□□□ **im**pair [impéɔr] v. 해치다
□□□ **im**paired [impéɔrd] a. 망가진, 고장난
□□□ **in**clude [inklúːd] v. 포함하다
□□□ **in**clusion [inklúːʒən] n. 포함, 포괄
□□□ **in**come [ínkʌm] n. 수입
□□□ **in**door [índɔ́ːr] a. 실내의, 옥내의
□□□ **im**pose [impóuz] v. (의견 등을) 도입하다, 강요하다
□□□ **im**position [ìmpəzíʃən] n. 부과, 부담
□□□ **im**posing [impóuziŋ] a. 위압하는, 당당한, 인상적인
□□□ **im**press [imprés] v. 인상을 주다
□□□ **im**pression [impréʃən] n. 인상, 감명
□□□ **im**pressive [imprésiv] a. 인상적인, 감동을 주는
□□□ **in**born [ínbɔ́ːrn] a. 타고난, 천부의
□□□ **in**fect [infékt] v. 감염시키다
□□□ **in**fection [infékʃən] n. 전염, 감염
□□□ **in**fectious [infékʃɔs] a. 접촉 감염성의, 전염성의
□□□ **in**fluence [ínfluəns] n. 세력, 권세 v. 영향을 미치다
□□□ **in**fluential [ìnfluénʃəl] a. 영향을 미치는
□□□ **in**fuse [infjúːz] v. 주입하다, 불어 넣다, 우려내다
□□□ **in**fusion [infjúːʒən] n. 주입, 불어넣음, 우려낸 차
□□□ **in**flux [ínflʌks] n. 유입

□□□ **in**hale [inhéil] v. 들어 마시다
□□□ **in**halation [ìnhɔléiʃən] n. 흡입
□□□ **in**here [inhíɔr] v. (성질 따위가) 본래부터 타고 나다, 내재하다
□□□ **in**herence [inhíɔrəns] / **-cy** [-si] n. 고유, 천성
□□□ **in**herent [inhíɔrənt] a. 본래부터 가지고 있는, 내재하는
□□□ **in**herited [inhéritid] a. 상속한, 승계한, 유전의
□□□ **in**ject [indʒékt] v. 주사하다
□□□ **in**jection [indʒékʃən] n. 주입, 주사
□□□ **in**put [ínpùt] n. 투입
□□□ **in**sert [insɔ́ːrt] v. 끼워 넣다, 삽입하다
□□□ **in**sertion [insɔ́ːrʃən] n. 삽입, 끼워 넣기, 삽입구, 삽입광고
□□□ **in**spire [inspáiɔr] v. 고무하다, 영감을 주다
□□□ **in**spiration [ìnspɔréiʃən] n. 고무, 영감
□□□ **in**spiring [inspáiɔriŋ] a. 분발케 하는, 고무하는
□□□ **in**spired [inspáiɔrd] a. 고무된
□□□ **in**stall [instɔ́ːl] v. 설치하다
□□□ **in**stallation [ìnstɔléiʃən] n. 시설, 설치, 임명, 임관
□□□ **in**vade [invéid] v. 침입하다
□□□ **in**vasion [invéiʒən] n. 침입, 침략
□□□ **in**sight [ínsàit] n. 통찰, 간파, 통찰력
□□□ **in**vest [invést] v. 투자하다
□□□ **in**vestment [invéstmənt] n. 투자

in은 '안에'라는 뜻과 not의 뜻이 있다. 결합하는 뒤의 단어의 철자에 따라, '안에' 뜻으로 쓰일 때는 im-으로 바뀌기도 한다. 또 not의 뜻일 때는 il-, im-, ir- 등으로도 바뀐다.

**in-, (im-): 여기에서는 '안에'의 뜻으로 쓰이는 경우를 살펴본다.**

| | | |
|---|---|---|
| ☐ | **im**migrate [íməgrèit]<br>im(안으로) + migrate(move 이동하다)→ 안으로 이동하다<br>→ 이민오다 | 동 이민 오다<br>[1] He is one of the first Koreans to **immigrate** to the U.S. |
| ☐ | **im**migration [ìməgréiʃən]<br>immigrate(이민 오다) + ion(명접) | 명 (입국) 이주, 입국<br>[2] Find out about Australian visas, **immigration** and citizenship. |
| ☐ | **im**pair [impéər]<br>im(안으로) + pair(make worse 나쁘게 만들다)<br>→ 안으로 나쁘게 만들다 → 해치다 | 동 해치다 유사어 damage, harm<br>[3] Excessive fat accumulation **impairs** health. |
| ☐ | **im**paired [impéərd]<br>impair(해치다) + ed(형접) | 형 망가진, 고장난<br>[4] She suffers from **impaired** hearing. |
| ☐ | **in**clude [inklú:d]<br>in(안으로) + clude(close 닫다) → 안에 넣고 닫다 → 포함하다 | 동 포함하다 유사어 cover, embrace, involve, contain<br>[5] Household duties **include** cooking and cleaning. |
| ☐ | **in**clusion [inklú:ʒən]<br>include(포함하다) + sion(명접) | 명 포함, 포괄<br>[6] The book's value stems from its **inclusion** of multiple viewpoints. |
| ☐ | **in**come [ínkʌm]<br>in(안으로) + come(오다) → 수입 | 명 수입 유사어 earnings<br>[7] **Income** is any form of revenue or funds a person receives. |
| ☐ | **in**door [índɔ́:r]<br>in(안으로) + door(문) → 문안에 → 실내의 | 형 실내의<br>[8] Now it houses an **indoor** zoo. |

1. 그는 미국으로 이주해 온 최초의 한국인들 중 한 사람이다.
2. 호주 비자, 이민 그리고 시민권에 관해 알아보자.
3. 지방의 과잉 축적은 건강을 해친다.
4. 그녀는 손상된 청력으로 고생한다.

5. 가사에는 요리와 청소도 포함된다
6. 그 책의 가치는 여러 가지 관점을 포함한 것에서 유래한다.
7. 수입은 사람이 받는 수입 혹은 기금 등의 모든 형태이다.
8. 지금은 내부에 동물원을 가지고 있다.

| | |
|---|---|
| ☐ **impose** [impóuz]<br>im(안으로) + pose(put 놓다) → 안에 놓다<br>→ 도입하다, (의무 등을) 지우다 | 통 (의무) **부과하다**, (의견 등을) **강요하다, 위압하다** 유사어 force<br>[9] The government **imposes** a tax on an article. |
| ☐ **imposition** [ìmpəzíʃən]<br>impose(부과하다) + ition(명접) | 명 **부과, 부담**<br>[10] **Imposition** means you force something — usually an unwanted burden — on someone else. |
| ☐ **imposing** [impóuziŋ]<br>impose(강요하다, 위압하다) + ing(형접 - ~하게 하는)<br>→ 압도하는 | 형 **위압하는, 당당한, 인상적인**<br>[11] The singer is an **imposing** figure on stage. |
| ☐ **impress** [imprés]<br>im(안으로) + press(누르다, 찍다) → 안에 찍다<br>→ 인상을 주다 | 통 **인상을 주다**<br>[12] His firmness **impressed** me. |
| ☐ **impression** [impréʃən]<br>impress(인상을 주다) + ion(명접) | 명 **인상, 감명**<br>[13] The incident has left a lasting **impression** on the city of Roswell. |
| ☐ **impressive** [imprésiv]<br>impress(인상을 주다) + ive(형접) | 형 **인상적인, 감동을 주는**<br>[14] There are some very **impressive** buildings in the town. |
| ☐ **inborn** [ínbɔ́ːrn]<br>in(안에) + born(태어난) → 태어나면서 안에 있었던 → 타고난 | 형 **타고난, 천부의**<br>[15] Sensitivity is an **inborn** temperament that comes hard-wired and remains with highly sensitive people for their whole lives. |
| ☐ **infect** [infékt]<br>in(안으로) + fect(make 만들다) → 안으로 만들다<br>→ 감염시키다 | 통 **감염시키다**<br>[16] His flu **infected** his wife. |
| ☐ **infection** [infékʃən]<br>infect(감염시키다) + ion(명접) | 명 **감염**<br>[17] As a result, the **infection** was put to a stop. |
| ☐ **infectious** [infékʃəs]<br>infect(감염시키다) + ous(형접) | 형 **전염하는, 접촉 감염성의, 전염성의**<br>[18] People might be most **infectious** with coronavirus before they show symptoms. |

9. 정부는 물품에 과세하다.

10. 부과는 -보통 원하지 않는 부담- 어떤 것을 다른 어떤 사람에게 강요하는 것을 의미한다.

11. 그 가수는 무대에서 당당한 인물이다.

12. 그의 굳은 결의에 나는 감명을 받았다.

13. 그 사건은 로즈웰에 대한 지속적인 인상을 남겼다.

14. 읍내에 얼마간의 매우 인상적인 빌딩들이 있다.

15. 감성은 바뀌기 힘들고 평생 동안 매우 민감한 사람으로 남아있는 타고난 기질이다.

16. 그의 독감이 아내를 감염시켰다.

17. 결과적으로, 감염의 진행을 멈추었다.

18. 증상이 나타나기 전에 사람들은 코로나 바이러스에 대부분 감염되었을 것이다.

□ **influence** [ínfluəns]
in(안으로) + flu(flow 흐르다) + ence(명접)

명 세력, 권세  동 영향을 미치다
[19] This e-learning system gives parents chance to **influence** education of youth.
동 영향을 미치다  유사어 affect
[20] Facebook plans to **influence** public opinion and politicians.

□ **influential** [ìnfluénʃəl]
influence(영향을 미치다) + ial(형접)

형 영향을 미치는
[21] Welcome to our search for the most **influential** persons in history.

□ **infuse** [infjúːz]
in(안으로) + fuse(pour 쏟다)→ 안으로 쏟아 붓다 → 주입하다

동 주입하다, 불어 넣다, 우려 내다  유사어 imbue, instill
[22] The coach **infused** the players with enthusiasm.

□ **infusion** [infjúːʒən]
infuse(주입하다) + ion(명접)

명 주입, 우려낸 차
[23] An **infusion** pump is a medical device that delivers fluids.

□ **influx** [ínflʌks]
in(안으로) + flux(flow 흐름) → 안으로 흐름 → 유입

명 유입  유사어 inflow
[24] In South Korea, the **influx** of foreigners contributed to the population growth.

□ **inhale** [inhéil]
in(안으로) + hale(breathe 호흡하다) → 안으로 호흡하다

동 들어 마시다
[25] First, **inhale** through your nose, expanding your belly.

□ **inhalation** [ìnhəléiʃən]
inhale(들어 마시다) + ation(명접) → 흡입

명 흡입
[26] The people died of smoke **inhalation**.

□ **inject** [indʒékt]
in(안으로) + ject(throw 던지다) → 주사하다

동 주사하다
[27] The nurse **injected** medicine into a vein.

□ **injection** [indʒékʃən]
inject(주사하다) + ion(명접) → 주사

명 주사  유사어 inoculation
[28] Stem cell **injection** treatments are illegal.

---

19. 이 러닝시스템은 부모들에게 청년들의 교육에 영향을 미칠 기회를 준다.
20. 페이스북은 여론과 정치인들에게 영향을 미치는 것을 계획한다.
21. 역사상 가장 영향력 있는 사람들에 대한 우리의 연구에 환영한다.
22. 코치는 선수들에게 열망을 불어 넣었다.
23. 주입 펌프는 액체를 전달하는 의료 장치다.

24. 남한의 인구에는 외국인들의 증가가 큰 부분을 차지했다.
25. 우선, 코를 통해 숨을 들이마시면서 배를 부풀리세요.
26. 그 사람들은 질식사했다.
27. 그 간호사는 정맥에 약을 주사했다.
28. 줄기세포 주사 치료는 불법이다.

| | | |
|---|---|---|
| ☐ **in**here [inhíər]<br>in(안에) + here(adhere 부착하다) → 본래부터 타고나다 | 통 (성질 따위가) **본래부터 타고 나다, 내재하다**<br>29 Does selfishness **inhere** in each of us? | |

| | | |
|---|---|---|
| ☐ **in**herence, -cy [inhíərəns], [-i]<br>inhere (내재하다) + ence/ency(명접) | 명 고유, 타고남, 천부, 천성<br>30 This is a combination of knowledge, possession and **inherence**. | |

| | | |
|---|---|---|
| ☐ **in**herent [inhíərənt]<br>inhere(내재하다) + ent(형) | 형 내재하는 유사어 intrinsic, innate, inborn, ingrained<br>31 A love of music is **inherent** in human nature. | |

| | | |
|---|---|---|
| ☐ **in**herited [inhéritid]<br>inhere(타고나다) + ed(형접 -수동적) | 형 상속한, 승계한, 유전의 inhere 통 본래부터 타고나다<br>32 Below you'll find four considerations for managing **inherited** money. | |

| | | |
|---|---|---|
| ☐ **in**put [ínpùt]<br>in(안으로) + put(넣다) → 투입 | 명 투입<br>33 Citizens have direct **input** on government policies. | |

| | | |
|---|---|---|
| ☐ **in**sert [insə́:rt]<br>in(안으로) + sert(join 결합하다) → 삽입하다 | 통 삽입하다<br>34 **Insert** a coin into the slot. | |

| | | |
|---|---|---|
| ☐ **in**sertion [insə́:rʃən]<br>insert(삽입하다) + ion(명접) | 명 삽입, 끼워 넣기, 삽입구, 삽입광고<br>35 Treatment may include the **insertion** of a tube in his ear. | |

| | | |
|---|---|---|
| ☐ **in**spire [inspáiər]<br>in(안으로) + spire(breathe 호흡하다) → 영감을 주다 | 통 영감을 주다 유사어 stimulate, motivate, encourage, incite<br>36 The failure **inspired** him to greater efforts. | |

| | | |
|---|---|---|
| ☐ **in**spiration [ìnspəréiʃən]<br>inspire(영감을 주다) + ation(명접) | 명 영감<br>37 The moon has been a source of **inspiration** for many artists. | |

| | | |
|---|---|---|
| ☐ **in**spiring [inspáiəriŋ]<br>inspire(영감을 주다) + ing(형접 – 감정유발) | 형 분발케 하는, 고무하는, 감격시키는<br>38 It's **inspiring** to see these immigrants achieve their dream here. | |

| | | |
|---|---|---|
| ☐ **in**spired [inspáiərd]<br>inspire(영감을 주다) + d(형접 -수동) | 통 고무된<br>39 Tee said the concept was **inspired** by a scene from the "Star Wars" movie trilogy. | |

---

29. 이기심이 우리 각각 안에 타고난 것인가?
30. 이것은 지식, 재산과 천성의 결합이다.
31. 음악을 사랑하는 마음은 인간이 타고난 고유의 성품이다.
32. 다음은 상속된 돈을 관리하기 위한 네 가지 고려 사항이다.
33. 시민들은 정부 정책에 직접적인 참여를 한다.
34. (자동 판매기 등의) 동전 구멍에 동전을 집어 넣어라.

35. 치료는 그의 귀 안에 튜브 삽입을 포함 할 수 있다.
36. 그 실패가 그를 더욱 분발하도록 하였다.
37. 달은 많은 예술가에게 영감의 원천이 되어왔다.
38. 이 이민자들이 이곳에서 꿈을 이루는 것을 보는 것은 고무적이다.
39. Tee는 이 컨셉이 "스타 워즈" 영화 3부작의 한 장면에서 영감을 받았다고 말했다.

| □ **install** [instɔ́ːl] | 통 설치하다 [유사어] establish |
| in(안으로) + stall(한칸) → 안에 한 칸을 설치하다 | [40] He **installed** a heating system in a house. |

| □ **installation** [ìnstəléiʃən] | 명 설치, 시설, 임용 |
| install(설치하다) + ation( 명접 ) | [41] The new **installations** are expected to attract more people to the park. |

| □ **invade** [invéid] | 통 침입하다 |
| in(안으로) + vade(go 가다) → 안으로 가다 → 침범하다 | [42] The enemy **invaded** our country. |

| □ **invasion** [invéiʒən] | 명 침략 |
| invade(침입하다) + sion( 명접 ) | [43] The temple was burned during the Japanese **invasion** of Korea in 1592. |

| □ **insight** [ínsàit] | 명 통찰력 |
| in(안으로) + sight(see 보다) → 안으로 보는 능력 → 통찰력 | [44] According to Confucius, the greatest **insight** to discern talent comes at birth. |

| □ **invest** [invést] | 통 투자하다 |
| in(안으로) + vest(wear 옷을 입히다) → 안에 (무엇인가를 넣고) 옷을 입혀서 가치있게 보이게 하다 → 투자하다 | [45] He **invests** his money in stocks. |

| □ **investment** [invéstmənt] | 명 투자 |
| invest(투자하다) + ment( 명접 ) | [46] The government has reinforced **investment** in the arena of science and research. |

40. 그는 집에 난방 장치를 설치했다.
41. 그 새로운 시설들은 더 많은 사람들을 공원으로 끌어들일 것으로 예상된다.
42. 적이 우리나라를 침공했다.

43. 그 절은 1592년 일본의 한국 침략 기간 동안 불에 탔다.
44. 공자에 따르면, 인재를 분별하는 가장 훌륭한 통찰력은 타고난다.
45. 그는 돈을 주식에 투자한다.
46. 정부는 과학과 연구 분야에 투자를 강화하고 있다.

※ 아래에서 우리말은 영어로 영어는 우리말로 각각 뜻을 쓰시오.

1. 해치다 _____
2. 포함, 포괄 _____
3. 수입 _____
4. 이민 오다 _____
5. (의견등을)도입하다, 강요하다 _____
6. 유입 _____
7. 흡입 _____
8. 본래부터 가지고 있는, 내재하는 _____
9. 주사하다 _____
10. 끼워 넣다, 삽입하다 _____
11. 삽입, 끼워 넣기, 삽입구, 삽입광고 _____
12. 고무하다, 영감을 주다 _____
13. 위압하는, 당당한, 인상적인 _____

14. impress _____
15. impressive _____
16. inborn _____
17. infection _____
18. infectious _____
19. influential _____
20. infusion _____
21. inspiring _____
22. install _____
23. installation _____
24. invasion _____
25. insight _____
26. investment _____

※ 다음 문장의 빈칸에 알맞은 단어를 보기에서 찾아 넣으시오. 필요 시 대문자, 수, 시제, 태 등 문법적 요소를 고려하여 쓰세요.

보기

immigrate, infusion, inhale, inhalation, inject, influential, include, income, impose, inherited, influx, injection, inhere, inspiration, impair, infuse

27. Excessive fat accumulation _____ health.

28. Household duties _____ cooking and cleaning.

29. _____ is any form of revenue or funds a person receives.

30. The government _____ a tax on an article.

31. The coach _____ d the players with enthusiasm.

32. An _____ pump is a medical device that delivers fluids.

33. First, _____ through your nose, expanding your belly.

34. The people died of smoke _____ .

35. The nurse _____ ed medicine into a vein.

36. Stem cell _____ treatments are illegal.

37. Does selfishness _____ in each of us?

38. He is one of the first Koreans to _____ to the U.S.

39. The moon has been a source of _____ for many artists.

40. Welcome to our search for the most _____ persons in history.

41. Below you'll find four considerations for managing _____ money.

42. In South Korea, the _____ of foreigners contributed to the population growth.

# 16 day

## inter-: ~ 사이에, ~ 중간에

interpersonal 대인관계의

A has an excellent inter-personal skill.

interrogate ask 심문하다

So...did you eat the cookie?

inter-

interchange 교환하다

interrupt 방해하다

이 단원에서 학습할 단어모음입니다. □□□에 각각 모르는 단어를 3회에 걸쳐 ☑(체크표시)해 보세요.
모르는 단어는 끝까지 학습하세요.

### Preview Words

□□□ **inter**act [íntərǽkt] v. 상호 작용하다, 서로 영향을 주다
□□□ **inter**action [ìntərǽkʃən] n. 상호작용
□□□ **inter**active [ìntərǽktiv] a. 상호 작용하는, 쌍방향의
□□□ **inter**cept [ìntərsépt] v. 가로채다
□□□ **inter**ception [ìntərsépʃən] n. 도중에서 빼앗음, 차단
□□□ **inter**change [ìntərtʃéindʒ] v. 교환하다 n.교환, 교차로
□□□ **inter**fere [ìntərfíər] v. 방해하다
□□□ **inter**ference [ìntərfíərəns] n. 방해, 훼방
□□□ **inter**mission [ìntərmíʃən] n. 휴식시간
□□□ **inter**nal [intə́:rnl] a. 내부의
□□□ **inter**national [ìntərnǽʃənəl] a. 국가 간의, 국제적인
□□□ **inter**personal [ìntə:pə́:rsənəl] a. 대인관계의
□□□ **inter**pret [intə́:rprit] v. 통역하다
□□□ **inter**pretation [intə̀:rprətéiʃən] n. 해석, 설명, 판단

□□□ **inter**rogate [íntərəgèit] v. 심문하다
□□□ **inter**rogation [ìntərəgéiʃən] n. 질문, 심문, 조사, 의문
□□□ **inter**rogative [ìntərágətiv] a. 무엇을 묻고 싶어하는 듯한
□□□ **inter**val [íntərvəl] n. 간격, 중간 휴식시간
□□□ **inter**rupt [ìntərʌ́pt] v. 방해하다 n. 일시중단
□□□ **inter**ruption [ìntərʌ́pʃən] n. 가로막음, 차단, 방해
□□□ **inter**sect [ìntərsékt] v. 교차하다
□□□ **inter**section [ìntərsékʃən] n. 가로지름, 교차, 횡단, 교차점
□□□ **inter**vene [ìntərvíːn] v. 개입하다
□□□ **inter**vention [ìntərvénʃən] n. 조정, 중재, (타국에의) 간섭
□□□ **inter**view [íntərvjùː] v. 면접하다 n. 면접
□□□ **inter**viewer [íntərvjùːər] n. (기자 등) 회견자
□□□ **inter**viewee [íntərvju(ː)íː] n. 피회견자

☐ **interact** [ìntərǽkt]

inter(~사이에) + act(행동하다)→ 서로에게 행동하다
→ 상호작용하다

동 상호 작용하다, 서로 영향을 주다

[1] The child does not **interact** well with the other students.

☐ **interaction** [ìntərǽkʃən]

inter(~사이에) + action(행동) → 사이에서 일어나는 행동
→ 상호작용

명 상호작용

[2] There's not enough **interaction** between the management and the workers.

☐ **interactive** [ìntərǽktiv]

interact(상호작용하다) + ive(형접) → 상호작용하는

형 상호 작용하는, 쌍방향의

[3] We produce **interactive** games for small children.

☐ **intercept** [ìntərsépt]

inter(~사이에) + cept(take or have 가지다)
→ 사이에서 취하다 → 도중에서 빼앗다

동 가로채다, 가로막다

[4] After the Korean player **intercepted** the ball, he swiftly launched offense.

☐ **interception** [ìntərsépʃən]

intercept(가로채다) + ion(명접)

명 도중에서 빼앗음, 가로막음, 차단

[5] This device prevents the **interception** of critical information.

☐ **interchange** [ìntərtʃéindʒ]

inter(~사이에) + change(변화) → 사이에서 교환하다
→ 교환하다

동 교환하다  명 교환, 교차로  유사어 trade, swap, change, barter
동 교환하다

[6] They hope to encourage the free **interchange** of ideas.

명 교환, 교차로

[7] You can **interchange** opinions on business.

☐ **interfere** [ìntərfíər]

inter(~사이에) + fere(strike 때리다) → 사이에서 때리다
→ 방해하다

동 방해하다  유사어 impede, obstruct, hinder, inhibit, hamper

[8] Skipping breakfast **interferes** with students' concentration during class.

☐ **interference** [ìntərfíərəns]

interfere(방해하다) + ence(명접)

명 방해, 훼방, 간섭  유사어 intrusion

[9] **Interference** is an optical effect which can occur when two or more light beams are superimposed.

---

1. 그 아이는 다른 학생들과 잘 어울리지 못한다.
2. 경영진과 노동자들 사이에 충분한 상호작용이 없다.
3. 우리는 어린 아이들을 위하여 쌍방향 게임을 제공한다.
4. 한국 선수가 볼을 가로챈 뒤 빠르게 공격했다.
5. 이 장비는 중요한 정보를 가로채는 것을 막아준다.

6. 그들은 자유로운 의견 교환을 위하여 격려하는 것을 희망한다.
7. 사업에 관하여 의견을 교환할 수 있다.
8. 아침 식사를 거르는 것은 학생들이 수업에 집중을 방해한다.
9. 간섭(Interference)은 두 개 이상이 광선이 겹칠 때 발생하는 시각적인 효과이다.

☐ **intermission** [ìntərmíʃən]

inter(~사이에) + mission(임무) → 임무사이 시간

명 휴식시간 유사어 break, recess

[10] An **intermission** is a recess between parts of a performance such as for a theatrical play, opera, concert, or film screening.

☐ **internal** [intə́ːrnl]

intern + al(형접)

형 내부의

[11] The **internal** storage of a desktop computer is far safer.

☐ **international** [ìntərnǽʃənəl]

inter(~사이에) + national(국가의) → 국가들 사이에서
→ 국제적인

형 국가 간의, 국제적인

[12] Yuna Kim has been an **international** goodwill ambassador for UNICEF since 2010.

☐ **interpersonal** [intə́ːpə́ːrsənəl]

inter(~사이에) + personal(개인의) → 사람들 사이에서
→ 대인관계의

형 대인관계의

[13] The successful applicant has excellent **interpersonal** skills.

☐ **interpret** [intə́ːrprit]

inter(~사이에) + pret(price 가격) → 사이에서 가격을 말하여 흥
정하다 → 해석하다, 통역하다

동 해석하다, 통역하다 유사어 translate

[14] The meaning of democracy is **interpreted** in many ways.

☐ **interpretation** [intə́ːrprətéiʃən]

interpret(해석하다, 통역하다) + ation(명접)

명 해석, 설명, 판단

[15] The dispute is based on two widely differing **interpretations** of the law.

☐ **interrogate** [intérəgèit]

inter(~사이에) + rogate(ask 묻다) → 사이에서 묻다
→ 질문하다

동 질문하다, 심문하다 유사어 question

[16] The policeman **interrogated** the traveler about the purpose of his journey.

☐ **interrogation** [ìntərágéiʃən]

interrogate(심문하다) + ion(명접)

명 질문, 심문, 조사, 의문

[17] The definition of an **interrogation** is a verbal questioning of someone.

☐ **interrogative** [ìntərágətiv]

iinterrogate(심문하다) + ive(형접)

형 질문하는, 의문스러워하는

[18] **Interrogative** sentences allow you to gather information and clear up confusion.

---

10. 휴식 시간(intermission)은 연극, 오페라, 콘서트 혹은 영화 등 공연들 사이의 쉬는 시간이다.
11. 데스크톱 컴퓨터의 내부 저장은 훨씬 더 안전하다.
12. 김연아는 2010년이래 유니세프 국제 친선 대사로 봉사하고 있다.
13. 성공적인 지원자가 뛰어난 대인관계 능력을 갖는다.

14. 민주주의의 의미는 많은 방식으로 해석된다.
15. 논쟁은 두 개의 크게 다른 법에 대한 해석에 기초한다.
16. 경관은 그 여행객의 여행 목적에 대해 심문했다.
17. 심문의 정의는 어떤 사람에게 구두 질문이다.
18. 의문문은 네가 정보를 모으고 혼란스러운 것을 명쾌하게 하도록 한다.

☐ **interval** [íntərvəl]

inter(~사이에) + val(wall 벽)의 → (연극 등의) 장막, 벽 사이 → 휴식시간

**명** 간격, 중간 휴식시간

[19] The **interval** between train services would also be shortened.

---

☐ **interrupt** [ìntərΛ́pt]

inter(~사이에) + rupt(break 깨지다) → 사이에 깨 → 가로막다

**동** 방해하다 **유사어** cut in (on), break in

[20] May I **interrupt** you a while?

---

☐ **interruption** [ìntərΛ́pʃən]

interrupt(방해) + tion(명접)

**명** 가로막음, 차단, 방해 **유사어** interference, disturbance

[21] Our conversation continued without **interruption** for over an hour.

---

☐ **intersect** [ìntərsékt]

inter(~사이에) + sect(cut 자르다) → 사이에 자르다 → 가로 지르다

**동** 교차하다 **유사어** cross, traverse

[22] The two circles **intersect** in two places.

---

☐ **intersection** [ìntərsékʃən]

intersect(교차하다) + tion(명접)

**명** 가로지름, 교차, 횡단, 교차점

[23] The accident occurred at a busy **intersection**.

---

☐ **intervene** [ìntərvíːn]

inter(~사이에) + vene(come 오다) → 사이에 오다 → 개입하다

**동** 개입하다 **유사어** intercede, step in, cut in, mediate

[24] Governments must **intervene** in economic systems to reduce the inequality.

---

☐ **intervention** [ìntərvénʃən]

intervene(개입하다)tion(명접)

**명** 개입사이에 듦, 조정, 중재, (타국에의) 간섭

[25] The dispute required **intervention**.

---

☐ **interview** [íntərvjùː]

inter(~사이에) + view(see 보다) → 사이에 보다 → 면접(하다)

**동** 면접하다 **명** 면접

[26] The reporters **interviewed** many foreigners and also conducted a simple survey.

---

☐ **interviewer** [íntərvjùːər]

interview(인터뷰하다) + er(명 −행위자)

**명** (기자 등) 회견자

[27] The meeting with the **interviewer** lasted for 35 minutes.

---

☐ **interviewee** [íntərvju(ː)íː]

interview(인터뷰하다) + ee(명 −대상자)

**명** 피회견자

[28] The news reporter asked the **interviewee** some very personal questions.

---

19. 또한 열차 운행 간격도 줄어들 것이다.
20. 잠깐 실례해도 괜찮겠습니까?
21. 우리들의 대화는 한 시간 이상 동안 방해없이 계속되었다.
22. 두 개의 원은 두 지점에서 만난다.
23. 그 사고는 혼잡한 교차로에서 발생했다.

24. 그는 불평등을 완화하기 위해서 정부가 경제체제에 개입해야 한다.
25. 그 분쟁은 중재를 필요로 했다.
26. 그 기자들은 많은 외국인들을 인터뷰했고, 또한 간단한 설문 조사를 시행했다.
27. 인터뷰 담당자와 회의는 35분 동안 지속되었다.
28. 그 뉴스 기자는 인터뷰 대상에게 매우 개인적인 질문을 했다.

※ 아래에서 우리말은 영어로 영어는 우리말로 각각 뜻을 쓰시오.

1. 상호 작용하다, 서로 영향을 주다 _____
2. 개입하다 _____
3. 질문, 심문, 조사, 의문 _____
4. 도중에서 빼앗음, 차단 _____
5. 교환하다 _____
6. 무엇을 묻고 싶어하는 듯한 _____
7. 방해하다 _____
8. 조정, 중재, (타국에의) 간섭 _____
9. (기자 등) 회견자 _____
10. 상호작용 _____
11. 내부의 _____
12. 국가 간의, 국제적인 _____
13. 대인관계의 _____

14. interpret _____
15. interactive _____
16. intercept _____
17. interference _____
18. intermission _____
19. interpretation _____
20. interruption _____
21. intersect _____
22. interrogate _____
23. interval _____
24. interrupt _____
25. intersection _____
26. interviewee _____

※ 다음 문장의 빈칸에 알맞은 단어를 보기에서 찾아 넣으시오. 필요 시 대문자, 수, 시제, 태 등 문법적 요소를 고려하여 쓰세요.(다만 본문 예문 학습을 유도하기 위하여 예문에서 사용한 단어를 정답으로 하였다.)

> **보기**
>
> interpretations, interrogative, interrogate, interference, internal, intersection, interception, interferes, interval, interruption, intervene, interviewee, interact, intercept, interrogation, intermission

27. The accident occurred at a busy _____ .

28. The child does not _____ well with the other students.

29. After the Korean player _____ ed the ball, he swiftly launched offense.

30. This device prevents the _____ of critical information.

31. Skipping breakfast _____ with students' concentration during class.

32. The _____ storage of a desktop computer is far safer.

33. The _____ between train services would also be shortened.

34. Our conversation continued without _____ for over an hour.

35. Governments must _____ in economic systems to reduce the inequality.

36. The news reporter asked the _____ some very personal questions.

37. The dispute is based on two widely differing _____ of the law.

38. The policeman _____ d the traveler about the purpose of his journey.

39. The definition of an _____ is a verbal questioning of someone.

40. _____ sentences allow you to gather information and clear up confusion.

41. _____ is an optical effect which can occur when two or more light beams are superimposed.

42. An _____ is a recess between parts of a performance such as for a theatrical play, opera, concert, or film screening.

# e(x)-: out 밖으로(1)

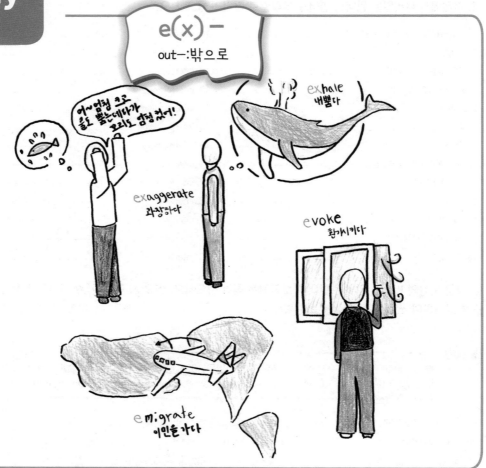

이 단원에서 학습할 단어모음입니다. □□□에 각각 모르는 단어를 3회에 걸쳐 ☑(체크표시)해 보세요.
모르는 단어는 끝까지 학습하세요.

## Preview Words

□□□ **e**laborate [ilǽbərèit] a. 정교한 v. 정교하게 만들다
□□□ **e**laboration [ilæbəréiʃən] n. 공들여 함, 퇴고, 고심, 정성
□□□ **e**licit [ilísit] v. 끌어내다
□□□ **e**merge [imɔ́:rdʒ] v. 나오다
□□□ **e**mergence [imɔ́:rdʒəns] n. 출현, 탈출, 발생
□□□ **e**mergency [imɔ́:rdʒənsi] n. 비상 사태, 위급
□□□ **e**migrate [éməgrèit] v. 이민을 가다
□□□ **e**migration [éməgrèiʃən] n. (타국으로의) 이주
□□□ **e**minence [émənəns] n. 명성, 고위, 높음
□□□ **e**minent [émənənt] a. 저명한
□□□ **e**vade [ivéid] v. 피하다
□□□ **e**vasion [ivéiʒən] n. (책임·의무 등의) 회피

□□□ **e**vasive [ivéisiv] a. 회피하는
□□□ **e**vict [ivíkt] v. 쫓아 내다
□□□ **e**viction [ivíkʃən] n. 추방
□□□ **e**voke [ivóuk] v. 환기 시키다
□□□ **e**vocation [èvəkéiʃən] n. (기억·감정 등을) 불러일으킴, 환기
□□□ **e**xaggerate [igzǽdʒərèit] v. 과장하다
□□□ **e**xaggeration [igzǽdʒərèiʃən] n. 과장, 과대시, 과장된 표현
□□□ **e**xcel [iksél] v. 능가하다
□□□ **e**xcellent [éksələnt] a. 우수한, 일류의, 뛰어난
□□□ **e**xcellence [éksələns] n. 우수, 탁월
□□□ **e**xhale [igzéil] v. (호흡을) 내쉬다
□□□ **e**xhalation [èkshəléiʃən] n. 숨을 내쉬기, 내뿜기

---

☐ **e**laborate [ilǽbərèit]

e(out 밖으로 ) + labor(work 일하다) + ate( 동접, 형접 )
→ 일해서 밖으로 나타내다 → 정성들여 만들다

동 정성들여 만들다　　형 [ilǽbərit] 공들인, 정교한, 정치한

유사어 detailed

동 정성들여 만들다

[1]He said he was resigning but did not **elaborate** on his reasons.

형 공들인, 정교한, 정치한

[2]They created **elaborate** computer programs to run the system.

---

☐ **e**laboration [ilæbəréiʃən]

elaborate(정성들여 만들다) + ation( 명접 )

명 공들여 함, 퇴고, 고심, 정성

[3]**Elaboration** is the act of adding more information to existing information to create a more complex, emergent whole.

---

☐ **e**licit [ilísit]

e(out 밖으로 ) + licit(allure 유혹하다)
→ 유혹하여 밖으로 끌어내다 → 이끌어 내다

동 이끌어 내다 　유사어 induce

[4]'On demand' can **elicit** diverse reactions.

---

☐ **e**merge [imə́ːrdʒ]

e(out 밖으로 ) + merge(합치다) → 밖으로 합치다
→ 밖으로 나타나다

동 나오다, 나타나다 　유사어 come out, appear, come up

[5]The full moon will soon **emerge** from behind the clouds.

---

☐ **e**mergence [imə́ːrdʒəns]

emerge(나오다, 나타나다) + ence( 명접 ) → 출현, 발생

명 출현, 탈출, 발생

[6]The **emergence** of the Internet causes the people to communicate easily and quickly.

---

☐ **e**mergency [imə́ːrdʒənsi]

emerge(나오다, 나타나다) + ency( 명접 )
→ 긴급한 상황의 발생 → 비상사태

명 비상 사태, 위급

[7]The president declared a state of **emergency** after the earthquake.

[8]President Trump on Friday signed a massive $2 trillion **emergency** spending bill into law.

---

1. 그는 사직할 것이라는 말은 했지만 그의 이유에 대해서는 자세한 말이 없었다.
2. 그들은 그 시스템을 가동하기 위하여 정교한 컴퓨터 프로그램들을 만들었다.
3. 퇴고(Elaboration)는 존재하는 정보에 보다 정교하고 새롭게 출현하는 완전체를 창조하기 위하여 더 많은 정보를 보태는 행위이다.

4 '온디맨드'는 다양한 반응을 이끌어 낼 수 있다.
5. 보름달이 곧 구름 속에서 모습을 나타낼 것이다.
6. 인터넷의 출현은 사람들이 쉽고 빠르게 의사소통하도록 하였다.
7. 대통령은 지진 후 긴급 상황을 선언했다.
8. 트럼프 대통령은 금요일 2조달러에 해당하는 거대한 긴급 자금안을 입법화하는데 서명하였다.

☐ **emigrate** [émǝgrèit]

e(out 밖으로) + migrate(move 이동하다) → 밖으로 이주하다

동 (타국으로) **이주하다**

[9] Many people **emigrate** to the country for a better life.

---

☐ **emigration** [émǝgrèiʃǝn]

emigrate (이주하다) + ation( 명접 )

명 (타국으로의) **이민, 이주**

[10] **Emigration** is the relocation of people from one country to reside in another.

---

☐ **eminent** [émǝnǝnt]

e(out 밖으로)+min(mountain 산)+ ent( 형접 )
→ 밖으로 산을 이루는 → 유명한

형 **저명한, 유명한**

유사어 illustrious, distinguished, renowned, esteemed, preeminent, notable, noteworthy, great, prestigious, significant

[11] An **eminent** person is well-known and respected.

---

☐ **eminence** [émǝnǝns]

e(out 밖으로) + min(mountain 산)+ence( 명접 )

명 **명성, 고위, 높음**

유사어 distinction, renown, preeminence, notability, greatness, prestige, reputation, fame

[12] The 78m motor yacht appears in **eminence** at sunrise.

---

☐ **evade** [ivéid]

e(out 밖으로) + vade(go 가다) → 본질 밖으로 가다
→ 피하다

동 (적·공격 등을 교묘히) **피하다, 비키다**

유사어 elude, avoid, dodge

[13] The witness tried to **evade** an embarrassing question.

---

☐ **evasion** [ivéiʒǝn]

evade(회피하다) + sion( 명접 ) → 회피

명 (책임·의무 등의) **회피** 유사어 avoidance, dodging, eluding

[14] **Evasion** is the act of physically escaping from something.

---

☐ **evasive** [ivéisiv]

evade(회피하다) + sive( 형접 ) → 회피하는

형 **회피하는** 유사어 elusive

[15] The pilot had to take **evasive** action to avoid the other plane.

---

☐ **evict** [ivíkt]

e(out 밖으로) + vict(vanquish 이기다)
→ 이겨서 밖으로 쫓아내다.

동 **쫓아내다, 추방하다** 유사어 expel, eject, oust

[16] The people **evicted** him out of his present post.

---

☐ **eviction** [ivíkʃǝn]

evict(쫓아내다) + tion( 명접 )

명 **추방, 퇴거** 유사어 expulsion, ejection

[17] **Eviction** is the removal of a tenant from rental property by the landlord.

---

9. 많은 사람들이 더 나은 삶을 살기 위해 그 나라로 이민 간다.
10. 이민은 한 국가에서 또 다른 국가로 사람들의 이동이다.
11. 저명한 사람은 잘 알려지고 존경받는다.
12. 78미터짜리 모터 요트가 일출에 멋지게 나타났다.
13. 그 증인은 당혹스럽게 하는 질문을 회피하려고 노력했다.

14. 회피는 물리적으로 무엇인가로부터 피하는 행위이다.
15. 조종사는 다른 비행기를 피하기 위하여 민첩한 행동을 취해야만 했다.
16. 국민들은 그를 현직에서 추방시켰다,
17. 퇴거는 지주에 의한 임대 재산에 대한 임대 종료다.

## evoke [ivóuk]

e(out 밖으로) + voke(call 부르다) → 불러 일으키다

동 **불러 일으키다** 유사어 invoke

[18] The good poem **evokes** the smells, colors, and sounds of the green field.

## evocation [èvəkéiʃən]

evoke(불러 일으키다) + ation(명)

명 (기억·감정 등을) **불러일으킴, 환기**

[19] The artist's technique lends a sculptural element to his **evocations** of fields and trees.

## exaggerate [igzǽdʒərèit]

ex(out 밖으로) + aggerate(heap up 쌓다)
→ 쌓아서 밖에서 크게 보이게 하다 → 과장하다

동 **과장하다**

유사어 overstate, overemphasize, overestimate, overvalue

[20] The instructor **exaggerates** the difficulties of a situation.

## exaggeration [igzǽdʒərèiʃən]

exaggerate(과장하다) + tion(명접) → 과장

명 **과장** 유사어 overstatement, overemphasis

[21] Unfortunately, the newspaper article was full of **exaggerations** and misrepresentations.

## excel [iksél]

ex(out 밖으로) + cel(rise 오르다) → (~보다 더) 밖으로 오르다
→ 능가하다

동 **뛰어나다, 능가하다**

[22] She **excelled** at landscape painting.

## excellent [éksələnt]

excell(뛰어나다) + ent(형접) → 우수한

형 **우수한**

유사어 very good, superb, outstanding, magnificent, exceptional, marvelous

[23] He became an **excellent** photographer.

## excellence [éksələns]

excell(뛰어나다) + ence(명접) → 우수한

명 **우수, 탁월**

유사어 distinction, high quality, superiority, brilliance, greatness, eminence, preeminence

[24] The actor was acknowledged for the **excellence** of acting in the movie.

## exhale [igzéil]

ex(out 밖으로) + hale(breathe 호흡하다) → 밖으로 호흡하다

동 (숨을) **내쉬다** 유사어 blow out

[25] Investors can finally **exhale**.

## exhalation [èkshəléiʃən]

exhale(숨을 내쉬다) + ation(명)

명 **숨을 내쉬기, 내뿜기**

[26] The **exhalation** valve is designed to ease **exhalation** and decrease heat and moisture inside the mask.

---

18. 그 좋은 시는 푸른 들판의 냄새, 색, 소리를 생생히 그려낸다.
19. 그 예술가의 기법은 들판과 나무를 환기시키는데 조각적 요소를 더한다.
20. 그 강사는 상황의 어려움을 과장한다.
21. 불행하게도 그 신문 기사는 과장과 허위로 가득 차 있었다.
22. 그녀는 풍경화가 뛰어났다.

23. 그는 우수한 사진가가 되었다.
24. 그 배우는 그 영화에서 연기의 우수성에 대해 인정받았다.
25. 투자자들이 마침내 숨을 내쉴 수 있다.
26. 그 호흡 밸브는 숨을 내쉬기 쉽게하고 마스크 안에 열과 습기를 감소시키도록 디자인 되었다.

※ 아래에서 우리말은 영어로 영어는 우리말로 각각 뜻을 쓰시오.

1. 우수한, 일류의, 뛰어난 _____
2. 정교하게 만들다 _____
3. 능가하다 _____
4. 과장, 과대시, 과장된 표현 _____
5. 과장하다 _____
6. 우수, 탁월 _____
7. 숨을 내쉬기, 내뿜기 _____
8. 출현, 탈출, 발생 _____
9. 내쉬다 _____
10. 비상 사태, 위급 _____
11. 공들여 함, 퇴고, 고심, 정성 _____
12. 끌어내다 _____

13. emerge _____
14. emigrate _____
15. evasion _____
16. emigration _____
17. eminence _____
18. evasive _____
19. evict _____
20. eminent _____
21. evade _____
22. eviction _____
23. evoke _____
24. evocation _____

※ 다음 문장의 빈칸에 알맞은 단어를 보기에서 찾아 넣으시오. 필요 시 대문자, 수, 시제, 태 등 문법적 요소를 고려하여 쓰세요.(다만 본문 예문 학습을 유도하기 위하여 예문에서 사용한 단어를 정답으로 하였다.)

보기

emergency, evasive, elaborate, emigrate, eminence, evasion, evade, evict, eviction, excellence, exaggerations, eminent, exhalation, elaboration, emergence, evoke

25. They created _____ computer programs to run the system.

26. The president declared a state of _____ after the earthquake.

27. Many people _____ to the country for a better life.

28. An _____ person is well-known and respected.

29. The 78m motor yacht appears in _____ at sunrise.

30. The witness tried to _____ an embarrassing question.

31. _____ is the act of physically escaping from something.

32. The pilot had to take _____ action to avoid the other plane.

33. The people _____ ed him out of his present post.

34. _____ is the removal of a tenant from rental property by the landlord.

35. The good poem _____ s the smells, colors, and sounds of the green field.

36. The actor was acknowledged for the _____ of acting in the movie.

37. Unfortunately, the newspaper article was full of _____ and misrepresentations.

38. The _____ valve is designed to ease exhalation and decrease heat and moisture inside the mask.

39. _____ is the act of adding more information to existing information to create a more complex, emergent whole.

40. The _____ of the Internet causes the people to communicate easily and quickly.

# 18 day

# e(x)-: **out** 밖으로(2)

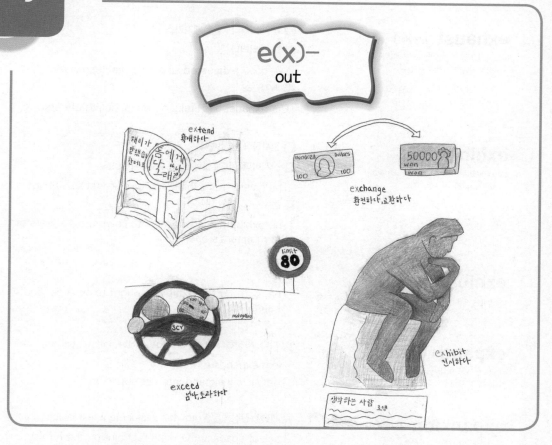

이 단원에서 학습할 단어모음입니다. ☐☐☐에 각각 모르는 단어를 3회에 걸쳐 ☑(체크표시)해 보세요. 모르는 단어는 끝까지 학습하세요.

☐ **exceed** [iksíːd]

ex(out 밖으로) + ceed(go 가다) → 넘어서 밖으로 가다 → 초과하다

동 초과하다

[1] Did Tiger Woods meet or **exceed** expectations this week in Austin?

---

☐ **exhaust** [igzɔ́ːst]

ex(out 밖으로) + haust(draw 끌어내다) → 밖으로 끌어 내는 것 → 배기가스

동 다 써버리다  명 배기가스

동 다 써버리다

[2] We have **exhausted** all our natural resources.

명 배기가스

[3] Car **exhaust** has lifelong mental health effects.

---

☐ **exhibit** [igzíbit]

ex(out 밖으로) + hibit(have & hold 가지다) → 밖으로 유지하다 → 전시하다

동 전시하다  명 전시

동 전시하다  유사어 show, reveal, display

[4] The gallery will **exhibit** some of Monet's paintings.

명 전시

[5] The **exhibit** has 40 artifacts to celebrate 40 years of the museum's operation.

---

☐ **exhibition** [èksəbíʃən]

exhibit(전시하다) + ion(명접) → 밖으로 보여주는 것 → 전시

명 전시

[6] The room for the **exhibition** ought to be large, and of an oval shape.

---

☐ **expand** [ikspǽnd]

ex(out 밖으로) + pand(spread 퍼지다) → 밖으로 퍼지다 → 확장하다, 연장하다

동 펴다, 확장하다  유사어 enlarge, dilate, inflate, balloon

[7] Heat **expands** metal.

[8] The bill will **expand** internet services.

---

☐ **expansion** [ikspǽnʃən]

expand(확장하다) + sion(명접)

명 팽창, 신장  유사어 growth, enlargement, extension

[9] Lack of space is the main restraint on the firm's plans for **expansion**.

---

☐ **expanse** [ikspǽns]

명 광활한 공간, 팽창, 확대

[10] The explorer gazed across the vast Arctic **expanse**.

---

☐ **expansive** [ikspǽnsiv]

expand(확장하다) + sive(형접)

형 신장력이 있는, 팽창력이 있는

[11] Such a event takes place in a world that is open, huge and **expansive**.

---

1. 타이거 우즈가 오스틴에서 이번 주 기대를 충족시켰는가 초과하였는가?
2. 우리는 모든 우리의 천연자원들을 고갈시켰다.
3. 자동차 배기가스 노출이 평생 정신 건강에 영향을 갖는다.
4. 그 미술관은 마네의 그림 중 얼마간을 전시할 것이다.
5. 그 전시는 박물관 개장 40주년을 축하하기 위하여 40개의 문화 유물을 가지고 있다.
6. 전시회 공간이 크고 타원형 모양이어야 한다.
7. 열은 금속을 팽창 시킨다.
8. 그 법안은 인터넷 서비스를 확대해 줄 것이다.
9. 공간 부족은 확장을 위한 회사 계획에 주요한 장애물이다.
10. 그 탐험가는 거대한 북극의 광활한 공간을 응시했다.
11. 그러한 사건은 개방적이고 거대하고 넓은 거대한 세상에서 일어난다.

**expel** [ikspél]

ex(out 밖으로) + pel(drive 몰다) → (밖으로) 쫓아내다

동 쫓아내다

[12] The University of Iowa has **expelled** a student from China for repeated academic misconduct.

---

**expellant** [ikspélənt]

expel(쫓아내다) + ant( 명접 )

명 구제약　형 내쫓는 힘이 있는, 구제력 있는

형 내쫓는 힘이 있는, 구제력 있는

[13] The seed has a better potential for use as a worm **expellant** agent than the leaf extract.

명 구제약

[14] Lemon rind is a good worm **expellant**.

---

**explicate** [ékspləkèit]

ex(out) + plic(fold 접다) + ate( 동접 )
→ 접은 것을 밖으로 보여주다 → 상세히 설명하다

동 상세히 설명하다, 해설하다 유사어 explain in detail, clarify

[15] Thompson brilliantly **explicates** the nuances of the answer.

---

**explication** [ékspləkèiʃən]

explicate(해설하다, 해명하다) + ion( 명접 )

명 해설, 설명, 상설, 해석

[16] There's too much **explication** in the play and not enough action.

---

**explicable** [éksplikəbəl]

ex(out) + plic(fold접다) + able( 형접 )

형 설명할 수 있는 유사어 accountable, intelligible

[17] Human misery is **explicable** as much by overconsumption as by poverty and deprivation.

---

**explicit** [iksplísit]

ex(out 밖으로) + plic(fold 접다) + it( 형접 )
→ 접은 것을 밖으로 보여주는 → 명백한

형 (진술 따위가) 뚜렷한, 명백한 반의어 implicit 암시적인

[18] The actress sent **explicit** messages to the police.

---

**export** [ékspɔːrt]

ex(out 밖으로) + port(carry 운반하다) → 밖으로 옮기다
→ 수출(하다)

명 수출　동 [ikspɔ́ːrt] 수출하다

명 수출

[19] South Korea's **export** kept falling for four straight months.

동 수출하다

[20] We **export** our products to countries such as Japan and Canada.

---

12. 와이와 대학은 반복적인 학내 비행에 대하여 중국 출신의 학생을 추방하였다.
13. 그 씨앗은 잎 추출물보다 벌레 퇴치제로 사용을 위한 보다 큰 잠재력을 가지고 있다.
14. 레몬 껍질은 좋은 벌레 구제약이다.
15. 톰슨은 대답의 뉘앙스를 훌륭하게 설명한다.

16. 연극에 설명이 너무 많고 행동이 충분하지 않다.
17. 인간의 비극은 가난과 결핍보다 과소비로 더 많이 설명할 수 있다.
18. 그 여배우는 경찰에 분명한 메시지를 보냈다.
19. 한국의 수출은 4개월 연속 감소 추세를 유지했다.
20. 우리는 일본과 캐나다 같은 국가들에게 우리 제품을 수출한다.

☐ **extend** [iksténd]

ex(out) + tend(stretch 펴다) → 확대하다

형 연장하다, 확대하다 유사어 expand, enlarge, lengthen, stretch

[21] Canada won't **extend** peacekeeping mission.

---

☐ **extent** [ikstént]

15세기 이후 extend는 동사로 extent 명사로 정리

명 넓이, 크기, 길이, 광활한 지역, 넓이

[22] Photos show **extent** of flooding on disaster-struck South Coast.

---

다의어 **extension** [iksténʃən]

extend(연장하다) + sion( 명접 ) →
- 연장, 확대
- (전화) (내부에서 연장된) 내선

명 연장, 연기, 확대, (전화) (내부에서 연장된) 내선

[23] My term paper wasn't finished so I asked for an **extension**.

[24] Give me **extension** 102, please.

---

☐ **extensive** [iksténsiv]

extend(확대하다) + sive( 형접 )

형 광대한, 넓은

[25] CEO described "**extensive** discussions with multiple parties" and an "optimistic" feeling that a deal may happen.

---

☐ **expose** [ikspóuz]

ex(out 밖으로) + pose(put 놓다) → 밖으로 놓다

동 노출시키다

유사어 reveal, uncover, show, display, exhibit, disclose, manifest, unveil

[26] College sports **expose** a lack of diversity.

---

☐ **exposition** [èkspəzíʃən]

expose(노출시키다) + tion( 명접 )

명 박람회, 전람회, 공개

유사어 exhibition, fair, display, show, xhibit, expo

[27] An exposition is an **exhibition** in which something such as goods or works of art are shown to the public.

---

☐ **exposure** [ikspóuʒər]

expose(노출시키다) + ure( 명접 )

명 노출, 발각, 폭로

유사어 revelation, showing, display, exhibition, disclosure, manifestation, unveiling

[28] You should always limit your **exposure** to the sun.

---

21. 캐나다는 평화 유지 임무를 확대하지 않을 것이다.
22. 사진은 재난이 발생한 남부 해안의 홍수 정도를 보여준다.
23. 나의 학기 논문이 끝나지 않아서 연장을 요구했다.
24. 내선 102번을 부탁합니다.

25. CEO는 "여러 당사자와의 광범위한 논의"와 거래가 발생할 수 있다는 "낙관적인" 느낌을 설명했다.
26. 대학 스포츠는 다양성의 부족을 드러낸다.
27. 박람회는 상품이나 예술 작품들을 대중에게 보여 주는 전시회다.
28. 너는 항상 태양에 노출을 제한하여야 한다.

## extinguish [ikstíŋgwiʃ]

ex(out 밖으로) + stinguere(quench 끄다)
→ 욕망 등을 만족시켜 해결하다 → 진화하다, 소멸시키다

**동** 진화하다, 소멸시키다 **유사어** put out

[29] Firemen fought for hours to **extinguish** the blaze.
[30] Firefighters quickly **extinguished** fire in Fitchburg apartment complex mall.

## extinct [ikstíŋkt]

extinguish(소멸시키다)에서 유래하여 축약된 형태

**형** 꺼진, 멸종한

[31] 20 bird and 20 mammal species will be **extinct** in 20 years.

## extinction [ikstíŋkʃən]

extinct(멸종한) + tion(**명접**)

**명** 사멸, 절멸 **유사어** extermination

[32] In biology, **extinction** is the dying out or extermination of a species.

## cf. 1. ex- : 강조

## exchange [ikstʃéindʒ]

ex(강조-아주) + change(바꾸다) → 완전히 바꾸다

**동** 환전, 교환하다

[33] Lovers and friends **exchanged** the presents as a token of love and friendship.

## exterminate [ikstə́:rmənèit]

ex(강조-아주) + terminate(끝내다) → 완전히 뿌리를 뽑다

**동** 근절하다

[34] The people want to **exterminate** the pro-Japanese group in the next general election.

## cf. 2. ex- : 이전에

## ex-convict [ikskənvíkt]

ex(이전에) + convict(죄수) → 전과자

**명** 전과자

[35] An **ex-convict** killed five people including his 16-year-old and 21-year-old sons.

## ex-president [iksprézidənt]

ex(이전에) + president(대통령) → 이전 대통령

**명** 전대통령

[36] **Ex-president** was sentenced to 25 years.

---

29. 소방 대원들은 불길을 진화하기 위하여 몇시간 동안 싸웠다.
30. 소방 대원들이 신속히 피츠버그 아파트 복합몰에서 화재를 진압하였다.
31. 20종의 새와 20종의 포유류가 20년 후에 멸종될 것이다.
32. 생물학에서 멸종(extinction)은 종이 죽어서 살아지거나 혹은 종 의절멸을 뜻한다.
33. 사랑하는 사람과 친구들은 사랑과 우정의 징표로 선물을 교환했다.

34. 국민들은 다음 총선에서 친일 세력들을 뿌리 채 뽑는 것을 원한다.
35. 허한 전과자가 그의 16살 아들과 21살 아들을 포함하여 5명의 사람들을 죽였다.
36. 전 대통령이 25년 선고 받았다.

※ 아래에서 우리말은 영어로 영어는 우리말로 각각 뜻을 쓰시오.

1. 해설, 설명, 상설, 해석 _____
2. 넘다, 초과하다 _____
3. 지치게 하다, 배기가스 _____
4. 설명할 수 있는 _____
5. 불을 끄다 _____
6. 환전하다, 교환하다, 교환, 환전 _____
7. 전과자 _____
8. 전시 _____
9. 펴다, 펼치다, 커지다, 팽창하다 _____
10. 전시하다 _____
11. 팽창, 신장 _____
12. 광활한 공간, 팽창, 확대 _____
13. 쫓아 내다 _____

14. expellant _____
15. explicate _____
16. explicit _____
17. exposition _____
18. exposure _____
19. export _____
20. expose _____
21. extend _____
22. extent _____
23. extinct _____
24. extension _____
25. extensive _____
26. extinction _____

※ 다음 문장의 빈칸에 알맞은 단어를 보기에서 찾아 넣으시오. 필요 시 대문자, 수, 시제, 태 등 문법적 요소를 고려하여 쓰세요.(다만 본문 예문 학습을 유도하기 위하여 예문에서 사용한 단어를 정답으로 하였다.)

**보기**

> exposure, extinguish, extinct, extinction, exterminate, explicable, extend, expanse, exhausted, exhibition, explication, expand, explicit, exceed, extent, expelled

27. The bill will _____ internet services.

28. Canada won't _____ peacekeeping mission.

29. The explorer gazed across the vast Arctic _____ .

30. We have _____ all our natural resources.

31. The actress sent _____ messages to the police.

32. Did Tiger Woods meet or _____ expectations this week in Austin?

33. The room for the _____ ought to be large, and of an oval shape.

34. There's too much _____ in the play and not enough action.

35. Photos show _____ of flooding on disaster-struck South Coast.

36. You should always limit your _____ to the sun.

37. Firemen fought for hours to _____ the blaze.

38. 20 bird and 20 mammal species will be _____ in 20 years.

39. In biology, _____ is the dying out or extermination of a species.

40. The people want to _____ the pro-Japanese group in the next general election.

41. Human misery is _____ as much by overconsumption as by poverty and deprivation.

42. The University of Iowa has _____ a student from China for repeated academic misconduct.

# 19 day

## out, ut: 밖으로 out

이 단원에서 학습할 단어모음입니다. □□□에 각각 모르는 단어를 3회에 걸쳐 ☑(체크표시)해 보세요.
모르는 단어는 끝까지 학습하세요.

### Preview Words

□□□ **outbreak** [áutbrèik] n. 발발, 발병
□□□ **outburst** [áutbə́:rst] n. 폭발
□□□ **outcast** [áutkæst] n. 따돌림받는 사람, 부랑자
□□□ **outcome** [áutkʌm] n. 결과, 성과
□□□ **outdo** [áutlet] v. ~보다 뛰어 나다
□□□ **outgoing** [áutgouiŋ] a. 사교적인
□□□ **outgrow** [àutgrou] v. ~보다 더 자라다
□□□ **outlaw** [áutlɔ́:] n. 법익 박탈 v. 불법화하다
□□□ **outlet** [áutlet] n. 배출구, 상점, 콘센트
□□□ **outline** [áutlàin] n. 개요, 성과
□□□ **outlive** [àutlív] v. ~보다 오래 살다
□□□ **outlook** [áutlùk] n. 전망, 예측

□□□ **outperform** [àutpərfɔ́:rm] v. 능가하다,
  　　　　　　　　…보다 역량(성능)이 우수하다
□□□ **output** [áutpùt] n. 생산, 산출
□□□ **outrun** [àutrʌn] v. ~보다 더 빨리 달리다
□□□ **outskirts** [àutskərt] n. 변두리
□□□ **outspoken** [àutspou'kən] a. 노골적으로 말하는
□□□ **outstanding** [àutstǽndiŋ] a.뛰어난
□□□ **outweigh** [autwei] v. ~보다 더 무게가 나가다
□□□ **outwit** [àutwít] v. …의 의표[허]를 찌르다
□□□ **utter** [ʌ́tər] a. 완전한 v. 밖으로 소리내다
□□□ **utmost** [ʌ́tmòust] a. 최대의, 극도의

☐ **outbreak** [áutbrèik]

out(밖으로) + break(깨지다) → 밖으로 깨어져 나옴 → 발발

명 **발발, 발병, 폭동** 유사어 eruption, outburst

[1] The **outbreak** of the war precipitated the ruin of our firm.

☐ **outburst** [áutbə́:rst]

out(밖으로) + burst(터지다) → 밖으로 터져 나옴 → 파열

명 **폭발** 유사어 eruption, explosion, burst, outbreak

[2] We were shocked at her **outburst** of anger.

☐ **outcast** [áutkæst]

out(밖으로) + cast(thrown 내던져진) → 밖으로 내 던져진 사람 → 추방당한 사람

명 **따돌림받는 사람, 부랑자**

[3] She feels like an **outcast** at school.

☐ **outcome** [áutkʌ̀m]

out(밖으로) + come(오다) → 밖으로 나온 것 → 성과

명 **결과, 성과** 유사어 result, consequence

[4] We are anxiously awaiting the **outcome** of their election.

☐ **outdo** [áutlet]

out(밖으로) + do(행하다) → 밖으로 나올 정도로 행하다 → 더 잘하다

동 **~보다 뛰어 나다**

[5] He always tries to **outdo** his teammates.

[6] Sometimes small firms can **outdo** big business when it comes to customer care.

☐ **outgoing** [áutgouiŋ]

out(밖으로) + going(나가는) → 밖으로 나가는 → 사교적인

형 **사교적인** 유사어 extroverted

[7] The singer is really an **outgoing**, bright, and funny girl.

☐ **outgrow** [àutgrou]

out(밖으로) + grow(자라다) → 밖으로 성장하다 → 더 자라다

동 **~보다 더 자라다**

[8] If a child **outgrows** a piece of clothing, so it no longer fits.

☐ **outlaw** [áutlɔ́:]

out(밖으로) + law(법) → 법 밖으로 → 불법화하다

명 **법익 박탈** 동 **불법화하다**

[9] The Thirteenth Amendment of the Constitution **outlawed** slavery.

---

1. 전쟁 발발은 우리 회사의 도산을 재촉했다.
2. 그녀가 분노의 폭발에 우리는 깜짝 놀랐다.
3. 그녀가 학교에서 따돌림 당하고 있다고 느낀다.
4. 우리는 그 선거 결과를 마음 졸이며 기다리고 있는 중이다.
5. 그는 항상 팀메이트들 보다 나으려고 노력한다.
6. 소비자 보호 관련해서는 때때로 작은 회사가 대기업을 능가할 수도 있다.
7. 그 가수는 성격이 활발하고, 밝고, 재미있는 소녀다.
8. 어떤 아이가 옷보다 더 크게 자라면 옷이 더 이상 맞지 않는다.
9. 미국 헌법의 13차 개정은 노예제도를 법적으로 무효화시켰다.

## outline [áutlàin]

out(밖으로) + line(선) → 밖으로 나온 윤곽 → 윤곽, 개요

**명** 개요, 윤곽 **유사어** silhouette, profile

[10] He gave me a brief **outline** of what had occurred.

## 다의어 outlet [áutlet]

out(밖으로) + let(통로) → 밖으로 나오게 하는 것 →
- (전기를 밖으로 빼내는) 콘센트
- (감정 등) 배출(구)
- (판매를 위해) 밖으로 나온 곳 → 대리점
- (소식을 밖으로 전하는) 매체

**명** 배출구, 상점, 콘센트, 매체

[11] An electrical **outlet** or receptacle is a socket that connects an electrical device to an electricity supply.

[12] Sports became the perfect **outlet** for his aggression.

[13] Home Scouting program provides **outlet** during COVID-19 quarantine.

[14] Writing poetry was his only form of emotional **outlet**.

[15] The company has more than 1,200 retail **outlets** nationwide.

[16] The supermarket and clothing retail chain has 152 **outlets** in Ireland, Britain, and Spain.

[17] Details about the facility have been reported by many media **outlets** in the past two weeks.

## outlive [àutlív]

out(밖으로) + live (살다) → (다른 사람보다) 더 이상(out) 살다

**동** ~보다 오래 살다

[18] It's a tragedy when parents **outlive** their children.

## outlook [áutlùk]

out(밖으로) + look (살다) → 밖으로 보는 것 → 전망, 예측

**명** 조망, 전망, 예측

**유사어** point of view, viewpoint, angle, perspective, view, vista, prospect, aspect

[19] The economic **outlook** is gloomy.

## outperform [àutpərfɔ́:rm]

out(밖으로) + perform(수행하다) → 일을 이상으로 수행하다

**동** 능가하다, …보다 우수하다

[20] Machines will **outperform** humans in almost any task.

## output [áutpùt]

out(밖으로) + put(놓다) → 밖으로 나온 것

**명** 생산, 산출 **유사어** production, product, yield

[21] The countries actually account for about a fifth of the world's economic **output**.

---

10. 그는 나에게 사건의 개요를 간략하게 설명했다.
11. 전기 콘센트 또는 콘센트는 전기 설비를 전기 공급 장치에 연결하는 소켓이다.
12. 스포츠는 그의 공격성에 대한 완벽한 출구가 되었다.
13. 홈 스카웃팅 프로그램은 코비드 19 격리 동안 배출구를 제공한다.
14. 시를 쓰는 것은 그의 유일한 감정 배출 형태이다.
15. 그 회사는 전국적으로 1,200개 이상의 매장을 가지고 있다.
16. 그 수퍼마켓과 의류 소매 체인은 아일랜드, 영국 그리고 스페인에 152개의 매장을 가지고 있다.
17. 그 재능에 관한 상세한 내용이 지난 2주 동안에 많은 매체에 의해 보도 되었다.
18. 부모가 자식들보다 더 오래 산다는 건 비극이다.
19. 경제 전망이 우울하다.
20. 기계가 거의 모든 직무에서 인간을 능가할 것이다
21. 그 국가들은 실제로 세계 경제 생산의 약 5분의 1을 차지한다.

☐ **outrun** [àutrʌn]

out(밖으로) + run(달리다) → 밖으로 달리다

图 ~보다 더 빨리 달리다

22 He **outran** me in the marathon race.

23 The robber managed to **outrun** the police.

☐ **outskirts** [àutskə̀rt]

out(밖으로) + skirts(교외) → 교외 밖

图 변두리　유사어 suburbs, periphery, margin

24 We stayed on the **outskirts** of the capital.

☐ **outspoken** [àutspoúkən]

out(밖으로) + spoken(말 되어진) → 밖으로 말되어진
→ 솔직한

图 노골적으로 말하는, 솔직한

25 Nelson Mandela was an **outspoken** critic of Apartheid.

☐ **outstanding** [àutstǽndiŋ]

out(밖으로) + standing(서 있는) → 밖으로 서 있는 → 뛰어난

图 뛰어난, 걸출한, 눈에 띄는

유사어 excellent, marvelous, magnificent, superb, wonderful

26 The region is renowned for its **outstanding** natural beauty.

☐ **outweigh** [autweí]

out(밖으로) + weigh(무게가 나가다) → 무게가 밖으로
(이상으로) 나가다 → 무게가 더 나가다

图 ~보다 더 무게가 나가다

27 That plan's strong points **outweigh** its bad points.

☐ **outwit** [àutwít]

out(밖으로) + wit(재치) → 재치가 밖으로 나오다 → 선수치다

图 …의 의표(허)를 찌르다

28 The thief **outwitted** the police and ran away.

다의어 **utter** [ʌ́tər]

ut(out 밖으로) + ter(tell 말하다) → 밖으로 (소리)내다 →

┌ (밖으로) 말하다
└ (밖으로 말해서 완성한) 완전한

图 말하다, 밖으로 소리내다　图 완전한

图 밖으로 소리내다

29 She **uttered** a cry of pleasure.

图 완전한

30 Everyone was experiencing **utter** shock and panic.

☐ **utmost** [ʌ́tmòust]

ut(out 밖으로) + most(가장) → 최고 밖으로(이상으로)
→ 최대의

图 최대의, 극도의

유사어 greatest, maximum, highest, maximal, extreme

31 The **utmost** integrity is asked for bureaucrats.

---

22. 마라톤에서 그는 나를 앞질렀다.
23. 그 강도는 경찰을 따돌리고 도망쳤다.
24. 우리는 수도 변두리에서 머물렀다.
25. 넬슨 만델라는 인종차별(Apartheid)에 대해 거리낌 없이 비평한 비평가였다.
26. 그 지역은 뛰어난 자연미 때문에 유명하다.

27. 그 계획의 장점은 단점을 보충하고도 남음이 있다.
28. 그 도둑은 경찰을 따돌리고 도망쳤다.
29. 그녀는 기쁨의 환호를 내질렀다.
30. 모든 사람이 극심한 충격과 패닉을 경험하고 있었다.
31. 최대의 청렴함이 관료에게 요구된다.

# extra-: 밖의, 여분의, 특별한

extra
~밖의(변화형 extro)

extraordinary → 특별한
밖에 + 보통의

extraterrestrial → 지구 밖에 있는
밖에 + 지구의

extrovert → 외향적인 사람에
밖에 + 향하는

짝짝짝    짝짝

이 단원에서 학습할 단어모음입니다. □□□에 각각 모르는 단어를 3회에 걸쳐 ☑(체크표시)해 보세요.
모르는 단어는 끝까지 학습하세요.

접두어 '**extra-**'는 공간적으로 '**~밖의**'의 뜻으로 '**여분의, 특별한**' 등의 추상적 의미로 사용된다.

---

☐ **extra**neous [ikstréiniəs]

extrane(라틴어extraneus "밖의-external"뜻)
+ ous(형접) → 외적인

형 외래의, 이질적인

유사어 strange, alien, external, outside, foreign

[1] **Extraneous** light in the camera spoiled the photograph.

---

☐ **extra**curricular

[ékstrəkəríkjələr]
extra(밖의) + curricular(curriculum 정규과목)
→ 정규과목 밖에 있는

형 정규 과목 이외의

[2] Football is an **extracurricular** activity in our school.
[3] Students should play **extracurricular** sports.

---

☐ **extra**solar [ékstrəsóulər]

extra(밖의) + solar(태양의) → 태양계 밖의

형 태양계 밖의

[4] The Kepler still cannot directly view **extrasolar** planets.

---

☐ **extra**terrestrial

[ékstrətəréstriəl]
extra(밖의) + terrestrial(지구상의) → 지구밖의, 우주의

형 지구 밖의, 우주의    명 지구 이외의 행성(생물), 우주인

형 지구 밖의, 우주의

**extraterrestrial** life 외계생명체

[5] Humans need to work even harder to determine whether **extraterrestrial** life even exists.

명 지구 이외의 행성(생물), 우주인

[6] Enterprising **extraterrestrials** might monitor the total amount of light coming from Earth.

---

☐ **extra**ordinary [ikstrɔ́ːrdəneri]

extra(밖의) + ordinary(보통의) → 보통 밖에 있는 → 특별한

형 대단한, 특별한, 보통이 아닌, 비범한

유사어 remarkable, exceptional, unbelievable, awesome, unreal, wondrous

a man of **extraordinary** genius 비범한 천재
**extraordinary** revenue 임시 세입

[7] The **extraordinary** predictor prophesied another conflict between civilizations.

---

☐ **extro**vert [ékstrouvə́ːrt]

extro(밖의) + overt(open 열려 있는) → 밖으로 열려있는 사람
→ 사교적인 사람

명 사교적인 사람, 외향적인 사람  유사어 extravert

반의어 Introvert (내성적 사람)

[8] Introverts focus inward into their own thoughts, and **extroverts** focus outward into the world.

---

1. 카메라 내부에 외부 빛이 들어가서 사진을 망쳤다.
2. 우리 학교에서는 축구가 과외활동이다.
3. 학생들은 과외활동 스포츠를 해야 한다..
4. 케플러 망원경은 아직 태양계 바깥의 행성을 직접적으로 관측할 수 없다.
5. 외계 생명이 존재하는지 어떤지를 결정하기 위하여 인간들이 훨씬 열심히 노력하는 것이 필요하다.

6. 모험적인 외계인이 지구에서 나오는 총 빛의 양을 모니터링할 지도 모른다.
7. 비범한 예언가는 문명 사이에 또 다른 갈등을 예언하였다.
8. 내성적인 사람들은 내면, 자기 생각에, 그리고 외향적인 사람들은 외부 세계에 초점을 맞춘다.

※ 아래에서 우리말은 영어로 영어는 우리말로 각각 뜻을 쓰시오.

1. 발발, 발병 _____
2. 외래의, 이질적인 _____
3. 노골적으로 말하는 _____
4. 밖으로 소리내다 _____
5. 최대의, 극도의 _____
6. 사교적인 사람, 외향적인 사람 _____
7. 폭발 _____
8. 따돌림받는 사람, 부랑자 _____
9. 결과, 성과 _____
10. 태양계 밖의 _____
11. ~보다 뛰어 나다 _____
12. 사교적인 _____
13. ~보다 더 자라다 _____

14. outlaw _____
15. outlet _____
16. outline _____
17. extracurricular _____
18. outstanding _____
19. outweigh _____
20. outwit _____
21. extraordinary _____
22. outlive _____
23. outlook _____
24. outperform _____
25. output _____
26. extraterrestrial _____

※ 다음 문장의 빈칸에 알맞은 단어를 보기에서 찾아 넣으시오. 필요 시 대문자, 수, 시제, 태 등 문법적 요소를 고려하여 쓰세요.(다만 본문 예문 학습을 유도하기 위하여 예문에서 사용한 단어를 정답으로 하였다.)

**보기**

> extrasolar, outbreak, outcast, outdo, outlet, outlet, outlet, outline, outskirts, extraneous, outspoken, outstanding, extraordinary, outcome, extraterrestrial, output,

27. The _____ of the war precipitated the ruin of our firm.

28. She feels like an _____ at school.

29. We are anxiously awaiting the _____ of their election.

30. He always tries to _____ his teammates.

31. Writing poetry was his only form of emotional _____ .

32. The company has more than 1,200 retail _____ nationwide.

33. He gave me a brief _____ of what had occurred.

34. We stayed on the _____ of the capital.

35. _____ light in the camera spoiled the photograph.

36. The Kepler still cannot directly view _____ planets.

37. Nelson Mandela was an _____ critic of Apartheid.

38. The region is renowned for its _____ natural beauty.

39. The _____ predictor prophesied another conflict between civilizations.

40. Humans need to work even harder to determine whether _____ life even exists.

41. An electrical _____ or receptacle is a socket that connects an electrical device to an electricity supply.

42. The countries actually account for about a fifth of the world's economic _____ .

# trans-: through, across 횡단, 관통

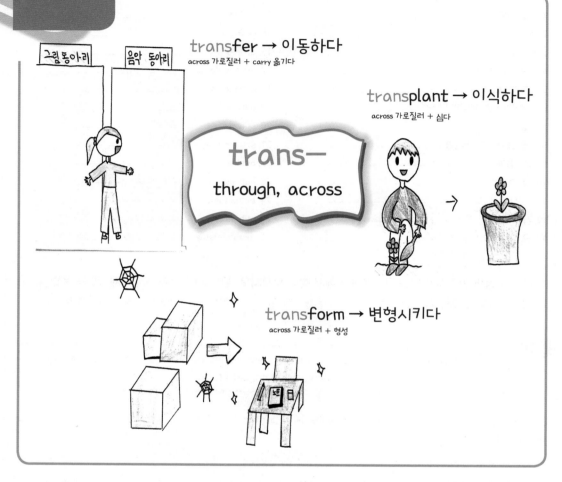

그림동아리   음악 동아리

transfer → 이동하다
across 가로질러 + carry 옮기다

transplant → 이식하다
across 가로질러 + 심다

trans—
through, across

transform → 변형시키다
across 가로질러 + 형성

이 단원에서 학습할 단어모음입니다. □□□에 각각 모르는 단어를 3회에 걸쳐 ☑(체크표시)해 보세요.
모르는 단어는 끝까지 학습하세요.

## Preview Words

□□□ transact [trænsǽkt] v. (사무 등을) 집행하다

□□□ transaction [trænsǽkʃən] n. (업무) 처리, 취급, 거래

□□□ transatlantic [trænsətlǽntik] a. 대서양 건너편에

□□□ transcend [trænsénd] v. 초월하다

□□□ transcendent [trænséndənt] a. 뛰어난, 탁월한

□□□ transcribe [trænskráib] v. 복사하다, 번역하다

□□□ transcript [trænskript] n. 사본, 등본, 복사

□□□ transfer [trænsfɔ́ːr] v. 전근하다, 전송하다

□□□ transform [trænsfɔ́ːrm] v. 변형시키다

□□□ transformation [trænsfərméiʃən] n. 형질전환, 변형, 변화,
(특히 곤충의) 탈바꿈, 변태

□□□ transfuse [trænsfjúːz] v. 수혈하다, 주입하다, 불어 넣다

□□□ transfusion [trænsfjúːʒən] n. 옮겨 붓기, 주입, 침투, 수혈

□□□ transgenic [trænsdʒénik] a. 이식유전자를 가진

□□□ transgress [trænsgrés] v. 넘어서다, 벗어나다

□□□ transient [trǽnʃənt] a. 일시적인, 순간적인, 덧없는

□□□ transit [trǽnsit] n. 환승, 수송

□□□ transition [trænzíʃən] n. 변화, 이행

□□□ transplant [trænsplǽnt] v. 옮겨 심다 n. 이식

| | |
|---|---|
| ☐ **transact** [trænsǽkt]<br>trans(across 가로질러) + act(행동하다) → 일을 처리하다 | 통 (사무 등을) **집행하다**, (안건 등을) **처리하다**<br>[1] The dealer **transacts** business with a large number of stores. |
| ☐ **transaction** [trænsǽkʃən]<br>transact(통 처리하다) + ion(명접) | 명 (업무) **처리, 취급, 거래**<br>[2] We needed to close this **transaction** in less than two weeks, while in the middle of the COVID shutdown. |
| ☐ **transatlantic** [trænzətlǽntik]<br>trans(across 가로질러) + atlantic(대서양의)<br>→ 대서양 가로질러 → 대서양 건너편에 | 형 **대서양 건너편에**<br>[3] Many **transatlantic** flights land there. |
| ☐ **transcend** [trænsénd]<br>trans(across 가로질러) + scend(climb 올라가다)<br>→ 지나서 올라가다 → 초월하다 | 통 **초월하다** 유사어 surpass, excel, exceed, outdo<br>[4] Wisdom and intelligence **transcend** age. |
| ☐ **transcendent** [trænséndənt]<br>transcend(초월하다) + ent(형접) | 형 **뛰어난, 탁월한**<br>유사어 superior, supreme, predominant, preeminent<br>[5] The player's **transcendent** performance helped the team to a surprise victory. |
| ☐ **transcribe** [trænskráib]<br>trans(across 가로질러) + scribe(write 쓰다) | 통 **베끼다, 복사하다, 번역하다**<br>[6] They chose, obviously, to **transcribe** all of the things that Abraham Lincoln had written. |
| ☐ **transcript** [trǽnskript]<br>trans(across 가로질러) + script(필기) | 명 **베낀 것, 사본, 등본, 필기록, 복사**<br>[7] The **transcript** of today's conference call will be available on our company's website. |
| ☐ **transfer** [trænsfɔ́ːr]<br>trans(across 가로질러) + fer(carry 옮기다)<br>→ 가로 질러 옮기다 → 이동하다 | 통 **옮기다, 이동하다, 전송하다** 유사어 transmit, transport<br>[8] He hurriedly **transferred** his topic. |

1. 그 상인은 많은 상점과 거래하고 있다.
2. 우리는 COVID 봉쇄 도중에 이 거래를 2주 이내에 마감하는 것이 필요했다.
3. 대서양을 횡단하는 비행기가 그곳에 많이 착륙한다.
4. 지혜와 지능은 시대를 초월한다.

5. 그 선수의 탁월한 능력은 그팀이 놀라운 승리를 할 수 있도록 도왔다.
6. 그들은 분명히 아브라함 링컨이 쓴 모든 것을 필사하기로 선택했다.
7. 오늘 회의 요청 기록은 당사 웹 사이트에서 확인할 수 있다.
8. 그는 급히 주제를 다른 곳으로 돌렸다.

☐ **transform** [trænsfɔ́ːrm]

trans(across 가로질러) + form(형성하다)
→ 가로질러 변형시키다 → 변형시키다

동 **변형시키다** 유사어 remodel
[9] A silkworm is **transformed** into a cocoon.

☐ **transformation**

[trænsfərméiʃən]

transform(변형시키다) + ation(명접)

명 **형질전환, 변형, 변화, (특히 곤충의) 탈바꿈, 변태**
[10] **Transformation** is the process by which foreign DNA is introduced into a cell.

☐ **transfuse** [trænsfjúːz]

transfuse(수혈하다) + ion(명접)
trans(across 가로질러) + fuse(합치다) → 가로질러 합치다
→ 주입하다

동 **수혈하다, 주입하다, 불어 넣다** 유사어 imbue, instill
[11] The professor **transfused** his enthusiasm for research into his students.

☐ **transfusion** [trænsfjúːʒən]

transfuse(변형시키다) + sion(명접)

명 **옮겨 붓기, 주입, 침투, 수혈**
[12] **Transfusion** is used for various medical conditions to replace lost components of the blood.

☐ **transgenic** [trænsdʒénik]

trans(across 가로질러) + genic(유전자의) → 가로지른 유전자

형 **변형유전자를 가진**
[13] There are several important disadvantages to **transgenic** production.

☐ **transgress** [trænsgrés]

trans(across 가로질러) + gress(go 가다)
→ 단계를 가로 지르다 → 넘어서다

동 **넘어서다, 벗어나다** 유사어 infringe, trespass, violate
[14] Characters in a novel often **transgress** society's rules and codes.

☐ **transient** [trǽnʃənt]

trans(across 가로질러) + ie(go 가다) + ent(형접)
→ 가로질러 지나가는 → 일시적인

형 **일시적인, 순간적인, 덧없는** 유사어 fleeting, transitory
[15] The city has a large **transient** population.

☐ **transit** [trǽnsit]

trans(across 가로질러) + it(go 가다) → 가로질러 지나가는 것
→ 운송

명 **운송, 환승, 수송** 유사어 transport
[16] Korean public **transit** is the best in the world.

☐ **transition** [trænzíʃən]

trans(across 가로질러) + it(go 가다) + tion(명접)
→ 지나가는 상태 → 변화

명 **변화, 이행**
[17] We live in a time of fast **transition**.

☐ **transplant** [trænsplǽnt]

trans(across 가로질러) + plant(심다) → 가로질러 심다
→ 이식하다

동 **옮겨 심다** 명 **이식**
[18] My friend survived a kidney **transplant**.

9. 누에가 고치로 변태한다.
10. 형질전환은 외래 DNA가 세포 속으로 유입되는 과정이다.
11. 교수는 자기 연구에 대한 열정을 학생들에게 불어넣었다.
12. 수혈은 잃어버린 혈액 요소들을 대체하기 위한 여러 가지 의학적 용도로 사용된다.
13. 유전자 변형 생산물에는 여러 가지 중요한 단점들이 있다.

14. 소설에서 등장인물들은 가끔 사회의 규칙과 불문율을 어긴다.
15. 그 도시는 유동인구가 많다.
16. 한국의 대중교통은 세계 최고다.
17. 우리는 빠른 변화의 시간에 살고 있다.
18. 나의 친구는 신장 이식 수술에서 생존했다.

# dia-: across 가로질러/between ~사이에

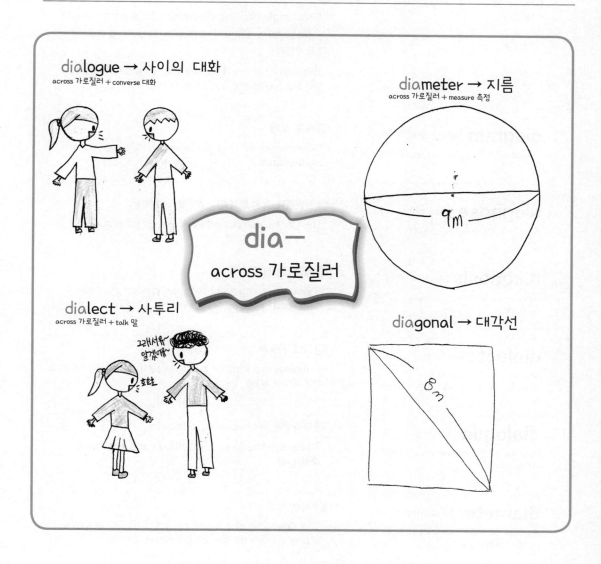

dialogue → 사이의 대화
across 가로질러 + converse 대화

diameter → 지름
across 가로질러 + measure 측정

dia-
across 가로질러

dialect → 사투리
across 가로질러 + talk 말

diagonal → 대각선

이 단원에서 학습할 단어모음입니다. ☐☐☐에 각각 모르는 단어를 3회에 걸쳐 ☑(체크표시)해 보세요.
모르는 단어는 끝까지 학습하세요.

### Preview Words

☐☐☐ **dia**gonal [daiǽgənəl] a. 대각선의
☐☐☐ **dia**gnose [dáiəgnòuś] v. 진단하다, 조사 분석하다
☐☐☐ **dia**gnosis [dàiəgnóusis] n. 진단(법), 진단, 식별
☐☐☐ **dia**gram [dáiəgræm] n. 도표, 도해

☐☐☐ **dia**lect [dáiəlèkt] n. 방언, 사투리
☐☐☐ **dia**logue [dáiələ̀ːg] n. 대화
☐☐☐ **dia**meter [daiǽmitər] n. 직경, 지름

**diagonal** [daiǽgənəl] a. 대각선의
dia(across 가로질러) + gonal(angle 각) → 각을 가로 지르는 → 대각선

명 대각선　형 대각선의

명 대각선
[1] A rectangle has two **diagonals** of the same length.
[2] A **diagonal** is a line that goes in a sloping direction.

형 대각선의
[3] Then draw in the **diagonal** line from one corner of the square to the opposite corner.

---

**diagram** [dáiəgrӕm]
dia(across 가로질러) + gram(drawing 그림) → 도표, 도해

명 도표, 도해
[4] We can reduce long explanations to simple charts or **diagrams**.

---

**diagnose** [dáiəgnòuś]
dia(across 가로질러) + gno(know 알다) + se(동접)

동 진단하다, 조사 분석하다, 원인을 규명하다
[5] The doctor **diagnosed** her case as tuberculosis.

**diagnosis** [dàiəgnóusis]
dia(across 가로질러) + gno(know 알다) + sis(명접 –과정, 활동)

명 진단(법), 진단, 식별
[6] A deep learning algorithm can predict the final **diagnosis** of Alzheimer disease.

---

**dialect** [dáiəlèkt]
dia(across가로질러) + lect(talk 말)
→ (특정지역 사람들) 사이의 말 → 방언

명 방언, 사투리
[7] A **dialect** is a form of a language that is spoken in a particular area.

---

**dialogue** [dáiəlɔːg]
dia(across 가로질러) + logue(converse 대화)
→ (사람들) 사이의 대화

명 대화　유사어 conversation, discourse
[8] The novel has long descriptions and not much **dialogue**.

---

**diameter** [daiǽmitər]
dia(across 가로질러) + meter(measure 측정)
→ 가로질러서 측정 → 지름

명 직경, 지름
[9] The **diameter** of a round object is the length of a straight line that can be drawn across it.

---

1. 직사각형은 똑같은 길이의 두 대각선을 가지고 있다.
2. 대각선은 경사진 방향으로 그은 선이다.
3. 그런 다음 사각형 한쪽 코너에서 정반대 코너로 대각선으로 그려라.
4. 우리는 긴 설명을 간단한 챠트나 도표로 줄일 수 있다.
5. 의사는 그녀의 병을 결핵으로 진단하였다.
6. 깊은 알고리즘(컴퓨터 연산)은 알츠하이머병에 대한 최종 진단을 예언할 수 있다.
7. 방언은 특정 지역에서 말되어지는 언어의 형태다.
8. 그 소설은 묘사가 많고 대화는 많지 않다.
9. 둥근 물체의 직경은 가로지르는 직선의 길이다.

# with-: 함께

이 단원에서 학습할 단어모음입니다. □□□에 각각 모르는 단어를 3회에 걸쳐 ☑(체크표시)해 보세요.
모르는 단어는 끝까지 학습하세요.

**Preview Words**

□□□ **withdraw** [wiðdrɔ́ː] v. 철수하다, 인출하다, 철회하다
□□□ **withdrawal** [wiðdrɔ́ːəl] n. 철수, 인출, 철회
□□□ **withhold** [wiðhóuld] v. 가지고 있다

□□□ **without** [wiðáut] prep. …없이, …이 없는
□□□ **withstand** [wiðstǽnd] v. 저항하다
□□□ **notwithstanding** [nátwiðstǽndiŋ] prep. …에도 불구하고

## with- 는 무엇으로부터 'away 떨어져 ~함께'라는 뜻이 나온다.

---

**다의어 withdraw** [wiðdrɔ́ː]

with(away 떨어져 함께) + draw(잡아 당기다)
→ 잡아당겨서 함께 있다 →
┌ (계약 등을) 철회하다
└ (예금 등을) 인출하다, ( 군대를) 철수하다

**동 잡아 당기다, 철수하다, (돈을) 인출하다, 철회하다**

[1] The presidency candidate **withdrew** his support of the tax bill.
[2] Russia won't **withdraw** troops from Venezuela.
[3] You can **withdraw** up to $20,000 a day from ATMs.

---

**다의어 withdrawal** [wiðdrɔ́ːəl]

withdraw(철회하다) + al(명사형 어미) → 철수, 철회, 인출

**명 철수, 인출, 철회**

[4] Premature **withdrawal** of our military will guarantee failure.
[5] The last **withdrawal** from the account was on 18 December.
[6] Her sudden **withdrawal** from the election surprised the people.

---

☐ **withhold** [wiðhóuld]

with(away 떨어져 함께) + hold(잡다) → 잡고 함께 있다
→ (승낙하지 않고) 유보하다

**동 가지고 있다, 보류하다**

[7] Therefore, I will **withhold** my resolution.

---

☐ **without** [wiðhóuld]

with(away 떨어져 함께) + out → 함께 있지 않음
→ ~이 없는

**전치사 ~ 없는**

[8] **Without** your help, I couldn't do anything.

---

☐ **withstand** [wiðstǽnd]

with('away 떨어져 함께) + stand(서 있다)
→ 함께 (마주) 서 있다 → 저항하다

**동 저항하다, 반항하다, 잘 견디다**

**유사어 resist, tolerate**

[9] Science looks for ways to **withstand** extreme weather.

---

☐ **notwithstanding**

[nɑ́twiðstǽndiŋ]

not(아니다) + withstanding(저항하는, 거역하는)
→ 저항하지 않는 → 대립하지 않는 → ~에도 불구하고

**전치사 …에도 불구하고 유사어 in spite of, despite**

[10] He is very active **notwithstanding** his age.
[11] **Notwithstanding** some members' objections, I think we must go ahead with the plan.

---

1. 대통령 후보는 세금 법안에 대한 지지를 철회하였다.
2. 러시아는 베네수엘라로부터 군대를 철수하지 않을 것이다.
3. 자동출납기에서 하루에 20,000달러까지 인출할 수 있다.
4. 우리 군대의 성급한 철수는 확실히 실패할 것이다.
5. 그 계좌에서 마지막 인출은 12월 18일이다.
6. 그녀가 선거에서 갑작스러운 철회는 국민들을 놀라게 했다.

7. 그러므로, 나는 내 결심을 보류 할거야.
8. 너의 도움이 없다면 아무것도 하지 못 할 것이다.
9. 과학은 극단적인 날씨를 견디어 낼 방법들을 찾고 있다.
10. 그는 나이에도 불구하고 대단히 활동적이다
11. 일부 회원들의 반대에도 불구하고 우리는 계획을 진행해야한다고 생각한다.

※ 아래에서 우리말은 영어로 영어는 우리말로 각각 뜻을 쓰시오.

| | |
|---|---|
| 1. (사무 등을) 집행하다 _____ | 14. transplant _____ |
| 2. 복사하다, 번역하다 _____ | 15. diagonal _____ |
| 3. (업무) 처리, 취급, 거래 _____ | 16. diagnose _____ |
| 4. 가지고 있다 _____ | 17. transfusion _____ |
| 5. 사본, 등본, 복사 _____ | 18. transgenic _____ |
| 6. 전근하다, 전송하다 _____ | 19. dialogue _____ |
| 7. 변형시키다 _____ | 20. diagnosis _____ |
| 8. …없이, …이 없는 _____ | 21. transgress _____ |
| 9. 저항하다 _____ | 22. dialect _____ |
| 10. …에도 불구하고 _____ | 23. diagram _____ |
| 11. 대서양 건너편에 _____ | 24. transcendent _____ |
| 12. 초월하다 _____ | 25. diameter _____ |
| 13. 수혈하다, 주입하다, 불어 넣다 _____ | 26. withdraw _____ |

※ 다음 문장의 빈칸에 알맞은 단어를 보기에서 찾아 넣으시오. 필요 시 대문자, 수, 시제, 태 등 문법적 요소를 고려하여 쓰세요.(다만 본문 예문 학습을 유도하기 위하여 예문에서 사용한 단어를 정답으로 하였다.)

**보기**

diameter, transform, diagonal, diagnose, transatlantic, transcend, dialect, transact, transformation, transfused, transcendent, transcript, transfusion, notwithstanding, withdraw, withstand, transformation

27. Many _____ flights land there.

28. Wisdom and intelligence _____ age.

29. A silkworm is _____ into a cocoon.

30. A rectangle has two _____ of the same length.

31. The doctor _____ d her case as tuberculosis.

32. Russia won't _____ troops from Venezuela.

33. Science looks for ways to _____ extreme weather.

34. A _____ is a form of a language that is spoken in a particular area.

35. The dealer _____ business with a large number of stores.

36. _____ is the process by which foreign DNA is introduced into a cell.

37. The professor _____ his enthusiasm for research into his students.

38. The player's _____ performance helped the team to a surprise victory.

39. The _____ of today's conference call will be available on our company's website.

40. _____ is used for various medical conditions to replace lost components of the blood.

41. _____ some members' objections, I think we must go ahead with the plan.

42. The _____ of a round object is the length of a straight line that can be drawn across it.

# 21 day

# per-: through 완전히 통과하는, 끝까지

per-
through 완전히 통과하는

perspire → 땀을 흘리다
through 통과하여 + breathe 호흡하다

persuade → 설득하다
through 통과하여 + advise 충고하다

persist
고집하다

permit → 허락하다
through 통과하여 + go 가다

perfume → 향수
through 통과하여 + fume 향기

이 단원에서 학습할 단어모음입니다. □□□에 각각 모르는 단어를 3회에 걸쳐 ☑(체크표시)해 보세요.
모르는 단어는 끝까지 학습하세요.

## Preview Words

□□□ **perceive** [pərsíːv] v. 지각하다, 인식하다, 파악하다
□□□ **perception** [pərsépʃən] n. 지각(작용), 인식
□□□ **perceivable** [pərsíːvəbəl] a. 지각[감지, 인지]할 수 있는
□□□ **perceptive** [pərséptiv] a. 지각[감지]하는, 지각력 있는,
□□□ **perceptual** [pərséptʃuəl] a. 지각의, 지각 있는
□□□ **perennial** [pəréniəl] a. 연중 끊이지 않는, 다년생의
□□□ **perfect** [pə́ːrfikt] a. 완전한
□□□ **perfume** [pə́ːrfjuːm] n. 향수
□□□ **permanent** [pə́ːrmənənt] a. 영구적인
□□□ **permit** [pəːrmít] v. 허락하다
□□□ **permission** [pəːrmíʃən] n. 허가, 면허, 허용
□□□ **permissible** [pəːrmísəbəl] a. 허용할 수 있는
□□□ **persevere** [pə́ːrsəvíər] v. 인내하다

□□□ **perseverance** [pə́ːrsəvíːrəns] n. 인내(력), 참을성, 버팀
□□□ **persist** [pəːrsíst] v. 고집하다, 지속하다
□□□ **persistence** [pəːrsístəns] n. 끈덕짐, 고집, 영속, 지속
□□□ **perspective** [pəːrspéktiv] n. 관점, 시각, 견해, 원근화법
□□□ **perspire** [pərspáiər] v. 땀을 흘리다
□□□ **perspiration** [pə́ːrspəréiʃən] n. 발한, 땀
□□□ **perspiratory** [pərspáiərətɔ̀ːri] a. 발한의, 땀의
□□□ **persuade** [pəːrswéid] v. 설득해서 하게 하다
□□□ **persuasion** [pərswéiʒən] n. 설득, 설득력, 확신, 신념
□□□ **persuasive** [pərswéisiv] a. 설득 잘하는, 설득력 있는
□□□ **pervade** [pərvéid] v. 스며들다
□□□ **pervasive** [pərvéisiv] a. 널리 퍼지는, 침투하는

☐ **perceive** [pərsíːv]

per(through 통과하여) + ceive(take 가지다)
→ 통과하여 가지다 → 인식하다

동 **지각하다, 인식하다** 유사어 recognize

[1] You will **perceive** the fish rise out of the water.

---

☐ **perception** [pərsépʃən]

perceive (인식하다) + tion( 명접 )

명 **지각(작용), 인식**

유사어 awareness, consciousness, recognition

[2] All **perception** involves signals that go through the nervous system.

---

☐ **perceivable** [pərsíːvəbəl]

perceive(인식하다) + able( 형접 )

형 **지각[감지, 인지]할 수 있는**

[3] Websites are **perceivable**, operable, understandable and robust.

---

☐ **perceptive** [pərséptiv]

percept(지각 대상) + ive( 형접 )

형 **지각[감지]하는, 지각력 있는, 통찰력이 있는, 명민한**

[4] We are pleased to have the support of **perceptive** advisors.

---

☐ **perceptual** [pərséptʃuəl]

percept(지각 대상) + (u)al( 형접 )

형 **지각의, 지각 있는**

[5] A key question in olfaction is how the receptors contribute to different **perceptual** qualities, or percepts.

---

☐ **perennial** [pəréniəl]

per(through 통과하여) + enn(year 년) + ial( 형접 )
→ (여러) 해를 통과하는 → 연중 계속되는, 다년생의

형 **연중 끊이지 않는, 다년생의**

[6] **Perennial** flowers emerging is a sure sign of spring.

---

☐ **perfect** [pə́ːrfikt]

per(through 통과하여) + fect(make 만들다)
→ 끝까지 통과하여 만드는 → 완전한

형 **완전한**

[7] The weather's just **perfect** for swimming.

---

☐ **perfume** [pə́ːrfjuːm]

per(through 통과하여) + fume(smell 냄새)
→ 냄새가 (공기를) 통과하는 것 → 향수

명 **향수**

[8] Her **perfume** is smelling up the whole office.

---

☐ **permanent** [pə́ːrmənənt]

per(through 통과하여) + man(stay 머물다) + ent( 형접 )
→ (통과하여) 끝까지 남아있는 → 영구적인

형 **영구적인** 유사어 enduring, long-lasting, perpetual

[9] The foreign worker applied for **permanent** residence in Korea.

---

1. 물고기가 수면에서 뛰어오르는 것을 보게 될 거다.
2. 모든 인식은 신경 체계를 통해 들어오는 신호들이다.
3. 웹 사이트가 인지가능하고, 사용 가능하며, 이해할 수 있고, 그리고 강력하다.
4. 우리는 통찰력있는 조언자들의 지원을 기쁘게 생각한다.
5. 후각의 주요 질문은 수용체가 어떻게 다른 지각적 특성 또는 지각에 기여하는지이다.

6. 다년생의 꽃들이 싹이 돋는 것은 확실한 봄의 신호이다.
7. 날씨가 수영하기에 완전하다.
8. 그녀의 향수 냄새가 온 사무실을 뒤덮었다.
9. 그 외국인 노동자는 한국에서의 영구 거주를 신청했다.

☐ **permit** [pə:rmít]

per(through 통과하여) + mit(go 가다) → 통과하여 지나가다 → 허락하다

> 통 허락하다　명 [pɔ́:rmit] 허가, 허가증
>
> 통 허락하다　유사어 allow
>
> [10] Smoking is not **permitted** in the room.
>
> 명 허가, 허가증
>
> [11] The foreigner has obtained a temporary residence **permit**.

☐ **permission** [pə:rmíʃən]

permit(허락하다) + sion(명접)

> 명 허가, 면허, 허용　유사어 permit
>
> [12] Illegal immigrants entered the country without **permission**.

☐ **permissible** [pə:rmísəbəl]

permit(허락하다) + ible(형접)

> 형 허용할 수 있는, 지장 없을 정도의
>
> [13] Parents working on-site in **permissible** industries, under the state government's guidelines, may continue to send their children to childcare or kindergarten.

☐ **persevere** [pə́:rsəvíər]

per(through 통과하여) + severe(힘든, 진지한) → 끝까지 힘든 상태를 통과하다 → 인내하다

> 통 인내하다　유사어 endure, persist
>
> [14] She will **persevere** with the work.

☐ **perseverance** [pə́:rsəví:rəns]

persevere(인내하다) + ance(명접)

> 명 인내(력), 참을성, 버팀　유사어 endurance, persistence
>
> [15] **Perseverance** originally comes from the Latin perseverantia and means to abide by something strictly.

☐ **persist** [pə:rsíst]

per(through 통과하여) + sist(stand 서 있다) → 통과하여 서 있다 → 지속하다

> 통 고집하다, 지속하다
>
> [16] The legend has **persisted** for a thousand years.

☐ **persistence** [pə:rsístəns]

persist(지속하다) + ence(명접) → 지속

> 명 끈기, 고집, 완고, 버팀, 영속, 지속
>
> [17] **Persistence** can also mean something that lasts for a very long time.

---

10. 이 방에서는 금연이다.

11. 그 외국인은 임시 거주 허가를 획득하였다.

12. 불법 입국자들은 허가 없이 그 나라에 들어왔다.

13. 주 정부의 지침에 따라 허용 가능한 산업 현장에서 일하는 부모는 자녀를 보육원이나 유치원에 계속 보낼 수 있다.

14. 그녀는 그 일을 참아낼 것이다.

15. 인내(perseverance)는 원래 라틴어 perseverantia에서 유래한 것이고 어떤 것을 엄격하게 고수하는 것을 뜻한다.

16. 그 전설은 1,000년 동안 계속되어 오고 있다.

17. 끈기는 또한 매우 오랫동안 지속되는 어떤 것을 의미한다.

18. 기자들과 카메라맨들은 열기 속에서 땀 흘리기 시작했다.

| ☐ **per**spire [pərspáiər] | 동 땀을 흘리다, 노력하다 |
|---|---|
| per(through 통과하여) + spire(breathe 호흡하다)<br>→ 호흡하여 끝까지 (땀이 피부를) 통과하다. → 땀을 흘리다 | [18]The journalists and camera crews began to **perspire** in the heat. |

| ☐ **per**spiration [pə́:rspəréiʃən] | 명 발한, 땀 |
|---|---|
| perspire (땀을 흘리다 ) + ation( 명접 ) | [19]**Perspiration**, known as sweating, is the production of fluids secreted by the sweat glands in the skin of mammals. |

| ☐ **per**spiratory [pərspáirətò:ri] | 형 발한의, 땀의 |
|---|---|
| perspire(땀흘리다) + atory( 형접 ) | [20]I wore them for all manner of **perspiratory** activities: running, gravel riding, wood chopping, hiking, and camping. |

| ☐ **per**suade [pə:rswéid] | 동 설득하다 |
|---|---|
| per(through 통과하여) + suade(advise 충고하다)<br>→ 충고하여 끝까지 (의견을) 통과하게 하다 → 설득하다 | [21]No matter how hard you try to **persuade** me, I hold my ground. |

| ☐ **per**suasion [pərswéiʒən] | 명 설득, 설득력, 확신, 신념 |
|---|---|
| persuade(설득하다) + sion( 명접 ) | [22]**Persuasion** influences a person's beliefs, attitudes, intentions, motivations, or behaviors. |

| ☐ **per**suasive [pərswéisiv] | 형 설득 잘하는, 설득력 있는 |
|---|---|
| persuade(설득하다) + ive( 형접 ) | [23]The writer delivered an informative and **persuasive** speech in the square. |

| ☐ **per**spective [pə:rspéktiv] | 명 관점, 시각, 견해, 원근화법 유사어 prospect, viewpoint |
|---|---|
| per(through 통과하여) + spect(look 보다) + ive( 명접 )<br>→ 통과하여 보는 것 → 시각 | [24]From a social **perspective**, I am very much a liberal, although my economic policies are very conservative. |

| ☐ **per**vade [pərvéid] | 동 스며들다 유사어 penetrate, permeate |
|---|---|
| per(through 통과하여) + vade(go 가다) → 통과하여 가다<br>→ 스며들다 | [25]Negotiations **pervade** every aspect of our life. |

| ☐ **per**vasive [pərvéisiv] | 형 널리 퍼지는, 침투하는 유사어 prevalent |
|---|---|
| pervade(스며들다) + sive( 형접 ) | [26]The medication had a **pervasive** effect on the patient's body. |

19. sweating으로 알려진 땀은 포유류 피부에서 땀샘에 의해 분비되는 액체의 분비이다.
20. 나는 달리기, 자갈 타기, 나무 자르기, 하이킹, 캠핑 등 모든 종류의 땀을 흘리는 활동에 그들을 착용했다.
21. 너는 나를 아무리 설득시키려고 해도 나의 입장은 완고하다.
22. 설득(Persuasion)은 어떤 사람의 믿음, 태도, 의도, 동기부여, 행위 등에 영향을 준다.

23. 그 작가는 광장에서 유익한 정보와 설득적인 연설을 하였다.
24. 비록 나의 경제적 관점이 매우 보수적일지라도, 사회적인 면에서 나는 상당히 자유주의자이다.
25. 협상은 우리 삶의 곳곳에 스며들어 있다.
26. 그 약은 환자의 몸에 널리 퍼지는 효과가 있다.

# syn-, sym-: together 함께, same 같은

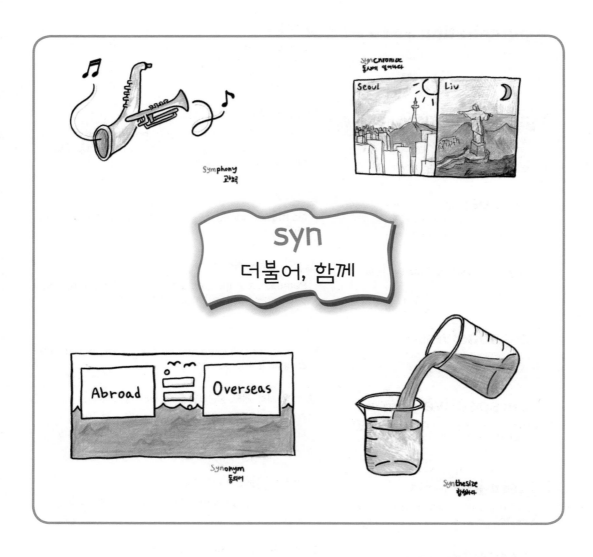

이 단원에서 학습할 단어모음입니다. □□□에 각각 모르는 단어를 3회에 걸쳐 ☑(체크표시)해 보세요.
모르는 단어는 끝까지 학습하세요.

**Preview Words**

□□□ **sym**pathy [símpəθi] n. 동정

□□□ **sym**phony [símfəni] n. 교향곡, 심포니

□□□ **syn**chronize [síŋkrənàiz] v. 동시에 발생하다

□□□ **syn**drome [síndroum] n. 증후군

□□□ **syn**onym [sínənim] n. 비슷한 말

□□□ **syn**thesis [sínθəsis] n. 종합, 통합, 합성

□□□ **syn**thesize [sínθəsàiz] v. 종합하다, 합성하다

□□□ **syn**thetic [sinθétik] a. 합성의, 종합적인 n. 합성 물질

접두어 **syn-(sym-)**는 'together 더불어 함께'하여 'same 같은'의 뜻이다.

---

☐ **sym**pathy [símpəθi]

sym(together 함께) + pathy(feeling 느낌) → 같은 감정
→ 동정, 공감

명 동정, 공감 유사어 compassion

[1] The president has sent a message of **sympathy** to the relatives of the dead soldiers.

---

☐ **sym**phony [símfəni]

sym(together 함께) + phony(sound 소리) → 함께 나는 소리
→ 교향곡

명 교향곡, 심포니

[2] She plays the violin in a **symphony** orchestra.

---

☐ **syn**chronize [síŋkrənàiz]

syn(together 함께) + chronize(시간으로 하다)
→ 같은 시간으로 하다

동 동시에 발생하다

[3] Select the option to **synchronize** contacts.

---

☐ **syn**drome [síndroum]

syn(together 함께) + drome(run 달리다)
→ 동시에 달리는 현상 → 증후군

명 증후군, 동시에 발생하는 일련의 증상

[4] A **syndrome** is a set of medical signs and symptoms which are not correlated with each other and often associated with a particular disease or disorder.

---

☐ **syn**onym [sínənim]

syn(together 함께) + onym(name or word 이름)
→ (뜻이) 같은 말 → 동의어

명 비슷한 말, 동의어 반의어 antonym [ǽntənim] 반대말

[5] The words "small" and "little" are **synonyms**.

---

☐ **syn**thesis [sínθəsis]

syn(together 함께) + the(place 놓다) + sis( 명접 )
→ 함께 놓음 → 종합, 통합, 합성

명 종합, 통합, 합성

[6] Is this a new **synthesis** of jazz and rap?

---

☐ **syn**thesize [sínθəsàiz]

syn(together 함께) + thes(place 놓다) + ize( 동접 )
→ 함께 행하다 → 종합하다, 합성하다

동 종합하다, 합성하다

[7] There are many vitamins that the body cannot **synthesize** itself.
[8] After extensive research, he succeeded in **synthesizing** the acid.

---

☐ **syn**thetic [sinθétik]

syn(together 함께) + thet(put 놓다) +ic( 형접 ) → 함께 놓는
→ 합성의, 합성 물질

형 합성의, 종합적인 명 합성 물질

[9] **Synthetic** products are made from chemicals or artificial substances rather than from natural ones.
[10] Man-made gem products are known as **synthetics**.

---

1. 대통령은 죽은 군인들의 친척들에게 위로의 메시지를 보냈다.
2. 그녀는 교향악단에서 바이올린을 연주한다.
3. 연락처를 동기화하기 위하여 옵션을 선택하시오.
4. 신드롬은 서로 관련 없는 그리고 가끔 특별한 병과 장애와 관련된 일련의 의학적 신호나 증상들이다.
5. 단어 small과 little은 동의어다.

6. 이것이 새로운 재즈와 랩의 합성인가?
7. 몸이 직접 합성할 수 없는 많은 비타민들이 있다.
8. 광범위한 조사 후 그는 산을 합성하는데 성공했다.
9. 합성 제품은 자연 제품보다는 화학 물질이나 인공 물질로부터 만들어졌다.
10. 인조 보석 제품은 합성 물질로서 알려졌다.

※ 아래에서 우리말은 영어로 영어는 우리말로 각각 뜻을 쓰시오.

1. 지각하다, 인식하다, 파악하다 _____
2. 동정 _____
3. 합성의, 종합적인, 합성 물질 _____
4. 지각(작용), 인식 _____
5. 지각[감지, 인지]할 수 있는 _____
6. 교향곡 _____
7. 종합하다, 합성하다 _____
8. 지각[감지]하는, 지각력 있는 _____
9. 연중 끊이지 않는, 다년생의 _____
10. 완전한 _____
11. 향수 _____
12. 영구적인 _____
13. 동시에 발생하다 _____

14. permission _____
15. syndrome _____
16. persevere _____
17. synonym _____
18. perseverance _____
19. synthesis _____
20. persistence _____
21. perspective _____
22. perspire _____
23. persuade _____
24. perspiration _____
25. persuasive _____
26. persuasion _____

※ 다음 문장의 빈칸에 알맞은 단어를 보기에서 찾아 넣으시오. 필요 시 대문자, 수, 시제, 태 등 문법적 요소를 고려하여 쓰세요.(다만 본문 예문 학습을 유도하기 위하여 예문에서 사용한 단어를 정답으로 하였다.)

**보기**

> persistence, perspire, permanent, permitted, permit, permission, persisted, synthetics, synthetic, perceive, perennial, perfume, perspiration, synthesize, synthesizing, perception

27. You will _____ the fish rise out of the water.

28. _____ flowers emerging is a sure sign of spring.

29. Her _____ is smelling up the whole office.

30. The foreign worker applied for _____ residence in Korea.

31. Smoking is not _____ in the room.

32. The foreigner has obtained a temporary residence _____.

33. Illegal immigrants entered the country without _____.

34. The legend has _____ for a thousand years.

35. Man-made gem products are known as _____.

36. There are many vitamins that the body cannot _____ itself.

37. After extensive research, he succeeded in _____ the acid.

38. _____ can also mean something that lasts for a very long time.

39. The journalists and camera crews began to _____ in the heat.

40. All _____ involves signals that go through the nervous system.

41. _____ products are made from chemicals or artificial substances rather than from natural ones.

42. _____ , known as sweating, is the production of fluids secreted by the sweat glands in the skin of mammals.

# co(m)-: together 함께 (1)

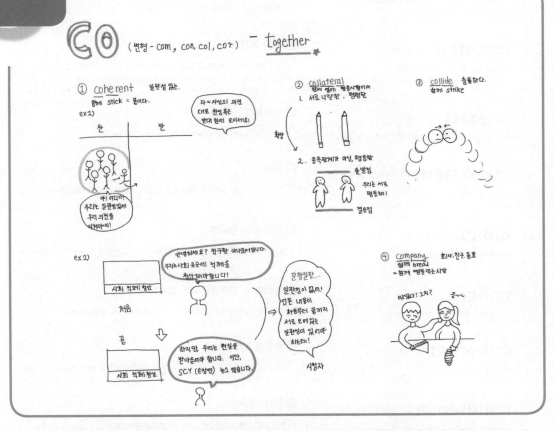

이 단원에서 학습할 단어모음입니다. □□□에 각각 모르는 단어를 3회에 걸쳐 ☑(체크표시)해 보세요.
모르는 단어는 끝까지 학습하세요.

## Preview Words

□□□ **co**alition [kòuəlíʃən] n. 연합, 연합정부
□□□ **co**author [kouɔ́:θər] n. 공저자
□□□ **co**exist [kòuigzíst] v. 공존하다
□□□ **co**existence [kóuigzístəns] n. 공존
□□□ **co**heir [kouéər] n. 공동 법정 상속인
□□□ **co**here [kouhíər] v. 밀착하다, (분자가) 응집하다
□□□ **co**herent [kouhíərənt] a. 일관성 있는
□□□ **co**herence [kouhíərəns] n. 응집, 일관성
□□□ **co**hesive [kouhí:siv] a. 화합하는, 결합하는
□□□ **co**hesion [kouhí:ʒən] n. 화합, 응집력
□□□ **co**partner [koupí:rtnər] n. (기업 따위의)협력자, 공동 출자자
□□□ **co**incide [kòuinsáid] v. 동시에 일어나다
□□□ **co**incidence [kouínsədəns] n. 우연한 일치
□□□ **co**llaborate [kəlǽbərèit] v. 협력하다
□□□ **co**llaboration [kəlæbəréiʃən] n. 협력

□□□ **co**llateral [kəlǽtərəl] a. 서로 나란한, 평평한
□□□ **co**llide [kəláid] v. 충돌하다
□□□ **co**llision [kəlí:ʒən] n. 충돌, 격돌
□□□ **co**llude [kəlú:d] v. 공모하다
□□□ **co**llusion [kəlú:ʒən] n. 공모, 결탁
□□□ **co**llusive [kəlú:siv] a. 공모의
□□□ **co**worker [kóuwə̀:rkər] n. 직장 동료
□□□ **co**mbine [kəmbáin] v. 결합하다
□□□ **co**mbination [kàmbənéiʃən] n. 짝 맞추기, 연합, 조합
□□□ **co**mmemorate [kəmémərèit] v. 기념하다
□□□ **co**mmemoration [kəmémərèiʃən] n. 기념, 축하, 기념식
□□□ **co**mpany [kʌ́mpəni] n. 회사, 친구, 동료
□□□ **co**mpel [kəmpél] v. 강요하다
□□□ **co**mpulsion [kəmpʌ́lʃən] n. 강요, 강제

접두어 'co-'는 'together, with- 함께'의 뜻이다. 변형으로 con-, col-, cor-가 쓰인다.

☐ **coalition** [kòuəlíʃən]
co(together 함께) + ali(bind 묶다) + tion(명접)
→ 함께 묶음 → 연합체, 연합정부

명 연합, 연합정부 유사어 affiliation, alliance
[1] The **coalition** forces of Joseon and Ming were defeated in Namwon castle.

☐ **coauthor** [kouɔ́:θər]
co(together 함께) + author(저자)

명 공동 저자
[2] He and his **coauthors** have been surprised at the rise of demand from local officials in the US.

☐ **coexist** [kòuigzíst]
co(together 함께) + exist(존재하다) → 함께 존재하다

동 공존하다
[3] Humans must **coexist** with nature.

☐ **coexistence** [kouígzístəns]
coexist(공존하다) + ence(명접)

명 공존
[4] The festival promotes peace, **coexistence**, and life.

☐ **coheir** [kouέər]
co(together 함께) + heir(상속인)

명 공동 법정 상속인
[5] Pepsi **coheir** and entrepreneur said all in the interview.

☐ **cohere** [kouhíər]
co(together 함께) + here(stick 붙다)

동 응집하다, 시종일관하다, 일치하다
[6] The various elements of the novel **cohere**.

☐ **coherent** [kouhíərənt]
cohere(일치하다) + ent(형접)

형 일관성 있는
[7] Their industrial policies are **coherent** and substantial.

☐ **coherence** [kouhíərəns]
cohere(일치하다) + ence(명접)

명 응집, 일관성
[8] The whole essay lacks **coherence**.

☐ **cohesive** [kouhí:siv]
cohere(일치하다) + sive(형접)

형 화합하는, 결합하는
[9] The members of a family are a **cohesive** unit in our society.

☐ **cohesion** [kouhí:ʒən]
cohere(일치하다) + sion(명접)

명 화합, 응집력
[10] Another major issue is employment and social **cohesion**.

☐ **copartner** [koupá:rtnər]
co(together 함께) + partner(협동자)

명 (기업 따위의) 협동자, 공동 출자자, 조합원
[11] We are **copartners** in the business.

1. 남원성에서 조선과 명의 연합군은 패배했다.
2. 그와 그의 공동 저자는 미국의 현지 공무원의 수요 증가에 놀랐다.
3. 인간은 자연과 공존해야 한다.
4. 이 축제는 평화, 공생, 그리고 생명을 후원한다.
5. 펩시의 공동 상속인이자 기업가가 인터뷰에서 모든 것을 말했다.
6. 그 소설의 여러 요소들이 시종일관하다.

7. 그들의 산업 정책은 일관성 있고 실질적이다.
8. 에세이 전체가 일관성이 부족해.
9. 가족 구성원은 우리 사회의 응집력있는 단위이다.
10. 다른 주요 문제는 고용과 사회적 결속이다.
11. 우리는 사업에서 공동 사업자들이다.

☐ **collide** [kəláid]

col(together 함께) + lide(strike 때리다) → 함께 때리다

동 충돌하다 [유사어] clash, conflict, disaccord
[12] California freight train **collided** with a passenger train.

☐ **collision** [kəlúːʒən]

collide(충돌하다) + tion(명접)

명 충돌, 격돌
[13] Mr. Blair was constantly coming into **collision** with Mr. Stanton.

☐ **coworker** [kóuwə̀ːrk ər]

co(together 함께) + worker(일하는 사람) → 함께 일하는 사람

명 직장 동료 [유사어] associate, colleague
[14] My father's **coworker** invited us over for dinner.

☐ **coincide** [kòuinsáid]

co(together 함께) + in(안에) + cide(fall 떨어지다)
→ 함께 안에 떨어 지다

동 동시에 일어나다 [유사어] concur, co-occur, synchronize
[15] Ramadan **coincided** with the World Cup.

☐ **coincidence** [kouínsədəns]

coincide(동시에 일어나다) + ence(명접)

명 우연한 일치 [유사어] concurrence
[16] A **coincidence** is when two or more similar or related events occur at the same time by chance.

☐ **collaborate** [kəlǽbərèit]

col(together 함께) + labor(work 일) + ate(동사형어미)
→ 함께 일하다

동 협력하다 [유사어] cooperate
[17] Some Frenchmen **collaborated** with the Nazis during World War II.

☐ **collaboration** [kəlæbəréiʃən]

collaborate(협력하다) + tion(명접)

명 협력 [유사어] alliance, confederation
[18] The film is a unique **collaboration** between the BBC's Drama, Arts and Entertainment departments.

☐ **collude** [kəlúːd]

col(together 함께) + lude(play, game 놀이) → 함께 모의하다
→ 공동 모의하다

동 은밀히 결탁하다, 공모하다 [유사어] conspire, intrigue, plot
[19] Most agents **collude** in giving false reports.

☐ **collusion** [kəlúːʒən]

collude(공동 모의하다) + sion(명접) → 함께 노는 것
→ 공동모의

명 공모, 결탁 [유사어] conspiracy
[20] It makes **collusion** between people with power and those who want favors unlikely.
[21] **Collusion** is secret or illegal co-operation, especially between countries or organizations.

☐ **collusive** [kəlúːsiv]

collude(공동 모의하다) + sive(형접)

형 공모의
[22] The **collusive** ties between military officers and military businessmen have also been a target of criticism.

---

12. 캘리포니아 화물 열차가 여객 열차와 충돌했다.
13. Blar 씨는 Stanton 씨와 끊임없이 충돌하고 있는 중이다.
14. 아빠의 직장 동료가 저녁 식사에 우리 가족을 초대했어.
15. 라마단이 월드컵 기간과 겹쳤다.
16. 우연한 일치(coincidence)는 두 가지 이상 비슷한 혹은 관련된 사건이 우연히 동시에 일어나는 때이다.
17. 얼마간의 프랑스인들은 제2차 세계 대전 중에 나치에 협력했다.

18. 그 영화는 BBC 드라마와 예술과 오락 부문의 독특한 합작품이다.
19. 대부분의 요원들이 거짓 진술을 하기로 공동 모의한다.
20. 그것은 권력을 가진 이와 그 권력의 특혜를 바라는 사람들 간에 유착이 어렵게 한다.
21. 공모(Collusion)는 특히 국가들이나 조직들 사이에 불법적인 협력이다.
22. 군 장교와 군납 업체간 유착 관계도 비판의 대상이 되어 왔다.

☐ **collateral** [kəlǽtərəl]

col(together 함께) + lateral(side 옆으로)
→ 함께 옆으로 존재하는 → 평행한

형 서로 나란한, 평평한

[23] Diets actually do a lot of **collateral** damage.

---

☐ **combine** [kəmbáin]

com(together 함께) + bine(bind 묶다) → 함께 묶다

동 결합하다

유사어 associate, conjoin, connect, fuse, join, link (up), unite

[24] High tides and winds **combined** to bring chaos to the east coast.

---

☐ **combination** [kàmbənéiʃən]

combine(결합하다) + ation(명접)

명 결합, 짝맞추기, 연합, 공동(동작), (색 등의) 배합, 조합

[25] Water is a **combination** of hydrogen and oxygen.

---

☐ **commemorate** [kəmémərèit]

com(together 함께) + memor(remembrance 기억)
+ate(동접) → 함께 기억하다 → 기념하다, 축하하다

동 기념하다 유사어 memorialize, monumentalize

[26] We **commemorate** this wonderful invention on Hangul Day (Oct. 9).

---

☐ **commemoration**

[kəmémərèiʃən]

commemorate(기념하다) + tion(명접) → 기념, 축하

명 기념, 축하, 기념식

[27] A **commemoration** is a celebration of someone or something, usually in the form of a ceremony.

---

다의어 **company** [kʌ́mpəni]

com(together 함께) + pany(bread or food 음식)
┌ 함께 빵이나 음식을 먹는 사람들 → 친구, 동료, 동행
└ 함께 사람들이 있는 곳 → 회사

명 친구, 동료, 동행, 회사

[28] Margot came to stay for a week as **company** for my mother.
[29] I was grateful for his **company.**
[30] According to the **company**, it was made as a Christmas gift.

---

☐ **compel** [kəmpél]

com(together 함께) + pel(drive 몰다) → 힘을 함께 쓰다
→ 강요하다

동 강요하다 유사어 coerce, constrain, force, obligate, oblige

[31] The rain **compelled** us to stay indoors.

---

☐ **compulsion** [kəmpʌ́lʃən]

compel(강요하다) + sion(명접)

명 강요, 강제 유사어 coercion, constraint, force, pressure

[32] The payment was made under **compulsion**.

---

23. 다이어트는 실제로 많은 부수적인 손상을 준다.
24. 높은 풍랑이 결합하여 동부 연안에 혼돈을 가져왔다.
25. 물은 수소와 산소의 결합이다.
26. 우리는 이 멋진 발명을 한글날(10월 9일)에 기념한다.
27. 기념식은 어떤 보통 의식의 형태로 어떤 사람이나 사건을 축하하는 것이다.

28. 마고는 엄마의 동료로 일주일간 머물러 왔다.
29. 나는 그의 동행에 감사했다.
30. 회사에 따르면, 이것은 크리스마스 선물로 만들어졌다.
31. 우리는 비 때문에 집안에만 눌러 있지 않을 수 없었다.
32. 그 지불은 강요 하에서 이루어졌다.

※ 아래에서 우리말은 영어로 영어는 우리말로 각각 뜻을 쓰시오.

1. 결합, 짝맞추기, 연합 _____
2. 공존 _____
3. 공동 법정 상속인 _____
4. 연합, 연립정부 _____
5. 공저자 _____
6. 공존하다 _____
7. 밀착하다, 응집하다 _____
8. 기념하다 _____
9. 기념, 축하, 기념식 _____
10. 회사, 친구, 동료 _____
11. 강요하다 _____
12. 일관성 있는 _____
13. 협력자, 공동 출자자 _____

14. coincide _____
15. collaboration _____
16. collateral _____
17. collide _____
18. coincidence _____
19. collaborate _____
20. collusion _____
21. collusive _____
22. coworker _____
23. combine _____
24. compulsion _____
25. coherence _____
26. cohesive _____

※ 다음 문장의 빈칸에 알맞은 단어를 보기에서 찾아 넣으시오. 필요 시 대문자, 수, 시제, 태 등 문법적 요소를 고려하여 쓰세요.(다만 본문 예문 학습을 유도하기 위하여 예문에서 사용한 단어를 정답으로 하였다.)

**보 기**

collision, coincide, coexist, combination, compulsion, coexistence, co-heir, cohesive, cohesion, collide, coincidence, collusion, collaboration, cohere, coherent, coherence

27. Humans must _____ with nature.

28. The festival promote peace, _____ , and life.

29. Pepsi _____ and entrepreneur said all in the interview.

30. The various elements of the novel _____ .

31. Their industrial policies are _____ and substantial.

32. The whole essay lacks _____ .

33. Water is a _____ of hydrogen and oxygen.

34. The payment was made under _____ .

35. The members of a family are a _____ unit in our society.

36. Another major issue is employment and social _____ .

37. California freight train _____d with a passenger train.

38. Mr. Blair was constantly coming into _____ with Mr. Stanton.

39. Ramadan _____d with the World Cup.

40. A _____ is when two or more similar or related events occur at the same time by chance.

41. _____ is secret or illegal co-operation, especially between countries or organizations.

42 The film is a unique _____ between the BBC's Drama, Arts and Entertainment departments.

# 23 day

## co(l,m,n,r)-: together 함께 (2)

compose 작곡하다

cooperate 협력하다
compromise 타협하다

co(l, m, n, r)
together 함께

confront
직면하다, 조우하다

이 단원에서 학습할 단어모음입니다. □□□에 각각 모르는 단어를 3회에 걸쳐 ☑(체크표시)해 보세요.
모르는 단어는 끝까지 학습하세요.

### Preview Words

□□□**com**pile [kəmpáil] v. 편집하다, 자료 수집하다

□□□**com**pilation [kàmpəléiʃən] n. 편집, 편찬, 편집물

□□□**com**plicate [kámplikèit] v. 복잡하게 만들다

□□□**com**plication [kàmpləkéiʃən] n. 복잡함, 합병증

□□□**com**pose [kəmpóuz] v. 구성하다, 작곡하다

□□□**com**position [kàmpəzíʃən] n. 구성

□□□**com**pound [kəmpáund] v. 합성하다 n. 화합물, 복합물

□□□**com**promise [kámprəmàiz] v. 타협하다 n. 타협

□□□**con**form [kənfɔ́ːrm] v. 적합하다, 순응하다

□□□**con**formation [kà nfɔ̀ːrméiʃən] n. 구조, 형태

□□□**con**front [kənfrʌ́nt] v. 직면하다

□□□**con**frontation [kànfrəntéiʃən] n. 직면, 조우, 대면, 대결

□□□**con**firm [kənfɔ́ːrm] v. 확인하다, 확인해 주다

□□□**con**firmation [kànfərméiʃən] n. 확정, 확립, 확인, 인가, 비준

□□□**con**dense [kəndéns] v. 농축시키다, 응축시키다

□□□**con**densation [kəndénséiʃən] n. 압축, 응축, 농축, 응결

□□□**co**operate [kouápərèit] v. 협력하다

□□□**co**operation [kouàpəréiʃən] n. 협력, 협동, 제휴

□□□**co**operative [kouápərèitiv] a. 협력적인, 협조적인, 협동의

□□□**cor**respond [kɔ́ːrəspán] v. 해당하다, 일치하다, 서신왕래하다

□□□**cor**respondent [kɔ́ːrəspándən] n. 특파원, 편지를 쓰는 사람

□□□**cor**respondence [kɔ́ːrəspándən] n. 대응, 일치, 서신왕래

☐ **compile** [kəmpáil]

com(together 함께) + pile(쌓아 놓다) → 편집하다

동 편집하다, 자료 수집하다

[1] The album was **compiled** from live recordings from last year's tour.

☐ **compilation** [kàmpəléiʃən]

compile(편집하다) + ation(명접)

명 편집, 편찬, 편집물

[2] This CD is a **compilation** of greatest hits in 1980's.

☐ **complicate** [kámplikèit]

com(together 함께) + plic(fold 접다) + ate(동접)
→ 함께 접어서 만들다

동 복잡하게 만들다    유사어 complex, complexify, sophisticate

[3] Don't **complicate** the problem any further.
[4] Smoking may **complicate** pregnancy.

☐ **complication** [kàmpləkéiʃən]

complicate(복잡하게 만들다) + tion(명접)

명 복잡함, 합병증    유사어 complexity, difficulty, intricacy

[5] There were **complications** following surgery.

다의어 **compose** [kəmpóuz]

com(together 함께) + pose(put 두다) → 함께 놓아

― (조직을) 구성하다
― (글을) 작문하다, (음악을) 작곡하다

동 구성하다, 작문하다, 작곡하다

[6] The system is **composed** of a group of machines.
[7] The first sentence is so hard to **compose** in writing.
[8] He **composed** the First Violin Sonata four years earlier.

다의어 **composition** [kàmpəzíʃən]

compose(구성하다) + tion(명접)

명 구성, 작문, 작곡

[9] Some students wrote **compositions**, sang songs, and drew pictures of Dokdo.

☐ **compositive** [kəmpázitiv]

compose(구성하다) + tive(형접)

형 조립하는, 합성의, 복합적인    형 조립하는, 합성의, 복합적인

[10] We are planning to build a **compositive** vertical community in the little safe zone to ensure people's safety and convenience.

☐ **compound** [kəmpáund]

com(together 함께) + pound(put 두다)
→ (여러 가지를 모아서) 합성하다

동 합성하다  명 [kámpaund] 화합물, 복합물  형 합성의

동 합성하다
[11] The company **compounds** various ingredients into a medicine.
명 화합물, 복합물
[12] The air smells like a **compound** of diesel and gasoline fumes.
형 합성의
[13] Soap is a **compound** substance.

---

1. 그 앨범은 작년 순회공연 실황 녹음을 편집한 것이었다.
2. 이 CD는 1980년대의 위대한 곡들의 편집물이다.
3. 문제를 더 이상 복잡하게 만들지 마라.
4. 흡연이 임신을 어렵게 할지도 모른다.
5. 수술에 따르는 합병증이 있었다.
6. 그 시스템은 한 그룹의 기계로구성되어있다.
7. 글을 쓸때 첫 문장을 쓰기가 어렵다.

8. 그는 the First Violin Sonata를 4년 일찍 작곡하였다.
9. 어떤 학생들은 작품을 썼고, 노래를 불렀으며, 독도 그림을 그렸다.
10. 우리는 사람들의 안전과 편의를 보장하기 위해 작은 안전 지대에 복합적인 수직 커뮤니티를 구축 할 계획이다.
11. 그 회사는 여러가지 성분을 조제하여 약으로 만든다.
12. 공기가 디젤과 가솔린 가스의 화합물처럼 냄새가 난다.
13. 비누는 화합물질이다.

**compromise** [kámprəmàiz]

com(together 함께) + promise(약속하다) → 함께 약속하다 → 타협하다

동 타협하다　명 타협

동 타협하다

[14] The government will not **compromise** its environmental principles.

명 타협　유사어 agreement

[15] A different **compromise** is necessary.

---

**conform** [kənfɔ́ːrm]

con(together 함께) + form(형식) → 형식을 같이 하다 → 적응하다, 순응하다

동 적합하다, 순응하다

유사어 comply, coordinate, fit, harmonize

[16] Children might also try to **conform** in harmful ways.

---

**conformation** [kànfɔːrméiʃən]

conform(적합하다) + tion(명접)

명 구조, 형태, 적합

[17] Horses are judged on their manners, performance, quality and **conformation**.

---

**confront** [kənfrʌ́nt]

con(together 함께) + front(정면) → 함께 정면을 보다 → 마주하다

동 직면하다

[18] We are often **confronted** with difficulties in our daily lives.

---

**confrontation** [kànfrəntéiʃən]

confront(직면하다) + ation(명접)

명 직면, 조우, (법정에서의) 대면, 대결, 대항, 대치

[19] A **confrontation** is a dispute, fight, or battle between two groups of people.

---

**confirm** [kənfɔ́ːrm]

con(together 함께) + firm(단단한) → 함께 단단하게 하다 → 확실하게 하다

동 확인하다, 확인해 주다　유사어 affirm, approve, certify

[20] This report **confirms** my suspicions.

---

**confirmation** [kànfərméiʃən]

confirm(확인하다) + ation(명접)

명 확정, 확립, 확인, 인가, 비준

[21] High unemployment figures were further **confirmation** that the economy was in recession.

---

14. 정부는 환경 원칙을 타협하지 않을 것이다.
15. 다른 타협안이 필요하다.
16. 아이들은 또한 해로운 방식으로 순응하기 위해 노력할지도 모른다.
17. 말들은 그들의 태도, 수행 능력, 자질 그리고 형태로 판단된다.

18. 우리는 종종 일상 생활에서 어려움에 직면한다.
19. 대치(confrontation)는 두 그룹 사람들 사이의 분쟁, 싸움, 전투이다.
20. 이 보고로 나의 의심이 확실했음을 알았다.
21. 높은 실업률은 경제가 침체 되었다는 더 많은 확증이었다.

☐ **cooperate** [kouápərèit]

co(together 함께) + operate(work)→ 함께 일하다

[동] 협력하다 [유사어] collaborate, conspire

[22] The leaders promised to **cooperate** in ending the civil war.

☐ **cooperation** [kouàpəréiʃən]

cooperate(협력하다) + ation( [명접] ) → 협력

[명] 협력, 협동, 제휴 [유사어] collaboration

[23] We need your full **cooperation**.

☐ **cooperative** [kouápərèitiv]

cooperate(협력하다) + tive( [형접] )

[형] 협력적인, 협조적인, 협동의, 협동 조합의

[24] He is most **cooperative** when I have troubles.

☐ **condense** [kəndéns]

con(together 함께) + dense(밀도가 높은)
→ 함께 밀도를 높이다 → 농축시키다

[동] 농축시키다, 응축시키다 [유사어] compress, compact

[25] Please **condense** your arguments into a few major points.

☐ **condensation** [kəndénséiʃən]

condense(농축시키다, 응축시키다) + ation( [명접] )
→ 압축, 응축

[명] 압축, 응축, 농축, 응결, 응축 상태, 응결(액화)된 것.

[26] **Condensation** is the process of water vapor turning back into liquid water.

[다의어] **correspond** [kɔ́:rəspánd]

cor(together 함께) + respond(대답하다) → 서로 응답하다
→ 서로 일치하다, 서신 왕래하다
┌ 서신왕래하다
└ (서로 맞춰) 일치시키다

[동] 해당하다, 일치하다, 서신왕래하다

[27] These statements do not **correspond** to the idea of democracy.

[28] Margaret **corresponded** with the writer until his death.

☐ **correspondent**

[kɔ́:rəspándənt]

correspond (서신왕래하다) + ent(사람을 나타내는 [명접] )

[명] 특파원, 편지를 쓰는 사람

[29] As for **correspondents**, the letter was a vital medium of communication.

[다의어] **correspondence**

[kɔ́:rəspándəns]

correspond (서신왕래하다) + ence( [명접] )

[명] 대응, 일치, 서신왕래

[30] There is not necessarily a direct **correspondence** between salary level and job satisfaction.

---

22. 지도자들은 내전을 끝내는데 협력하기로 약속했다.
23. 우리는 너의 완전한 협력이 필요하다.
24. 내가 곤란할 때에 그는 매우 협력적이다.
25. 논점을 몇 가지로 요약하여 주십시오.
26. 액화는 물 수증기가 액체 상태의 물로 변화하는 과정이다.

27. 이 말들은 민주주의 이념과 맞지 않는다.
28. 마가렛은 그 작가와 그가 죽을때까지 서신왕래하였다.
29. 특파원들에 관련하여 말하면, 편지는 커뮤니케이션의 중요한 도구였다.
30. 봉급 수준과 직업 만족도 간 반드시 직접적으로 일치하지는 않는다.

※ 아래에서 우리말은 영어로 영어는 우리말로 각각 뜻을 쓰시오.

1. 확정, 확립, 확인 _____

2. 협력, 협동, 제휴 _____

3. 협력적인, 협조적인 _____

4. 해당하다, 서신왕래하다 _____

5. 타협하다, 타협 _____

6. 적합하다, 순응하다 _____

7. 복잡하게 만들다 _____

8. 직면, 조우, 대면, 대결 _____

9. 확인하다, 확인해 주다 _____

10. 특파원, 편지를 쓰는 사람 _____

11. 대응, 일치, 서신왕래 _____

12. complication _____

13. compose _____

14. compile _____

15. compilation _____

16. composition _____

17. compound _____

18. conformation _____

19. confront _____

20. condense _____

21. condensation _____

22. cooperate _____

※ 다음 문장의 빈칸에 알맞은 단어를 보기에서 찾아 넣으시오. 필요 시 대문자, 수, 시제, 태 등 문법적 요소를 고려하여 쓰세요.(다만 본문 예문 학습을 유도하기 위하여 예문에서 사용한 단어를 정답으로 하였다.)

**보기**

complicate, confirm, cooperation, compose, compromise, condensation,compilation, compound, compound, compromise, cooperative, condense, cooperate, conform, confront, correspond, correspondent, compile

23. He _____d the First Violin Sonata four years earlier.

24. This CD is a _____ of greatest hits in 1980's.

25. The company _____ various ingredients into a medicine.

26. The air smells like a _____ of diesel and gasoline fumes.

27. A different _____ is necessary.

28. This report _____ my suspicions.

29. Children might also try to _____ in harmful ways.

30. We are often _____ with difficulties in our daily lives.

31. The government will not _____ its environmental principles.

32. We need your full _____ .

33. He is most _____ when I have troubles.

34. Don't _____ the problem any further.

35. Please _____ your arguments into a few major points.

36. The leaders promised to _____ in ending the civil war.

37. _____ is the process of water vapor turning back into liquid water.

38. These statements do not _____ to the idea of democracy.

39. As for _____ , the letter was a vital medium of communication.

40. The album was _____ from live recordings from last year's tour.

# 24 day

# in-, il-, im-: not

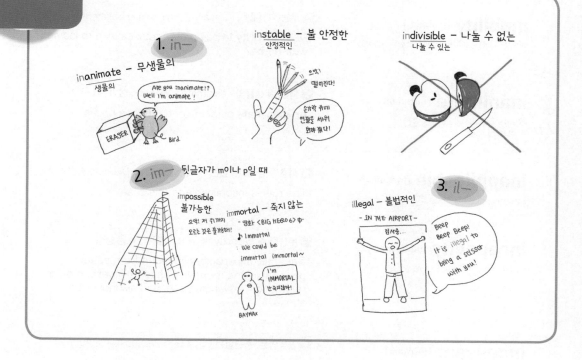

이 단원에서 학습할 단어모음입니다. □□□에 각각 모르는 단어를 3회에 걸쳐 ☑(체크표시)해 보세요.
모르는 단어는 끝까지 학습하세요.

## Preview Words

### 1. in-

- □□□ **inability** [ìnəbíləti] n. 무능(력), 무력
- □□□ **inanimate** [inǽnəmit] a. 생명 없는, 무생물의
- □□□ **inapplicable** [inǽplikəbəl] a. 적용할 수 없는
- □□□ **incapacity** [ìnkəpǽsəti] n. 무능력
- □□□ **incessant** [insésənt] a. 끊임없는
- □□□ **independent** [ìndipéndənt] a. 독립한, 자주의
- □□□ **indivisible** [ìndivízəbəl] a. 분리될 수 없는
- □□□ **inevitable** [inévitəbəl] a. 피할 수 없는
- □□□ **inexpensive** [ìnikspénsiv] a. 비싸지 않은
- □□□ **inextricable** [inékstrikəbəl] a. 탈출할 수 없는, 풀 수 없는
- □□□ **infinite** [ínfənit] a. 무한한
- □□□ **infinity** [infínəti] n. 무한대, 무한함
- □□□ **inhumane** [ìnhju:méin] a. 몰인정한, 비인간적인
- □□□ **insatiable** [inséiʃəbəl] a. 만족을 모르는, 만족시킬 수 없는
- □□□ **instability** [ìnstəbíləti] n. 불안정
- □□□ **instable** [instéibəl] a. 불안정한
- □□□ **intangible** [intǽndʒəbəl] a.만질 수 없는
- □□□ **intolerable** [intálərəbəl] a. 참을 수 없는
- □□□ **invariable** [invɛ́əriəbəl] a. 변화하지 않는

### 2. il-

- □□□ **illegal** [ilí:gəl] a. 불법의
- □□□ **illiteracy** [ilítərəsi] n. 문맹, 무학
- □□□ **illiterate** [ilítərit] a. 문맹의, 읽고 쓸 줄 모르는
- □□□ **illogical** [ilάdʒikəl] a. 비논리적인

### 3. im-

- □□□ **immediate** [imí:diət] a. (공간적) 직접의, (시간적) 즉각적인
- □□□ **immemorial** [ìmimɔ́:riəl] a. 옛일의, 태고의, 태고적부터
- □□□ **immense** [iméns] a. 거대한, 막대한
- □□□ **immoral** [imɔ́(:)rəl] a. 부도덕한
- □□□ **immortal** [imɔ́:rtl] a. 죽지 않는
- □□□ **impartial** [impά:rʃəl] a. 공평한, 편견 없는, 편파적이지 않은
- □□□ **impatient** [impéiʃənt] a. 참을성 없는
- □□□ **impersonal** [impɔ́:rsənəl] a. 개인감정이 없는, 비인격적인
- □□□ **impolite** [ìmpəláit] a.무례한, 버릇없는
- □□□ **impossible** [impásəbəl a. 불가능한
- □□□ **improper** [imprάpər] a. 부적당한, 부적절한

**in**은 'not(변형 il-, im-, ir-)'의 뜻과 '~안에(변형 im-)' 뜻이 있다. 여기서는 not의 뜻이다.

## 1. in-

☐ **in**ability [inəbíləti]
in(not) + ability(능력) → 능력이 없는 상태 → 무능력

명 무능(력) 유사어 incapacity [inkəpǽsəti] ↔ ability [əbíləti] 능력
[1] Does **inability** to pay property taxes lead to losing your home?

☐ **in**animate [inǽnəmit]
in(not) + anim(life) + ate(형접, 동접)
→ 생명을 불어 넣다

형 죽은, 무생물의 ↔ animate [ǽnəmit] 산, 살아 있는
[2] An **inanimate** object is one that has no life.

☐ **in**applicable [inǽplikəbəl]
in(not) + applic(적용) + able(형접) → 적용할 수 없는

형 적용(응용)할 수 없는 ↔ applicable [ǽplikəbəl] 적용할 수 있는
[3] The rule is **inapplicable** to this case.

☐ **in**capacity [inkəpǽsəti]
in(not) + capacity(능력) → 능력이 없는 상태 → 무능력

명 무능력 ↔ capacity [kəpǽsəti] 수용량, 수용 능력
[4] Generally, **incapacity** can result from serious physical injury, mental or physical illness, mental retardation, advancing age, and alcohol or drug abuse.

☐ **in**cessant [insésənt]
in(not) + cess(cease 중단하다) + ant(형접) → 중단하지 않는

형 끊임없는, 중단없는 유사어 ceaseless [síːsles] 중단없는
[5] Night and day we live with the **incessant** noise of the city.

☐ **in**dependent [ìndipéndənt]
in(not) + depend(의존하다) + ent(형접) → 의존하지 않는
→ 독립한

형 독립한, 자주의 ↔ dependent [dipéndənt] 의존하는
[6] We help **independent** creators from around the world develop new projects.

☐ **in**divisible [indivízəbəl]
in(not) + divis(devide 나누다) + ible(형접) → 나눌 수 없는

형 분리될 수 없는 ↔ divisible [divízəbəl] 나눌 수 있는
[7] Atoms cannot be divisible or they are **indivisible** matters.

☐ **in**evitable [inévitəbəl]
in(not) + evitable(avoidable 피할 수 있는) → 피할 수 없는

형 피할 수 없는 ↔ evitable [évətəbəl] 피할 수 있는
[8] It's almost **inevitable** that the two companies will merge.

---

1. 재산세를 납부할 능력이 없는 경우 집을 잃는 것으로 이끄는가?
2. 무생물은 생명이 없는 것이다.
3. 그 규칙은 이 경우에 적용할 수 없다.
4. 일반적으로 무능은 심각한 신체적인 부상, 정신적이거나 신체적인 질병, 정신지체, 노화의 진행, 알콜과 마약 남용으로부터 결과한다.
5. 밤낮 우리는 도시의 끊임없는 소음과 함께 산다.
6. 우리는 독립적인 전 세계 출신의 창작자들이 새로운 프로젝트를 개발하도록 돕는다.
7. 원자는 나눠질 수 없다. 다시말해 원자는 분리될 수 없는 물질이다.
8. 그 두 회사의 합병은 피할 수 없을 것 같다.

□ **inexpensive** [ìnikspénsiv]
in(not) + expensive(비싼) → 비싸지 않는

형 **비싸지 않은** ↔ expensive [ikspénsiv] 값비싼, 사치스러운
[9] Engineers develop **inexpensive**, smart stop sign to improve driver safety.

□ **inextricable** [inékstrikəbəl]
in(not) + extricable(도망갈 수 있는) → 도망칠 수 없는

형 **빠져 나갈 수 없는** ↔ extricable [ékstrəkəbəl] 빠져 나갈 수 있는
[10] Economy and politics are **inextricable**.

□ **infinite** [ínfənit]
in(not) + finite(한정되어 있는) → 무한한

형 **무한한** ↔ finite [fáinait] 제한되어 있는, 유한의
[11] They have an **infinite** number of rights.

□ **infinity** [infínəti]
infinite(무한한) + ity(명접)

명 **무한함**
[12] This is an **infinity** microphone.

□ **inhumane** [ìnhju:méin]
in(not) + humane(humane 인간적인) → 인정 없는

형 **비인간적인** ↔ humane [hju:méin] 자비로운, 인도적인
[13] He stopped the company because of **inhumane** treatment.

□ **insatiable** [inséiʃəbəl]
in(not) + satiable(만족시킬 수 있는) → 만족시킬 수 없는

형 **만족시킬 수 없는** ↔ satiable [séiʃiəbəl] 만족시킬 수 있는
[14] The children have an **insatiable** curiosity.

□ **intangible** [intǽndʒəbəl]
in(not) + tangible(만져지는) → 만질 수 없는

형 **손으로 만질 수 없는** ↔ tangible [tǽndʒəbəl] 만져서 알 수 있는
[15] **Intangible** assets have several unique attributes.

□ **instable** [instéibəl]
in(not) + stable(안정된) → 안정적이지 못한

형 **불안정한** ↔ stable [stéibl] 안정된(firm), 견고한
[16] The system will tend to be **instable**.

□ **instability** [ìnstəbíləti]
in(not) + stability(안정) → 안정적이지 못함

명 **불안정** ↔ stability [stəbíləti] 안정, 안정성
[17] Political **instability** is expected to trouble economic policy.

---

9. 엔지니어들은 운전자의 안전을 증진시키기 위하여 비싸지 않고 스마트한 표지판을 개발한다.
10. 경제와 정치는 불가분의 관계이다.
11. 그들은 셀 수 없이 많은 권리를 가진다.
12. 이것은 초고감도 마이크이다.

13. 그는 비인도적인 대우때문에 그 회사를 그만두었다.
14. 그 아이들은 만족을 모르는 호기심을 가지고 있다.
15. 무형의 재산은 여러가지 독특한 특성들을 가지고 있다.
16. 그 시스템은 불안정한 경향이 있을 것이다.
17. 정치적인 불안정이 경제 정책에 문제를 일으킬 것 같다.

□ **intolerable** [intálərəbəl]
in(not) + tolerable(참을 수 있는) → 참을 수 없는

형 **참을 수 없는** ↔ tolerable [tálərəbəl] 참을 수 있는
[18] His actions are making an **intolerable** and inhumane situation.

□ **invariable** [invéəriəbəl]
in(not) + variable(변경할 수 있는) → 변화하지 않는

형 **변화하지 않는** ↔ variable [véəriəbəl] 변하기 쉬운, 일정치 않은
[19] Travel is going to be an **invariable** part of your everyday life.

## 2. il-: 뒤에 철자가 l이 오는 경우 in이 변화한 것은 not의 뜻이다

□ **illegal** [ilíːgəl]
il(not) + legal(적법의) → 불법의

형 **불법의** ↔ legal [líːgəl] 법률(상)의, 합법의
[20] The black market is the buying and selling of **illegal** goods.

□ **illiterate** [ilítərit]
il(not) + literate(읽고 쓸 줄 아는) → 읽고 쓸 줄 모르는

형 **문맹의, 읽고 쓸 줄 모르는** ↔ literate [lítərit] 읽고 쓸 수 있는
[21] Most of the street children are **illiterate**.

□ **illiteracy** [ilítərəsi]
illiterate (문맹의) + cy( 명접 )

명 **문맹** ↔ literacy [lítərəsi] **읽고 쓰는 능력**
[22] The percentage of **illiteracy** in Africa was very high.

□ **illogical** [ilάdʒikəl]
il(not) + logical (논리적인) → 비논리적인

형 **비논리적인** ↔ logical [lάdʒikəl] 논리적인, (논리상) 필연의
[23] The game of love is often mysterious and **illogical**.

## 3. im-: 뒤에 철자가 m이나 p가 오는 경우 in이 변화한 것으로 not의 뜻이다

□ **immemorial** [ìmimɔ́ːriəl]
im(not) + memorial(기억의) → 기억할 수 없는

형 **옛적의, 태고적부터** ↔ memorial [məmɔ́ːriəl] 기념의, 추도의, 기억의
[24] The dinosaurs had existed from time **immemorial**.

□ **immediate** [imíːdiət]
im(not) + mediate(중간의) → 중간에 개입하지 않는
→ 즉각적인

형 **(공간적) 직접의, (공간적) 즉각적인** ↔ mediate [míːdiit] 중간의
[25] The prospects for the **immediate** future are good.

---

18. 그의 행동들은 참을 수 없는 비인간적인 상황을 만들고 있다.
19. 여행은 너의 일상 생활에서 변화하지 않는 부분을 될 것이다.
20. 암시장은 불법적인 물품들을 사고 파는 곳이다.
21. 그 거리 아이들의 대부분은 문맹이다.

22. 아프리카에서 문맹의 비율이 매우 높았다.
23. 사랑의 게임은 종종 신비롭고 비논리적이다.
24. 태고적부터 공룡이 존재했다.
25. 아주 가까운 장래에 대한 전망은 좋다.

□ **immense** [iméns]
im(not) + mense(measure 측정) → 측정할 수 없는

형 거대한, 막대한
26 Alexander the Great governed an **immense** empire.

---

□ **immoral** [imɔ́(:)rəl]
im(not) + moral(도덕적인) → 부도덕한

형 부도덕한 ↔ moral [mɔ́(:)rəl] 도덕(상)의, 윤리(상)의
27 We have the most **immoral** president perhaps in American history.

---

□ **immortal** [imɔ́:rtl]
im(not) + mortal(죽은) → 죽지 않는

형 죽지 않는 ↔ mortal [mɔ́:rtl] 죽을 수 밖에 없는 운명의
28 The hero saved the city from an **immortal** enemy.

---

□ **impartial** [impɑ́:rʃəl]
im(not) + partial(한쪽에 치우친) → 한쪽에 치우치지 않는 → 편파적이지 않는

형 공평한, 편견 없는 ↔ partial [pɑ́:rʃəl] 부분적인, 편파적인
29 His temperament is fair and **impartial**.

---

□ **impatient** [impéiʃənt]
im(not) + patient(인내심 있는) → 인내심 없는

형 참을성 없는 ↔ patient [péiʃənt] 인내심이 강한
30 Investors are **impatient** for a trade deal.

---

□ **impersonal** [impɔ́:rsənəl]
im(not) + personal(개인의, 인간적인) → 개인적 관계없는

형 개인 관계가 없는, 비인격적인 ↔ personal [pɔ́:rsənəl] 개인의
31 Markets are **impersonal** and have no intent.

---

□ **impolite** [ìmpəláit]
im(not) + polite(정중한) → 정중하지 않는, 무례한

형 무례한 ↔ polite [pəláit] 공손한
32 It is **impolite** for you to interrupt the conversation of grown-ups.

---

□ **impossible** [impásəbəl]
im(not) + possible(가능성 있는) → 가능성 없는

형 불가능한 ↔ possible [pásəbəl] 가능한
33 Dream the **impossible** dream.

---

□ **improper** [imprápər]
im(not) + proper(적절한) → 적절하지 않는

형 부적절한 ↔ proper [prápər] 적당한, 타당한
34 He was accused of **improper** behavior in his business dealings.

---

26. 알렉산더 대왕은 광대한 제국을 통치했다.
27. 우리는 아마 미국 역사에서 가장 부도덕한 대통령을 가지고 있다.
28. 그 영웅은 죽지 않는 적으로부터 도시를 구조하였다.
29. 그의 성품은 공정하고 편파적이지 않다.
30. 투자자들은 거래에 참을성이 없다.
31. 시장은 인간적 감정이 없고 어떠한 의도도 가지고 있지 않다.
32. 어른들 이야기에 말 참견하는 것은 실례이다.
33. 불가능한 꿈을 꾸어라.
34. 그는 사업 거래에서 부적절한 행동으로 고소당했다.

# TEST DAY 24

※ 아래에서 우리말은 영어로 영어는 우리말로 각각 뜻을 쓰시오.

1. 문맹의, 읽고 쓸 줄 모르는 _____
2. 참을성 없는 _____
3. 생명 없는, 무생물의 _____
4. 적용할 수 없는 _____
5. 무능력 _____
6. 끊임없는 _____
7. 독립한, 자주의 _____
8. 탈출할 수 없는, 풀 수 없는 _____
9. (공간적) 직접의, (시간적) 즉각적인 _____
10. 옛적의, 태고의, 태고적부터 _____
11. 공평한, 편견 없는, 편파적이지 않은 _____
12. 몰인정한, 비인간적인 _____
13. 변화하지 않는 _____

14. inevitable _____
15. inability _____
16. immortal _____
17. illegal _____
18. intolerable _____
19. inexpensive _____
20. infinite _____
21. instability _____
22. intangible _____
23. illogical _____
24. immense _____
25. immoral _____
26. impolite _____

※ 다음 문장의 빈칸에 알맞은 단어를 보기에서 찾아 넣으시오. 필요 시 대문자, 수, 시제, 태 등 문법적 요소를 고려하여 쓰세요.(다만 본문 예문 학습을 유도하기 위하여 예문에서 사용한 단어를 정답으로 하였다.)

**보기**

infinite, illiterate, immediate, inextricable, insatiable, intangible, instable, illogical, immemorial, indivisible, instability, incessant, illiteracy, inevitable, inability, independent

27. Economy and politics are _____.

28. They have an _____ number of rights.

29. Most of the street children are _____.

30. The percentage of _____ in Africa was very high.

31. The game of love is often mysterious and _____.

32. The dinosaurs had existed from time _____.

33. The prospects for the _____ future are good.

34. The children have an _____ curiosity.

35. _____ assets have several unique attributes.

36. The system will tend to be _____.

37. Political _____ is expected to trouble economic policy.

38. Night and day we live with the _____ noise of the city.

39. Atoms cannot be divisible or they are _____ matters.

40. It's almost _____ that the two companies will merge.

41. Does _____ to pay property taxes lead to losing your home?

42. We help _____ creators from around the world develop new projects.

# 25 day

# ir-: not

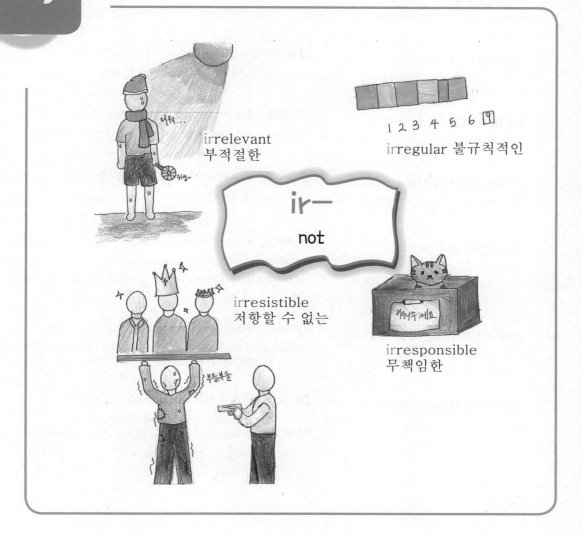

irrelevant
부적절한

irregular 불규칙적인

ir-
not

irresistible
저항할 수 없는

irresponsible
무책임한

이 단원에서 학습할 단어모음입니다. □□□에 각각 모르는 단어를 3회에 걸쳐 ☑(체크표시)해 보세요.
모르는 단어는 끝까지 학습하세요.

### Preview Words

□□□ irrational [iræʃətnəl] a. 불합리한, 비이성적인

□□□ irregular [irégjələr] a. 불규칙적인

□□□ irrelevance [iréləvəns] a. 부적절, 무관함

□□□ irrelevant [iréləvənt] a. 부적절한, 무관한

□□□ irresistible [ìrizístəbəl] a. 저항할 수 없는

□□□ irresponsible [ìrispánsəbəl] a. 책임이 없는, 무책임한

□□□ irreducible [ìridjú:səbəl] a. 단순화할 수 없는

## 4. ir-: 뒤에 철자가 r이 오는 경우 in이 변화한 것으로 not의 뜻이다

□ **ir**rational [iræʃətnəl]
ir(not) + rational(이성적인) → 이성적이지 않는

형 **불합리한, 비이성적인** ↔ rational [ræʃənl] 이성이 있는, 합리적인
[1] This war is **irrational** in many ways.

---

□ **ir**regular [irégjələr]
ir(not) + regular(규칙적인) → 규칙적이지 않는

형 **불규칙적인** ↔ regular [régjələr] 규칙적인
[2] Your heart rhythm was **irregular** again.

---

□ **ir**resistible [ìrizístəbəl]
ir(not) + resistible(저항할 수 있는) → 저항할 수 없는

형 **저항할 수 없는** ↔ resistible [rizístəbl] 저항할 수 있는
[3] He felt an **irresistible** impulse to cry out at the sight.

---

□ **ir**responsible [ìrispánsəbəl]
ir(not) + responsible(책임감 있는) → 책임감 없는

형 **무책임한** ↔ responsible [rispánsəbəl] 책임 있는
[4] He is utterly **irresponsible** for what he says.

---

□ **ir**relevant [iréləvənt]
ir(not) + relevant(적절한) → 적정하지 않는

형 **부적절한, 무관한** ↔ relevant [réləvənt] 관련된
[5] That doesn't seem **irrelevant** to me.
[6] This paragraph is **irrelevant** to the subject of this writing.

---

□ **ir**relevance, -cy [iréləvəns] [-si]
irrelev + ance / ancy( 형접 ) → 부적절, 관련없음

형 **부적절, 무관함** ↔ relevance , -cy [réləvəns], [-si] 관련, 관련성
[7] **Irrelevance** represents what is not at all important to what's going on right now.

---

□ **ir**reducible [ìridjúːsəbəl]
ir(not) + reduc(줄이다) + ible( 형접 )

형 **단순화[축소]할 수 없는** ↔ reductive [ridʌktiv] 감소하는
[8] Accordingly there was an **irreducible** core of practical outcomes that a fair policy must achieve.

---

1. 이 전쟁은 많은 면에서 비이성적이다.
2. 너의 심장박동이 다시 불규칙해졌다.
3. 그는 그 광경을 보고 크게 소리치고 싶은 충동을 느꼈다.
4. 그는 전혀 무책임한 말을 한다.
5. 그것이 나와 상관없는 일은 아닌 것 같다.

6. 이 단락은 이 글 주제와 관련이 없다.
7. 무관함은 지금 일어나고 있는 것에 전혀 중요하지 않다고 하는 것을 나타낸다.
8. 따라서 공정한 정책이 달성해야 하는 실질적인 결과에 단순화할 수 없는 핵심이 있다.

# dis-: down, away, not 아래로, 사라지다, 없다

disgrace — 망신

disagree 의견을 달리하다

dismiss 해고하다

disappear — 사라지다

disorder — 무질서

dispose — 배치하다

disapprove 반박하다

이 단원에서 학습할 단어모음입니다. □□□에 각각 모르는 단어를 3회에 걸쳐 ☑(체크표시)해 보세요.
모르는 단어는 끝까지 학습하세요.

| ☐ **disable** [diséibəl] | 통 **쓸모없게 만들다** ↔ enable [enéibəl] 할 수 있게 하다 |
| --- | --- |
| dis(not) + able(할 수 있는) → 할 수 없게 만들다 | [1] The detective successfully **disabled** the bomb. |

| ☐ **disability** [dìsəbíləti] | 명 **무력, 무능, 불구, 무능력, 무자격** ↔ ability [əbíləti] 명 능력 |
| --- | --- |
| dis(not 없음) + ability(능력) | [2] Eligible people with **disabilities** may qualify for federal and state programs that pay benefits. |

| ☐ **disagree** [dìsəgríː] | 통 **의견이 다르다** ↔ agree [əgríː] 동의하다 |
| --- | --- |
| dis(not) + agree(동의하다) → 동의하지 않다 | [3] The conclusions **disagree** with the facts. [4] The theories **disagree** in their basic premises. |

| ☐ **disappear** [dìsəpíər] | 통 **사라지다, 모습을 감추다** ↔ appear [əpíər] 나타나다 |
| --- | --- |
| dis(not) + appear(나타나다) → 사라지다 | [5] Why did the buffalo **disappear** from the villages? |

| ☐ **disappearance** [dìsəpíərəns] | 명 **소실, 소멸, 실종** ↔ appearance [əpíərəns] 출현, 출연 |
| --- | --- |
| disappear(사라지다) + ance(명접) | [6] The district attorney is looking into the **disappearance** of the money. |

| ☐ **disapprove** [dìsəprúːv] | 통 **승인하지 않다** ↔ approve [əprúːv] 승인하다 |
| --- | --- |
| dis(not) + approve(승인하다) → 승인하지 않다 | [7] Christian ethics **disapprove** of suicide. |

| ☐ **disapproval** [dìsəprúːvəl] | 명 **불찬성** ↔ approval [əprúːvəl] 찬성 |
| --- | --- |
| disapprove(찬성하지 않다) + al(명접) | [8] They made their **disapproval** of our behavior very clear. |

| ☐ **disclose** [disklóuz] | 통 **발표하다, 드러내다, 폭로하다** ↔ close [klouz] 막다 |
| --- | --- |
| dis(not) + close(닫다) → 발표하다 | [9] He **disclosed** the secret to his friend. |

| ☐ **disclosure** [disklóuʒər] | 명 **발각, 드러남, 폭로** ↔ closure [klóuʒər] 마감, 폐쇄 |
| --- | --- |
| disclose(발표하다,폭로하다) + ure(명접) | [10] Some of the **disclosures** in the final report were very surprising. |

1. 그 탐정은 성공적으로 그 폭탄을 쓸모없게 했다.
2. 장애를 가진 적격의 사람들은 수당을 지불하는 연방 및 주 프로그램에 자격이 있을 수 있다.
3. 결론은 사실과 일치하지 않는다.
4. 그 이론은 그들의 기본적인 전제와 맞지 않다.
5. 버팔로가 그 마을에서 왜 사라졌는가?

6. 지방 검사는 그 돈의 실종을 조사하고 있는 중이다.
7. 기독교 윤리는 자살을 부정한다.
8. 그들은 우리 행동에 대한 그들의 불신을 매우 분명히 했다.
9. 그는 친구에게 비밀을 밝혔다.
10. 마지막 리포트에서 얼마간의 폭로는 매우 충격적이었다.

☐ **dis**content [dìskəntént]
dis(not) + content(만족) → 만족하지 못함

명 불만 ↔ content [kəntént] 만족
[11] **Discontent** is the feeling that you have when you are not satisfied with your situation.

☐ **dis**continue [dìskəntínju:]
dis(not 없음) + continue(계속되다)

동 그만두다, 중지하다 ↔ continue [kəntínju:] 계속하다
[12] The bus company is planning to **discontinue** bus service between the two towns.

☐ **dis**continuity [dìskəntənjú:əti]
discontinue(그만 두다) + ity(명접)

명 단절, 불연속(성), 불연속점 ↔ continuity [kàntənjú:əti] 연속(성)
[13] Patients experience relationship **discontinuity**.
[14] There is a sense of **discontinuity** between the book's chapters.

☐ **dis**courage [diskə́:ridʒ]
dis(not) + courage(용기) → 용기를 꺾다

동 실망 시키다 ↔ encourage [enkə́:ridʒ] 격려하다
[15] Universities **discourage** freedom of speech.

☐ **dis**grace [disgréis]
dis(not) + grace(우아함, 품격) → 품격을 망친 상태 → 망신

명 망신, 수치 ↔ grace [greis] 우아함
[16] The people call the probes a **disgrace**.

☐ **dis**integrate [disíntigrèit]
dis(not) + integrate(통합하다) → 통합을 반대로 하다 → 해체하다

동 해체하다, 분해시키다 ↔ integrate [íntəgrèit] 통합하다
[17] She will be able to **disintegrate** the digital asset.

☐ **dis**integration [disíntigrèiʃən]
disintegrate(해체하다) + ion(명접)

명 분해, 분열, 붕괴 ↔ integration [íntəgrèiʃən] 통합
[18] **Disintegration** is what happens when a company breaks into smaller companies or when a band splits up.

☐ **dis**order [disə́:rdər]
dis(not) + order(질서) → 질서 없는 상태 → 무질서

명 무질서 ↔ order [ɔ́:rdər] 질서
[19] The **disorder** affects roughly 50,000 people in North America.

☐ **dis**passionate [dispǽʃənit]
dis(not) + passionate(열정적인) → 열정적인 생각을 없앤 → 침착한

형 침착한, 냉정한, 감정적이지 않은 ↔ passionate [pǽʃənit] 열정적인
[20] To be objective, neutral and **dispassionate** is the norm of journalism.

---

11. 불만은 네가 너의 상황에 만족하지 못할 때 갖는 느낌이다.
12. 버스 회사는 두 읍내 사이 버스 운행을 중단할 계획이다.
13. 환자들은 관계 단절을 경험한다.
14. 책의 장 사이에 불연속적인 느낌이 있다.
15. 대학들이 언론의 자유를 방해한다.
16. 국민들은 그 조사들을 수치라고 부른다.

17. 그녀는 디지털 자산을 해체시킬 수 있을 것이다.
18. 분해(Disintegration) 어느 회사가 조그만 회사들로 쪼개지거나 동맹이 분리될 때 발생하는 것이다.
19. 그 무질서는 북미에서 대략 50,000명에 영향을 준다.
20. 객관적이고 중립적이며 냉정함이 저널리즘의 표준이다.

## disprove [disprúːv]

dis(not) + prove(증명하다) → 아니라는 것을 증명하다

동 반박하다 ↔ prove [pruːv] 증명하다

21 When you **disprove** something, you argue against it or give evidence that it's not true.

22 How can we **disprove** that the plant is causing these sounds?

## disregard [dìsrigáːrd]

dis(not) + regard(존중) → 존중하지 않다 → 무시하다

동 무시하다, 묵살하다 ↔ regard [rigáːrd] 존중하다

23 Don't **disregard** upcoming election.

## displace [displéis]

dis(not) + place(놓다)
→ 없애고 대신 놓다, 바꾸어 놓다, 추방하다

동 바꾸어 놓다, 옮기다 ↔ place [pleis] 놓다

24 Coal has been **displaced** by natural gas as a major source of energy.

25 The hurricane **displaced** most of the town's residents.

## displease [displíːz]

dis(not) + please(기쁘게 하다)

동 …을 불쾌하게 하다 ↔ please [pliːz] 기쁘게 하다

26 The police must not **displease** the citizens.

## displeasure [displéʒər]

displease(불쾌하게 하다) + ure(명접)

명 불쾌 ↔ pleasure [pléʒər] 기쁨, 즐거움

27 The citizens expressed **displeasure** over the State government's failure to implement its earlier orders on Covid−19 issue.

## disqualify [diskwάləfài]

dis(not) + qualify(자격을 주다) → 자격을 없애다

동 자격을 박탈하다 ↔ qualify [kwάləfài] 자격을 갖추다

28 The Election Commission could still **disqualify** candidates and parties.

## disqualification

[diskwάləfikéiʃən]

disqualify(자격을 박탈하다) + ation(명접)

명 자격 박탈 ↔ qualification [kwὰləfəkéiʃən] 자격

29 The penalty for such an offence is automatic **disqualification**.

## dissuade [diswéid]

dis(not) + suade(persuade 설득하다)
→ 설득하여 못하게 하다

동 설득하여 단념시키다 ↔ persuade [pəːrswéid] 설득하다

30 The counselors **dissuade** youths from joining gangs.

---

21. 네가 어떤 것을 반박할 때, 너는 그것에 반대해서 주장하고 그것이 사실이 아니라는 증거를 제시한다.
22. 식물이 이러한 소리를 내고 있다는 것을 우리가 어떻게 반증할 수 있겠는가?
23. 다가오는 선거를 무시하지 말아라.
24. 석탄은 천연 가스에 의해 주요 에너지 원으로 대체되었다.
25. 허리케인은 도시 주민 대부분을 도시에서 쫓아냈다.

26. 경찰은 시민들을 불쾌하게 해서는 안된다.
27. 시민들은 코비드19 문제에 대한 주 정부의 초기 명령을 보완하는 데 주 정부의 실패에 대하여 불쾌감을 표현했다.
28. 선거 위원회가 여전히 후보자들과 정당들을 자격박탈할 수 있다.
29. 그 같은 범죄에 대한 벌칙은 자동적인 자격 박탈이다.
30. 그 상담가들은 젊은이들이 폭력단들에 참여하지 않도록 설득한다.

※ 아래에서 우리말은 영어로 영어는 우리말로 각각 뜻을 쓰시오.

1. 불합리한, 비이성적인 _____
2. 무능(력) _____
3. 의견이 다르다 _____
4. 저항할 수 없는 _____
5. 책임이 없는, 무책임한 _____
6. 단순화할 수 없는 _____
7. 소실, 소멸, 실종 _____
8. 불찬성 _____
9. 드러내다, 폭로하다 _____
10. 불만 _____
11. 그만두다, 중지하다 _____
12. 실망 시키다, 못하게 하다 _____
13. 창피, 불명예, 망신, 수치 _____

14. disintegration _____
15. disorder _____
16. dispassionate _____
17. disprove _____
18. disapproval _____
19. disqualify _____
20. disregard _____
21. irrelevance _____
22. irrelevan _____
23. displace _____
24. displeasure _____
25. dissuade _____
26. irregular _____

※ 다음 문장의 빈칸에 알맞은 단어를 보기에서 찾아 넣으시오. 필요 시 대문자, 수, 시제, 태 등 문법적 요소를 고려하여 쓰세요.(다만 본문 예문 학습을 유도하기 위하여 예문에서 사용한 단어를 정답으로 하였다.)

**보기**

> disclose, disintegrate, irregular, disable, disagree, disappear, disgrace, irresponsible,
> irrelevant, disapprove, disqualification, irrational, dissuade, irresistible, discontinue, disqualify

27. This war is _____ in many ways.

28. Your heart rhythm was_____ again.

29. He is utterly _____ for what he says.

30. That doesn't seem_____ to me.

31. Christian ethics _____ of suicide.

32. He_____ d the secret to his friend.

33. The detective successfully_____ d the bomb.

34. The conclusions_____ with the facts.

35. Why did the buffalo _____ from the villages?

36. The people call the probes a _____ .

37. She will be able to _____ the digital asset.

38. The penalty for such an offence is automatic _____ .

39. The counselors _____ youths from joining gangs.

40. He felt an _____ impulse to cry out at the sight.

41. The bus company is planning to _____ bus service between the two towns.

42. The Election Commission could still _____ candidates and parties.

dis의 변형으로 down, away, not 등의 의미가 함께 있다. down과 away, 그리고 not은 아래로 무너져 내리(down)고
사라져(away)서 없다(not)라는 의미로 사실상 같은 말이다. 여기에서는 강한 의미끼리 각각 묶어서 살펴보도록 하겠습니다.

# de-1: down 아래로

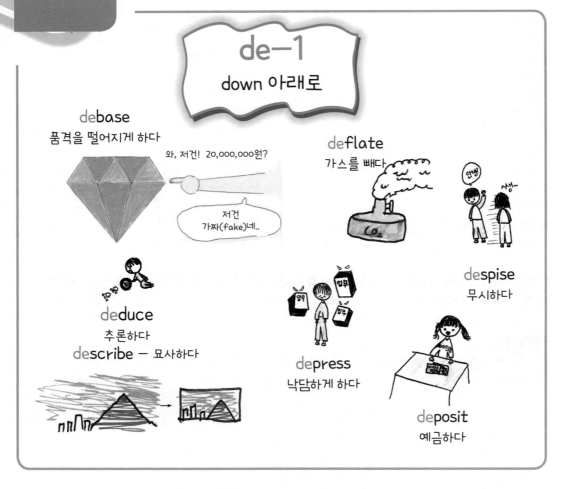

이 단원에서 학습할 단어모음입니다. ☐☐☐에 각각 모르는 단어를 3회에 걸쳐 ☑(체크표시)해 보세요.
모르는 단어는 끝까지 학습하세요.

☐☐☐ **de**base [dibéis] v. (가치를) 떨어지게 하다
☐☐☐ **de**cay [dikéi] v. 부패하게 하다, 썩게 하다
☐☐☐ **de**cadent [dékədənt] a. 퇴폐적인, 데카당파의
☐☐☐ **de**duce [didjú:s] v. 연역(演繹)하다, 추론하다
☐☐☐ **de**duction [didʌ́kʃn] n. 추론, 뺌, 공제
☐☐☐ **de**flate [difléit] v. 가스를 빼다, (자신·희망 등을) 꺾다
☐☐☐ **de**flation [di:fleiʃn] n. 공기(가스)빼기, 디플레이션
☐☐☐ **de**grade [digréid] v. …의 지위를 낮추다
☐☐☐ **de**gradation [degrədeiʃn] n. 비하, 수모, 저하, 악화
☐☐☐ **de**mote [dimóut] v. 지위를 떨어뜨리다
☐☐☐ **de**motion [dimóuʃən] n. 좌천, 강등, 격하

☐☐☐ **de**pict [dipíkt] v. (그림, 영상으로) 그리다
☐☐☐ **de**posit [dipázit] v. 맡기다. 예금하다
☐☐☐ **de**position [dèpəzíʃən] n. 면직, 파면, 침전, 퇴적(침전)물, 기탁
☐☐☐ **de**pressive [diprésiv] a. 내리누르는, 우울하게 하는, 불경기의
☐☐☐ **de**press [diprés] v. 우울하게 하다, 불경기로 만들다
☐☐☐ **de**pression [dipréʃən] n. 의기소침, 침울, 불경기
☐☐☐ **de**scribe [diskráib] v. 말로 설명하다, 묘사하다
☐☐☐ **de**scription [diskrípʃən] n. 기술, 묘사
☐☐☐ **de**spise [dispáiz] v. 무시하다. 경멸하다
☐☐☐ **de**value [di:vǽlju:] v. 가치를 내리다
☐☐☐ **de**valuate [di:vǽljuèit] v. 가치를 내리다

## de-1: down의 뜻이 강함

☐ **de**base [dibéis]

de(down 아래) + base(기초를 형성하다) → 기초를 없애다
→ 떨어지게 하다

🔲 (가치나 품격을) 떨어지게 하다

[1] To **debase** something means to reduce its value or quality.

☐ **de**cay [dikéi]

de(down 아래) + cay(fall 떨어지다) → 떨어져 없어지다
→ 썩게 하다

🔲 부패하게 하다, 썩게 하다, 썩다

[2] Our bodies–anything organic–will **decay** after death.

☐ **de**cadent [dékədənt]

decay(부패하게 하다) + ent(명접, 형접)

🔲 쇠퇴기에 접어든, 퇴폐적인, 데카당파의 🔲 데카당파의 예술가

[3] Pop music was condemned as **decadent** and crude.
[4] **Decadent** literature had its heyday in France in the nineteenth century.

☐ **de**cadence [dékədəns]

decay(썩게 하다) + ence(명접)

🔲 쇠미, 타락, 데카당 운동 유사어 decadency [dékədəns]

[5] The fall of Rome can be attributed to internal **decadence**.

☐ **de**duce [didjúːs]

de(down 아래) + duce(lead 이끌다) → 아래로 끌어내다
→ 추론하다

🔲 추론하다, 연역하다 유사어 infer

[6] To **deduce** is to figure something out based on what you already know.

다의어 **de**duction [dɪdʌkʃn]

┌ deduct (빼다, 공제하다) + ion(명접) → 뺌, 공제
└ deduce(연역하다, 추론하다)+tion(명접) → 연역, 추론

🔲 뺌, 공제

[7] The dividend will be paid without **deduction** of tax.

🔲 추론, 연역,

[8] The detective must uncover the murderer by **deduction** from facts.

☐ **de**flate [difléit]

de(down 아래) + flate(blow 불다) → 불어 넣은 바람을 빼내다
→ 바람을 빼내다 → 가스를 빼다

🔲 가스를 빼다, 기를 꺽다

[9] To **deflate** is to let the air out of something.

☐ **de**flation [diːfléiʃn]

deflate(가스를 빼다, 기를 꺽다) + ation(명접)

🔲 공기(가스)빼기, 디플레이션, 물가 하락

[10] How does **deflation** affect the economy?

1. 어떤 것의 가치를 떨어뜨리는 것은 그것의 가치나 질을 줄이는 것을 의미한다.
2. 우리의 몸– 유기체 어떤 것이든– 죽은 후에 썩을 것이다.
3. 대중 음악은 퇴폐적이고 유치하다고 비판받는다.
4. 데카당 문학은 19세기에 프랑스에서 전성기를 가졌다.
5. 로마의 타락은 내부 타락으로부터 기인했다고 말할 수 있다.
6. 추론하는 것(To deduce)은 네가 이미 아는 것에 기초한 채 무엇인가를 이해하는 것이다.
7. 배당금은 세금 공제없이 지불될 것이다.
8. 탐정은 사실로부터 추론에 의해 살인자를 밝혀낼 것이다.
9. 가스를 빼는 것은(to deflate) 무엇으로부터 공기를 빼는 것이다.
10. 디플레이션이 경제에 어떻게 영향을 미치는가?

| | |
|---|---|
| ☐ **degrade** [digréid]<br>de(down 아래) + grade(등급) → 등급을 낮게 하다<br>→ 지위를 낮추다 | 图 **지위를 낮추다**<br><sup>11</sup> Smoke and pollution **degrade** the environment. |
| ☐ **degradation** [degródeɪʃn]<br>degrade(지위를 낮추다) + ation(명접) | 图 **비하, 수모, 저하, 악화**<br><sup>12</sup> One of the effects of environmental **degradation** is the absence of fish in that river. |
| ☐ **demote** [dimóut]<br>de(down 아래로) + mote(move 움직이다) | 图 **…의 지위를 떨어뜨리다, 강등시키다** ↔ promote 승진하다<br><sup>13</sup> The captain was **demoted** for failing to fulfil his duties. |
| ☐ **demotion** [dimóuʃən]<br>demote(강등시키다) + ion(명접) | 图 **좌천, 강등, 격하** ↔ promotion 승진<br><sup>14</sup> Government employees are worrying about **demotions** or being removed from their jobs altogether. |
| ☐ **depict** [dipíkt]<br>de(down 아래) + pict(paint 그림) → 아래에 그림으로 그리다<br>→ 묘사하다 | 图 **(그림, 영상으로) 그리다, 묘사하다**<br><sup>15</sup> **Depict** is to describe, show or paint a picture either literally or in words. |
| 다의어 **deposit** [dipázit]<br>de(down 아래) + posit(put 놓다) → 아래에 놓다 →<br>┌ 맡기다, 예금하다<br>└ 퇴적물, 계약금, 예금 | 图 **놓다, 맡기다, 예금하다**   图 **퇴적물, 계약금, 예금**<br>图 **놓다, 맡기다, 예금하다**<br><sup>16</sup> The customer has to **deposit** a minimum of $100 monthly.<br>图 **퇴적물, 계약금, 예금**<br><sup>17</sup> The rain left a **deposit** of mud in the village.<br><sup>18</sup> We put a 5% **deposit** down on the house. |
| 다의어 **deposition** [dèpəzíʃən]<br>┌ 1. de(not) + position(자리, 직위) → 지위 박탈 → 파면<br>└ 2. deposit(놓다, 맡기다) + tion(명접) → 침전, 퇴적, 기탁 | 图 **면직, 파면, 폐위, 침전, 퇴적[침전]물, 기탁**<br><sup>19</sup> Crowds celebrated the dictator's **deposition**.<br><sup>20</sup> Flood causes **deposition** of soil at the mouth of a river. |

11. 매연이나 오염은 환경을 망친다.
12. 환경 악화 영향 중 하나는 강에 물고기가 없는 것이다.
13. 대위는 직무를 완수하지 않아 강등되었다.
14. 공무원들은 좌천에 대해 걱정하거나 직장에서 완전히 추방 당하고 있다.
15. Depict(묘사하다)는 글자로 혹은 단어로 그림을 묘사하여 보여주 는 즉 그림을 그려서 설명하는 것이다.

16. 고객은 매달 최소한 100달러는 예금해야 한다.
17. 비때문에 마을에 진흙 퇴적물을 남겼다.
18. 우리는 그 집에 5%의 보증금을 걸었다.
19. 군중들은 독재자의 파면을 축하했다.
20. 홍수는 강어귀에 퇴적층을 일으킨다.

## despise [dispáiz]

de(down 아래) + spise(look 보다) → 무시하다

**동** 무시하다, 경멸하다

[21] She **despised** him for the way he treated her sister.

---

**다의어** ## depress [diprés]

de(down 아래) + press(압력을 가하다) →
- (마음을 눌러)우울하게 하다
- (경제를 눌러)불경기로 만들다

**동** 낙담하게 하다, 우울하게 하다, 불경기로 만들다

[22] Lower productivity will eventually **depress** wages.

[23] If someone or something **depresses** you, they make you feel sad and disappointed.

---

**다의어** ## depression [dipréʃən]

depress (우울하게 하다, 불경기로 만들다) + tion(**명접**)

**명** 의기소침, 우울(증), 불경기

[24] **Depression** can lead to a variety of emotional and physical problems.

---

## depressive [diprésiv]

depress(낙담하게 하다) + ive(형)

**형** 내리누르는, 억압적인, 우울하게 하는, 불경기의

[25] Most people have experienced feeling depressed, but not everybody has a **depressive** disorder.

---

## describe [diskráib]

de(down 아래) + scribe(write 쓰다)
→ (그림 등에) 아래에 쓰다

**동** 말로 설명하다, 묘사하다

[26] He **described** exactly what had happened.

---

## description [diskrípʃən]

describe (묘사하다) + tion(**명접**)

**명** 기술, 묘사

[27] The designer has a real gift for vivid **description**.

[28] **Description** is the pattern of narrative development that aims to make vivid a place, object, character, or group.

---

## descriptive [diskríptiv]

describe (묘사하다) + tive(**형접**)

**형** 기술적인, 묘사적인, 설명적인

[29] The original text contains some good **descriptive** passages.

---

## devalue [diːvǽljuː], -uate [-uèit]

de(down 아래로) + value, valuate(가치)

**동** 가치를 내리다

[30] The legislation will reduce or **devalue** our national monuments, parks and public lands.

---

21. 그녀는 그가 그녀의 여동생을 다루는 방법 때문에 그를 경멸했다.
22. 낮은 생산성은 결국 임금을 낮출 것이다.
23. 누군가 또 무엇인가가 너를 우울하게 하면, 그들은 네가 슬프거나 실망스럽게 느끼도록 하는 것이다.
24. 우울증(Depression)은 다양한 정서적 그리고 심리적인 문제들을 이끌 수 있다.
25. 대부분의 사람들은 우울함을 경험했지만 모든 사람이 우울 장애가 있는 것은 아니다.

26. 그는 무슨 일이 일어났는지 정확히 기술했다.
27. 그 디자이너는 생생한 묘사를 할 수 있는 진정한 재능이 있다.
28. 묘사는 장소, 물건, 등장인물, 혹은 집단을 생생하게 하는 것을 목적으로 하는 이야기체 전개 유형이다.
29. 원문은 몇몇 훌륭한 묘사 구절을 포함하고 있다.
30. 그 법률은 국립 기념물, 공원 및 공공 토지를 줄이거나 평가절하 할 것이다.

# de-2 : **away** 떨어져, 사라져

detatch
떼어 내다

depart
떠나다

deodorant
탈취제

declare
선언하다

debate
논쟁

dehydrate
말리다, 물을 없애다

이 단원에서 학습할 단어모음입니다. □□□에 각각 모르는 단어를 3회에 걸쳐 ☑(체크표시)해 보세요.
모르는 단어는 끝까지 학습하세요.

☐ **debate** [dibéit]

de(away 떨어져) + bate(beat치다) → 때려서(필요 없는 것을) 없애다 → 토론, 논쟁(하다)

몡 토론, 논쟁 동 토론하다

몡 토론, 논쟁

[1] **Debate** is a process that involves formal discussion on a particular topic.

동 토론하다

[2] The six primary candidates **debated** last night.

☐ **declare** [diklέər]

de(away 떨어져) + clare(clarify 명확하게 하다) → (필요 없는 것을) 제거하고 명확하게 하다 → 선언하다

동 선언하다

[3] He **declared** that he was innocent.

☐ **declaration** [dèkləréiʃən]

declare(선언하다) + ation(몡접)

몡 선언(서), 포고(문), 공표, 발표, 고백

[4] The definition of a **declaration** is a formal announcement.

☐ **deform** [difɔ́ːrm]

de(away 떨어져) + form(모양) → 모양을 없애다 → 형태를 변형시키다

동 모양 없이 하다, 변형시키다 ↔ form 모양을 형성하다

[5] To **deform** is to force something to have a new shape by pushing or twisting it.

☐ **deformation** [dìːfɔːrméiʃən]

deform(변형시키다) + ation(몡접)

몡 기형, 불구, 변형 ↔ formation 형성, 구조, 조직

[6] In engineering, **deformation** refers to the change in size or shape of an object.

☐ **dehydrate** [diːháidreit]

de(away 떨어져) + hydrate(수분) → 물을 없애다 → 탈수하다

동 말리다, 탈수하다 ↔ hydrate 물을 만들다

[7] Salty liquids can **dehydrate** the body.

☐ **delay** [diléi]

de(away 떨어져) + lay(놓다) → 떨어져서 놓다 → 연기하다

동 연기하다 ↔ lay 놓다

[8] You'd better **delay** your departure.

☐ **deodorant** [diːóudərənt]

de(away 떨어져) + odor(smell냄새) + ant(~하는 사람이나 사물) → 냄새를 없애는 것 → 탈취제

몡 냄새 제거제 ↔ odorant 방향제

[9] Should I stop using **deodorant** right now?

---

1. 논쟁은 특정 주제에 관해 공식적인 토론과 관련된 말이다.
2. 여섯 명의 주요 후보들이 지난 밤 토론하였다.
3. 그는 자기가 결백하다고 선언했다.
4. 선언의 정의는 공식적인 발표다.
5. 변형시키는 것(to deform)은 어떤 것을 누르고 비틀어서 새로운 모양을 만들기 위해 힘을 주는 것이다.

6. 공학에서 변형(deformation)은 물체의 사이즈나 모양에 있어 변화시키는 것을 뜻한다.
7. 짠 액체는 몸을 탈수시킬 수 있다.
8. 출발을 연기하는 쪽이 좋겠다.
9. 그렇다면 탈취제 사용을 즉각 중단해야 하나요?

□ **de**part [dipá:rt]
de(away 떨어져) + part(party 집단) → 집단으로부터 떨어지다

동 떠나다, 출발하다
[10] They **departed** for Paris.

□ **de**parture [dipá:rtʃər]
depart(떠나다) + ure(명접)

명 출발, 떠남, 발차, 출항
[11] The estimated time of **departure** of this flight is 08:15.

□ **de**regulate [di:régjulèit]
de(away 떨어져) + regulate(규칙화하다) → 규칙을 없애다 → 규제를 철폐하다

동 규제를 철폐하다 ↔ regulate 규정을 만들다
[12] The Korean government is also trying to **deregulate** the insect industry.

□ **de**regulation [di:régjulèiʃən]
deregulate(규제를 철폐하다) + ation(명접)

명 규제 철폐 ↔ regulation 규정
[13] **Deregulation** is the process of removing or reducing state regulations, typically in the economic sphere.

□ **de**viate [dí:vièit]
de(away 떨어져) + via(way) + ate(동접) → 길을 벗어나다

동 벗어나다, 이탈하다
[14] The show won't **deviate** from its regular pattern.

□ **de**viance [dí:viəns]
deviate(벗어나다) + ance(명접) → 일탈

명 일탈
[15] There's always positive **deviance**.

□ **de**viation [dì:viéiʃən]
deviate(벗어나다) + tion(명접) → 일탈

명 일탈, 탈선
[16] He sees all **deviations** as evidence of social exclusion.

□ **de**viant [dí:viənt]
deviate(벗어나다) + ant(형접) → 벗어난

형 벗어난, 일탈적인
[17] They considered his action **deviant**.

---

10. 그들은 파리로 떠났다.
11. 이 비행기 출발 예정 시간은 8시 15분이다.
12. 한국 정부도 또한 곤충 산업의 규제를 없애려고 하고 있다.
13. 규제 철폐(Deregulation)는 전형적으로 경제 분야에서 국가의 규제를 제거하고 줄이는 과정이다.

14. 그 쇼는 그것의 정규 패턴에서 벗어나지 않을 것이다.
15. 언제나 긍정적인 일탈은 있다.
16. 그는 모든 일탈을 사회적 배제의 증거로 본다.
17. 그들은 그의 행동을 일탈적이라고 생각한다.

※ 아래에서 우리말은 영어로 영어는 우리말로 각각 뜻을 쓰시오.

1. 벗어남, 일탈 _____
2. 우울하게 하다, 불경기로 만들다 _____
3. (가치를) 떨어지게 하다 _____
4. 가스를 빼다, (희망 등을) 꺾다 _____
5. 비하, 수모, 저하, 악화 _____
6. 좌천, 강등, 격하 _____
7. (그림, 영상으로) 그리다 _____
8. 맡기다. 예금하다 _____
9. 선언(서), 포고(문), 공표 _____
10. 변형시키다 _____
11. 말리다 _____
12. 냄새 제거제 _____
13. 부패하게 하다, 썩게 하다 _____

14. decadent _____
15. deduce _____
16. deduction _____
17. departure _____
18. deregulate _____
19. deregulation _____
20. deviate _____
21. depression _____
22. describe _____
23. description _____
24. despise _____
25. devalue _____
26. devaluate _____

※ 다음 문장의 빈칸에 알맞은 단어를 보기에서 찾아 넣으시오. 필요 시 대문자, 수, 시제, 태 등 문법적 요소를 고려하여 쓰세요.(다만 본문 예문 학습을 유도하기 위하여 예문에서 사용한 단어를 정답으로 하였다.)

**보기**

description, deposit, depress, deformation, dehydrate, debase, decadent, deduce, deposition, deposition, deflation, deduction, deduction, delay, deodorant, declaration

27. Salty liquids can _____ the body.

28. You'd better _____ your departure.

29. So I should stop using _____ right now?

30. The definition of a _____ is a formal.

31. The designer has a real gift for vivid _____.

32. The dividend will be paid without _____ of tax.

33. The customer has to _____ a minimum of $100 monthly.

34. Crowds celebrated the dictator's _____.

35. Flood causes _____ of soil at the mouth of a river.

36. How does _____ affect the economy?

37. To _____ something means to reduce its value or quality.

38. _____ literature had its heyday in France in the nineteenth century.

39. To _____ is to figure something out based on what you already know.

40. The detective must uncover the murderer by _____ from facts.

41. In engineering, _____ refers to the change in size or shape of an object.

42. If someone or something _____ you, they make you feel sad and disappointed.

# 27
## day

# de-3: not

이 단원에서 학습할 단어모음입니다. □□□에 각각 모르는 단어를 3회에 걸쳐 ☑(체크표시)해 보세요.
모르는 단어는 끝까지 학습하세요.

### Preview Words

□□□ **decode** [di:kóud] v. 암호를 풀다
□□□ **defuse** [di(:)fjú:z] v. 신관을 제거하다
□□□ **defrost** [di:frɔ́:st] v. 서리를 제거하다
□□□ **demerit** [di:mérit] n. 단점, 약점
□□□ **deplete** [diplí:t] v. 고갈시키다
□□□ **depletion** [diplí:ʃən] n. 고갈
□□□ **derange** [diréindʒ] v. 혼란 시키다, 어지럽히다
□□□ **deranged** [diréindʒd] a. 혼란스러운, 미친
□□□ **descend** [disénd] v. 내려 가다
□□□ **descendant** [diséndənt] n. 자손, 후예
□□□ **descendent** [diséndənt] a. 내리는, 낙하하는, 세습의

□□□ **descension** [disénʃən] n. 격하, 강등
□□□ **detach** [ditǽtʃ] v. 떼다
□□□ **detached** [[ditǽtʃt] a. 떨어진, 초연한, 편견이 없는
□□□ **detachment** [ditǽtʃmənt] n. 분리, 이탈, 고립
□□□ **detect** [ditékt] v. 발견하다
□□□ **detection** [ditékʃən] n. 발견, 간파, 탐지, 발각
□□□ **detective** [ditéktiv] a. 탐정의 n. 탐정, 형사
□□□ **detox** [di:táks] n.해독 v. 해독하다
□□□ **detoxify** [di:táksəfài] v. 해독하다
□□□ **detoxicant** [di:táksəkənt] a. 해독성의

☐ **de**code [diːkóud]

de(not) + code(암호) → 암호를 없애다 → 암호를 풀다

동 암호를 풀다 ↔ code 암호로 하다

[1] The spy **decoded** the secret message and read it.

☐ **de**fuse [di(ː)fjúːz]

de(not 없애다) + fuse(퓨즈를 달다)

동 신관을 제거하다, …의 긴장을 완화하다

[2] Here are some tips to **defuse** conflicts and manifest preserve relationships at home.

☐ **de**frost [diːfrɔ́ːst]

de(not 없애다) + frost(서리, 혹한)

동 …의 서리를 제거하다, (냉동 식품 등을) 녹이다

[3] If you want to eat a good fish, but you forgot to take it out of the refrigerator, there are several ways to **defrost** it quickly and safely.

☐ **de**plete [diplíːt]

de(not) + plete(fill 채우다) → 채운 것을 없애다 → 고갈시키다

동 고갈시키다

[4] These chemicals **deplete** the ozone layer.

☐ **de**pletion [diplíːʃən]

deplete(고갈시키다) + tion(명접)

명 고갈

[5] Oxygen **depletion** triggered mass extinction in oceans.

☐ **de**range [diréindʒ]

de(not) + range(정렬시키다) → 정렬시켜 놓은 것을 흩어 놓다 → 혼란시키다

동 혼란 시키다, 어지럽히다

[6] The war **deranged** our lives.

☐ **de**ranged [diréindʒd]

derange(혼란 시키다) + ed(형접)

형 혼란스러운, 미친

[7] **Deranged** driver killed 3 people.

1. 그 스파이는 암호문을 해독해서 읽었다.
2. 집에서 갈등을 해소하고 관계를 유지하는 데 도움이 되는 몇 가지 정보가 여기있다.
3. 좋은 생선을 먹고 싶지만 냉장고에서 꺼내는 것을 잊어 버린 경우 빠르고 안전하게 해동하는 몇 가지 방법이 있다.
4. 이 화학 물질은 오존층을 고갈시킨다.
5. 산소 고갈은 큰 바다에서 대량 멸종을 촉발시켰다.
6. 전쟁은 우리의 삶을 어지럽혔다.
7. 미친 운전자가 3명을 죽였다.

| | |
|---|---|
| ☐ **de**scend [disénd]<br><br>de(not) + scend(climb 오르다) → '오르다'의 반대<br>→ 내려 가다 | 동 **내려 가다** ↔ ascend 올라가다<br><br>[8] Hundreds of protesters **descended** on City Hall. |
| ☐ **de**scendant [diséndənt]<br><br>descend(내려 가다) + ant( 명접 –사람) | 명 **자손, 후예** ↔ ascendant, ascendent, ancestor 조상<br><br>[9] **Descendant** is the opposite of ancestor. |
| ☐ **de**scendent [diséndənt]<br><br>descend(내려 가다) + ent( 형접 ) | 형 **낙하하는, 세습의** ↔ ascendant, ascendent 내려가는<br><br>[10] The names of the members is listed in **descendant** order. |
| ☐ **de**scension [disénʃən]<br><br>descend(내려 가다) + sion( 명접 ) | 명 **격하, 강등** ↔ ascension 오름, 상승<br><br>[11] The real value of the antique is in **descension**. |
| ☐ **de**merit [di:mérit]<br><br>de(not) + merit(장점) → 장점이 아닌 것 → 단점 | 명 **단점, 약점** ↔ merit 장점<br><br>[12] Each merit has its **demerit**. or each advantage has its own disadvantage. |
| ☐ **de**tach [ditǽtʃ]<br><br>de(not) + tach(attach 부착하다) → '부착하다'의 반대<br>→ 떼어 내다 | 동 **떼다** ↔ attach 붙이다<br><br>[13] **Detach** the database from the server first. |
| ☐ **de**tached [ditǽtʃt]<br><br>detach(떼다) + ed( 형접 ) | 형 **떨어진, 초연한, 편견이 없는** ↔ attached 첨부된<br><br>[14] She seemed a bit **detached**, as if her mind were on other things.<br>[15] The story is seen through the eyes of a **detached** observer in the novel. |
| ☐ **de**tachment<br><br>detach(떼다) + ment( 명접 ) | 명 **분리, 이탈, 고립** ↔ attachment 부착물<br><br>[16] A **detachment** of Italian soldiers was sent to the area. |

---

8. 수백 명의 시위자들이 시청으로 내려왔다.
9. 후손은 조상의 반대말이다.
10. 회원들의 이름이 내림차 순으로 만들어졌다.
11. 골동품의 실제 가치가 하락했다.
12. 일장 일단이 있다. 즉 각각의 장점은 각각 단점도 가지고 있다.

13. 먼저 서버에서 데이터베이스를 분리하세요.
14. 그녀의 마음이 다른 것들에 있는 것처럼 약간 관심없이 보였다.
15. 소설에서 스토리가 초연한 관찰자의 눈을 통해 보여진다.
16. 이탈리아 파견대가 그 지역에 보내졌다.

## detox [di:táks]

de(not) + tox(독성) → 독을 없애다 → 해독하다

**명** 해독 **통** 해독하다

**명** 해독

[17] **Detox** diets have increasingly become popular as fast and easy ways.

**통** 해독하다

[18] Human body **detoxes** itself if we drink enough water and eat clean food.

## detoxify [di:táksəfài]

de(not) + tox(독성) + ify( **통접** –make) → 독성을 없애다 → 해독하다

**통** 해독하다

[19] A special tea is supposed to **detoxify** the body.

## detoxicant [dì:táksəkənt]

detox(해독하다) + ant( **형접** )

**형** 해독성의 ↔ toxicant [táksəkənt] 유독한

[20] **Detoxicant** herbs are those herbs which remove or diminish poison from the body.

## detect [ditékt]

de(not) + tect(cover 덮다) → 덮은 것을 없애다 → 발견하다

**통** 발견하다

[21] What did you **detect** in the experiment?

[22] Some sounds cannot be **detected** by the human ear.

[23] He could **detect** an escape of gas in the corner of the room.

## detection [ditéktʃən]

detect (발견하다) + ion( **명접** )

**명** 발견, 간파, 탐지, 발각

[24] Early **detection** of the cancer improves the chances of successful treatment.

## detective [ditéktiv]

detect(발견하다) + ive( **형접** )

**형** 탐정의 **명** 탐정, 형사

**형** 탐정의

[25] Private **detectives** conduct investigations in multiple areas.

**명** 탐정, 형사

[26] A **detective** is an investigator, usually a member of a law enforcement agency.

---

17. 해독 다이어트는 빠르고 쉬운 방법으로써 점점 인기가 많아지고 있다.
18. 인간의 몸은 우리가 충분한 물과 깨끗한 음식을 먹으면 스스로를 해독한다.
19. 특별한 차는 몸을 해독하는 것으로 여겨진다.
20. 해독성이 있는 약초는 몸에서 독을 제거하고 감소시키는 약초들 이다.

21. 너는 실험에서 무엇을 발견했니?
22. 얼마간의 소리들은 인간의 귀에 의해 탐지될 수 없다.
23. 그는 방구석에서 가스가 새고 있는 것을 찾아낼 수 있었다.
24. 조기 발견한 암은 성공적인 치료 가능성을 증가시킨다.
25. 사립 탐정은 다양한 영역에서 조사를 수행한다.
26. 형사는 수사관, 보통 법 집행 기관의 일원이다.

# counter-, contra-: against ~에 반대하는

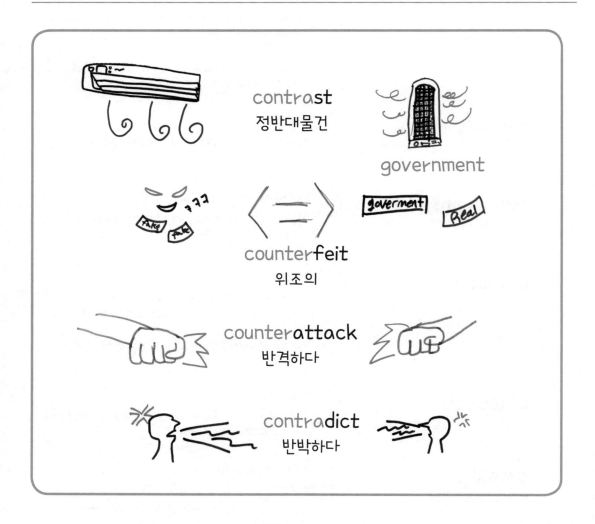

이 단원에서 학습할 단어모음입니다. □□□에 각각 모르는 단어를 3회에 걸쳐 ☑(체크표시)해 보세요.
모르는 단어는 끝까지 학습하세요.

**Preview Words**

□□□ **counteract** [káuntərækt] v. 대응하다
□□□ **counteractive** [káuntəræktiv] a. 반작용의 n. 반작용제
□□□ **counterattack** [káuntərətǽk] v. 반격하다
□□□ **counterbalance** [káuntərbæləns] v. 균형을 맞추다
□□□ **counterblow** [káuntərblou] n. 반격, 역습, 보복
□□□ **counterclockwise** [káuntərklɑkwaiz]
　　　　　　　　　　　　a. ad. 시계반대 방향(으로)
□□□ **counterfeit** [káuntərfit] a. 위조의
□□□ **countermeasure** [káuntərméʒər] n. 대책, 대응책

□□□ **countermand** [kàuntərmǽnd] v. 철회하다
□□□ **counterpart** [káuntərpɑːrt] n. 대응하는 사람
□□□ **countervail** [kàuntərvéil] v. 무효로하다, 상쇄하다
□□□ **contraband** [kɑ́ntrəbæænd] n. 밀수
□□□ **contradict** [kɑ́ntrədíkt] v. 반박하다
□□□ **contrary** [kɑ́ntreri] a. 반대로 n. 반대, 반대의 것
□□□ **contrast** [kɑ́ntræst] n. 대비, 대조, 정반대물건
□□□ **controversy** [kɑ́ntrəvɔ́ːrsi] n. 논쟁, 언쟁
□□□ **controvert** [kɑ́ntrəvɔ́ːrt] v. 반박하다

☐ **counteract** [káuntərækt]

counter(against 반대하는) + act(행동하다) → 반대로 행동하다
→ 방해하다

🟩 **동 대응하다, 방해하다** ↔ act 행동하다

[1] The citizens wanted to **counteract** the military forces.

☐ **counteractive** [káuntəræktiv]

counteract(대응하다) + ive( 형접 , 명접 )

🟩 **형 반작용의, 방해하는  명 반작용제, 중화제**

[2] The government already put many preventive and **counteractive** measures into action to tackle the impact of COVID-19.

☐ **counterattack** [káuntərətǽk]

counter(against 반대하는) + attack(공격하다)
→ 공격에 정반대로 →반격하다

🟩 **동 반격하다** ↔ attack 공격하다

[3] The goal is to figure out how to **counterattack** the effects of a weightless atmosphere on the human body.

☐ **counterbalance**

[káuntərbǽləns]

counter(against 반대하는) + balance(균형)

🟩 **동 균형을 맞추다, 평형시키다**

[4] The government has tried to **counterbalance** the negative economic impact that the COVID-19 lockdown measures have triggered.

☐ **counterblow** [káuntərblou]

counter(against 반대하는) + blow(강타)

🟩 **명 반격, 역습, 보복**

[5] Iran warned U.S.A of a retaliatory **counterblow** to the US for the assassination of Gen. Qasem Soleimani.

☐ **counterclockwise**

[káuntərklɑkwaiz]

counter(against 반대하는) + clockwise(시계방향으로)
→ 시계반대방향으로

🟩 **형 부 시계반대 방향의(으로)** ↔ clockwise 시계 방향의(으로)

[6] The demonstrators are expected to march **counterclockwise** around the White House.

☐ **counterfeit** [káuntərfit]

counter(against 반대하는) + feit(make 만들다)
→ 정당함에 반하여 만드는 → 위조하다

🟩 **형 위조의**

[7] **Counterfeit** bills are on the rise in some regional cities.

☐ **countervail** [kàuntərvéil]

counter(against 반대하는) + vail(가치)
→ 가치에 반대로 사용하다 → 무효로 하다

🟩 **동 무효로하다, 상쇄하다**

[8] This flower **countervails** her anger.

---

1. 시민들은 군사력에 반격하기를 원했다.
2. 정부는 이미 COVID-19의 영향을 저지하기 위해 많은 예방 및 반작용 조치를 취했다.
3. 목표는 인간의 몸에 미치는 무중력 상태의 영향에 반격하는 방법을 이해하는 것이다.
4. 정부는 COVID-19 봉쇄 조치가 유발한 부정적인 경제적 영향을 상쇄하기 위해 노력하고 있다.
5. 이란은 카셈 솔레이마니 장군 암살에 대해 미국에 대한 보복 반격을 경고했다.
6. 시위대 들이 백악관을 시계 반대 방향으로 행진할 것으로 기대된다.
7. 위조 지폐가 몇몇 지역 도시에서 증가 중이다.
8. 이 꽃이 그녀의 화를 풀어(상쇄해)준다.

☐ **countermand** [kàuntərmǽnd]

counter(against 반대하는) + mand(order 명령)
→ 명령, 주문을 반대해서 → 철회하다

명 철회하다

[9] He would not **countermand** the special prosecutor.

☐ **countermeasure**
[káuntərméʒər]

counter(against 반대하는) + measure(조치, 방책)

명 대책, 대응책, 대항 수단

[10] China's measures against the US are weaker than those of the USA against China as China's **countermeasures**.

☐ **counterpart** [káuntərpɑːrt]

counter(against 반대하는) + part(일부) → 반대하는 일부

명 대응하는 사람

[11] Our **counterpart** has a connection with the government.

☐ **contradict** [kántrədíkt]

counter(against 반대하는) + dict(say 말하다) → 반대로 말하다

동 반박하다

[12] These findings **contradict** earlier studies.

☐ **contrast** [kántræst]

명 대비, 대조, 정반대 물건

[13] These award-winning drone photos **contrast** nature and humanity.

☐ **contrary** [kántreri]

형 반대의   명 반대의 것

[14] The study reported some findings that are **contrary** to traditional thinking.

☐ **contraband** [kántrəbǽnd]

counter(against 반대하는) + band(그룹)
→ 그룹의 임무와 정반대로 하는 → (불법적으로 하는) 밀수

명 밀수

[15] Customs targets online **contraband**.

☐ **controversy** [kántrəvɔ́ːrsi]

counter(against 반대하는) + versy(language 언어)
→ 반대하는 말 → 논쟁

명 논쟁, 언쟁

[16] **Controversy** is a state of prolonged public dispute or debate.

☐ **controvert** [kántrəvɔ́ːrt]

counter(against 반대하는) + vert(turn 향하다)
→ 반대로 향하다 → 반박하다

동 반박하다

[17] The plaintiff has failed to **controvert** this sworn testimony.

---

9. 그는 특별검사를 철회하지 않을 것이다.
10. 미국에 대한 중국의 조치가 중국의 대응책으로서의 중국에 대한 미국의 조치보다 더 약하다.
11. 우리의 상대 회사는 정부와 긴밀한 관계를 맺고 있다.
12. 이 같은 발견은 초기 연구를 반박한다.

13. 이들 수상한 드론 사진들은 자연과 인간성을 대조시킨다.
14. 연구는 전통적인 생각과 정반대되는 몇몇 발견들을 보도했다.
15. 국세청은 온라인 밀수를 타겟으로 한다.
16. 논쟁(Controversy)은 오래 지속된 분쟁과 토론 상태를 말한다.
17. 원고는 이 선서한 증언을 반박하는데 실패했다.

※ 아래에서 우리말은 영어로 영어는 우리말로 각각 뜻을 쓰시오.

1. 암호를 풀다 _____

2. 신관을 제거하다 _____

3. 대응하다 _____

4. 반격하다 _____

5. 혼란 시키다, 어지럽히다 _____

6. 분리, 이탈, 고립 _____

7. 반격, 역습, 보복 _____

8. 위조의 _____

9. 대책, 대응책 _____

10. 떨어진, 초연한, 편견이없는 _____

11. 밀수 _____

12. 반박하다 _____

13. 논쟁,언쟁 _____

14. countermand _____

15. detection _____

16. detoxify _____

17. counterbalance _____

18. countervail _____

19. descend _____

20. descendant _____

21. contrary _____

22. controvert _____

23. defrost _____

24. demerit _____

25. deplete _____

26. detoxicant _____

※ 다음 문장의 빈칸에 알맞은 단어를 보기에서 찾아 넣으시오. 필요 시 대문자, 수, 시제, 태 등 문법적 요소를 고려하여 쓰세요.(다만 본문 예문 학습을 유도하기 위하여 예문에서 사용한 단어를 정답으로 하였다.)

보기
deplete, derange, decode, deranged, detect, controversy, contrary, demerit, descendant, detoxify, contradict, descension, contraband, depletion, detachment, detoxicant

27. The war _____d our lives.

28. _____ driver killed 3 people.

29. _____ is the opposite of ancestor.

30. A special tea is supposed to _____ the body.

31. These findings _____ earlier studies.

32. Customs targets online _____.

33. The real value of the antique is in _____.

34. The spy _____d the secret message and read it.

35. These chemicals _____ the ozone layer.

36. Oxygen _____ triggered mass extinction in oceans.

37. A _____ of Italian soldiers was sent to the area.

38. Some sounds cannot be _____ by the human ear.

39. _____ is a state of prolonged public dispute or debate.

40. The study reported some findings that are _____ to traditional thinking.

41. Each merit has its _____ . or Each advantage has its own disadvantage.

42. _____ herbs are those herbs which remove or diminish poison from the body.

# un-: not

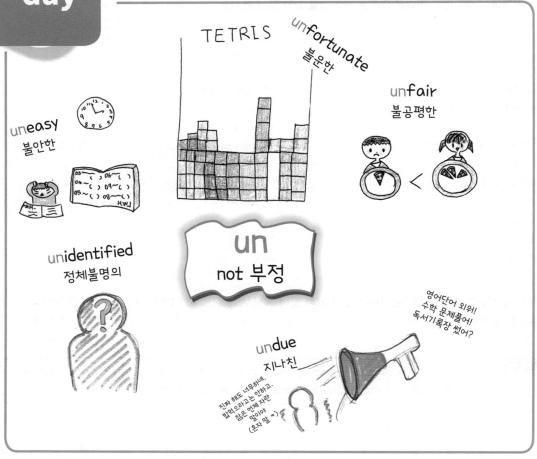

이 단원에서 학습할 단어모음입니다. □□□에 각각 모르는 단어를 3회에 걸쳐 ☑(체크표시)해 보세요.
모르는 단어는 끝까지 학습하세요.

## Preview Words

□□□ **unambitious** [ʌnæmbíʃəs] a. 공명심이 없는

□□□ **unaware** [ʌnəwéər] a. 모르고 있는

□□□ **unconstitutional** [ʌnkànstətjúːʃənəl] a. 헌법에 위배되는

□□□ **uncover** [ʌnkávər] v. 밝혀내다

□□□ **undue** [ʌndjuː] a. 지나친

□□□ **uneasy** [ʌníːzi] a. 편치 않은, 불안한

□□□ **unequal** [ʌníːkwəl] a. 평등하지 않은

□□□ **uneven** [ʌníːvən] a. 평평하지 않은

□□□ **unfair** [ʌnféər] a. 불공평한

□□□ **unfold** [ʌnfóuld] v. 펼치다, 펴다, 전개되다

□□□ **unfortunate** [ʌnfɔːrtʃənit] a. 불운한, 불행한

□□□ **unidentified** [ʌnaidéntəfàid] a. 정체불명의

□□□ **uninhabited** [ʌninhǽbitid] a. 사람이 살지 않은

□□□ **uninhibited** [ʌninhíbit] a. 아무 제약을 받지 않은

□□□ **unintentional** [ʌninténʃənəl] a. 고의가 아닌

□□□ **unleash** [ʌnliːʃ] v. …의 가죽끈을 풀다, 속박을 풀다

□□□ **unlikely** [ʌnláikli] a. ~할 거 같지 않은

□□□ **unlock** [ʌnlák] v. 열다

□□□ **unnerve** [ʌnnəːrv] n. 불안하게 하다

□□□ **unrest** [ʌnrest] n. 불안

□□□ **unscrupulous** [ʌnskrúːpjələs] a. 부도덕한

□□□ **unskilled** [ʌnskild] a. 숙련[숙달]되지 않은, 미숙한

□□□ **untamed** [ʌnteim] a. 길들이 않은

□□□ **unusual** [ʌnjúːʒuəl] a. 이상한, 흔치 않는

□□□ **unwilling** [ʌnwíliŋ] a. 꺼리는, 마지 못해 하는

□□□ **unwind** [ʌnwáind] v. 풀다

☐ **unambitious** [ʌnæmbíʃəs]
un(not) + ambitious(야심있는)

형 공명심이 없는, 야심이 없는 ↔ ambitious 야심 있는

[1] However, thanks to a decade of **unambitious** government policy, many have faced an uphill struggle.

☐ **unaware** [ʌnəwéər]
un(not) + aware(알고 있는) → 알고 있지 않은 → 모르고 있는

형 모르고 있는 ↔ aware 알고 있는

[2] I was **unaware** that he had any complaints.

☐ **unconstitutional**
[ʌnkánstətjúːʃənəl]
un(not) + constitutional(헌법상의)

형 헌법에 위배되는 ↔ constitutional 헌법상의

[3] The president's meager, weak and **unconstitutional** actions further demand that we have an agreement.

☐ **uncover** [ʌnkʌ́vər]
un(not) + cover(덮다) → 덮은 것을 제거하다 → 밝혀내다

동 밝혀내다 ↔ cover 감추다

[4] It's the press's responsibility to **uncover** the truth.

☐ **undue** [ʌndjuː]
un(not) + due(적당한) → 적당하지 않은

형 지나친 ↔ due 적당한

[5] Such a high increase will impose an **undue** burden on the local tax payer.

☐ **uneasy** [ʌníːzi]
un(not) + easy(편한, 쉬운) → 편하지 않은

형 편치 않은, 불안한 ↔ easy 쉬운

[6] After the recent riots, an **uneasy** calm has settled on the city.

☐ **unequal** [ʌníːkwəl]
un(not) + equal(평등한) → 평등하지 않은

형 같지 않은, 평등하지 않은 ↔ equal 평등한

[7] The bread slices were **unequal** in size.

☐ **uneven** [ʌníːvən]
un(not) + even(평평한) → 평평하지 않은

형 평평하지 않은 ↔ even 평평한

[8] Be careful on that path – the paving stones are **uneven**.

☐ **unfair** [ʌnféər]
un(not) + fair(공정한) → 공정하지 않은

형 불공평한 ↔ fair 공평한

[9] It's **unfair** to take advantage of other people's misfortunes.

---

1. 그러나 10년간의 꿈없는 정부 정책 덕분에 많은 사람들이 힘든 투쟁에 직면했다.
2. 그가 어떤 불평이 있음을 나는 몰랐다.
3. 대통령의 빈약하고 허약하며 위헌 행위는 우리가 합의를 해야한다고 요구한다.
4. 진실을 밝히는 것은 언론의 책임이다.

5. 그 같은 높은 인상은 지역 납세자에게 지나친 부담을 부과한다.
6. 최근 폭동 후에 그 도시는 불안한 평온이 유지되고 있다.
7. 빵 조각들 사이즈가 똑같지 않다.
8. 길에서 조심하시오. 포장된 돌이 고르지 않네요.
9. 다른 사람의 불행을 이용하는 것은 부당하다.

☐ **unfold** [ʌnfóuld]
un(not) + fold(접다, 포개다)

동 펼치다, 펴다, 전개되다 ↔ fold 접다, 포개다
[10] The story gradually **unfolded** itself.

☐ **unfortunate** [ʌnfɔ́ːrtʃənit]
un(not) + fortunate(행운의) → 운이 없는 → 불운한

형 불운한, 불행한 ↔ fortunate 행운의
[11] It was a very **unfortunate** accident.

☐ **unidentified** [ʌnaidéntəfàid]
un(not) + identified(신원이 확인된) → 신원이 확인되지 않은

형 정체불명의 ↔ identified 정체가 확인된
[12] Police are investigating the death of an **unidentified** man whose body was found yesterday.

☐ **uninhabited** [ʌninhǽbitid]
un(not) + inhabited(사람이 살고 있는)
→ 사람이 살고 있지 않은

형 사람이 살지 않은 ↔ inhabited 사람이 사는
[13] An **uninhabited** island has no people living in it.

☐ **uninhibited** [ʌninhíbit]
un(not) + inhibited(방해 되어진) → 방해받지 않은

형 아무 제약을 받지 않은 ↔ inhibited 억압된
[14] We watched two hours of glorious, **uninhibited** play.

☐ **unintentional** [ʌninténʃənəl]
un(not) + intentional(고의 적인) → 의도가 없는

형 고의가 아닌 ↔ intentional 의도적인
[15] The proposed reforms will have **unintended** consequences.

☐ **unleash** [ʌnliːʃ]
un(not) + leash(가죽끈, 속박) → 가죽끈을 풀다, 해방시키다

동 가죽끈을 풀다, 속박을 풀다 ↔ leash 가죽끈을 묶다, 속박하다
[16] At worst, nuclear war could be **unleashed**.

☐ **unlikely** [ʌnláikli]
un(not) + likely(가능성 있는) → 가능성 없는

형 ~할 거 같지 않은 ↔ likely ~ 할 것 같은
[17] This film is **unlikely** to attract large audiences.

☐ **unlock** [ʌnlák]
un(not) + lock(잠그다) → 잠그는 것을 풀다 → 열다

동 열다 ↔ lock 잠그다
[18] Could you **unlock** the door for me?

☐ **unnerve** [ʌnnəːrv]
un(not) + nerve(용기) → 용기를 없애다.

명 용기를 잃게 하다 ↔ nerve 용기를 내다
[19] The long silence **unnerved** him.

---

10. 이야기가 점차적으로 전개되었다.
11. 그것은 매우 불행한 사건이었다.
12. 경찰은 어제 발견된 신원이 밝혀지지 않은 시체관련하여 남자의 죽음을 조사하고 있는 중이다.
13. 무인도는 그 섬에 살고 있는 사람들이 전혀 없다.
14. 우리는 두 시간 동안 영광스럽고 아무 제약이 없는 연극을 봤다.

15. 그 제안된 개혁은 의도하지 않은 결과를 가져올 것이다.
16. 최악의 경우, 핵 전쟁이 발생할 수도 있다.
17. 이 영화는 많은 청중을 끌어들일 것 같지 않다.
18. 나를 위해 문을 열어 주실 수 있을까요?
19. 긴 침묵은 그를 불안하게 했다.

☐ **unrest** [ʌnrest]

un(not) + rest(안정, 휴식) → 안정이 없는 상태 → 불안

> 명 불안 ↔ rest 안정
>
> [20] The civil **unrest** in the city could lead to full-scale civil war.

☐ **unscrupulous** [ʌnskrúːpjələs]

un(not) + scrupulous(면밀한, 양심적인) → 양심적이지 않은 → 부도덕한

> 형 부도덕한, 파렴치한 ↔ scrupulous 양심적인
>
> [21] Counterfeit documents make it easier for **unscrupulous** employers to hire illegal workers.

☐ **unskilled** [ʌnskild]

un(not) + skilled(숙련된, 능숙한)

> 형 숙련[숙달]되지 않은, 미숙한, 서투른 ↔ skilled 숙련된, 능숙한
>
> [22] **Unskilled** foreign labor would reduce the income of the Saudi workers.

☐ **untamed** [ʌnteim]

un(not) + tamed(길들이는) → 길들이지 않은

> 형 길들지 않은 ↔ tamed 길들여진
>
> [23] An **untamed** area or place is in its original or natural state.

☐ **unusual** [ʌnjúːʒuəl]

un(not) + usual(보통의) → 보통이 아닌 → 이상한

> 형 이상한, 흔치 않는, 유별난 ↔ usual 보통의
>
> [24] There was nothing **unusual** about her physical appearance.

☐ **unwilling** [ʌnwíliŋ]

un(not) + willing(자발적인) → 자발적이지 않은

> 형 꺼리는, 마지 못해 하는 ↔ willing 기꺼이 …하는
>
> [25] The bank is **unwilling** to lend small companies money.

☐ **unwind** [ʌnwáind]

un(not) + wind(감다) → 감은 것을 풀다

> 동 풀다 ↔ wind 감다
>
> [26] If the bandage **unwinds**, it becomes unfastened.

---

20. 그 도시의 내전은 전면전의 내전으로 이어질 수 있다.
21. 위조 문서는 부도덕한 고용주들이 불법 노동자를 고용하는 것이 더 쉽게 만든다.
22. 비숙련 외국인 노동이 사우디 노동자의 소득을 감소시킬텐데.
23. 길들여지지 않은 지역이나 장소는 원래 그대로 즉 자연상태이다.

24. 그녀의 신체적인 외모와 관련 특별한 어떤 것도 없었다.
25. 그 은행은 작은 기업에 돈을 빌려주는 것을 꺼려한다.
26. 붕대가 풀리면 느슨해진다.

# ant(i)-: **against** ~에 반대하는

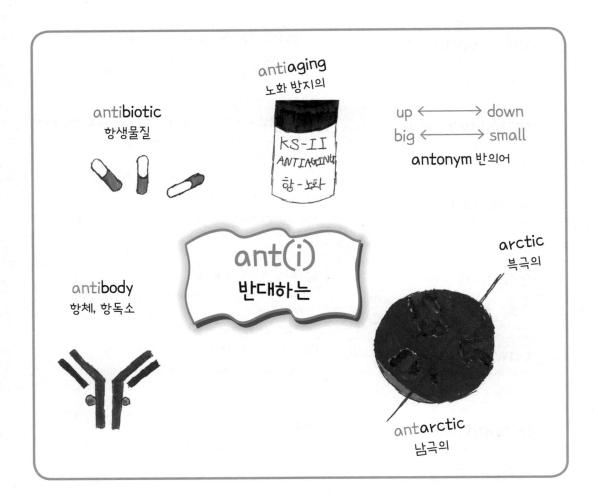

antiaging
노화 방지의

antibiotic
항생물질

up ←——→ down
big ←——→ small
antonym 반의어

ant(i)
반대하는

arctic
북극의

antibody
항체, 항독소

antarctic
남극의

이 단원에서 학습할 단어모음입니다. □□□에 각각 모르는 단어를 3회에 걸쳐 ☑(체크표시)해 보세요.
모르는 단어는 끝까지 학습하세요.

## Preview Words

□□□ **antagonize** [æntǽɡənàiz] v. …의 반감을 사다
□□□ **antiaging** [ǽntiéidʒiŋ] a. 노화 방지의
□□□ **antibiosis** [baióusis] n. 항생 작용
□□□ **antibiotic** [ǽntibaiátik] n. 항생물질
□□□ **antibody** [ǽntibàdi] n. 항체, 항독소

□□□ **Antarctica** [æntάːrktikə] n. 남극 대륙(the Antarctic
　　　　　　　　　　　　　　　Continent)
□□□ **antarctic** [æntάːrktik] a. 남극의
□□□ **antonym** [ǽntənim] n. 반의어

## antagonize [æntǽgənàiz]
ant(against 대항하는) + agon(contest 경쟁) + ize(통접)

**동** 반감을 사다, 대립하다
[1] His manner **antagonizes** the people.

## antiaging [æntiéidʒiŋ]
anti(against 대항하는 ) + aging(노화) → 노화하지 않는
→ 노화방지의

**형** 노화 방지의 ↔ aging 노화
[2] **Anti-aging** technology could be the investors' dream.

## antibiosis [æntibaióusis]
anti(against 대항하는) + biosis(사는 방식)

**명** 항생 작용 ↔ symbiosis 공생
[3] **Antibiosis** is a biological interaction between two or more organisms.

## antibiotic [æntibaiátik]
anti(against 대항하는 ) + biotic(생물의)
→ 생명활동에 반대되는 것 → 항생물질

**명** 항생물질 ↔ biotic 생명의
[4] New **antibiotics** were developed using fish slime.

## antibody [æntibàdi]
anti(against 대항하는 ) + body(몸, 조직) → 대항하는 몸(조직)

**명** 항체, 항독소
[5] An **antibody** can treat obesity and osteoporosis.

## Antarctica [æntáːrktikə]
ant(against 대항하는 ) + arctic(북극의 ) + a( 명접 )

**명** 남극 대륙(the Antarctic Continent)
[6] **Antarctica** is Earth's southernmost continent.
[7] Water temperatures around **Antarctica** will be recorded for a database.

## antarctic [æntáːrktik]
ant(against 대항하는 ) + arctic(북극의) → 북극 반대쪽에
→ 남극의

**형** 남극의 ↔ arctic 북극의, 북극
[8] **Antarctic** sea ice peaks in September and usually retreats to a minimum in February.

## antonym [æntənim]
ant(against 대항하는 ) + nym(word 말) → 반대되는 말
→ 반의어

**명** 반의어 ↔ synonym 동의어
[9] Synonyms have the same or similar meanings: objection and disapproval, beginner and novice, pants and trousers. **Antonyms** are opposites or approximate opposites: abundant and scarce, accept and refuse, weak and strong.

---

1. 그의 태도는 사람들의 반감을 산다.
2. 항 노화(anti-aging)기술이 투자자들의 꿈이 될 수 있다.
3. 항생 작용은 둘 이상의 유기체 사이의 생물학적 상호작용이다.
4. 새로운 항생제들이 물고기 진액을 사용하여 개발되었다.
5. 항체가 비만과 골다공증을 치료할 수 있다.
6. 남극 대륙은 지구의 가장 남쪽에 있는 대륙이다.
7. 남극 주변의 물 온도가 데이터베이스를 위하여 기록될 것이다.

8. 남극 바다 얼음은 9월에 최고에 이르고 보통 2월에 최소가 된다.
9. 비슷한 말(synonym)은 똑같거나 비슷한 의미을 가지고 있다. 즉 반대의 뜻 objection and disapproval, 초보자의 뜻 beginner and novice '바지'를 말하는 pants와 trousers가 그것이다. 반대말(antonym)은 정 반대말이나 근접한 반대말이다. 즉 abundant(풍부한) and scarce(희귀한), accept(수락하다) and refuse(거절하다), weak(약한)과 strong(강한)이 그것이다.

※ 아래에서 우리말은 영어로 영어는 우리말로 각각 뜻을 쓰시오.

1. 공명심이 없는 _____
2. 모르고 있는 _____
3. …의 반감을 사다 _____
4. 노화 방지의 _____
5. 반의어 _____
6. 지나친 _____
7. 편치 않은, 불안한 _____
8. 평평하지 않은 _____
9. 항생 작용 _____
10. 펼치다, 펴다, 전개되다 _____
11. 불운한, 불행한 _____
12. 정체불명의 _____
13. 사람이 살지 않은 _____

14. uninhibited _____
15. antibiotic _____
16. unintentional _____
17. unleash _____
18. unlikely _____
19. antibody _____
20. unnerve _____
21. unrest _____
22. unscrupulous _____
23. unskilled _____
24. untamed _____
25. antarctic _____
26. unwilling _____

※ 다음 문장의 빈칸에 알맞은 단어를 보기에서 찾아 넣으시오. 필요 시 대문자, 수, 시제, 태 등 문법적 요소를 고려하여 쓰세요.(다만 본문 예문 학습을 유도하기 위하여 예문에서 사용한 단어를 정답으로 하였다.)

보기

antonym, undue, untamed, unidentified, antibiosis, unskilled, unintended, uneven, antagonize, unleash, uninhabited, uninhibited, unconstitutional, unfair, antibiotics, antibody

27. His manner _____ the people.

28. At worst, nuclear war could be _____ed.

29. New _____ were developed using fish slime.

30. An _____ can treat obesity and osteoporosis.

31. An _____ island has no people living in it.

32. We watched two hours of glorious, _____ play.

33. The proposed reforms will have _____ consequences.

34. Be careful on that path – the paving stones are _____.

35. It's _____ to take advantage of other people's misfortunes.

36. _____ is a biological interaction between two or more organisms.

37. _____ foreign labor would reduce the income of the Saudi workers.

38. An _____ area or place is in its original or natural state.

39. Such a high increase will impose an _____ burden on the local tax payer.

40. The president's meager, weak and _____ actions further demand that we have an agreement.

41. Police are investigating the death of an _____ man whose body was found yesterday.

42. _____ are opposites or approximate opposites: tall and short, fast and slow, weak and strong.

# non-: 아닌

nonscientific
비과학적인

nonfiction
사실 문학

none-:
아닌

nonchalance
무관심, 냉담

스케줄표
8:00~9:00 ~~~
9:00~10:00 ~~~
12:00~1:00 ~~~  ← 2:00 ~ 3:00. ~~
3:00~4:00 ~~
4:00~5:00 ~~

nonscheduled
비정기의, 임시의

---

이 단원에서 학습할 단어모음입니다. ☐☐☐에 각각 모르는 단어를 3회에 걸쳐 ☑(체크표시)해 보세요.
모르는 단어는 끝까지 학습하세요.

**Preview Words**

☐☐☐ **non**acceptance [nɑnækséptəns] n. 불승낙
☐☐☐ **non**alcoholic [nɑnælkəhɔ́(:)l] a. 알코올을 함유하지 않은
☐☐☐ **non**chalance [nὰnʃəlάːns] n. 무관심, 냉담, 태연
☐☐☐ **non**chalant [nὰnʃəlάːnt] a. 무관심(냉담)한, 태연한, 냉정한
☐☐☐ **non**fiction [nɑnfíkʃən] n. 사실 문학
☐☐☐ **non**sense [nɑnsens] n. 난센스, 터무니 없는 소리
☐☐☐ **non**scheduled [skédʒu(:)ld] a. 부정기의, 임시의
☐☐☐ **non**scientific [nɑnsàiəntífik] a. 비과학적인

☐ **nonacceptance**
[nɑnækséptəns]
non+acceptance(수락)

명 불승낙
[1] Our duty involves curing delays in payment processing or remediating technical failures or **non-acceptance** issues.

☐ **nonalcoholic** [nɑnæ̀lkəhɔ́(ː)l]
non+alcoholic (알코올의)

형 알코올을 함유하지 않은
[2] Is it socially acceptable for children to be drinking **non-alcoholic** drinks in public or at home?

☐ **nonchalance** [nɑ̀nʃəlɑ́ːns]
non(아닌) + chal(warm 따뜻한) + ance(명접)
→ 따뜻함이 없는 상태

명 무관심, 냉담, 태연
[3] 'Nonchalance' is a casual lack of concern, a relaxed state without anxiety or enthusiasm.

☐ **nonchalant** [nɑ̀nʃəlɑ́ːnt]
non(아닌) + chal(warm 따뜻한) + ant(형접)

형 무관심[냉담]한, 태연한, 냉정한
[4] His **nonchalant** manner infuriated me.

☐ **nonfiction** [nɑnfíkʃən]
non(아닌) + fiction(허구) → 허구가 아닌 문학 → 논픽션

명 사실 문학 ↔ fiction 허구
[5] White has written 27 previous books, both fiction and **nonfiction**.

☐ **nonsense** [nɑnsens]
non(아닌) + sense(분별)

명 난센스, 터무니 없는 소리 ↔ sense 분별력
[6] She thinks that astrology is **nonsense**.

☐ **nonscheduled** [skédʒu(ː)ld]
non(아닌) + scheduled(예정된)

형 부정기의, 임시의 ↔ scheduled 계획된
형 **nonscheduled** flight 부정기 항공편
⇔ scheduled flight 정기편
[7] This includes most **nonscheduled** broadcasts, special reports and coverage of major events.

☐ **nonscientific** [nɑnsàiəntífik]
non(아닌) + scientific(과학적인)

형 비과학적인 ↔ scientific 과학적인
[8] The group released the **nonscientific** survey of 500 voters last week after Tuesday's general election.

---

1. 우리의 임무는 지불 처리 지연, 또는 기술 실패 또는 미승인 문제 해결을 치료하는 것을 포함한다.
2. 아이들이 공공 장소나 집에서 무알코올 음료를 마시는 것이 사회적으로 허용되나요?
3. 냉담함(nonchalance)은 일상적인 관심의 부족, 즉 걱정이나 열정이 없는 이완된 상태다.
4. 그의 냉담한 태도는 나를 격노하게 하였다.

5. White는 앞서 소설과 비소설 27권의 책을 썼다.
6. 그녀는 점성술이 난센스라고 생각한다.
7. 이것은 주요 사건 관련 대부분의 임시 방송, 특별 보도와 취재를 포함한다.
8. 그 그룹은 화요일 총선 후인 지난주 500명의 유권자들에 대한 비과학적인 조사를 공개했다.

# a(n)- : ~ 가 없는: without, not

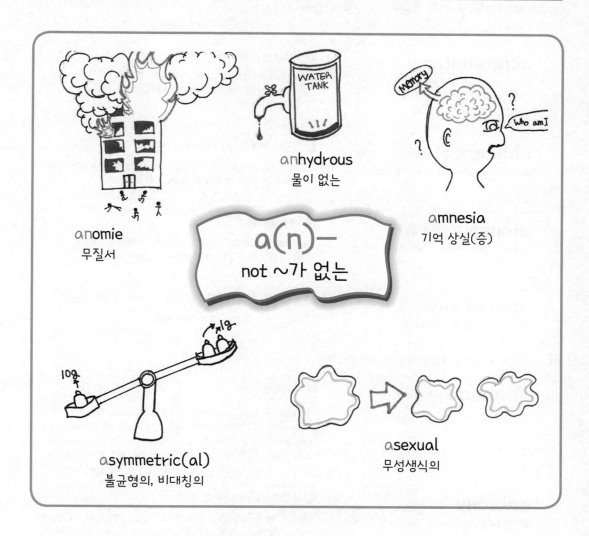

anomie
무질서

anhydrous
물이 없는

amnesia
기억 상실(증)

a(n)−
not ~가 없는

asymmetric(al)
불균형의, 비대칭의

asexual
무성생식의

이 단원에서 학습할 단어모음입니다. □□□에 각각 모르는 단어를 3회에 걸쳐 ☑(체크표시)해 보세요.
모르는 단어는 끝까지 학습하세요.

## Preview Words

□□□ **a**chromatic [æ̀krəmǽtik] a. 무색의
□□□ **a**historical [èihistɔ́(:)rikəl] a. 역사와 관계없는
□□□ **a**mnesia [æmníːʒə] n. 기억 상실(증)
□□□ **a**moral [eimɔ́ːrəl] a. 도덕과 관계없는
□□□ **a**narchy [ǽnərki] n. 무정부
□□□ **a**narchism [ǽnərkìzəm] n. 무정부주의, 무정부 (상태)
□□□ **a**necdote [ǽnikdòut] n. 일화
□□□ **a**nhydrous [ænháidrəs] a. 무수의(물이 없는)

□□□ **a**nomie [ǽnəmì] n. 아노미 현상
□□□ **a**nonymous [ənánəməs] a. 이름을 밝히지 않는, 익명의
□□□ **a**sexual [eisékʃuəl] a. 무성생식의
□□□ **a**symmetry [eisímətri] n. 불균형, 비대칭
□□□ **a**symmetric,-al [èisimétrik],[-əl] a. 불균형의, 비대칭의
□□□ **a**tonal [eitóunl] a. 무음조의
□□□ **a**typic,-al [eitípik], [-əl] a. 격식을 벗어난

접두어 **a(n)-** 은 '~가 없는(without, not)'의 뜻과 ashore(해변에), afresh(새로) 등의 단어에서 보는 것처럼, 접촉하여(on)나 '~쪽으로(to) 등'의 뜻이 있다. 여기에서는 '~가 없는(without, not)'의 뜻에 해당하는 것을 보겠습니다.

---

☐ **achromatic** [æ̀krəmǽtik]
a(not) + chromatic(색조의)→ 색조가 없는

형 **무색의** ↔ chromatic **색조의**
[1] Gray urban landscapes and the black surface of a lake on a starless night could both be described as **achromatic**.

---

☐ **ahistorical** [èihistɔ́(ː)rikəl]
a(not) + historical(역사상의) → 역사와 관계없는

형 **역사와 관계없는** ↔ historical **역사상의**
[2] The book speaks of culture as chiefly an economic matter, which is **ahistorical** and absurd.

---

☐ **amnesia** [æmníːʒə]
a(without) + mnesia(기억) → 기억이 없음 → 기억 상실

명 **기억 상실(증)**
[3] **Amnesia** refers to difficulty in learning new information or in remembering the past.

---

☐ **amoral** [eimɔ́ːrəl]
a(not) + moral(도덕의) → 도덕과 관계없는

형 **도덕과 관계없는** 유사어 nonmoral ↔ moral **도덕에 관한**
[4] Science is completely **amoral**.

---

**cf.** amoral 도덕과 관계없는 & immoral 부도덕한

---

☐ **immoral** [immɔ́ːrəl]
im(not) + moral(도덕적인) → 부도덕한

형 **부도덕한**
[5] '**Immoral**' is properly used to talk about the breaking of moral rules, whereas '**amoral**' is about people who have no moral code or about places or situations where moral considerations do not apply.

---

☐ **anarchy** [ǽnərki]
an(not) + archy(지배, 정치) → 지배가 없는 정치 → 무정부

명 **무정부** cf)-archy 지배, 정치
[6] **Anarchy** refers to the state of a society being freely constituted without authorities or a governing body.

---

☐ **anarchism** [ǽnərkìzəm]
anarchy(무정부) + ism('이념 등의 주의'를 나타내는 명접) → 무정부주의

명 **무정부주의, 무정부** (상태)
[7] **Anarchism** is an anti-authoritarian political and social philosophy that rejects hierarchies as unjust.

---

1. 별 없는 밤에 회색 도시 경치와 호수의 검은 표면은 둘 다 무색(achromatic)으로서 묘사될 수 있다.
2. 그 책은 문화를 역사와 관련 없고 부조리한 주로 경제적인 문제로서 말한다.
3. 기억상실증(amnesia)은 새로운 정보를 얻거나 과거를 기억하는데 어려움을 말한다.
4. 과학은 완전히 도덕과 관계없다.
5. Immoral(부도덕한)은 정확히 도덕적인 룰을 깨는 것에 관해 말하기 위해서 사용되는 반면에 amoral(도덕과 관계없는)은 도덕 관념이 없는 사람이나 혹은 도덕적인 고려가 적용되지 않는 장소나 상황들이다.
6. 무정부는 당국, 즉 지배 체제 없이 자유롭게 구성된 사회 상태를 언급한다.
7. 무정부주의는 계급제도를 부당한 것으로 거부하는 반 권위적인 정치 사회 철학이다.

☐ **anecdote** [ǽnikdòut]

a(not) + necdote (발행하다) → (발표되지 않은) 이야기 → 일화

명 일화

[8] In the same interview, he told an **anecdote** about what it means to be a good salesman.

☐ **anhydrous** [ænháidrəs]

an(not) + hydrous(물이 있는) → 물이 없는

형 무수의(물이 없는) ↔ hydrous 물을 품고 있는

[9] **Anhydrous** literally means "no water." In chemistry, substances without water are labeled **anhydrous**.

☐ **anomie** [ǽnəmì:]

a(without) + nomie(질서) → 질서가 없는 상태 → 무질서

명 아노미 현상

[10] **Anomie** was introduced by the French sociologist Émile Durkheim in his study of suicide.

☐ **anonymous** [ənúnəməs]

an(not) + onymous(이름을 밝힌)

형 이름을 밝히지 않는, 익명의 ↔ onymous 이름을 밝힌

[11] An **anonymous** local donor pledged $200,000 to help the handicapped.

☐ **asexual** [eisékʃuəl]

a(not) + sexual(자웅 유성의) → 무성생식의

형 무성생식의

[12] **Asexual** reproduction is a type of reproduction by which offspring arise from a single organism.

☐ **asymmetry** [eisímətri]

a(not) + symmetry 대칭 → 비대칭의, 불균형의

명 불균형, 비대칭 ↔ symmetry 대칭

[13] If both halves of an apple look exactly the same, that's an example of symmetry, while if the sides are different, that's **asymmetry**.

☐ **asymmetric, -ical**
[èisimétrik], [-kəl]

a(not) + symmetric(al) (대칭의) → 비대칭의

형 불균형의, 비대칭의 ↔ symmetric,-ical 대칭의

[14] Most faces are **asymmetric**.

☐ **atonal** [eitóunl]

a(not) + ton(음조의) + al( 형접 )→ 무음조의

형 무음조의 ↔ tonal 음조의

[15] In the early 20th century, some adventurous composers wrote pieces that were **atonal**.

☐ **atypic, -ical** [eitípik], [-əl]

a(not) + typic, typical(전형적인) → 전형적이지 않은
→ 틀에 박히지 않은

형 격식을 벗어난 ↔ typic, typical 전형적인

[16] The postal service delivered the package with **atypical** speed.

---

8. 똑같은 인터뷰에서 그는 좋은 세일즈맨이 된다는 것이 무엇을 뜻하는지에 관한 일화를 말했다.

9. 무수의(anhydrous)는 글자 그대로 물이 없는 것을 뜻한다. 화학에서 물 없는 물질들을 anhydrous라고 말한다.

10. 무질서(anomie)는 프랑스 사회학자 에밀 뒤르켐의 자살 연구에서 소개 되었다.

11. 한 익명의 지역의 기부자가 장애인을 돕기 위하여 20만 달러를 서약했다.

12. 무성생식은 자손이 하나의 유기체로부터 나오는 번식 방식이다.

13. 사과의 각각 반쪽 두 개가 정확히 똑같다면 그것은 대칭의 예이다. 반면에 두 쪽이 다르다면 비대칭이다.

14. 대부분의 얼굴들은 비대칭이다.

15. 20세기 초, 얼간의 모험적인 작곡가들이 무음조의 곡들을 썼다.

16. 우편 서비스는 일정하지 않은 속도로 소포를 배달하였다.

# tel(e)-, telo-: 원거리의, 전신, 전송

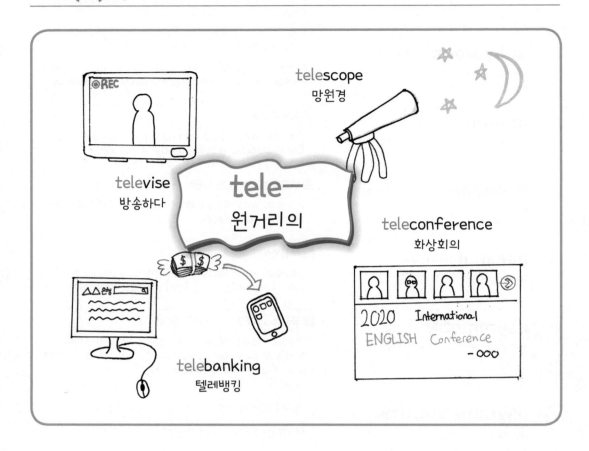

이 단원에서 학습할 단어모음입니다. □□□에 각각 모르는 단어를 3회에 걸쳐 ☑(체크표시)해 보세요.
모르는 단어는 끝까지 학습하세요.

## Preview Words

□□□ **tele**banking [téləbæŋk] n. 텔레뱅킹
□□□ **tele**commute [téləkəmjúːt] v. 컴퓨터로 집에서 근무하다
□□□ **tele**commuting [téləkəmjúːt] n. 재택근무
□□□ **tele**conference [téləkánfərəns] n. 원격 회의
□□□ **tele**gram [téləɡræm] n. 전보, 전신
□□□ **tele**graph [téləɡræf] n. 전신, 전보 v. 전보를 치다
□□□ **tele**graphic [tèləɡræfik] a. 전신기의, 전신의, 전보의

□□□ **tele**marketing [téləmάːrkitiŋ] n. 텔레마켓팅
□□□ **tele**scope [téləskòup] n. 망원경
□□□ **tele**vise [téləvàiz] v. (텔레비전으로) 방송하다
□□□ **tele**path [téləpæθ] n. 텔레파시 능력자
□□□ **tele**pathy [təlépəθi] n. 텔레파시, 정신 감응(술)
□□□ **tele**pathic [tèləpǽθik] a. 정신 감응의, 이심전심의

☐ **telebanking** [téləbæŋk]

tele(원거리의, 전신) + banking(은행업무)

**명** 텔레뱅킹

[1] **Telebanking** is a telephone banking service that allows you access to any of your accounts at Resource Bank, 24 hours a day, through your telephone.

☐ **telecommute** [téləkəmjúːt]

tele(원거리의, 전신) + commute(통근하다)

**동** 컴퓨터로 집에서 근무하다

[2] Our company now allows some of its employees to **telecommute**.

☐ **telecommuting** [téləkəmjúːt]

tele(원거리의, 전신) + commuting(통근)

**명** 재택근무

[3] **Telecommuting** has become a fact of life for millions of people across the United States during the COVID-19 pandemic.

☐ **teleconference**
[téləkánfərəns]

tele(원거리의, 전신) + conference(회의)

**명** (장거리 전화·텔레비전 등을 이용한) 원격지간의 회의

[4] G20 finance chiefs hold **teleconference** on coronavirus pandemic.

☐ **telegram** [téləgræm]

tele(원거리의, 전신) + gram(그림, 문서)

**명** 전보, 전신

[5] **Telegrams** have now been replaced by faxes and email.

☐ **telegraph** [téləgræf]

tele(원거리의, 전신) + graph(그래프, 도식)

**명** 전신, 전보 **동** 전보를 치다

**명** 전신, 전보

[6] A **telegraph** is a device for transmitting and receiving messages over long distances.

**동** 전보를 치다

[7] Please **telegraph** me the result.

☐ **telegraphic** [tèləgræfik]

tele(원거리의, 전신) + graphic(그림, 문자)

**형** 전신기의, 전신의, 전보의, 전송의, 전문체의, 간결한

[8] Then he sent $100,000 by **telegraphic** transfer to Austin.

☐ **telemarketing** [téləmáːrkitiŋ]

tele(원거리의, 전신) + marketing(마케팅)

**명** 전화를 이용한 판매[광고] 활동

[9] **Telemarketing** is the direct marketing of goods or services to potential customers over the telephone or the Internet.

---

1. 텔레뱅킹은 전화를 통해 하루 24시간 Resource Bank의 모든 계정에 접근할 수 있는 전화 뱅킹 서비스다.
2. 우리 회사는 이제 일부 직원이 재택 근무할 수 있도록 허용한다.
3. 재택 근무는 COVID-19 전염병 동안 미국 전역의 수백만 명의 사람들에게 실제 생활이 되었다.
4. G20 재무장관들이, 코로나 바이러스 전염병관련 화상회의 개최한다.

5. 전보가 이제 팩스와 이메일로 대체되었다.
6. 전신은 장거리에서 메시지를 송수신하기 위한 장치다.
7. 결과를 전보로 알려 주시오.
8. 그 다음에 그는 오스틴에게 전신환으로 100,000달러를 보냈다.
9. 텔레마케팅은 전화나 인터넷을 통해 잠재 고객에게 상품이나 서비스를 직접 마케팅하는 것이다.

☐ **telescope** [téləskòup]
tele(원거리의, 전신) + scope(영역)

명 **망원경**

[10] The friendly experts will help you choose the right **telescope**, binoculars, or accessories.

☐ **televise** [téləvàiz]
tele(원거리의, 전신) + vise(see 보다)

동 (텔레비전으로) **방송하다**

[11] All the races will be **televised** by MBC.

☐ **telepath** [téləpæθ]
tele(원거리의, 전신) + path(way 길)
→ 멀리서 길을 아는 사람

명 **텔레파시 능력자**

[12] In reality **telepath** can only read part of your mind.

☐ **telepathy** [təlépəθi]
tele(원거리의, 전신) + pathy(감정, 병, 요법)

명 **텔레파시, 정신 감응(술)**

[13] For many comic book heroes, **telepathy** is a common, useful, and powerful ability that many seem to be in possession of.
[14] The definition of **telepathy** is sending messages from brain to brain.

☐ **telepathic** [tèləpǽθik]
telepathy(텔레파시) + ic( 형접 )

형 **정신 감응의, 이심전심의**

[15] Kes possesses **telepathic** abilities.

☐ **teleconsultation**
[téləkànsəltéiʃən]
tele(원거리의, 전신) + consultation(상담)

명 **원격상담**

[16] The adoption of **TeleConsultation** has been fuelled by the needs of global workforces amid the COVID-19 pandemic.

☐ **telediagnosis**
[télədàiəgnóusis]
tele(원거리의, 전신) + diagnosis(진단)

명 **원격 진단**

[17] Take for example the kind of communications technology that goes under the heading of what I would call 'tele-whatever.' Tele-medicine, tele-health, **tele-diagnosis**, and tele-treatment, even tele-car repair, tele-counseling and tele-home design-have become increasingly sophisticated.

---

10. 친절한 전문가가 올바른 망원경, 쌍안경 또는 액세서리를 선택하도록 도와준다.
11. 모든 경기는 MBC에 의해 방송될 것이다.
12. 실제 텔레파시 능력자는 단지 너의 마음의 일부를 읽을 수 있다.
13. 많은 만화 영웅들에게 텔레파시는 많은 사람들이 소유하고 있는 것으로 보이며 일반적이고 유용하며 강력한 능력이다.
14. 텔레파시의 정의는 뇌에서 뇌로 메시지를 보내는 것이다.

15. 케스는 정신감응 능력들을 소유하고 있다.
16. COVID-19 전염병의 한 가운데 전 세계 노동자들의 요구로 원격상담(TeleConsultation) 채택이 가속화되었다.
17. 예를 들어 "텔레-무엇이든"이라는 제목 아래에 있는 통신 기술의 종류들을 한번 보자. 원격 의료, 원격 건강, 원격 진단 및 원격 치료, 원격 차량 수리, 원격 상담 및 원격 주택 설계도 점점 더 정교해지고 있다.

※ 아래에서 우리말은 영어로 영어는 우리말로 각각 뜻을 쓰시오.

1. 불승낙　　　　_____
2. 난센스, 터무니 없는 소리　　_____
3. 전신기의, 전신의, 전보의　　_____
4. 망원경　　　　_____
5. 부정기의, 임시의　　_____
6. 비과학적인　　_____
7. 무색의　　　　_____
8. 기억 상실(증)　　_____
9. 도덕과 관계없는　　_____
10. 무음조의　　_____
11. 알코올을 함유하지 않은　　_____
12. 무관심, 냉담, 태연　　_____
13. 일화　　　　_____

14. anomie　　_____
15. anonymous　　_____
16. asymmetry　　_____
17. telecommuting　　_____
18. teleconference　　_____
19. televise　　_____
20. telepath　　_____
21. nonchalant　　_____
22. nonfiction　　_____
23. anarchy　　_____
24. anarchism　　_____
25. telepathy　　_____
26. telepathic　　_____

※ 다음 문장의 빈칸에 알맞은 단어를 보기에서 찾아 넣으시오. 필요 시 대문자, 수, 시제, 태 등 문법적 요소를 고려하여 쓰세요.(다만 본문 예문 학습을 유도하기 위하여 예문에서 사용한 단어를 정답으로 하였다.)

**보기**

anecdote, ahistorical, amnesia, nonchalant, amoral, non-acceptance, nonfiction, nonchalance, nonscheduled, nonscientific, telescope, achromatic, telegraphic, telepathy, amoral, anarchism

27. Science is completely _____ .

28. His _____ manner infuriated me.

29. Then he sent $100,000 by _____ transfer to Austin.

30. The definition of _____ is sending messages from brain to brain.

31. White has written 27 previous books, both fiction and _____.

32. _____ is a casual lack of concern, a relaxed state without anxiety or enthusiasm.

33. This includes most _____ broadcasts, special reports and coverage of major events.

34. The group released the _____ survey of 500 voters last week after Tuesday's general election.

35. Our duty involves curing delays in payment processing or remediating technical failures or _____ issues.

36. The friendly experts will help you choose the right _____ , binoculars, or accessories.

37. Gray urban landscapes and the black surface of a lake on a starless night could both be described as _____.

38. The book speaks of culture as chiefly an economic matter, which is _____ and absurd.

39. _____ refers to difficulty in learning new information or in remembering the past.

40. _____ is about people who have no moral code or about places or situations.

41 _____ is an anti-authoritarian political and social philosophy that rejects hierarchies as unjust.

42. In the same interview, he told an _____ about what it means to be a good salesman.

# 30 day

# se-: away 떨어져

se—
away 떨어져

separate
잘라서 떼어놓다

secede 탈퇴하다

동아리

section 분할, 절개

PIZZA

secret 비밀의

Secret

이 단원에서 학습할 단어모음입니다. □□□에 각각 모르는 단어를 3회에 걸쳐 ☑(체크표시)해 보세요.
모르는 단어는 끝까지 학습하세요.

## Preview Words

□□□ **se**crecy [síːkrəsi] n. 비밀
□□□ **se**cret [síːkrit] a. 비밀의
□□□ **se**ction [sékʃən] n. 분할
□□□ **se**duce [sidjúːs] v. 부추기다
□□□ **se**duction [sidʌ́kʃən] n. 사주, 유혹
□□□ **se**cede [sisíːd] v. 탈퇴[분리]하다
□□□ **se**clude [siklúːd] v. 분리하다
□□□ **se**clusion [siklúːʒən] n. 분리

□□□ **se**parate [sépərèit] v. 잘라서 떼어 내다
□□□ **se**cure [sikjúər] a.안전한
□□□ **se**curity [sikjúəriti] n. 안전
□□□ **se**lect [silékt] v. 선택하다
□□□ **se**lection [silékʃən] n. 선발, 선택
□□□ **se**gregate [ségrigèit] v. 차별하다
□□□ **se**gregation [ségrigèitʃən] n. 인종차별

## secrecy [síːkrəsi]

se(away 떨어져서) + cre(separate 분리) + cy(명접)
→ 분리해서 떼어 놓은 상태 → 비밀

**명 비밀**

[1] There has been strong criticism of the **secrecy** surrounding the negotiations.

## secret [síːkrit]

se(away 떨어져서) + cret(separate 분리)
→ 분리해서 떼어 놓은 (상태) → 비밀스러운

**형 비밀의   명 비밀**

**형 비밀의**

[2] The president escaped through a **secret** passage underneath the parliament building.

**명 비밀**

[3] A close couple should have no **secrets** from each other.

## section [sékʃən]

se(away 떨어져서) + ct(cut 자르다) + tion(명접)
→ 분할, 절단, 구역

**명 분할, 구역**

유사어 segment, part, division, portion, fraction, fragment

[4] Does the restaurant have a non-smoking **section**?

## seduce [sidjúːs]

se(away 떨어져서) + duce(lead 이끌다)
→ 이탈시켜 이끌어 내다 → 유혹하다

**동 부추기다, 매혹시키다**

[5] Almost every visitor to Edinburgh is **seduced** by its splendid architecture.

## seduction [sidʌkʃən]

seduce(부추기다) + tion(명접)

**명 사주, 유혹**

[6] **Seduction** is the process of deliberately enticing a person to engage in a relationship.

## secede [sisíːd]

se(away 떨어져서) + cede(go 가다) → 떠나서 가다
→ 탈퇴하다

**동 탈퇴(분리)하다**

[7] The region tries to **secede** from the south.

## seclude [siklúːd]

se(away 떨어져서) + clude(close 차단하다)
→ 떼어 내 차단하다 → 분리하다

**동 분리하다, 격리하다, 은퇴하다**

유사어 quarantine, retire, separate

[8] Typically, the bride would **seclude** herself in another room before the ceremony.

[9] The patients will be **secluded** until they are no longer contagious.

## seclusion [siklúːʒən]

seclude(분리하다) + sion(명접)

**명 분리, 은둔**

[10] He's been living in **seclusion** since he retired from acting.

---

1. 협상을 둘러싸고 있는 비밀에 대한 강한 비판이 있다.
2. 대통령은 의회 빌딩 아래에 있는 비밀 통로를 통해 도망쳤다.
3. 그 친한 커플은 서로에게 어떠한 비밀도 가져서는 안된다.
4. 그 레스토랑은 흡연 금지 구역을 가지고 있나요?
5. 거의 모든 에딘버러 방문객은 그것의 멋진 건축물에 매혹된다.

6. 유혹(seduction)은 일부러 어떤 사람이 어떤 관련된 일에 참여하도록 부추기는 과정이다.
7. 그 지역은 남부로부터 탈퇴하려고 노력한다.
8. 결혼식전에 전형적으로 신부는 또 다른 방에서 혼자 있고자 한다.
9. 환자들이 더 이상 전염성이 없을 때까지 격리된다.
10. 그가 연기에서 은퇴한 이후 은둔하는 삶을 살고 있다.

## separate [sépərèit]

se(away 떨어져서) + parate(prepare 준비하다) → 떼어 내 준비시키다 → 잘라서 분리해 내다

**동** 잘라서 떼어 내다  **형** [sépərit] 분리된, 갈라진

**동** 잘라서 떼어 내다

[11] We can't **separate** morality from politics.

**형** 분리된, 갈라진

[12] The art department and the music department are in two **separate** buildings.

---

## secure [sikjúər]

se(away 떨어져서) + cure(care 근심) → 근심으로부터 떨어진 → 안전한

**형** 안전한  **유사어** safe

[13] Check that all windows and doors are **secure**.

## security [sikjúəriti]

secure(안전한) + ity( 명접 )

**명** 안전

[14] The banks must tighten **security** against fraud.

---

## select [silékt]

se(away 떨어져서) + lect(choose 선택하다) → (전체로부터) 골라내 떨어지게 하다 → 선발하다

**동** 선택하다, 선발하다  **유사어** choose, pick, handpick

[15] How do you **select** people for marketing and promotion?

## selection [silékʃən]

select(선택하다) + tion( 명접 )

**명** 선발, 선택  **유사어** alternative, choice

[16] There are strict rules that govern the **selection** of political candidates.

---

## segregate [ségrigèit]

se(away 떨어져서) + greg(herd 무리 or flock 떼) + ate( 동접 ) → 무리나 떼로부터 분리하다 → 분리하다

**동** 분리하다, 차별하다

**유사어** separate, set apart, isolate, quarantine

[17] Blacks were **segregated** from whites in every area of life.

## segregation [ségrigèitʃən]

segregate(분리하다) + tion( 명접 )

**명** 인종차별

[18] The community fought to end **segregation** in schools and housing.

---

11. 우리는 정치로부터 윤리를 분리할 수 없다.
12. 미술 학과와 음악 학과가 두 개의 분리된 빌딩에 있다.
13. 모든 창문과 문이 안전한가를 점검해.
14. 은행은 사기에 대한 안전을 강화시켜야 한다.

15. 마케팅과 홍보 담당자를 어떻게 뽑나요?
16. 정치 후보자 선발을 관리하는 엄격한 규칙들이 있다.
17. 흑인들은 모든 삶의 영역에서 백인으로부터 분리되었다.
18. 그 공동체는 학교와 주택에서 인종차별을 끝내기 위하여 싸웠다.

# a(b)-: away 떨어져서(이탈)

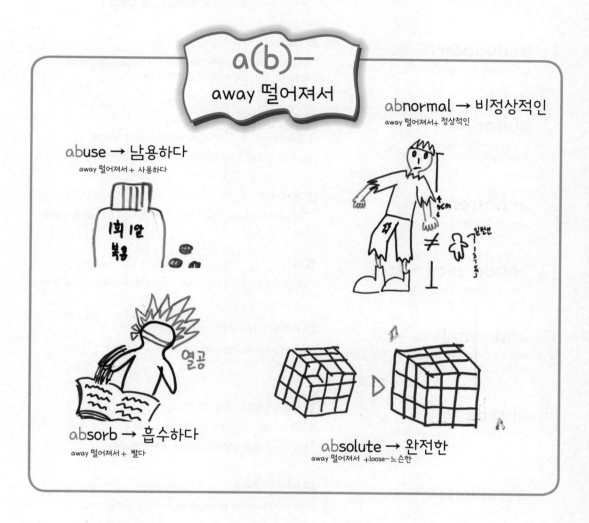

a(b)−
away 떨어져서

abuse → 남용하다
away 떨어져서 + 사용하다

abnormal → 비정상적인
away 떨어져서+ 정상적인

absorb → 흡수하다
away 떨어져서 + 빨다

열공

absolute → 완전한
away 떨어져서 +loose—느슨한

이 단원에서 학습할 단어모음입니다. □□□에 각각 모르는 단어를 3회에 걸쳐 ☑(체크표시)해 보세요.
모르는 단어는 끝까지 학습하세요.

### Preview Words

□□□ **ab**duct [æbdʌ́kt] v. 유괴하다
□□□ **ab**duction [æbdʌ́ktʃən] n. 유괴
□□□ **ab**hor [æbhɔ́r] v. 몹시 싫어하다
□□□ **ab**horrence [æbhɔ́rəns] n. 혐오
□□□ **ab**horrent [æbhɔ́rənt] a. 몹시 싫은
□□□ **ab**normal [æbnɔ́ːrməl] a. 비정상적인
□□□ **ab**rade [əbréid] v. 닳다, 비벼대어 벗기다
□□□ **ab**rasion [əbréiʒən] n. (피부의) 벗겨짐
□□□ **ab**solute [æbsəlùːt] a. 완전한, 전적인

□□□ **ab**solve [æbzálv] v. 용서하다, 면제하다
□□□ **ab**sorb [æbsɔ́ːrb] v. 흡수하다, 열중하다
□□□ **ab**sorption [æbsɔ́ːrbʃən] n. 흡수, 열중
□□□ **ab**use [əbjúːz] v. 남용하다, 오용하다
□□□ **a**vert [əvə́rt] v. (눈·얼굴 따위를) 돌리다
□□□ **a**version [əvə́ːʃən] n. 혐오, 반감
□□□ **ab**surd [æbsə́ːrd] a. 어리석은
□□□ **ab**original [æ̀bərídʒənəl] a. 원래의, 토착의

## abduct [æbdʌ́kt]

ab(away 떨어져서) + duct(lead 이끌다) → 멀리 유도하다 → 유괴하다

**동** 유괴하다 **유사어** kidnap, seize, capture

[1] The girl was **abducted** by kidnappers.
[2] Some evil persons **abducted** the child.

## abduction [æbdʌ́ktʃən]

abduct(유괴하다) + tion(명접) → 유괴

**명** 유괴

[3] Authorities activated Emergency Alert System about a possible child **abduction**.

## abhor [æbhɔ́ːr]

ab(away 떨어져서) + hor(horror-공포) → 공포로 멀리 떨어지다 → 매우 싫어하다

**동** 몹시 싫어하다

**유사어** detest, hate, loathe, despise, abominate

[4] A man **abhors** violence.

## abhorrent [æbhɔ́ːrənt]

abhorr(몹시 싫어하다) + ent(형접)

**형** 몹시 싫은

[5] For some prisoners, their crimes are too **abhorrent**.

## abhorrence [æbhɔ́ːrəns]

abhorr(몹시 싫어하다) + ence(명접)

**명** 혐오

[6] They are anxious to show their **abhorrence** of racism.

## abnormal [æbnɔ́ːrməl]

ab(away 떨어져서) + normal(정상적인) → 정상으로부터 벗어난 → 비정상적인

**형** 비정상적인 ↔ normal 정상적인

[7] What was **abnormal** behavior in the past is now seen as totally normal.

## abrade [əbréid]

ab(away 떨어져서) + rade(scrape 문지르다)

**동** 문질러 닳리다, 비벼대어 벗기다

**유사어** erode, scrape away, corrode

[8] My skin was **abraded** and very tender.

## abrasion [əbréiʒən]

abrade(문질러 벗기다) + sion(명접)

**명** (피부의) 벗겨짐

[9] He had severe **abrasions** to his right cheek.

## absolute [æbsəlùːt]

ab(away 떨어져서) + sol(loose-느슨한) + ute(형접) → 느슨한 것으로부터 벗어난 → 완전한

**형** 완전한, 전적인 **유사어** complete, total, utter, entire, perfect

[10] I have **absolute** faith in her judgment.

---

1. 그 소녀는 납치범들에 의해 유괴되었다.
2. 몇몇 사악한 사람들이 그 아이를 유괴했다.
3. 당국은 가능성 있는 어린이 유괴에 관한 비상 경계시스템을 작동시켰다.
4. 인간은 폭력을 몹시 싫어한다.
5. 얼마간의 죄수들에게 그들의 범죄는 너무나 혐오스럽다.
6. 그들은 인종주의에 대한 그들의 혐오를 보여주려 열망한다.
7. 과거에 비정상적이었던 것이 지금 완전히 정상적인 것으로 보인다.
8. 나의 피부가 문질러져 매우 약했다.
9. 그는 오른쪽 뺨에 심각한 상처를 입었다.
10. 나는 그녀의 판단에 절대적인 신뢰를 가지고 있다.

□ **absolve** [æbzálv]

ab(away 떨어져서) + solve(free 자유롭게 하다) → 풀어주어서 떠나게 하다 → 용서하다

통 **용서하다, 면제하다**

유사어 exonerate, discharge, acquit, release, exempt, let off, forgive

[11] Such a gesture would **absolve** him.

---

다의어 **absorb** [æbsɔ́:rb]

ab(away 떨어져서) + sorb(빨다) → 빨아서 가져가다 →
┌ (물 등을) 흡수하다
└ (공부나 일 등에 흡수하듯) 열중하다

통 **흡수하다, 열중하다** 유사어 suck up

[12] Trees **absorb** carbon dioxide and provide shade.
[13] His interest in physics **absorbs** him completely.

---

□ **absorption** [æbsɔ́:rbʃən]

absorb(흡수하다) + tion( 명접 )

명 **흡수, 열중**

유사어 immersion, involvement, engrossment, engagement, preoccupation

[14] Exercise can promote **absorption** of nutrients by the body.

---

□ **abuse** [əbjú:z]

ab(away 떨어져서) + use(사용하다) → 벗어나서 사용하다 → 남용하다

통 **남용하다, 오용하다** ↔ use 사용하다

[15] He **abused** our trust.

---

□ **avert** [əvə́:rt]

a(away (떨어져서) + vert(turn) → (눈 등을) 돌려서 떠나다 → 돌리다, 피하다

통 **(눈·얼굴 따위를) 돌리다** 유사어 avoid

[16] The criminals **averted** the man's eyes.

---

□ **aversion** [əvə́:rʃən]

avert(돌리다)+sion( 명접 )

명 **혐오, 반감**

유사어 hatred, hate, horror, disgust, animosity, antipathy, hostility, loathing, reluctance, abhorrence, abomination, detestation, disfavor, disgust, displeasure

[17] Many people have a natural and emotional **aversion** to insects.

---

**cf. to : ~쪽으로 뜻**

---

□ **absurd** [æbsɔ́:rd]

ab(to 쪽으로) + surd(불합리한) → 불합리한 쪽으로 → 어리석은

형 **어리석은** 유사어 stupid, foolish, silly, insane

[18] Wolf says the allegations are **absurd**.

---

□ **aboriginal** [æbərídʒənəl]

ab(to 쪽으로) + original(원래의) → 원래 있었던 쪽으로 → 토착의

형 **원래의, 토착의** 유사어 indigenous, native, original

[19] Over 1,000 **aboriginal** women have gone missing since 1980.

---

11. 그 같은 제스처는 그를 용서할 것이다.
12. 나무들은 이산화탄소를 흡수하고 그늘을 제공한다.
13. 운동은 몸이 영양 물질의 흡수를 촉진 시킬 수 있다.
14. 그의 물리학에 대한 흥미는 그를 완전히 집중하게 하였다.
15. 그는 우리의 신뢰를 남용했다.

16. 그 범인은 그 남자의 눈을 피했다.
17. 많은 사람들이 곤충들에게 타고난 그리고 정서적인 반감을 가지고 있다.
18. Wolf는 그 주장들이 어리석다고 말한다.
19. 1,000명 이상의 원주민 여성들이 1980년 이후 실종되었다.

# TEST DAY 30

※ 아래에서 우리말은 영어로 영어는 우리말로 각각 뜻을 쓰시오.

1. 몹시 싫어하다 _____
2. (눈·얼굴 따위를) 돌리다 _____
3. 혐오, 반감 _____
4. 유괴 _____
5. 혐오 _____
6. 비정상적인 _____
7. 어리석은 _____
8. 원래의, 토착의 _____
9. 닳다, 비벼대어 벗기다 _____
10. (피부의) 벗겨짐 _____
11. 사주, 유혹 _____
12. 탈퇴[분리]하다 _____
13. 분리 _____

14. separate _____
15. security _____
16. selection _____
17. segregate _____
18. absolve _____
19. absorb _____
20. secrecy _____
21. section _____
22. seduce _____
23. segregation _____
24. abduct _____
25. absorption _____
26. abuse _____

※ 다음 문장의 빈칸에 알맞은 단어를 보기에서 찾아 넣으시오. 필요 시 대문자, 수, 시제, 태 등 문법적 요소를 고려하여 쓰세요.(다만 본문 예문 학습을 유도하기 위하여 예문에서 사용한 단어를 정답으로 하였다.)

보기

> secede, seclude, abduct, abhorrent, absorption, abhor, absorb, section, selection, seclusion, seduction, seduced, secret, abhorrence, abrasion, segregation

27. A man _____ violence.

28. The girl was _____ by kidnappers.

29. For some prisoners, their crimes are too _____ .

30. They are anxious to show their _____ of racism.

31. He had severe _____ to his right cheek.

32. Trees _____ carbon dioxide and provide shade.

33. Exercise can promote _____ of nutrients by the body.

34. Does the restaurant have a non-smoking _____ ?

35. The region tries to _____ from the south.

36. Typically, the bride would _____ herself in another room.

37. He's been living in _____ since he retired from acting.

38. There are strict rules that govern the _____ of political candidates.

39. The community fought to end _____ in schools and housing.

40. Almost every visitor to Edinburgh is _____ by its splendid architecture.

41. The president escaped through a _____ passage underneath the parliament building.

42. _____ is the process of deliberately enticing a person to engage in a relationship.

# 31 day

## bene-: 선, 좋은 ⇔ mal(a,e)-: 악, 나쁜

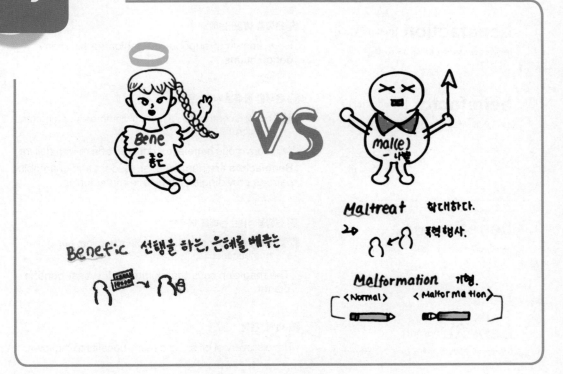

이 단원에서 학습할 단어모음입니다. □□□에 각각 모르는 단어를 3회에 걸쳐 ☑(체크표시)해 보세요.
모르는 단어는 끝까지 학습하세요.

### Preview Words

□□□ **bene**faction [bènəfǽkʃən] n. 은혜를 베풂, 은혜
□□□ **bene**factor [bénəfæ̀ktər] n. 은혜를 베푸는 사람, 은인
□□□ **bene**fic [bənéfik] a. 선행을 하는, 은혜를 베푸는
□□□ **bene**ficial [bènəfíʃəl] a. 유익한, 이익을 가져오는
□□□ **bene**fit [bénəfit] n. 이익, 은혜
□□□ **bene**ficent [bənéfəsənt] a. 자선심이 많은, 인정 많은
□□□ **bene**ficence [bénéfəsəns] n. 선행, 은혜, 자선
□□□ **bene**volence [bənévələns] n. 자비심, 박애, 선행, 자선
□□□ **bene**volent [bənévələnt] a. 자애로운
□□□ **mal**absorption [mæ̀ləbsɔ́rpʃən] n. (영양물의) 흡수 불량
□□□ **mal**adapted [mæ̀lədǽptid] a. 적응하지 않는, 부적합한
□□□ **mal**administer [mæ̀lədmínəstər] v. (공무 등을) 그르치다

□□□ **mal**adroit [mæ̀lədrɔ́it] a. 솜씨 없는, 서투른
□□□ **mal**ady [mǽlədi] n. 질병
□□□ **mal**ice [mǽlis] n. 악의
□□□ **mal**icious [məlíʃəs] a. 악의 있는
□□□ **mal**evolence [məlévələns] n. 악의, 적의, 해칠 마음
□□□ **mal**evolent [məlévələnt] a. 악의 있는, 심술궂은
□□□ **mal**treat [mɔltríːt] v. 학대하다.
□□□ **mal**formation [mæ̀lfərméiʃən] n. 볼꼴 사나움, 기형
□□□ **mal**function [mælfʌ́ŋkʃən] n. 작동하지 않음
                                                     v. 제대로 작동하지 않다
□□□ **mal**ware [mǽlwɛər] n. 악성코드

**bene-**는 '좋은, 선한'의 뜻이다. 반면에 **male-(mal-)**은 '악한, 나쁜, 아픈'의 뜻이다.

## 1. bene-: good 선한, 좋은

☐ **benefaction** [bènəfǽkʃən]
bene(good) + fac(make 만들다) + tion(명접)

명 은혜를 베풂, 은혜
[1] He is known throughout the region for his many **benefactions**.

☐ **benefactor** [bénəfæktər]
bene(good) + fac(make 만들다) + or(명접 – 사람)

명 은혜를 베푸는 사람, 은인
유사어 backer, contributor, patron, philanthropist, promoter, supporter
[2] An anonymous **benefactor** donated one million dollars.
[3] **Benefactors** are humanitarian leaders and charitable patrons providing assistance in many forms.

☐ **benefic** [bənéfik]
bene(good) + fi(make 만들다) + ic(형접)

형 선행을 하는, 은혜를 베푸는
유사어 altruistic, beneficial, benevolent, benign, benignant, humanitarian
[4] The magician says that Jupiter is the best **benefic** planet.

☐ **benefit** [bénəfit]
bene(good) + fit(만든 상태, 영향) → 좋은 상태 → 이익

명 이익, 은혜
[5] The discovery of oil brought many **benefits** to the town.

☐ **beneficial** [bènəfíʃəl]
bene(good) + fit(만든 상태, 영향) + ial(형접)
→ 좋은 영향을 주는 → 유익한

형 유익한, 이익을 가져오는
[6] Regular exercise has many **beneficial** health effects.
[7] A stay in the country will be **beneficial** to his health.

☐ **beneficent** [bənéfəsənt]
bene(good) + fic(make 만들다) + ent(형접)

형 자선심이 많은, 인정 많은
[8] They will no longer be regarded as **beneficent** guardians.

☐ **beneficence** [bənéfəsəns]
bene(good) + fic(make 만들다) + ence(명접)

명 선행, 은혜, 자선, 덕행, 자선 행위 유사어 benefaction, charity
[9] They rely heavily on the **beneficence** of their sponsors.

---

1. 그는 은혜를 많이 베푼 것으로 그 지역에서 유명하다.
2. 한 익명의 은인이 백만 달러를 기증했다.
3. 은혜를 베푸는 사람들은 많은 형태로 도움을 제공하는 인도주의적인 지도자들이자 자비로운 후원자들이다.
4. 그 마법사는 목성은 가장 은혜로운 행성이라고 말한다.
5. 기름 발견은 그 읍내에 많은 이익을 가져왔다.
6. 규칙적인 운동은 많은 유익한 건강 효과를 가지고 있다.
7. 그 시골에서 체류는 그의 건강에 유익할 것이다.
8. 그들은 더 이상 인정 많은 보호자로서 생각 되지 않을 것이다.
9. 그들은 그들 스폰서들의 자선 행위에 깊게 의존하고 있다.

□ **bene**volent [bənévələnt]

bene(good) + vol(will 의도) + ent( 형접 )→ 좋은 의도를 가진
→ 자애로운

형 **자애로운**
[10] He is generally viewed as a **benevolent** figure in history.

□ **bene**volence [bənévələns]

bene(good) + vol(will 의도) + ence( 명접 ) → 좋은 의도
→ 자비심

명 **자비심, 박애, 선행, 자선**
유사어 altruism, compassion, generosity
[11] The definition of **benevolence** is a kind act or gift or the doing of kind things for others.

## 2. male-, mal- : 악, 나쁜

□ **mal**absorption

[mæːləbsɔ́ːrpʃən]

mal(bad 나쁜) + absorption(흡수)

명 (영양물의) **흡수 불량**
[12] **Malabsorption** is a disorder that occurs when people are unable to absorb nutrients from their diets.

□ **mal**adapted [mæːlədǽpt]id]

mal(bad 나쁜) + adapted(적합한)

형 (특정 조건·환경에) **순응[적응]하지 않는, 부적합한**
[13] In a **maladapted** attempt to reinstate peace and harmony, Pedro asked Chantel to switch seats with him.

□ **mal**administer

[mæːlədmínəstər]

mal(bad 나쁜) + administer(관리하다)

동 (공무 등을) **그르치다, (정치·경영을) 잘못하다**
[14] Because the organization **maladministered** the relief effort, thousands of refugees went hungry needlessly.

□ **mal**adroit [mæːlədrɔ́it]

mal(bad 나쁜) + adroit(솜씨 좋은)

형 **솜씨 없는, 서투른, 어줍은, 졸렬한**
[15] The governor has been criticized for his **maladroit** handling of the budget crisis.

□ **mal**ady [mǽlədi]

mala(sick 아픈) + dy( 명접 – 상태) → 질병

명 **질병** 유사어 disorder, illness, sickness
[16] In the old days people always suffered from some unknown **malady**.

---

10. 그는 일반적으로 역사상 자애로운 사람으로 보인다.
11. 자비심(benevolence)의 정의는 다른 사람들에게 친절한 행동이나 선물, 즉 친절한 것을 행하는 것이다.
12. 영양 불량은 사람들이 식사에서 영양소를 흡수 할 수 없을 때 발생하는 장애다.
13. 평화와 화합을 회복하려는 익숙하지 않는 시도로, Pedro는 Chantel에게 그와 자리를 바꾸자고 요구했다.
14. 조직이 구호 활동을 잘못 관리했기 때문에 수천 명의 난민이 불필요하게 배가 고팠다.
15. 주지사는 예산 위기에 대한 자신의 서투른 처리로 비난을 받아왔다.
16. 옛날에 사람들은 항상 잘 알려지지 않은 질병으로 고생했다.

| | |
|---|---|
| ☐ **malevolence** [məlévələns]<br><br>mal(bad 나쁜) + vol(will 의도) + ence(명접) → 나쁜 의도<br>→ 악의 | 명 악의, 해칠 마음, 악의에 찬 행위<br>유사어 enmity, evil, hate, hatred, malice<br>[17] The question is how to reconcile the **malevolence**. |
| ☐ **malevolent** [məlévələnt]<br><br>mal(bad 나쁜) + vol(will 의도) + ent(형접)→ 나쁜 의도를 가<br>진 → 악의 있는 | 형 악의 있는<br>유사어 malicious, malignant, vicious, wicked<br>[18] All the **malevolent** forces in the world have turned<br>on me.<br>[19] While **malevolent** suggests deep and lasting<br>dislike, malicious usually means petty and spiteful. |
| ☐ **malice** [mǽlis]<br><br>mal(bad 나쁜) + ice(명접 - 감정) → 나쁜 감정 → 악의 | 명 악의<br>[20] There certainly wasn't any **malice** in her comments. |
| ☐ **malicious** [məlíʃəs]<br><br>malice(악의) + ious (형접) | 형 악의 있는<br>[21] There was no **malicious** intent at all. |
| ☐ **maltreat** [məltríːt]<br><br>mal(bad 나쁜) + treat(다루다) → 나쁘게 다루다 → 학대하다 | 동 학대하다 유사어 mishandle, misuse<br>[22] Several of the prisoners had been **maltreated**. |
| ☐ **malformation** [məlfərméiʃən]<br><br>mal(bad 나쁜) + form(형태) + ation(명접) → 나쁜 형태<br>→ 기형 | 명 볼꼴 사나움, 기형 유사어 abnormality, defect<br>[23] The children in Africa suffer from **malformations** of<br>the legs and arms. |
| ☐ **malfunction** [məlfʌ́ŋkʃən]<br><br>mal(bad 나쁜) + function(기능, 작동) → 기능이 나쁜 상태 | 명 작동하지 않음  동 제대로 작동하지 않다<br>동 제대로 움직이지 않다<br>[24] A software problem is causing the system to<br>**malfunction**.<br>명 (기계 등의) 작동하지 않음<br>[25] Equipment **malfunctions** may result from poor<br>design, incomplete qualification, or maintenance<br>issues. |
| ☐ **malware** [məlwɛər]<br><br>mal(bad 나쁜) + ware(명접 - 물건 등) | 명 악성코드<br>[26] **Malware**, or malicious software, is a blanket term<br>for any kind of computer software with malicious<br>intent. |

17. 문제는 어떻게 악의를 화해시키는가이다.
18. 세상에 모든 악의적 세력들은 나에게 향했다.
19. 악의있는(malevolent)은 깊고 지속적인 혐오를 의미하는 반면에
    악의있는(malicious)은 보통 사소하고 짓궂은 정도를 뜻한다.
20. 확실히 그녀의 논평에는 어떠한 악의도 없었다.
21. 악의적인 의도가 전혀 없다.

22. 여러 명의 죄수들이 학대 당했다.
23. 아프리카에서 아이들이 팔다리 기형으로 고생한다.
24. 소프트웨어 문제로 인해 시스템이 오작동하고 있다.
25. 장비 오작동은 설계 불량, 불완전한 자격, 또는 유지 보수 문제로
    부터 발생할 수 있다.
25. 악성코드(malware) 즉 악성 소프트웨어는 악의적인 의도를 가진
    일종의 컴퓨터 소프트웨어의 포괄적인 용어다.

# ambi-: 양쪽의, 둘레의

이 단원에서 학습할 단어모음입니다. ☐☐☐에 각각 모르는 단어를 3회에 걸쳐 ☑(체크표시)해 보세요. 모르는 단어는 끝까지 학습하세요.

**ambi-** 는 '양쪽의'의 뜻으로 '양쪽으로 왔다갔다하는'의 뜻이다. 또 뜻이 확장되어
**주변의, 둘레의** 뜻으로도 사용된다.

---

☐ **ambiance** [ǽmbiəns]

ambi(둘레의) + ance(명접) → 주변, 분위기

명 **주변의 모양, 분위기**

유사어 atmosphere, environs, surroundings, climate, setting

[1] The word **'ambiance'** is defined as the atmosphere or feeling of a place.

---

☐ **ambidexter** [æmbidékstər]

ambi(both 양쪽) + dexter(오른쪽의)
→ 두 손 모두 오른손처럼 편하게 사용하는
→ 양손잡이의, 양쪽 마음을 품는

형 **양손잡이의, 두 마음 품는, 손재주가 비상한** 명 **양손잡이**

명 **양손잡이**

[2] **'An ambidexter'** is one that uses both hands with equal facility or one that takes bribes or fees from both sides.

---

☐ **ambidextrous** [æmbidékstrəs]

ambidexter+ous(형접) → 양손잡이의

형 **양손잡이의** 유사어 ambidexter

[3] Few of us are naturally **ambidextrous**.

---

☐ **ambiguity** [æmbigjúːəti]

ambi(both 양쪽) + guity(drive)
→ 양쪽으로 이끌어서 분명하지 않는 → 모호한 상태
→ 모호함

명 **애매함, 불명료함, 모호한 표현**

유사어 doubt, uncertainty, vagueness, equivocation

[4] The **ambiguity** of the poem allows several interpretations.

---

☐ **ambiguous** [æmbígjuəs]

ambiguity(모호함) + ous(형접) → 애매한

형 **애매한** 유사어 dubious, equivocal, obscure, opaque, vague

[5] His best pictures exude a hypersensitive, **ambiguous** aura of grace.

---

☐ **ambition** [æmbíʃən]

ambi(둘레) + tion(명접)
→ (꿈을 좇아) 주변을 둘러보는 마음 → 야망

명 **야망** 유사어 aspiration, desire, vigor, yearning, zeal

[6] He lacked **ambition** and couldn't compete with the others.

---

☐ **ambitious** [æmbíʃəs]

형 **대망을 품은, 야심있는**

[7] This 500 page book is the result of his most **ambitious** and demanding effort.

---

1. 단어 ambiance는 어떤 장소의 분위기나 느낌으로서 정의된다.
2. 양손잡이 혹은 이중 행위자(ambidexter)는 똑같이 수월하게 양손을 사용하거나 혹은 양쪽으로부터 뇌물이나 수수료를 챙기는 사람이다.
3. 우리들 중 어떤 사람들도 자연스러운 양손잡이는 아니다.
4. 그 시의 모호함은 여러 해석을 가능하게 한다.
5. 그의 멋진 사진은 고감도의 모호한 품격있는 기운을 발산한다.
6. 그는 야망이 부족하다. 그래서 다른 사람들과 경쟁할 수 없다.
7. 이 500 페이지의 책은 그의 가장 야심차고 힘든 노력의 결과이다.

☐ **ambient** [ǽmbiənt]

ambi(둘레) + ent( 형접 ) → 주변의, 둘러싼

형 주위의, 환경의, 에워싼

[8]People shopped as **ambient** music was played in the background.

---

☐ **ambivalence** [æmbívələns]

ambi(both 양쪽) + val(will 의지, strength 힘) +ence( 명접 )
→ 양쪽에 힘(가치)이 들어가는 상태 → 양면성

명 양면성, 모호함, 감정의 교차

유사어 hesitancy, hesitation, indecision

[9]'**Ambivalence**' is to have two opposing feelings at the same time.

---

☐ **ambivalent** [æmbílənt]

ambi(both 양쪽) + val(will 의지, strength 힘) +ent( 형접 )
→ 양쪽에 힘(가치)이 들어가는

형 양면 가치의, 상반되는 감정을 가진, 유동적인

유사어 doubtful, equivocal, hesitant

[10]The whole family was **ambivalent** about the move to the suburbs.

---

☐ **amphibian** [æmfíbiən]

amphi(both 양쪽) + bios(생명)
→ (물과 땅 양족에서 사는) 양서류

명 양서류, 수륙양용 비행기 형 양서류의, 수륙 양용의

명 양서류, 수륙양용 비행기

[11]**Amphibians** are small vertebrates that need water, or a moist environment, to survive.

형 양서류의, 수륙 양용의

[12]In our new study, we aimed to assess the **amphibian** pet trade.

---

☐ **amphibious** [æmfíbiəs]

amphibi(두 곳에서 사는) + ous( 형접 )
→ 양서류의, (물과 육지에서 동시에 사용하는) 수륙양용의

형 양서류의, 수륙 양용의

[13]The Marine Corps launched the program to replace its Assault **Amphibious** Vehicle.

---

☐ **amphitheater** [æmfəθìːətər]

amphi(둘레에) + theater(극장) → 둘레가 극장으로 이루어진
→ 원형극장

명 원형극장 유사어 auditorium

[14]The conference attendees crowded into the **amphitheater** for the keynote address.

---

8. 배경음악이 연주될 때 사람들은 쇼핑했다.
9. 양면성(ambivalence)은 동시에 두 가지 정반대되는 느낌을 갖는 감정의 교차다.
10. 전 가족들은 교외로 이사 가는 것에 대해 상반된 입장을 가지고 있었다.
11. 양서류는 생존하기 위하여 물이나 혹은 축축한 환경이 필요한 작은 척추동물이다.
12. 우리의 새로운 연구에서 우리는 양서류의 반려동물 거래를 평가하는 것을 목표로 하였다.
13. 해군은 공격용 수륙양용 전차를 대체하기 위한 프로그램을 시작했다.
14. 회의 참가자들은 기조연설을 위하여 원형 극장 안으로 운집했다.

※ 아래에서 우리말은 영어로 영어는 우리말로 각각 뜻을 쓰시오.

1. 은혜를 베풂, 은혜 _____
2. 은혜를 베푸는 사람, 은인 _____
3. 선행을 하는, 은혜를 베푸는 _____
4. 유익한, 이익을 가져오는 _____
5. 이익, 은혜 _____
6. 주변의 모양, 분위기 _____
7. 양손잡이의, 손재주가 비상한 _____
8. 애매한 _____
9. 야망 _____
10. 대망을 품은, 야심있는 _____
11. 애매함, 모호한 표현 _____
12. 양면 가치의 _____
13. 양서류, 수륙 양용의 _____

14. amphibious _____
15. amphitheater _____
16. beneficent _____
17. beneficence _____
18. benevolence _____
19. benevolent _____
20. malabsorption _____
21. maladroit _____
22. malady _____
23. malice _____
24. malicious _____
25. malfunction _____
26. malware _____

※ 다음 문장의 빈칸에 알맞은 단어를 보기에서 찾아 넣으시오. 필요 시 대문자, 수, 시제, 태 등 문법적 요소를 고려하여 쓰세요.(다만 본문 예문 학습을 유도하기 위하여 예문에서 사용한 단어를 정답으로 하였다.)

보기

benefactor, malicious, maltreat, ambiguity, benefit, beneficial, beneficence, malice, malformation, ambiance, ambivalent, malfunction, ambidextrous, malfunction, amphibian, ambidexter

27. An anonymous _____ donated one million dollars.

28. The discovery of oil brought many _____ to the town.

29. Regular exercise has many _____ health effects.

30. They rely heavily on the _____ of their sponsors.

31. There certainly wasn't any _____ in her comments.

32. There was no _____ intent at all.

33. Several of the prisoners had been_____ed.

34. A software problem is causing the system to _____.

35. Few of us are naturally _____.

36. The _____ of the poem allows several interpretations.

37. The children in Africa suffer from _____ of the legs and arms.

38. The word '_____' is defined as the atmosphere or feeling of a place.

39. The whole family was _____ about the move to the suburbs.

40. _____ are small vertebrates that need water, or a moist environment, to survive.

41. 'An _____' is one that uses both hands with equal facility or one that takes bribes or fees from both sides.

42. Equipment _____ may result from poor design, incomplete qualification, or maintenance issues.

# en-, -en: make 만들다

enclose
둘러 싸다

en-, -en
make 만들다

enlarge
크게 하다

FARM

enrich
높이다, 풍요롭게 하다

deepen
깊게 하다

enslave
노예로 만들다

strengthen
튼튼하게 만들다

이 단원에서 학습할 단어모음입니다. □□□에 각각 모르는 단어를 3회에 걸쳐 ☑(체크표시)해 보세요.
모르는 단어는 끝까지 학습하세요.

**Preview Words**

□□□ **en**able [enéibəl] v. –할 수 있게 하다

□□□ **en**courage [enkə́:ridʒ] v. 격려하다, 고무하다

□□□ **en**close [enklóuz] v. (물건 장소) 둘러 싸다

□□□ **en**force [enfɔ́:rs] v. 시행하다

□□□ **en**large [enlá:rdʒ] v. 크게 하다

□□□ **en**rich [enrítʃ] v. 높이다, 풍부하게 하다

□□□ **en**slave [ensléiv] v. 노예로 만들다

□□□ **en**title [entáitl] v. 자격을 주다

□□□ deep**en** [dí:pn] v. 깊게 하다

□□□ strength**en** [stréŋkθən] v. 강하게 하다

## en-이나 -en은 형용사나 명사 앞이나 뒤에 붙여서 동사를 만든다.

☐ **enable** [enéibəl]
en(make 만들다) + able(할 수 있는) → 할 수 있게 만들다

**동** 할 수 있게 하다
[1] Computerization **enables** us to cut production costs by half.

☐ **enclose** [enklóuz]
en(make 만들다) + close(닫힌) → 닫게 하다

**동** (물건 장소) 둘러 싸다, (상자에) 넣다
[2] The garden is **enclosed** by four walls.

☐ **encourage** [enkɔ́ːridʒ]
en(make 만들다) + courage(heart 마음)
→ 마음을 만들어 주다 → 격려하다

**동** 격려하다
**유사어** hearten, cheer, inspire, motivate, stimulate
[3] The professor **encouraged** me in my studies.

☐ **enforce** [enfɔ́ːrs]
en(make 만들다) + force(힘) → 힘을 쓰다 → 강요하다

**동** 시행하다, 강요하다
[4] We need to **enforce** the traffic laws.

☐ **enlarge** [enlɑ́ːrdʒ]
en(make 만들다) + large(큰) → 크게 만들다

**동** 크게 하다
[5] The city council voted to **enlarge** the park.

☐ **enrich** [enrítʃ]
en(make 만들다) + rich(부유한) → 부유하게 만들다

**동** 높이다, 풍부하게 하다
[6] Her work **enriched** our view of the 1960s.

☐ **enslave** [ensléiv]
en(make 만들다) + slave(노예) → 노예로 만들다

**동** 노예로 만들다
[7] We are increasingly **enslaved** by technology.

☐ **entitle** [entáitl]
en(make 만들다) + title(자격) → 자격을 만들어 주다

**동** 자격을 주다
[8] Children and the elderly are **entitled** to cheap train tickets.

## 참고 : en은 접미사로도 쓰인다.

☐ **deepen** [díːpn]
deep(깊은) + en(make 만들다) → 깊게 만들다

**동** 깊게 하다
[9] The crisis in the Pacific region could **deepen** considerably.

☐ **strengthen** [stréŋkθən]
strength(힘) + en(make 만들다) → 강하게 하다

**동** 강하게 하다
[10] The tone of her voice **strengthened** suddenly.

---

1. 전산화는 우리가 생산비를 반으로 줄이도록 한다.
2. 정원이 4개의 벽들에 둘러싸여 있다.
3. 교수는 나의 연구를 격려해 주었다.
4. 우리는 교통법규를 시행하는 것을 필요로 한다.
5. 시 의회가 공원을 확대하기로 투표했다.

6. 그녀의 작품은 1960년대에 대한 우리의 견해를 풍요롭게 했다.
7. 우리는 점차 기술의 노예가 되어간다.
8. 아이들과 노인들에게 싼 열차 티켓 자격이 주어졌다.
9. 태평양 지역에서의 위기가 상당히 깊어질 수 있다.
10. 그녀의 목소리 톤이 갑자기 강해졌다.

# auto-: 자신의, 스스로

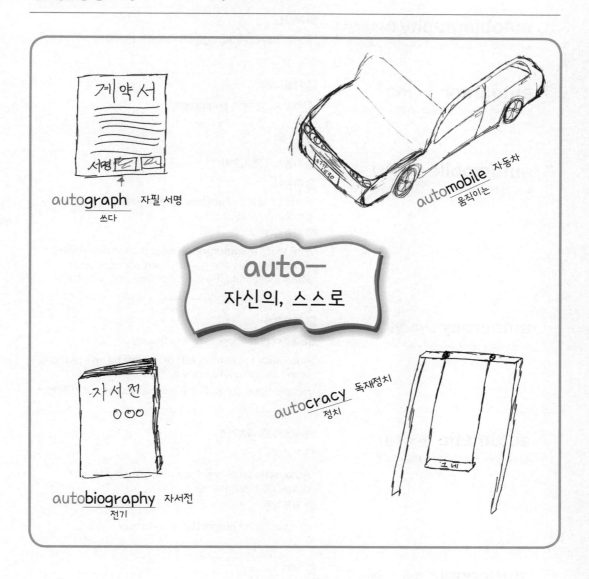

autograph 자필 서명
쓰다

automobile 자동차
움직이는

auto-
자신의, 스스로

autobiography 자서전
전기

autocracy 독재정치
정치

이 단원에서 학습할 단어모음입니다. □□□에 각각 모르는 단어를 3회에 걸쳐 ☑(체크표시)해 보세요.
모르는 단어는 끝까지 학습하세요.

**Preview Words**

□□□ **auto**biography [ɔ̀:təbaiágrəfi] n. 자서전
□□□ **auto**graph [ɔ́:təgræf] n. 자필, 서명
□□□ **auto**mobile [ɔ̀:təməbì:] n. 자동차 a. 자동차의
□□□ **auto**cracy [ɔːtákrəsi] n. 독재정치
□□□ **auto**matic [ɔ̀:təmǽtik] a. 자동의
□□□ **auto**nomy [ɔːtánəmi/-tɔ́n-] n. 자치

☐ **autobiography** [ɔ̀:təbaiágrəfi]
auto(스스로) + biography(전기) → 자신의 전기 → 자서전

명 **자서전**
[1] Tony Blair's **autobiography** was a bestseller.

---

☐ **autograph** [ɔ̀:təgræf]
auto(스스로) + graph(write 쓰다) → 자기 자신이 쓴 것 → 자필 서명

명 **자필, 서명**
[2] Did you get his **autograph**?

---

☐ **automobile** [ɔ̀:təməbì:]
auto(스스로) + mobile(차) → 스스로 움직이는 차 → 자동차

명 **자동차** 형 **자동차의**
명 **자동차**
[3] Foreign sales of **automobiles**, parts, and engines amounts to $5.9 billion.
형 **자동차의**
[4] The Vietnam **automobile** industry has developed gradually since the government announced an automobile industry development policy in 1998.

---

☐ **autocracy** [ɔ:tákrəsi]
auto(스스로) + cracy(rule 규칙) → 혼자 통치 → 독재정치

명 **독재정치**
유사어 dictatorship, oppression, tyranny
[5] **Autocracy** is government or control by one person who has complete power.
[6] People have struggled against **autocracy** in 1980s.

---

☐ **automatic** [ɔ̀:təmǽtik]
auto(스스로) + matic(기계의) → 자동기계장치

형 **자동의** 명 **자동기계**
형 **자동의**
[7] **Automatic** teller machines (ATM) were first developed in America.
명 **자동기계**
[8] Is your car an **automatic** or a manual?

---

☐ **autonomy** [ɔ:tánəmi/-tɔ́n-]
auto(스스로) + nomy(law 법) → 자신이 법을 지켜서 통치하는 것 → 자치

명 **자치**
[9] Demonstrators demanded immediate **autonomy** for their region.

---

1. 토니블레어의 자서전이 베스트셀러였다.
2. 그의 서명을 받았어요?
3. 자동차, 부품, 엔진에 대한 해외판매가 59억 달러에 이른다.
4. 베트남 자동차 산업은 정부가 1998년에 자동차 산업 발전 정책을 발표한 이후 점차적으로 발전해 왔다.

5. 독재정치는 절대적인 힘을 가진 한 사람에 의한 정부나 통치다.
6. 1980년대에 국민은 독재에 맞서 싸웠다.
7. 현금 자동 입출금기는 미국에서 처음 개발되었다.
8. 네 차는 자동인가 수동인가?
9. 시위대는 그들의 지역에서 즉각적인 자치를 요구했다.

# mis-: wrong 잘못된, bad 나쁜

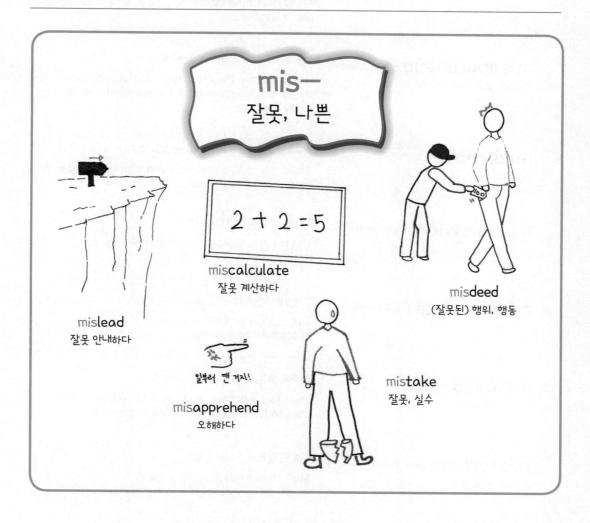

mis−
잘못, 나쁜

mislead
잘못 안내하다

miscalculate
잘못 계산하다

misdeed
(잘못된) 행위, 행동

misapprehend
오해하다

mistake
잘못, 실수

일부러 깬 거지!

---

이 단원에서 학습할 단어모음입니다. □□□에 각각 모르는 단어를 3회에 걸쳐 ☑(체크표시)해 보세요.
모르는 단어는 끝까지 학습하세요.

### Preview Words

□□□ **mis**apply [misəplái] v. 적용을 잘못하다
□□□ **mis**apprehend [misæ̀prihénd] v. 오해하다
□□□ **mis**behave [misbihéiv] v. 무례한 행동을 하다
□□□ **mis**behavior [misbihéivjər] n. 행동, 행실
□□□ **mis**calculate [miskǽlkjəlèit] v. 계산을 잘못하다
□□□ **mis**deed [misdíːd] n. 무례, 부정, 나쁜 행동
□□□ **mis**fortune [misfɔ́ːrtʃən] n. 불운, 불행

□□□ **mis**lead [mislíːd] v. 그릇 안내하다
□□□ **mis**leading [mislíːdiŋ] a. 그르치기 쉬운, 오해하기 쉬운
□□□ **mis**quote [miskwout] v. 잘못 인용하다
□□□ **mis**represent [mìsrèprizént] v. 잘못 나타내다
□□□ **mis**take [mistéik] n. 잘못, 틀림 v. 잘못 알다, 오해하다
□□□ **mis**understand [mìsʌndərstǽnd] v. 오해하다
□□□ **mis**anthropy [misǽnθrəpi] n. 사람을 싫어함, 인간 불신

| | | |
|---|---|---|
| ☐ **mis**apply [misəplái] <br> mis(잘못) + apply(적용하다) | 동 **적용을 잘못하다** ↔ apply 적용하다 <br> [1] Many lines from Shakespeare's plays are misquoted and **misapplied**. |

| | |
|---|---|
| ☐ **mis**apprehend [misæprihénd] <br> mis(잘못) + apprehend(이해하다) | 동 **오해하다** ↔ apprehend 염려하다 <br> [2] Unfortunately, the message that the writer was trying to convey has been **misapprehended** by many supporters. |

| | |
|---|---|
| ☐ **mis**behave [misbihéiv] <br> mis(잘못) + behave(행동하다) | 동 **무례한 행동을 하다** ↔ behave 행동하다 <br> [3] When the children **misbehaved**, she was unable to cope. |

| | |
|---|---|
| ☐ **mis**behavior [misbihéivjər] <br> misbehave(무례한 행동을 하다) + ior( 명접 ) | 명 **행동, 행실** ↔ behavior 행동 <br> [4] The teacher scolded the children for their **misbehavior**. |

| | |
|---|---|
| ☐ **mis**calculate [miskǽlkjəlèit] <br> mis(잘못) + calculate(계산하다) | 동 **계산을 잘못하다** ↔ calculate 계산하다 <br> [5] The biggest problem was that the airlines **miscalculated** demand. |

| | |
|---|---|
| ☐ **mis**deed [misdíːd] <br> mis(잘못) + deed(행위) | 명 **무례, 부정, 나쁜 행동** ↔ deed 행동 <br> [6] The prisoners have been making up for her past **misdeeds** by doing a lot of voluntary work. |

| | |
|---|---|
| ☐ **mis**fortune [misfɔ́ːrtʃən] <br> mis(잘못) + fortune(행운) | 명 **불운, 불행** ↔ fortune 행운 <br> [7] **Misfortunes** never come single. |

| | |
|---|---|
| ☐ **mis**lead [mislíːd] <br> mis(잘못) + lead(이끌다) | 동 **그릇 안내하다** ↔ lead 안내하다 <br> [8] Her gentle manner **misled** him into trusting her. |

| | |
|---|---|
| ☐ **mis**leading [mislíːdiŋ] <br> mis(잘못) + leading(이끄는) | 형 **그르치기 쉬운, 오해하기 쉬운** ↔ leading 이끄는 <br> [9] Adverts must not create a **misleading** impression. |

---

1. 셰익스피어 희곡에서 나오는 여러 대사가 잘못 인용되고 잘못 적용된다.
2. 불행히도, 작가가 전하려고하는 메시지는 많은 지지자들에 의해 잘못 이해되었다.
3. 아이들이 잘못 행동했을 때, 그녀는 대처할 수 없었다.
4. 그 선생님은 아이들의 잘못을 꾸짖었다.
5. 가장 큰 문제는 항공사가 수요를 잘못 계산했다는 것이다.

6. 그 죄수는 많은 자발적인 일을 함으로써 과거의 비행을 보충하고 있다.
7. 《속담》 화불단행(禍不單行). 엎친 데 덮치다.
8. 그녀의 친절한 태도에 현혹되어 그는 그녀를 믿었다.
9. 광고가 잘못된 인상을 만들어서는 안된다.

☐ **misquote** [miskwout]

mis(잘못) + quote(인용하다)

통 잘못 인용하다 ↔ quote 인용하다

[10] In various stages of the mayor speech, the reporter has **misquoted** his intention.

---

☐ **misrepresent** [mìsrèprizént]

mis(잘못) + represent(말로 표현하다)

통 잘못 나타내다 ↔ represent 나타내다

[11] The defendant's lawyers **misrepresented** the situation.

---

☐ **mistake** [mistéik]

mis(잘못) + take(받아 드리다)

명 잘못, 틀림 통 잘못 알다, 오해하다 ↔ take 손에 잡다

명 잘못, 틀림

[12] There is no **mistake** about it.

통 잘못 알다, 오해하다

[13] The merchants **mistook** their way in the dark.

---

☐ **misunderstand**

[mìsʌndərstǽnd]

mis(잘못) + understand(이해하다)

통 오해하다, 잘못 생각하다 ↔ understand 이해하다

[14] You completely **misunderstand** the nature of the problem.

---

**cf.** mis-, miso- : '혐오'의 뜻으로도 쓰인다 ⇔ phil-(사랑)

---

☐ **misanthropy** [misǽnθrəpi]

mis(hating 혐오) + anthropy(man 사람)

명 사람을 싫어함, 인간 혐오, 염세

[15] **Misanthropy** is the general hatred, dislike, distrust or contempt of the human species or human nature.

---

10. 시장 연설의 여러 단계에서 그 기자는 시장의 의도를 잘못 인용했다.
11. 피고의 변호사들은 상황을 잘못 대변했다.
12. 그것 관련 실수는 없다.
13. 그 상인들은 어둠속에서 길을 잘못 알았다.

14. 당신은 문제의 본질을 완전히 오해하고 있다.
15. 인간 혐오(misanthropy)는 인간 종이나 인간 본성의 일반적인 증오, 혐오, 불신 또는 경멸이다.

# TEST ___ DAY 32

※ 아래에서 우리말은 영어로 영어는 우리말로 각각 뜻을 쓰시오.

1. 무례, 부정, 나쁜행동 _____
2. 불운, 불행 _____
3. 그릇 안내하다 _____
4. 자동차, 자동차의 _____
5. 독재정치 _____
6. 자동의 _____
7. 자치 _____
8. 적용을 잘못하다 _____
9. 오해하다 _____
10. 격려하다, 고무하다 _____
11. 노예로 만들다 _____
12. 자격을 주다 _____
13. (물건 장소) 둘러 싸다 _____

14. autobiography _____
15. autograph _____
16. misbehave _____
17. misbehavior _____
18. miscalculate _____
19. enrich _____
20. deepen _____
21. misleading _____
22. misrepresent _____
23. mistake _____
24. enforce _____
25. enlarge _____
26. strengthen _____

※ 다음 문장의 빈칸에 알맞은 단어를 보기에서 찾아 넣으시오. 필요 시 대문자, 수, 시제, 태 등 문법적
요소를 고려하여 쓰세요.(다만 본문 예문 학습을 유도하기 위하여 예문에서 사용한 단어를 정답으로 하였다.)

**보기**

> enlarge, enrich, misfortune, enforce, enslaved, automatic, autonomy, entitle, deepen,
> automatic, autocracy, enable, strengthen, misbehave, misbehavior, miscalculate

27. _____ never come single.

28. We need to _____ the traffic laws.

29. The city council voted to _____ the park.

30. Her work _____ed our view of the 1960s.

31. We are increasingly _____ by technology.

32. Is your car an _____ or a manual?

33. People have struggled against _____ in 1980s.

34. Computerization _____ us to cut production costs by half.

35. _____ teller machines (ATM) were first developed in America.

36. Demonstrators demanded immediate _____ for their region.

37. Children and the elderly are _____ to cheap train tickets.

38. The crisis in the Pacific region could _____ considerably.

39. The tone of her voice _____ed suddenly.

40. When the children _____, she was unable to cope.

41. The teacher scolded the children for their _____.

42. The biggest problem was that the airlines _____ demand.

# 33 day

## a-, ab(c, d, p, s, t, r)-: ~ 쪽으로, ~ 위로(1)

**atain**
잡는 쪽으로
→ 획득하다

**aboard**
배 위에 → 배를 타고

**await**
기다리는 쪽으로 → 기다리다

**abandon**
힘 쪽으로 →
버리다, 포기하다

**abroad**
넓은 쪽으로 → 해외로

**ashamed**
부끄러움 쪽으로 →
부끄러워하는

이 단원에서 학습할 단어모음입니다. □□□에 각각 모르는 단어를 3회에 걸쳐 ☑(체크표시)해 보세요.
모르는 단어는 끝까지 학습하세요.

### Preview Words

□□□ **a**bandon [əbǽndən] v. 버리다, 버려 두다
□□□ **a**board [əbɔ́ːrd] ad. 배에, 배를 타고
□□□ **ab**original [ǽbərídʒənəl] a. 원래의, 토착의
□□□ **ab**road [əbrɔ́ːd] ad. 외국으로, 해외로
□□□ **a**like [əláik] a. 서로 같은
□□□ **a**maze [əméiz] v. 깜짝 놀라게 하다
□□□ **a**mazement [əméizmənt] n. 깜짝 놀람, 경악
□□□ **a**rise [əráiz] v. 일어나다
□□□ **a**rouse [əráuz] v. 자극하다
□□□ **a**shamed [əʃéimd] a. 부끄러이 여기는, 수줍어하는
□□□ **a**wait [əwéit] v. 기다리다
□□□ **ab**surd [æbsə́ːrd] a. 어리석은
□□□ **ac**celerate [æksélərèit] v. 빨리하다
□□□ **ac**celeration [æksélərèiʃən] n. 가속, 촉진
□□□ **ac**company [əkʌ́mpəni] v. 동반하다
□□□ **ac**companiment [əkʌ́mpənimənt] n. 따르는 것, 부수물, 반주
□□□ **ac**count [əkáunt] n. 계산, 계좌, 계정

□□□ **ac**countant [əkáuntənt] n. 회계원, 회계관, (공인) 회계사
□□□ **ac**cumulate [əkjúːmjəlèit] v. 모으다, 축적하다
□□□ **ac**cumulation [əkjúːmjəlèiʃən] n. 집적, 축적, 누적
□□□ **ac**cumulative [əkjúːmjəlèitiv] a. 누적하는
□□□ **ac**cuse [əkjúːz] v. 비난하다, 고소하다, 고발하다
□□□ **ac**cusation [æ̀kjuzéiʃən] n. 비난, 규탄
□□□ **ac**knowledge [æknάlidʒ] v. 인정하다, 승인하다
□□□ **ac**knowledgment [æknάlidʒmənt] n. 승인, 용인, 인지, 감사
□□□ **ad**here [ædhíər] v. 점착하다, 고수하다
□□□ **ad**herence [ædhíərəns] n. 고수, 묵수, 집착
□□□ **ad**hesion [ædhíːʒən] n. 점착, 부착, 집착, 고수
□□□ **ad**herent [ædhíərənt] a. 부착하는, 점착성의
□□□ **ad**hesive [ædhíːsiv] a. 점착성의, 들러붙어 떨어지지 않는
□□□ **ad**jacent [ədʒéisənt] a. 접근한, 인접한
□□□ **ad**just [ədʒʌ́st] v. 맞추다, 조정하다
□□□ **ad**justment [ədʒʌ́stmənt] n. 정리, 조절, 조정

**ad-**는 뒤에 붙는 말의 철자에 따라서 ab-, ac-, ap-, as-, at-, 혹은 a-로 바뀐다.
'**~ 쪽으로**'를 뜻하는 '**to**', 혹은 '**~위로**'에 해당하는 '**on**'의 뜻으로도 쓰인다.

## 1. a- : ~ 쪽으로

☐ **abandon** [əbǽndən]
a(to 쪽으로) + bandon(power 힘) → 힘 쪽으로 기울다 → 버리다, 포기하다

동 버리다, 버려 두다
유사어 renounce, relinquish, discard, give up
¹ **Abandon** those old ideas.

☐ **aboard** [əbɔ́:rd]
a(to 쪽으로) + board(널반지) → 배 위로 → 배 위에

부 배에, 배를 타고
² The captain shouted, "All **aboard!**"

☐ **aboriginal** [æ̀bərídʒənəl]
ab(to 쪽으로) + original(원래의) → 원래 있었던 쪽으로 → 토착의

형 원래의, 토착의 유사어 indigenous, native, original
³ Over 1,000 **aboriginal** women have gone missing since 1980.

☐ **abroad** [əbrɔ́:d]
ab(to 쪽으로) + road(길) → 길 쪽으로 가는 → 외국에

부 외국으로, 해외로
⁴ After her divorce she lives **abroad**.

☐ **alike** [əláik]
a(to 쪽으로) + like(비슷한) → 비슷한 쪽으로 → 서로 닮은

형 서로 같은 유사어 similar
⁵ The two dresses look **alike** in shape, length, and color.

☐ **amaze** [əméiz]
a(to 쪽으로) + maze(당황) → 당황 쪽으로 → 깜짝 놀라게 하다

동 깜짝 놀라게 하다
유사어 astonish, astound, surprise, bewilder
⁶ You've done all your homework in an hour? You **amaze** me.

☐ **amazement** [əméizmənt]
amaze(깜짝 놀라게 하다) + ment(명접)

명 깜짝 놀람, 경악
유사어 astonishment, surprise, bewilderment
⁷ He was filled with **amazement** by what he saw.

☐ **arise** [əráiz]
a(to 쪽으로) + rise(오르다) → 위로 일어나는 쪽으로 → 발생하다

동 일어나다
⁸ Accidents **arise** from carelessness.

---

1. 그런 구식의 사고는 버려라.
2. 선장은 "여러분, 모두 타십시오!"라고 외쳤다.
3. 1,000 명 이상의 원주민 여성들이 1980년 이후 실종되었다.
4. 그녀는 이혼 후 해외에서 산다.
5. 이 두 옷은 형태, 길이, 색상 면에서 비슷하게 보인다.

6. 네가 한 시간 동안에 모든 너의 숙제를 다 했다고? 너는 나를 깜짝 놀라게 하네.
7. 그는 그가 본 것 때문에 깜짝 놀람으로 가득했다.
8. 사고는 부주의에서 일어난다.

☐ **arouse** [əráuz]

a(to 쪽으로) + rouse(깨우다) → 각성시키는 쪽으로
→ (불러) 일으키다

동 **자극하다** 유사어 cause, induce, prompt, trigger

[9]His strange behavior **aroused** his neighbors' suspicions.

☐ **ashamed** [əʃéimd]

a(to 쪽으로) + shame(부끄러움) + ed( 형접 )
→ 부끄럽게 하는 쪽으로 → 부끄러워 하는

형 **부끄러이 여기는, 수줍어하는**

[10]He was **ashamed** to admit to his mistake.

☐ **await** [əwéit]

a(to 쪽으로) + wait(기다리다) → 기다리다

동 **기다리다** 유사어 wait for

[11]Children all around the world **await** the day.

## 2. ab- : ~ 쪽으로

☐ **absurd** [æbsə́:rd]

ab(to 쪽으로) + surd(불합리한) → 불합리한 쪽으로 → 어리석은

형 **어리석은** 유사어 ridiculous

[12]Wolf says the allegations are **absurd**.

## 3. ac- : ~ 쪽으로

☐ **accelerate** [æksélərèit]

ad(to 쪽으로) + celer(swift 신속한) + ate( 동접 )
→ 빠른 쪽으로 → 가속하다

동 **빨리하다, 가속하다**

유사어 hasten, urge, expedite, quicken, speed

[13]They use special chemicals to **accelerate** the growth of crops.

☐ **acceleration** [æksélərèiʃən]

accelerate(빨리하다) + ion( 명접 )

명 **가속, 촉진**

[14]Experts predict a steady **acceleration** in economic growth over the next two years.

다의어 **accompany** [əkʌ́mpəni]

ad(to 쪽으로) + company(동료) → 친구 쪽으로 →
┌ 동행하다
└ (노래를 부르는데 함께) 반주하다

동 **동반하다, 반주하다** 유사어 escort

[15]May I **accompany** you on your walk?
[16]He was **accompanied** on the piano by her sister.

다의어 **accompaniment**

[əkʌ́mpənimənt]

accompany(동반하다) + ment( 명접 )

명 **따르는 것, 부수물, 반주** 유사어 accessory

[17]Disease is frequent **accompaniment** of famine.
[18]A nice red tie was a fine **accompaniment** to his new suit.

---

9. 그의 이상한 행동은 그의 이웃들의 의심을 사게 했다.
10. 그는 잘못을 인정하고 부끄러워 했다.
11. 전 세계의 아이들은 그 날을 기다려요.
12. Wolf는 그 주장들이 어리석다고 말한다.
13. 그들은 농작물의 성장을 가속화하기 위하여 특별한 화학물질을 사용한다.

14. 전문가들은 앞으로 2년 동안에 경제성장에 꾸준한 가속이 있을 것으로 예측한다.
15. 산책에 따라가도 괜찮니?
16. 그 가수는 언니(여동생)의 피아노 반주에 맞춰 노래를 불렀다.
17. 병은 종종 기근에 수반하여 발생한다.
18. 멋진 빨간색 타이가 그의 새로운 정장에 멋진 부가물이었다.

**다의어 account** [əkáunt]

ad(to 쪽으로) + count(계산) → 계산 쪽으로 →

— 계좌, 계정, 회계, (계좌의) 중요성
— (계좌를 보면 상세한 내역을) 설명하다
— (계좌를 보면 특정한 무엇이) 차지하다

명 계산, 계좌, 계정, 중요성, 상세한 내역 동 차지하다, 설명하다

명 계산, 계좌, 계정
¹⁹ What's your **account** number?

동 차지하다, 설명하다
²⁰ Villagers **account** for the vast majority of our customers.
²¹ Several factors **account** for the differences between the two scores.

---

☐ **accountant** [əkáuntənt]

account(계산) + ant(명접 –사람)

명 회계원, 회계관, (공인) 회계사
²² An **accountant** is a person who keeps or inspects financial records.

---

☐ **accumulate** [əkjúːmjəlèit]

ad(to 쪽으로) + cumulate(heap 쌓다) 쪽으로 → 모으다

동 모으다, 축적하다 유사어 accrue, assemble, collect
²³ Then, how did you **accumulate** so much wealth?

---

☐ **accumulation** [əkjúːmjəlèiʃən]

accumulate(축적하다) + ion(명접)

명 집적, 축적, 누적, 축적[퇴적]물, 모인 돈
유사어 accretion, aggregation
²⁴ **Accumulations** of sand can be formed by the action of waves on coastal beaches.

---

☐ **accumulative** [əkjúːmjəlèitiv]

accumulate(축적하다) + ive(형접)

형 돈을 모으고 싶어하는, 누적하는
유사어 additional, additive, cumulative
²⁵ The **accumulative** effect of his injuries forced him to retire.

---

☐ **accuse** [əkjúːz]

ad(to 쪽으로) + cuse(cause 원인)
→ 정당한 명분을 찾는 쪽으로 → 고소하다

동 비난하다, 고소하다, 고발하다
유사어 blame, charge, complain, denounce, indict
²⁶ You have no business to **accuse** me of that.

---

☐ **accusation** [æ̀kjuzéiʃən]

accuse(비난하다) + ation(명접)

명 비난, 규탄
²⁷ You can't just make wild **accusations** like that!

---

☐ **acknowledge** [æknɑ́lidʒ]

ad(to 쪽으로) + knowledge(지식) → 아는 쪽으로 → 인식하다

동 인정하다, 승인하다, 용인하다, 고백하다
유사어 accept, agree, recognize
²⁸ Historians generally **acknowledge** her as a genius in her field.

---

☐ **acknowledgment**
[æknɑ́lidʒmənt]

acknowledge(인정하다) + ment(명접)

명 인정, 승인, 용인
²⁹ The president's resignation appears to be an **acknowledgment** that he has lost all hope of keeping the country together.

---

19. 계좌번호를 말씀해 주시겠어요?
20. 마을 사람들이 우리 고객의 대다수를 차지한다.
21. 몇 가지 요소가 두 점수 사이의 차이에 대한 이유가 된다.
22. 회계사는 금융 기록을 관리하고 조사하는 사람이다.
23. 그렇다면, 당신은 어떻게 이렇게 많은 재산을 모을 수 있었나요?
24. 모래 퇴적은 연안 해안에서 파도 작용에 의해 형성될 수 있다.

25. 그의 부상이 누적됨에 따라 그가 은퇴하지 않을 수 없게 하였다.
26. 나를 그것에 대해 비난할 권리가 없다.
27. 너는 그와 같은 거친 비난을 할 수는 없어.
28. 역사가들은 일반적으로 그녀를 그녀의 분야에서 천재로 인정한다.
29. 대통령의 사임은 그가 그 나라의 통합을 유지하고자 하는 모든 소망을 잃었다는 인식인 것처럼 보인다.

# 4. ad- : ~쪽으로

□ **ad**here [ædhíər]
ad(to 쪽으로) + here(stick 붙다)→ 붙는 쪽으로
→ 고수하다, 집착하다

통 **점착하다, 고수하다** 유사어 comply, obey
[30] Mud **adhered** to his clothes.
[31] Once in the bloodstream, the bacteria **adhere** to the surface of the red cells.

□ **ad**herence [ædhíərəns]
adhere(점착하다, 고수하다) + ence(명접)

명 **고수, 집착** 유사어 attachment, faithfulness
[32] These refrigerator magnets have better **adherence**.

□ **ad**hesion [ædhíːʒən]
adhere(점착하다, 고수하다) + sion(명접)

명 **부착, 고착, 집착, 애착, 고수**
유사어 adherence, adhesiveness, attachment, bond
[33] **Adhesion** is the tendency of dissimilar particles or surfaces to cling to one another.

□ **ad**herent [ædhíərənt]
adhere(점착하다, 고수하다) + ent(형접)

형 **들러붙는, 부착하는, 점착성의, (주의 따위를) 신봉하는**
[34] **Adherent** cells are cells which must be attached to a surface to grow.

□ **ad**hesive [ædhíːsiv]
adhere(점착하다, 고수하다) + sive(형접)

형 **점착성의, 들러붙어 떨어지지 않는,**
[35] The pages were held together with **adhesive** tape.

□ **ad**jacent [ədʒéisənt]
ad(to 쪽으로) + jac(lie놓다) + ent(형접)
→ 놓여 있는 쪽으로 ⇒ 인접한

형 **접근한, 인접한**
유사어 adjoining, bordering, contiguous, neighboring
[36] Her house is **adjacent** to the library.

□ **ad**just [ədʒʌ́st]
ad(to 쪽으로) + just(올바른) → 올바른 쪽으로 맞추다

통 **맞추다, 조정하다**
유사어 accommodate, accustom, adapt, alter
[37] How do you **adjust** the video quality?

□ **ad**justment [ədʒʌ́stmənt]
adjust(맞추다, 조정하다) + ment(명접)

명 **조정(調整), 정리, 조절**
[38] A small **adjustment** at the right place can make a significant difference.

---

30. 옷에 흙이 묻어서 붙어 있었다.
31. 그 박테리아는 일단 혈액 속에 들어가면 적혈구 표면에 들러붙는다.
32. 이 냉장고의 자석들이 더 좋은 접착력을 가지고 있다.
33. 점착(adhesion)은 서로 응집하려는 다른 미립자들이나 표면의 특성이다.
34. 부착 세포는 자라기 위하여 표면에 부착 되어져야만 하는 세포들이다.

35. 그 문서는 점착성 테이프로 철해졌다.
36. 그녀의 집은 도서관과 인접한 곳에 있다.
37. 비디오 화질을 어떻게 조절하나요?
38. 적절한 장소에서 조그마한 조정이 의미있는 차이를 만들 수 있다.

※ 아래에서 우리말은 영어로 영어는 우리말로 각각 뜻을 쓰시오.

1. 버리다, 버려 두다 _____
2. 배에, 배를 타고 _____
3. 원래의, 토착의 _____
4. 외국으로, 해외로 _____
5. 서로 같은 _____
6. 깜짝 놀라게 하다 _____
7. 깜짝 놀람, 경악 _____
8. 자극하다 _____
9. 부끄럽게 여기는, 수줍어하는 _____
10. 어리석은 _____
11. 가속, 촉진 _____
12. 동반하다 _____
13. 따르는 것, 부수물, 반주 _____

14. account _____
15. accountant _____
16. accumulation _____
17. accumulative _____
18. accuse _____
19. accusation _____
20. acknowledge _____
21. acknowledgment _____
22. adhere _____
23. adherence _____
24. adherent _____
25. adjacent _____
26. adjustment _____

※ 다음 문장의 빈칸에 알맞은 단어를 보기에서 찾아 넣으시오. 필요 시 대문자, 수, 시제, 태 등 문법적 요소를 고려하여 쓰세요.(다만 본문 예문 학습을 유도하기 위하여 예문에서 사용한 단어를 정답으로 하였다.)

**보기**

> abandon, amazement, absurd, accelerate, accompany, aboriginal, alike, acknowledge, accountant, accuse, accusation, adjacent, adherent, adjustment, adhere, adhesion

27. _____ those old ideas.

28. Her house is _____ to the library.

29. Wolf says the allegations are _____.

30. They use special chemicals to _____ the growth of crops.

31. May I _____ you on your walk?

32. Over 1,000 _____ women have gone missing since 1980.

33. The two dresses look _____ in shape, length, and color.

34. He was filled with _____ by what he saw.

35. You have no business to _____ me of that.

36. You can't just make wild _____ like that!

37. Historians generally _____ her as a genius in her field.

38. An _____ is a person who keeps or inspects financial records.

39. _____ cells are cells which must be attached to a surface to grow.

40. A small _____ at the right place can make a significant difference.

41. Once in the bloodstream, the bacteria _____ to the surface of the red cells.

42. _____ is the tendency of dissimilar particles or surfaces to cling to one another.

# a-, ab(c, d, p, s, t, r)-: ~ 쪽으로, ~ 위로(2)

appoint 임명하다
appointment 임명

approach 접근하다
approximate ~에 가까워 지다
approximation 접근

assemble 조립하다

증명서

attest
증명하다

attract 끌어 당기다, 매혹시키다
attraction 매혹

이 단원에서 학습할 단어모음입니다. □□□에 각각 모르는 단어를 3회에 걸쳐 ☑(체크표시)해 보세요.
모르는 단어는 끝까지 학습하세요.

## Preview Words

□□□ **ad**minister [ædmínəstər] v. 관리하다, 지배하다
□□□ **ad**ministration [ædmínəstreiʃən] n. 관리, 경영, 지배, 행정
□□□ **ad**vocate [ǽdvəkit] n. 옹호자 [ǽdvəkèit] v. 옹호하다
□□□ **ad**vocator [ǽdvəkèitər] n. 옹호자, 주창자
□□□ **ap**pease [əpíːz] v. 진정시키다, 완화시키다
□□□ **ap**point [əpóint] v. 지명하다, 임명하다
□□□ **ap**pointment [əpóintmənt] n. 임명, 지명, 임용, 예약
□□□ **ap**proach [əpróutʃ] v. 가까이 가다, 접근하다 n. 접근
□□□ **ap**proximate [əpróksəmèit] v. ~에 가까이 접근하다
[əpróksəmit] a. 가까운
□□□ **ap**proximation [əpráksəméiʃən] n. 접근, 근사치
□□□ **ap**proximative [əpráksəmèitiv] a. 대략의, 어림셈의
□□□ **ar**rogant [ǽrəgənt] a. 거만한, 건방진
□□□ **ar**rogance,-cy [ǽrəgəns],[-si] n. 오만, 거만

□□□ **as**semble [əsémbəl] v. 모으다, 집합시키다, 조립하다
□□□ **at**tain [ətéin] v. 이르다, 도달하다
□□□ **at**tainment [ətéinmənt] n. 도달, (노력하여 얻은) 기능, 재간
□□□ **at**test [ətést] v. 증명하다
□□□ **at**tract [ətrǽkt] v. (주의 등을) 끌다, 끌어 당기다
□□□ **at**traction [ətrǽkʃən] n. (사람을) 끄는 힘, 매력, 유혹
□□□ **at**tractive [ətrǽktiv] a. 사람의 마음을 끄는, 매력적인
□□□ **a**nomie [ǽnəmìː] n. 아노미 현상
□□□ **a**nonymous [ənánəməs] a. 이름을 밝히지 않는
□□□ **a**vert [əvɔ́ːrt] v. (눈·얼굴 따위를) 돌리다
□□□ **a**brade [əbréid] v. 문질러 벗기다, 비벼대어 벗기다
□□□ **ab**duct [æbdʌ́kt] v. 유괴하다
□□□ **ab**duction [æbdʌ́kʃən] v. 유괴

| | | |
|---|---|---|
| ☐ **ad**minister [ædmínəstər]<br>ad(to 쪽으로) + minister(serve 봉사하다) → 관리 봉사 쪽으로<br>→ 관리하다 | **동** 관리하다, 지배하다<br>**유사어** direct, govern, oversee, supervise<br>[1] The pension funds are **administered** by commercial banks. |

| | |
|---|---|
| ☐ **ad**ministration<br>[ədminəstréiʃən]<br>administer(관리하다, 지배하다) + ation( **명접** ) | **명** 관리, 경영, 지배, 행정<br>[2] Teachers complain that more of their time is taken up with **administration** than with teaching. |

| | |
|---|---|
| ☐ **ad**vocate [ǽdvəkit]<br>ad(to 쪽으로) + voc(call 부르다) + ate( **형접** )<br>→ 쪽으로 소리 내어 → 옹호하다, 지지하다 | **명** 옹호자 **동** [ǽdvəkèit] 옹호하다, 주장하다<br>[3] Heart disease specialists **advocate** a diet low in cholesterol. |

| | |
|---|---|
| ☐ **ad**vocator [ǽdvəkèitər]<br>advocate(주장하다) + or( **명접** +사람) | **명** 옹호자, 주창자<br>[4] The principal is a strong **advocator** of musical education in the schools. |

## 5. ap- : ~쪽으로

| | |
|---|---|
| ☐ **ap**pease [əpíːz]<br>ad(to 쪽으로) + peace(평화) → 평화 쪽으로 → 달래다 | **동** 진정시키다, 완화시키다<br>**유사어** allay, alleviate, assuage, calm, lessen, mitigate<br>[5] They **appeased** my hunger with just a slice of bread. |

| | |
|---|---|
| ☐ **ap**point [əpɔ́int]<br>ad(to 쪽으로) + point(자리) → 자리 쪽으로 → 임명하다 | **동** 지명하다, 임명하다<br>**유사어** assign, choose, designate, elect, establish, install, name, nominate<br>[6] They **appointed** a date and a place for the meeting. |

| | |
|---|---|
| ☐ **ap**pointment [əpɔ́intmənt]<br>appoint(지명하다, 임명하다) + ment( **명접** ) | **명** 임명, 지명, 임용, 예약<br>[7] She had to cancel her dental **appointment**. |

| | |
|---|---|
| ☐ **ap**proach [əpróutʃ]<br>ad(to 쪽으로) + proach(near 가까운) → 가까운 쪽으로<br>→ 가까이 가다 | **동** 가까이 가다, 접근하다 **명** 접근<br>[8] They wanted a completely different **approach**. |

| | |
|---|---|
| 1. 연금 기금은 상업적인 은행들이 관리한다<br>2. 선생님들은 그들의 많은 시간이 가르치는 것 보다 관리가 더 많이 차지한다고 불평한다.<br>3. 심장병 전문가들은 콜레스테롤이 낮은 식사를 옹호한다.<br>4. 그 교장 선생님은 음악적인 교육에 대한 강한 옹호자이다. | 5. 그들은 빵 한 조각으로 허기를 달랬다.<br>6. 그들은 회의 날짜와 장소를 정했다.<br>7. 그녀는 치과 예약을 취소해야만 했다.<br>8. 그들은 완전히 다른 방향으로 접근법을 원했다. |

☐ **approximate** [əpróksəmèit]

ad(to 쪽으로) + proxim(near 가까운)+ate(동접, 형접)
→ 가까운 쪽으로 → 거의 정확한, 근접하다

동 ~에 가까이 접근하다  형 [əpróksəmit] **가까운, 근사한**

동 ~에 가까이 접근하다
[9] We **approximated** the distance at three miles.
형 가까운, 근사한
[10] The **approximate** number of captives was unknown.

☐ **approximation**

[əpráksəméiʃən]

approximate (가까이 접근하다) + ion(명접)

명 접근, 근사치
[11] An **approximation** is anything that is intentionally similar but not exactly equal to something.

☐ **approximative**

[əpráksəmèitiv]

approximate (가까이 접근하다) + ive(형접)

형 대략의, 어림셈의
[12] The answer is simple: Newton's reasoning is **approximative**.

## 6. ar- : ~쪽으로

☐ **arrogant** [ǽrəgənt]

ad(to 쪽으로) + rog(ask 묻다) + ant(형접)
→ (윗사람이 아랫사람에게) 질문하는 쪽으로 → 거만한

형 거만한, 건방진
[13] I thought he was conceited and **arrogant**.

☐ **arrogance,-cy** [ǽrəgəns],-[-si]

ad(to 쪽으로) + rog(ask 묻다) + ance, -cy(명접)

명 오만, 거만, 건방짐
[14] This kind of official **arrogance** is not new, of course.

## 7. as- : ~쪽으로

☐ **assemble** [əsémbəl]

ad(to 쪽으로) + semble(gather 모이다) → 모이는 쪽으로
→ 모으다, 집합시키다

동 모으다, 집합시키다, 조립하다
[15] The workers in that factory **assemble** semi-conductor chips.

## 8. at- : ~쪽으로

☐ **attain** [ətéin]

ad(to 쪽으로) + tain(touch 닿다) → 잡는 쪽으로
→ 이루다, 획득하다

동 이르다, 도달하다  유사어 reach, realize
[16] If you work hard, you will eventually **attain** your aim.

다의어 **attainment** [ətéinmənt]

attain(이르다, 도달하다) + ment(명접)
┌ 도달, 달성
└ (노력하여 얻은)기능 재능

명 도달, 달성, (노력하여 얻은) **기능, 재능**
유사어 realization, acquirement
[17] She values educational **attainment** above all else.
[18] An **attainment** is a skill you have learned or something you have achieved.

---

9. 우리는 그 거리 3마일 지점까지 접근하였다.
10. 인질들의 대략적인 수가 알려지지 않았다.
11. 근사치는 어떤 것에 의도상 비슷하지만 그러나 정확히 어떤 것에 똑같지는 않은 것이다.
12. 답은 간단하다. 뉴톤의 추론은 어림셈이다.
13. 나는 그가 자만하고 오만하다고 생각했다.

14. 물론 이 같은 종류의 직무상의 오만함은 새로운 것이 아니다.
15. 그 공장의 노동자들은 반도체를 조립한다.
16. 열심히 일하면 결국 너의 목적을 달성할 것이다.
17. 그녀는 무엇보다도 교육적인 성취를 높게 평가한다.
18. 재능은 당신이 배운 기술이나 성취한 것이다.

□ **attest** [ətést]

ad(to 쪽으로) + test(witness 증거) → 증명 쪽으로 → 증명하다

통 증명하다 [유사어] demonstrate

[19] Police records **attest** to his long history of violence.

---

□ **attract** [ətrǽkt]

ad(to 쪽으로) + tract(draw 끌다) → 쪽으로 잡아당기다 → 끌어당기다

통 (주의 등을) 끌다, (사물을) 끌어 당기다

[유사어] engage, entice, fascinate, interest, intrigue

[20] The game **attracts** a lot of attention.

---

□ **attraction** [ətrǽkʃən]

attract(끌다) + tion(명접)

명 (사람을) 끄는 힘, 매력, 유혹 [유사어] allure, appeal

[21] She possesses personal **attraction**.
[22] Reading lost its **attraction** for him.

---

□ **attractive** [ətrǽktiv]

attract(끌다) + ive(형접)

형 사람의 마음을 끄는, 매력적인

[유사어] alluring, beautiful, charming, engaging, enticing, glamorous, good-looking, gorgeous

[23] This **attractive** building is particularly notable for its garden setting.

---

**cf)** 접두어 a-, an-, ab-는 away나 not의 뜻으로도 많이 사용된다.

---

□ **anomie** [ǽnəmìː]

a(not or away ~가 없는) + nomie(질서)
→ 질서가 없는 상태 → 무질서

명 아노미 현상

[24] The idea of **anomie** means the lack of normal ethical or social standards.

---

□ **anonymous** [ənánəməs]

an(not or away ~가 없는) + onymous(이름을 밝힌)

형 이름을 밝히지 않는, 익명의 ↔ onymous 이름을 밝힌

[25] An **anonymous** letter arrived to the editor.

---

□ **avert** [əvə́ːrt]

a(not or away ~가 없는) + vert(turn 돌리다)

통 (눈·얼굴 따위를) 돌리다, 비키다

[26] She **averted** her eyes from his stare.
[27] The criminal did not **avert** his gaze immediately.

---

□ **abrade** [əbréid]

ab(not or away ~가 없는) + rade(scrape 문지르다)

통 문질러 벗기다, 비벼대어 벗기다 [유사어] erode

[28] The prisoner's manacles **abraded** his wrists.

---

□ **abduct** [æbdʌ́kt]

ab(not or away ~가 없는) + duct(lead 이끌다)
→ 이끌어서 유도하다 → 유괴하다

통 유괴하다 명 abduction 유괴 [유사어] kidnap

[29] The company director was **abducted** in the street by terrorists.

---

19. 경찰 기록은 그의 오랜 폭력의 역사를 증명한다.
20. 그 게임은 많은 주목을 끈다.
21. 그녀는 인간적 매력을 지니고 있다.
22. 독서는 그에게는 매력이 없어졌다.
23. 이 같은 매력적인 건물은 특히 정원 세팅에서 두드러진다.
24. 무질서(아노미) 개념은 정상적인 윤리적 사회적 표준의 부족을 의미한다.

25. 익명의 편지가 편집자에게 도착했다.
26. 그녀는 그의 응시하는 눈을 피했다.
27. 그 범죄자는 그의 시선을 즉각 피하지는 않았다.
28. 그 죄수의 수갑은 그의 손목을 문질러 벗겼다.
29. 회사 이사가 테러리스트들에게 거리에서 납치되었다.

※ 아래에서 우리말은 영어로 영어는 우리말로 각각 뜻을 쓰시오.

1. 관리하다, 지배하다 _____
2. 관리, 경영, 지배, 행정 _____
3. 옹호자, 옹호하다 _____
4. 옹호자, 주창자 _____
5. 진정시키다, 완화시키다 _____
6. 지명하다, 임명하다 _____
7. 임명, 지명, 임용, 예약 _____
8. 접근하다, 접근 _____
9. ~에 가까이 접근하다, 가까운 _____
10. 접근, 근사치 _____
11. 대략의, 어림셈의 _____
12. 거만한, 건방진 _____
13. 증명하다 _____

14. arrogance _____
15. assemble _____
16. attain _____
17. attainment _____
18. attract _____
19. attraction _____
20. attractive _____
21. anomie _____
22. anonymous _____
23. avert _____
24. abrade _____
25. abduct _____
26. abduction _____

※ 다음 문장의 빈칸에 알맞은 단어를 보기에서 찾아 넣으시오. 필요 시 대문자, 수, 시제, 태 등 문법적 요소를 고려하여 쓰세요.(다만 본문 예문 학습을 유도하기 위하여 예문에서 사용한 단어를 정답으로 하였다.)

보기
attract, abrade, abduct, attraction, approach, attractive, arrogance, assemble, appease, administer, appoint, advocate, avert, attain, attainment, approximation

27. The game _____ a lot of attention.
28. She possesses personal _____.
29. They wanted a completely different _____.
30. They _____d my hunger with just a slice of bread.
31. They _____ed a date and a place for the meeting.
32. The pension funds are _____ by commercial banks.
33. Heart disease specialists _____ a diet low in cholesterol.
34. The criminal did not _____ his gaze immediately.
35. The prisoner's manacles _____d his wrists.
36. The company director was _____ in the street by terrorists.
37. This _____ building is particularly notable for its garden setting.
38. This kind of official _____ is not new, of course.
39. The workers in that factory _____ semi-conductor chips.
40. If you work hard, you will eventually _____ your aim.
41. She values educational _____ above all else.
42. An _____ is anything that is intentionally similar but not exactly equal to something.

# 35 day

# mon(o)-, un(i)-: one 하나

이 단원에서 학습할 단어모음입니다. □□□에 각각 모르는 단어를 3회에 걸쳐 ☑(체크표시)해 보세요.
모르는 단어는 끝까지 학습하세요.

□□□ **mon**arch [mánərk] n.군주제
□□□ **mono**log(ue) [mánəlɔ̀:] n. 독백
□□□ **mono**tone [mánətòun] n. 단조로운 소리
□□□ **mono**tonous [mənátənəs] a. 단조로운
□□□ **mono**poly [mənápəli] n. 독점
□□□ **mono**lingual [mánəlíŋgwəl] a. 하나의 언어만을 사용하는
□□□ **mono**xide [mɑnáksaid] n. 일산화물
□□□ **un**ion [júːnjən] n. 결합, 융합, 일치, 단결, 화합, 노동조합
□□□ **un**ique [juːníːk] a. 독특한, 특별한

□□□ **uni**fy [júːnəfài] v. 통일하다
□□□ **uni**fication [jùːnəfikéiʃən] n. 통일
□□□ **uni**ty [júːnəti] n. 단결, 통일성
□□□ **uni**verse [júːnəvə̀ːrs] n. 우주, 전 세계
□□□ **uni**versity [júːnəvə̀ːrsiti] n. 대학
□□□ **uni**lateral [juːnilǽtərəl] a. 일방적인, 단독의
□□□ **un**animous [juːnǽnəməs] a. 만장일치의
□□□ **un**animity [jùːnəníməti] n. 만장일치

**참고 3.** 수를 나타내는 접두어 & 달

| 1 | uni-<br>= mono- | 1월 | January |
|---|---|---|---|
| 2 | bi-, du- | 2월 | February |
| 3 | tri- | 3월 | March |
| 4 | tetra-<br>= quadr- | 4월 | April |
| 5 | penta- | 5월 | May |
| 6 | hexa- | 6월 | June |
| 7 | sept- | 7월 | July |
| 8 | oct- | 8월 | August |
| 9 | novem- | 9월 | September |
| 10 | deca- | 10월 | October |
| 11 | --- | 11월 | November |
| 12 | --- | 12월 | December |

※ Julius Caesar 이름 딴 7월 July, Augustus 황제이름을 딴 8월 August가 중간에 들어가서 두 칸씩 뒤로 밀렸다.

※ September (7월 → 9월)
October (8월 → 10월)
November (9월 → 11월)
December (10월 → 12월)

■ 고대 로마력은 1년이 10개월이었다. BC 700년 경에 1년이 12개월이 바뀌었다. 7월 July, 8월 August가 중간에 삽입됨에 따라 원래 8월 October, 9월 November, 10월 December이었던 것들이 각각 차례로 두 칸씩 밀려나 10월 October, 11월 November, 12월 December가 되었다.

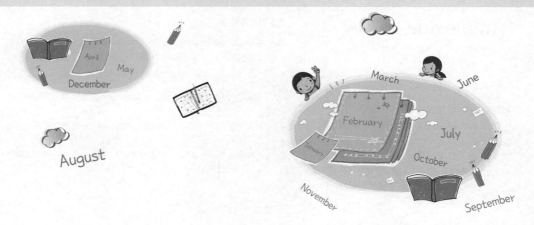

# mono-, un(i)-는 두 가지 모두 'one 하나'를 뜻한다.

## mono-

☐ **mon**archy [mánərk]

mon(one 하나) + archy(지배, 정부) → 왕 혼자 지배하는 체제
→ 군주제

명 **군주제**　monarch 명 군주

[1] A **monarchy** is a form of government in which a single person holds supreme authority in ruling a country.

---

☐ **mono**log(ue) [mánəlɔ̀:]

mono(one 하나) + log(ue)(말) → 독백

명 **독백**

[2] In theater, a **monolog(ue)** is a speech presented by a single character.

---

☐ **mono**tone [mánətòun]

mono(one 하나) + tone(음조) → 단조

명 **단조, 단조로운 소리**

[3] **Monotone** refers to a sound, for example, music or speech, that has a single unvaried tone.

---

☐ **mono**tonous [mənátənəs]

mono(one 하나) + ton(음조) + ous(형접) → 단조로운

형 **단조로운**

[4] The aim is to produce something which is rhythmically **monotonous** and repetitive.

---

☐ **mono**poly [mənápəli]

mono(one 하나) + poly(파는 것) → 독점

명 **독점**

[5] The only way to break their hold is to remove their **monopoly** on supply.

---

☐ **mono**lingual [mánəlíŋgwəl]

mono(one 하나) + lingual(언어의)
→ 1개국어를 사용하는 (사람)

형 **하나의 언어만을 사용하는**　명 **단일 언어 사용자**

형 **하나의 언어만을 사용하는**

[6] This approach to language learning is suitable for **monolingual** groups.

명 **단일 언어 사용자**

[7] **Monolingual** refers to someone who speaks only one language.

---

☐ **mon**oxide [mɑnáksaid]

mon(one 하나) + oxide(산화물) → 일산화물

명 **일산화물**

[8] A **monoxide** is any oxide containing just one atom of oxygen in the molecule.

---

1. 군주(monarchy)는 한사람이 국가를 통치하는 최고 권위를 가지고 있는 정부 형태다.
2. 연극에서 독백(monolog)은 한 명의 배우에 의해서 표현되는 말이다.
3. 모노톤(monotone)은 음악과 연설에서처럼 단 하나의 변화하지 않는 음조를 가진 소리이다.
4. 목표는 음률에 있어 단조롭고 반복적인 어떤 것을 생산하는 것이다.
5. 그들의 지배를 깨트리는 유일한 방법은 그들의 공급 독점을 제거하는 것이다.

6. 언어 학습에 이 같은 접근은 하나의 언어를 사용하는 그룹들에게 적당하다.
7. 단일 언어 사용자(monolingual)는 단지 하나의 언어 만을 말하는 사람을 언급한다.
8. 일산화물(monoxide)은 분자에 단지 하나의 산소 원자를 포함하는 어떤 산화물이다.

# un(i)-

☐ **union** [júːnjən]
> 명 결합, 융합, 일치, 단결, 화합, 노동조합
>
> [9] The two countries are holding a summit to discuss economic and monetary **union**.

☐ **unique** [juːníːk]
> 형 독특한, 특별한
>
> [10] Fingerprints are **unique** to every individual.

☐ **unify** [júːnəfài]
uni(one-하나) + fy(make 만들다)
> 동 통일하다
>
> [11] With his speech, the president sought to **unify** the country.

☐ **unification** [jùːnəfikéiʃən]
unify(통일하다) + ation(명접)
> 명 통일
>
> [12] The treaty forbade the **unification** of the two countries.

☐ **unity** [júːnəti]
uni(one-하나) + ty(명접)
> 명 단결, 통일성
>
> [13] Human consciousness usually displays a striking **unity**.

☐ **universe** [júːnəvə̀ːrs]
uni(one 하나) + verse(turn 돌다)
→ (모든 것이) 하나가 되는 것 → 우주
> 명 우주, 전 세계
>
> [14] **Universe** is the name that we use to describe the collection of all the things that exist in space.

☐ **university** [jùːnəvə̀ːrsəti]
universe(우주) + ity(명접) → (중세에) 우주의 실체를 알기 위하여 모인 사람이나 장소 → 대학
> 명 대학(교)
>
> [15] The majority of the employees have **university** degrees.

☐ **unilateral** [juːnilǽtərəl]
uni(one) + lateral (옆으로) → 하나의 방향으로 → 일방적인
> 형 일방적인, 단독의
>
> [16] The party leader has actually declared his support for **unilateral** nuclear disarmament.

☐ **unanimity** [jùːnəníməti]
un(one 하나) + anim(mind 마음) + ity(명접)
→ 하나의 마음 → 만장일치
> 명 만장일치
>
> [17] These 15 men value **unanimity** and consensus.

☐ **unanimous** [juːnǽnəməs]
un(one 하나) + anim(mind 마음) + ous(형접)
→ 한마음의 → 만장일치의
> 형 만장일치의
>
> [18] When a decision is **unanimous**, it means that everyone is in total agreement.

---

9. 두 국가는 경제와 통화 통일에 관한 토론을 위한 정상회담을 개최하고 있는 중이다.
10. 지문은 모든 개인에게 독특하다.
11. 대통령은 그의 연설로 국가를 통일하기 위하여 노력했다.
12. 그 조약은 두 국가의 통일을 금지했다.
13. 인간의 의식은 보통 놀라운 통일성을 보여 준다.
14. 우주는 우주 공간에 존재하는 모든 것들의 총합을 묘사하기 위하여 우리가 사용하는 이름이다.

15. 직원들의 대부분은 대학 학위를 가지고 있다.
16. 그 정당 지도자가 실제로 일방적인 핵무장 해제에 대한 그의 지지를 선언했다.
17. 이 15명의 남자들은 만장일치와 화합을 소중하게 생각한다.
18. 한 결정이 만장일치면 그것은 모든 사람은 완전히 일치한다는 것을 의미한다.

# bi-, du(b)-: two 둘 & tri- : three 셋

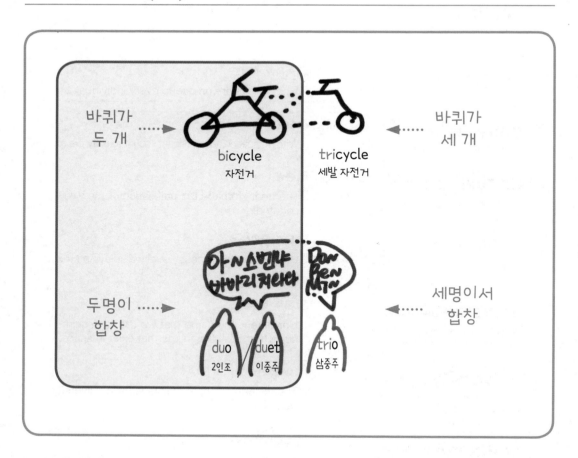

이 단원에서 학습할 단어모음입니다. ☐☐☐에 각각 모르는 단어를 3회에 걸쳐 ☑(체크표시)해 보세요.
모르는 단어는 끝까지 학습하세요.

## Preview Words

☐☐☐ **bi**annual [baiǽnjuəl] a. 연 2회의, 2년에 한번

☐☐☐ **bi**cycle [báisikəl] n. 자전거

☐☐☐ **bi**ennial [baiéniəl] a. 2년에 한 번의 n. 2년생 생물

☐☐☐ **bi**focal [baifóukəl] a. 이중 초점의

☐☐☐ **bi**lingual [bailíŋgwəl] a. 2개국어를 구사하는

☐☐☐ **bi**nary [báinəri] a. 2진법의

☐☐☐ **bi**noculars [bənákjələrs] n. 쌍안경

☐☐☐ **bi**plane [báiplèin] n. 복엽 비행기

☐☐☐ **bi**sect [baisékt] v. 양분하다

☐☐☐ **du**al [djúəl] a. 이중의

☐☐☐ **du**o [djúːou] n. 2중주, 2인조

☐☐☐ **du**et [djuét] n. 이중주

☐☐☐ **du**plicate [djúːpləkit] a. 이중의 n. 사본 v. 복사하다

☐☐☐ **du**bious [djúːbiəs] a. 의심스러운

☐☐☐ **tria**logue [tráiəlɔ̀(ː)g] n. 3자 회담, 3인극

☐☐☐ **tri**angle [tráiæ̀ŋgəl] n. 삼각형

☐☐☐ **tri**athlon [traiǽθlɑn] n. 3종 경기

☐☐☐ **tri**be [traib] n. 부족, 종족

☐☐☐ **tri**color [tráikʌ̀lər] a. 3색기의 n. 3색기, 프랑스 국기

☐☐☐ **tri**cycle [tráisikəl] n. 세발 자전거

☐☐☐ **tri**demential [tràidimén∫ən] a. 3차원의

☐☐☐ **tri**logy [trílədʒi] n. 3부작

☐☐☐ **tri**dent [tráidənt] n. 삼지창, 세 갈래진 작살

☐☐☐ **tri**ennial [traiéniəl] a. 3년 마다의 n. 3년제

☐☐☐ **tri**mester [traiméstər] n. 3개월. (3학기제의) 1학기

☐☐☐ **tri**o [tríːou] n. 3인조, 트리오, 삼중주, 삼중창

☐☐☐ **tri**ple [trípəl] a. 세 겹의, 세배의

☐☐☐ **tri**pod [tráipɑd] n. 삼각대, 세 다리 걸상

☐☐☐ **tri**sect [traisékt] v. 셋으로 나누다

☐☐☐ **tri**vial [tríviəl] a. 사소한

## 어근 **bi-**와 **du(b)-**는 모두 'two 둘'을 뜻한다.

### bi- : two 둘

□ **biannual** [baiǽnjuəl]
bi(two) + annual(1년의) → 1년에 두번

형 연 2회의 유사어 semiannual

[1] A **biannual** event happens twice a year.
[2] The panel will meet on a **biannual** basis to check their progress.

---

□ **bicycle** [báisikəl]
bi(two) + cycle(바퀴) → 두 개 바퀴 → 자전거

명 자전거

[3] Road **bicycles** are designed to be ridden fast on smooth pavement.

---

□ **biennial** [baiéniəl]
bi(two) + ennial(year 년) → 2년마다 한번의

형 2년에 한 번의, 2년 마다의 명 2년생 생물, 비엔날레

형 2년에 한 번의, 2년 마다의

[4] A **biennial** event happens or is done once every two years.
[5] The Gwangju Biennale in South Korea is Asia's oldest **biennial** of contemporary art.

명 2년생 생물, 비엔날레

[6] A **biennial** is a plant that lives for two years.

---

□ **bifocal** [baifóukəl]
bi(two) + focal(초점) → 2개 초점 → 이중 초점

명 이중 초점 형 이중 초점의

[7] **Bifocals** are eyeglasses with two distinct optical powers.

---

□ **bilingual** [bailíŋgwəl]
bi(two) + lingual(언어) → 2개 국어를 사용하는

명 2개국어 사용자 형 2개국어를 구사하는

명 2개국어 사용자

[8] **Bilingual** means that someone is fluent in two languages.

형 2개국어를 구사하는

[9] Many people who are **bilingual** have acquired two languages from their early childhood.

---

□ **binary** [báinəri]
bin(two) + ary(형접) → (0과 1)두 개 수로 사용하는 → 2진법의

형 둘의, 2진법의

[10] A **Binary** Number is made up of only 0s and 1s such as 110100. There is no 2, 3, 4, 5, 6, 7, 8 or 9 in Binary.

---

1. 연 2회의 이벤트(A biannual event)는 1년에 두 번 열린다.
2. 위원들은 진행 상황을 점검하기 위하여 1년에 두 차례씩 모일 것이다.
3. 도로(로드용) 자전거는 미끄러운 포장 도로에서 빠르게 타기 위하여 디자인되었다.
4. 2년 마다의 이벤트(A biennial event)는 2년마다 일어난다.
5. 대한민국 광주 비엔날레는 아시아 현대 미술의 가장 오래된 비엔날레다.
6. 2년생 생물(A biennial)은 2년 동안 사는 식물이다.
7. Bifocals(이중초점 안경)은 두개의 분리된 광학적 효과를 가진 안경이다.
8. 2개 국어 사용자는 어떤 사람이 2개 국어에 유창하다는 것을 뜻한다.
9. 2개 국어를 구사하는 많은 사람들은 어린 시절부터 두 가지 언어를 획득했다.
10. 2진법 수는 110100처럼 단지 0과 1로만 구성되어 있다. 이진법에는 2, 3, 4, 5, 6, 7, 8, 9는 없다.

☐ **binoculars** [bənάkjələrs]

bin(two) + ocular(eye 눈) + s(복수형) → 두 눈으로 보는 것

명 쌍안경

[11] People who do not have **binoculars** have an impaired perception of space.

☐ **biplane** [bάiplèin]

bi(two) + plane(비행기) → 두쌍의 날개를 가진 비행기

명 복엽 비행기, 두 세트의 날개를 가진 비행기

[12] A **biplane** is a fixed-wing aircraft with two main wings.

☐ **bisect** [baisékt]

bi(two) + sect(나누다) → 두 개로 나누다

동 양분하다

[13] '**Bisect**' means to divide into two equal parts. You can **bisect** lines, angles, and more.

## du(b)- : two 둘

☐ **dual** [djú:əl]

형 이중의

[14] The device is the first **dual**-camera smartphone.

☐ **duo** [djú:ou]

명 2중주, 2인조

[15] The **duo** were the only Asian artists on the list this year.

☐ **duet** [djuét]

명 이중주

[16] The audience enjoys various performances by solo, **duet**, ensemble, or choirs.

☐ **duplicate** [djú:pləkit]

du(two) + plic(fold 접다) + ate(동접 or 형접)

형 이중의, 사본의  동 복사하다

[17] People have used Legos to create miniature cities, **duplicate** works of art, and recreate historic events.

☐ **dubious** [djú:biəs]

dub(two-둘) + ious(형접) → 두가지 성질을 가지는 → 의심하는

형 의심스러운

[18] On Amazon, **dubious** 'antiviral' supplements proliferate amid pandemic.

---

11. 쌍안경을 끼지 않은 사람들은 공간에 대한 손상된 지각을 갖는다.
12. 복엽 비행기(biplane)는 두 개의 주요 날개를 가지고 있는 고정된 날개를 가진 비행기이다.
13. 'Bisect'는 두 개로 나누는 것을 의미한다. 너는 선, 각 그리고 그 이상을 나눌 수 있다.
14. 이 기기는 첫 번째 듀얼 카메라 스마트폰이다.

15. 그 2인조(가수)는 올해 이 리스트에 이름을 올린 유일한 아시아 가수이다.
16. 관객은 솔로, 듀엣, 합주단 혹은 합창단의 다양한 공연을 즐긴다.
17. 사람들이 레고를 미니어처 도시를 만들고, 예술품을 복제하고, 그리고 과거의 사건들을 재창조하는데 사용해 왔다.
18. 아마존에서 유행병 속에서 의심스러운 '항바이러스'보충제가 크게 퍼지고 있다.

**270    35 day**

# 어근 tri-는 three 셋을 뜻한다.

☐ **tria**logue [tráiələ̀(:)g]
tria(three 셋) + logue(대화)

**명** 3자 회담, 3인극, 세 사람이 등장하는 장면
[19] **Trialogue** conducts annual research with corporates and non-profit organisations.

☐ **tri**angle [tráiæ̀ŋgəl]
tri(three) + angle(각) → 세 각을 가진 것 → 삼각형

**명** 삼각형
[20] To make a star, put two **triangles** together.
[21] The secret of the Bermuda **Triangle** remains one of the world's greatest unsolved mysteries.

☐ **tri**athlon [traiǽθlɑn]
tri(three) + athlonathlon(경기) →3종목의 경기 → 3종경기

**명** 3종 경기
[22] The word '**triathlon**' is of Greek origin meaning 'three contests.'
[23] He has won Hawaii's Ironman **Triathlon** four times.

☐ **tri**be [traib]
tri(three) + be(있다)
→ 고대 로마에 3부족이 있었다는 뜻에서 유래

**명** 부족, 종족
[24] She even became friends with **tribes** living in the desert there.

☐ **tri**color [tráikʌ̀lər]
tri(three 셋) + color(색)

**형** 3색기의, 프랑스의 **명** 3색기(특히 프랑스 국기)
[25] A **tricolor** is a flag or banner with a triband design which originated in the 16th century as a symbol of republicanism, liberty or indeed revolution.

☐ **tri**cycle [tráisikəl]
tri(three) + cycle(바퀴)

**명** 세발 자전거
[26] A **tricycle**, often abbreviated to trike, is a human-powered three-wheeled vehicle.

☐ **tri**dementional
[tràidiménʃənl]
tri(three) + demention(차원) + al(**형접**)

**형** 3차원의
[27] **Three-dimensional** space is a geometric setting in which three values are required to determine the position of an element.
[28] A **tridimensional** image of the tooth was obtained, by creating a model with 1379 nodes and 976 finite elements.

---

19. 3자 회담은 기업 및 비영리 단체와 매년 연구를 수행한다.
20. 별을 만들기 위하여 두 개의 삼각형을 함께 놓아라.
21. 버뮤다 삼각지대의 비밀은 세계 최대의 풀리지 않은 미스터리 중 하나로 남아 있다.
22. 단어 '트라이애슬론'은 '세 가지 콘테스트'라는 의미를 지닌 그리스어에서 왔다.
23. 그는 하와이 철인 3종경기에서 4번 우승했다.
24. 그녀는 심지어 거기에 사는 부족들과 친구가 되었다.

25. 3색기는 16세기에 공화주의, 자유 또는 실제적인 혁명의 상징으로 시작된 3대역 디자인의 깃발 즉 배너다.
26. 가끔 trike로 줄여 쓰는 세 발 자전거는 사람의 동력을 사용하는 세 바퀴 운송수단이다.
27. 3차원 공간은 요소의 위치를 결정하기 위하여 세 개의 값이 요구되는 기하학적인 설정이다.
28. 치아의 3차원적 이미지는 1379개의 결절과 976개 완결된 구성요소들을 만들어서 획득되었다.

| □ **trilogy** [trílədʒi] | 몡 3부작, 3부극, 3부곡 |
|---|---|
| tri(three 3) + logy(학문, 말) | 29 The original Jurassic Park **trilogy** introduced characters that audiences grew to love and hate. |

| □ **trident** [tráidʌnt] | 몡 삼지창, (바다의 신이 가진) 세 갈래진 작살 |
|---|---|
| tri(three 셋) + dent(tooth 이빨) | 30 The **trident** is the weapon of Poseidon, or Neptune, the God of the Sea in classical mythology. |

| □ **triennial** [traiénial] | 몡 3년마다의 행사, 3년제  혱 3년마다의, 3년생의 |
|---|---|
| tri(three 셋) + ennial(year 해) | 몡 3년마다의 행사, 3년제 |
| | 31 Today, a **triennial** of contemporary art will open in Minsk. |
| | 혱 3년마다의, 3년생의 |
| | 32 More than 17,000 cast their votes online—a record for the **triennial** competition. |

| □ **trimester** [traiméstər] | 몡 3개월, (3학기제의) 1학기 |
|---|---|
| tri(three) + semester(학기) → 3학기 | 33 Academic term, a **trimester** system divides the academic year into three terms. |

| □ **trio** [tríːou] | 몡 3인조, 트리오, 삼중주, 삼중창 |
|---|---|
| | 34 The final item on today's program is Beethoven's **Trio** in B flat. |

| □ **triple** [trípəl] | 통 세 배가 되다  혱 세 겹의, 세 배의  몡 세 배의 수 |
|---|---|
| tri(three) + ple(fold 겹치다) → 3배(의) | 통 세 배가 되다 |
| | 35 The town's population has trippled in size. |
| | 혱 세 겹의, 세 배의 |
| | 36 The company aims to **triple** its international sales within five years. |
| | 몡 세 배의 수 |
| | 37 **Triple** means to multiply by three. |

| □ **tripod** [tráipad] | 몡 삼각대, 세 다리 걸상 |
|---|---|
| tri(three) + pod(foot 발) → 세 개의 발 | 38 In photography, a **tripod** is used to stabilize and elevate a camera, a flash unit, or other photographic equipment. |

| □ **trisect** [traisékt] | 통 삼분하다, 셋으로 자르다 |
|---|---|
| tri(three) + sect(cut 자르다) → 셋으로 나누다 | 39 We must **trisect** the main section. |

| □ **trivial** [tríviəl] | 혱 사소한 |
|---|---|
| tri(three) + vial(way 길) → 세 사람이 가는 길 → 흔한 길→ 사소한 | 40 Sexual harassment in the workplace is not a **trivial** matter. |

29. 원작 쥬라기 공원 3부작은 관객이 사랑하고 증오하는 캐릭터를 소개했다.
30. 삼지창은 고대신화에서 바다의 신, 포세이돈 또는 해왕성의 무기다.
31. 오늘, 3년마다 열리는 현대 미술전이 민스크에서 열릴 예정이다.
32. 고등교육 용어인 학기제는 학년을 세 학기로 나눈다.
33. 17,000명 이상이 온라인으로 투표를 했으며 이는 3년마다 열리는 대회 기록이다.
34. 오늘 프로의 마지막 곳은 베토벤 3중주 B프랫이다.

35. 읍내 인구 규모가 3배가 되었다.
36. 그 회사는 3년 안에 국제 판매를 3배로 늘리는 것을 목표로 했다.
37. 세 배수는 3으로 곱하는 수이다.
38. 사진술에서 삼각대는 카메라, 조명 장치 혹은 다른 사진용 장비를 안정시키고 올려놓기 위하여 사용된다.
39. 우리는 주요 영역을 3등분해야 한다.
40. 그 직장내 성희롱은 사소한 문제가 아니다.

※ 아래에서 우리말은 영어로 영어는 우리말로 각각 뜻을 쓰시오.

1. 군주제 _____
2. 독백 _____
3. 단조로운 소리 _____
4. 단조로운 _____
5. 독점 _____
6. 하나의 언어만을 사용하는 _____
7. 일산화물 _____
8. 통일 _____
9. 우주, 전 세계 _____
10. 일방적인, 단독의 _____
11. 만장일치의 _____
12. 만장일치 _____
13. 연 2회의, 2년에 한번 _____

14. bifocal _____
15. bilingual _____
16. binary _____
17. binoculars _____
18. bisect _____
19. dual _____
20. dubious _____
21. triathlon _____
22. trident _____
23. trimester _____
24. triple _____
25. tripod _____
26. trivial _____

※ 다음 문장의 빈칸에 알맞은 단어를 보기에서 찾아 넣으시오. 필요 시 대문자, 수, 시제, 태 등 문법적
요소를 고려하여 쓰세요.(다만 본문 예문 학습을 유도하기 위하여 예문에서 사용한 단어를 정답으로 하였다.)

**보기**

> monolog(ue), tribe, monopoly, unanimity, unique, unify, monolingual, monolingual,
> monoxide, unanimous, triathlon, monarchy, unification, unity, university, monotone

27. These 15 men value _____ and consensus.

28. Fingerprints are _____ to every individual.

29. With his speech, the president sought to _____ the country.

30. The treaty forbade the _____ of the two countries.

31. Human consciousness usually displays a striking _____.

32. The majority of the employees have _____ degrees.

33. _____ refers to someone who speaks only one language.

34. In theatre, a _____ is a speech presented by a single character.

35. The only way to break their hold is to remove their _____ on supply.

36. This approach to language learning is suitable for _____ groups.

37. The word '_____' is of Greek origin meaning 'three contests.'

38. She even became friends with _____ living in the desert there.

39. A _____ is any oxide containing just one atom of oxygen in the molecule.

40. When a decision is _____, it means that everyone is in total agreement.

41. A _____ is a form of government in which a single person holds supreme authority in ruling a country.

42. _____ refers to a sound, for example music or speech, that has a single unvaried tone.

**4 : tetra-, quad(r)- 5 : penta- 6 : hexa-**
**7 : hepta-, sept- 8 : oct- 9 : non(a)- 10: dec(a)-**

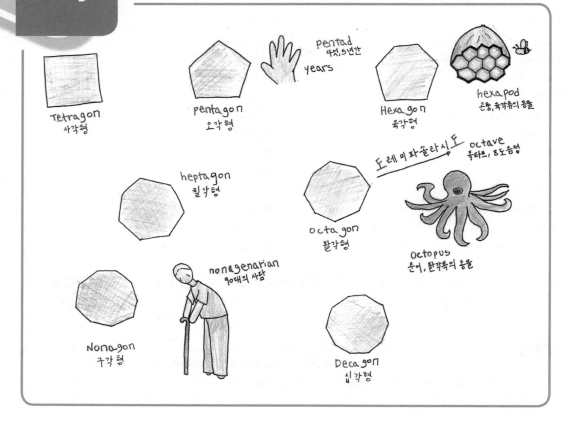

이 단원에서 학습할 단어모음입니다. □□□에 각각 모르는 단어를 3회에 걸쳐 ☑(체크표시)해 보세요.
모르는 단어는 끝까지 학습하세요.

## Preview Words

□□□ **tetragon** [tétrəgàn] n. 4각형, 4변형
□□□ **quadrangle** [kwádræ̀ŋgəl] n. 4각형, 4변형
□□□ **quadrilateral** [kwádrlǽtərəl] n. 사변형 요새지, 4각형
□□□ **quadrathon** [kwádrəθàn] n. 4종 경기
□□□ **quadrennial** [kwadréniəl] a. 4년간의, 4년마다의
□□□ **pentad** [péntæd] n. 다섯, 5년간, 5가 원소
□□□ **pentagon** [péntəgàn] n. 5각형, (the P-) 미국 국방부
□□□ **pentangular** [pentǽŋgjələr] a. 5각(형)의
□□□ **pentathlon** [pentǽθlən] n. 5종 경기
□□□ **hexagon** [héksəgàn] n. 육각형
□□□ **hexangular** [heksǽŋgjələr] a. 육각(형)의
□□□ **hexapod** [héksəpàd] n. 곤충, 육각류의 동물
□□□ **heptagon** [héptəgàn] n. 7각형, 7변형
□□□ **heptagonal** [heptǽgənəl] a. 7각[변]형의
□□□ **septangle** [séptæ̀ŋgəl] n. 7각형

□□□ **septangular** [septǽŋgjələr] a. 7각(형)의
□□□ **septilateral** [septilǽtərəl] a. 7변[면]의
□□□ **octachord** [áktəkò:rd] n. 팔현금(八絃琴), 8음 음계
□□□ **octagon** [áktəgàn] n. 8변형, 8각형, 팔각당
□□□ **octangle** [áktæ̀ŋgəl] n. 8각형
□□□ **octave** [áktiv] n. 옥타브, 8도음정, 옥타브의 8개의 음
□□□ **octopus** [áktəpəs] n. 낙지, 팔각목(八脚目)의 동물
□□□ **nonagon** [nánəgàn] n. 9변형
□□□ **nonagenarian** [nànədʒənéəriən] n. 90대의 사람
□□□ **decade** [dékeid] n. 10년간, 10
□□□ **decagon** [dékəgàn] n. 10각형
□□□ **decahedron** [dèkəhí:drən] n. 10면체
□□□ **decapod** [dékəpàd] n. 십각목
□□□ **decathlon** [dikǽθlən] n. 10종 경기
□□□ **decathlete** [dikǽθli:t] n. 10종 경기 선수

# four 넷: tetra-[tétrə], quad(r)-[kwádr]

□ **tetragon** [tétrəgàn]

tetra(4) + gon( 명접 – n각형) → 4각형

명 사각형, 사변형

[1] A **tetragon** is a polygon with four sides and four angles.

□ **quadrangle** [kwádræ̀ŋgəl]

quadr(4) + angle(각) → 4각형

명 사각형, 사변형

[2] In architecture, a **quadrangle** is a space or a courtyard, usually rectangular in plan.

□ **quadrilateral** [kwádrlǽtərəl]

quadri(4) + lateral(side 옆) → 4개면(side)이 있는 → 4각형

명 사변형 요새지, 사각형, 사변형

[3] In Euclidean plane geometry, a **quadrilateral** is a polygon with four edges and four vertices or corners.

□ **quadrathon** [kwádrəθɑn]

quadr(4) + athon(contest 경기) → 4종경기

명 4종 경기

[4] A **quadrathlon** (or tetrathlon) is an endurance sports event composed of four individual disciplines.

□ **quadrennial** [kwɑdréniəl]

quadr(4) + ennial(year 년, 해) → 4년마다 한번

형 4년간의, 4년마다의

[5] The Olympic Games is a **quadrennial** gathering of athletes from around the world.

# five 다섯: penta- [péntə]

□ **pentad** [péntæd]

명 다섯, 다섯 개 한 별, 5년간, 5가 원소

[6] **Pentad** may refer to the number five.

□ **pentagon** [péntəgàn]

penta(다섯) + gon( 명접 – n각형) → 5각형

명 오각형, (the P-) 미국 국방부 《건물이 오각형임》

[7] The **Pentagon** is the headquarters building of the United States Department of Defense.

□ **pentangular** [pentǽŋgjələr]

pentagng(5각형) + ular( 형접 ) → 5각형의

형 오각(형)의

[8] The word, '**pentangular**' means having five angles.

□ **pentathlon** [pentǽθlən]

pent(다섯) + athlon(contest 경기) → 5종 경기

명 5종 경기

[9] In ancient Greek Olympics, the **pentathlon** included a race of the stadium, the long jump, the discus throw, the javelin throw, and a wrestling match.

---

1. 사변형은 네 변과 네 각을 가지고 있는 다각형이다.
2. 건축술에서, 사변형 건물은 보통 계획상 직사각형의 공간 또는 안뜰이다.
3. 유클리드 평면 기하학에서 사변형은 네 개의 모서리와 네 개의 꼭짓점 또는 모서리를 가진 다각형이다.
4. 4종경기(quadrathlon 또는 tetrathlon)는 4개의 개별 분야로 구성된 지구력 스포츠 행사다.
5. 올림픽 게임은 4년마다 열리는 전 세계 선수들의 모임이다.
6. Pentad는 숫자 5를 언급한다.
7. 펜타곤은 미 국방부의 본부 건물이다.
8. 5각형의(pentangular)는 단어는 5개의 각을 가지고 있다는 것을 의미한다.
9. 고대 그리스 올림픽에서 5종 경기는 경기장 달리기, 멀리 뛰기, 원반 던지기, 창 던지기, 레슬링 경기가 포함되었다.

# six 여섯:hexa-[héksə]

☐ **hexagon** [héksəgàn]

hexa(여섯) + gon( 명접 – n각형) → 6각형

명 육각형
[10] In geometry, a **hexagon** is a six-sided polygon or 6-gon.

☐ **hexangular** [heksæ̀ŋgjələr]

hexangu(육각형) + ular( 형접 ) → 6각형의

형 육각(형)의
[11] They have sharp vertices and edges, and are arranged in an ideal **hexangular** array.

☐ **hexapod** [héksəpàd]

hexa(여섯) + pod(발) → 6개의 다리가 있는 동물 → 곤충

명 곤충, 육각류의 동물   형 육각의, 곤충의

명 곤충, 육각류의 동물
[12] **Hexapod** may refer to an animal with six leg.

형 육각의, 곤충의
[13] A **hexapod** robot is a mechanical vehicle that walks on six legs.

# seven 일곱: hepta-[héptə] = sept(em) sept-, septi-[sept], [sépti]

☐ **heptagon** [héptəgàn]

hepta(7) + gon ( 명접– n각형) → 7각형

명 칠각형, 칠변형
[14] A **heptagon** is a seven-sided polygon. It is also sometimes called a septagon.

☐ **heptagonal** [heptǽgənəl]

heptagon( 7각형) + al( 형접 ) → 7각형의

형 칠각[변]형의
[15] A **heptagonal** pyramid is a pyramid with a heptagonal base.

☐ **septangle** [séptæ̀ŋgəl]

sept(7) + angle(각) → 7각형

명 칠각형
[16] A **septangle** is a figure which has seven angles.

☐ **septangular** [septǽŋgjələr]

septangle(7각형) + ular( 형접 ) → 7각형의

형 칠각(형)의
[17] A **septangular** figure is having seven angles.

☐ **septilateral** [septilǽtərəl]

septi(7) + lateral(side) → 7개 면의

형 칠변[면]의
[18] A **septilateral** figure is having seven sides.

---

10. 기하학상 육각형은 6면 다각형 또는 6각형이다.
11. 그것들은 예리한 정점과 가장자리를 가지며 이상적인 6각형 배열로 배열된다.
12. 육각류(hexapod)는 여섯 개의 다리를 가진 동물을 말한다.
13. 엑사포드(hexapod) 로봇은 여섯 개의 다리로 걷는 기계 장치다.
14. 칠각형(heptagon)은 칠면 다각형이다. 때로 셉타곤 (septagon)이라고도 불린다.

15. 칠각 피라미드는 칠면체 기반의 피라미드이다.
16. 칠각형(septangle)은 일곱 개의 각을 가진 도형이다.
17. 칠각형의(Septangular) 도형은 일곱 개의 각을 가진 것이다.
18. 칠변(septilateral) 도형은 일곱 개의 면을 가진 것이다.

**cf.** 7월에서 9월로 바뀜

☐ **September** [septémbər]    명 9월

septem(7) + ber( 명접 – 월을 표현) → 7월에서 9월로 바뀜

## 여덟: oct-, octa-, octo [ɑkt], [ɑ́ktə]

☐ **octachord** [ɑ́ktəkɔ̀:rd]

octa(8) + chord(line 선) → 8개의 선으로 되어있는 악기 → 8현금

명 팔현금(八絃琴), 8음 음계
[19] An **octachord** is a musical instrument having eight strings.

☐ **octagon** [ɑ́ktəgɑ̀n]

octa(8) + gon( 명접 –n각형) → 8각형

명 팔변형, 팔각형, 팔각당
[20] In geometry, an **octagon** which has eight angles is an eight-sided polygon or 8-gon.

☐ **octangle** [ɑ́ktæŋgəl]

octa(8) + angle(각) → 8각형

명 팔각형
[21] An **octangle**, or an octagon is a geometric figure with eight corners.

☐ **octave** [ɑ́ktiv]

명 옥타브, 8도음정, 옥타브의 8개의 음
[22] The soprano singer sang the song an **octave** higher.

☐ **octopus** [ɑ́ktəpəs]

octa(8) + pus(pod–foot 발) → 8개 발이 있는 동물 → 낙지

명 낙지, 팔각목(八脚目)의 동물
[23] The plural of **octopus** is octopuses.

**cf.** 8월에서 10월로 바뀜

☐ **October** [ɑktóubər]    명 10월

Octo(8) + ber( 명접 – 월을 표현) (8월이었다가 10월이 됨)

## 아홉: non(a)–[nɑ́nə]

☐ **nonagon** [nɑ́nəgɑ̀n]

nona(9) + gon( 명접 –n각형)

명 구각형, 구변형
[24] In geometry, a **nonagon** is a nine-sided polygon.

☐ **nonagenarian**
[nɑ̀nədʒənɛ́əriən]

nonagenari(90) + an( 명접 –사람)

명 90대의 사람
[25] The **nonagenarian** is Malaysia's most experienced statesman.

---

19. 팔현금(octachord)은 8개의 현을 가진 악기다.
20. 기하학에서 여덟 개의 각을 가진 팔각형은 8면 다각형 또는 8각형이다.
21. 팔각형(An octangle 즉 an octagon)은 8개의 코너를 가진 기하학적 모양이다.

22. 그 소프라노 가수는 그 곡을 한옥타브 높여 불렀다.
23. 낙지(octopus)의 복수형은 octopuses이다.
24. 기하학에서 nonagon은 9면 다각형이다.
25. 그 90대의 사람은 말레이시아의 가장 경험 많은 정치인이다.

**cf.** 9월에서 11월로 바뀜

☐ **November** [nouvémbər]  　　명 11월

Novem(9) + ber( 명접 –월을 표현) → 9월에서 11월로 바뀜

# ten 열: dec(a)– [dék(ə)]

☐ **decade** [dékeid]

프랑스어 décade에서 발전

명 10년간, 10, 열 개 한 벌(조), 열 권(편)

[26] A **decade** is a period of 10 years.

☐ **decagon** [dékəgàn]

deca(10) + gon( 명접 –n각형) → 10각형

명 10각형

[27] A **decagon** is a ten-sided polygon.

☐ **decahedron** [dèkəhí:drən]

deca(10) + hedron( 명접 –n 면체) → 10개 면체

명 10면체

[28] In geometry, a solid, three-dimensional shape with ten sides is called a **decahedron**.

☐ **decapod** [dékəpàd]

deca(10) + pod(발) → 10개 발

명 (10개의 다리를 가진) **십각목**

[29] **Decapod** is an order of crustaceans such as lobsters and crabs.

☐ **decathlon** [dikǽθlɑn]

deca(10) + athlon(contest 경기) → 10종 경기

명 10종 경기

[30] The **decathlon** is a combined event in athletics consisting of ten track and field events.

☐ **decathlete** [dikǽθli:t]

deca(10) + athlete(선수) → 10종경기 선수

명 10종 경기 선수

[31] A **decathlete** is an athlete who competes in the decathlon.

☐ **Decameron** [dikǽmərən]

명 데카메론(10일간의 이야기라는 뜻)

[32] The 〈**Decameron**〉 written in the 14th century Italian by the Italian Renaissance author Giovanni Boccaccio taught citizens how to maintain mental wellbeing in times of epidemics and isolation.

**cf.** 10월에서 12월로 바뀜

☐ **December** [disémbər]  　　명 12월

Decem(10) + ber( 명접 – 월표시)
→ 본래 10월이었던 것이 12월로 변경

26. 10년(decade)는 10년의 기간이다.
27. 십각형(decagon)은 10면 다각형이다.
28. 기하학에서 10개의 면이 있는 단단한 3차원 모양을 10면체라고 한다.
29. 십각류(decapod)는 새우나 게와 같은 갑각류이다.
30. 10종 경기(decahedron)는 10개의 육상 경기와 필드 경기로 구성된 운동 경기다.

31. 10종 경기 선수(decathlete)는 10종 경기(decathlon)에 경쟁하는 선수다.
32. 이탈리아 르네상스작가 지오바니 보카치오에 의해 씌어진 〈데카메론〉은 시민들에게 전염병과 고립의 시대에 어떻게 정신 건강을 유지할 것인가를 가르쳤다.

**참고 4.** SI unit(국제 단위계)에서 사용하는 접두어
### [Systéme International (=International System of Units 국제 단위)]

국제단위계(SI: international system of units)에서 각 단위의 크기를 쉽게 알아볼 수 있도록 각 단위의 앞에 붙여 쓰는 접두어이다. SI 접두어는 각각 10의 거듭제곱($10^n$ 또는 $10^{-n}$)의 크기로 나타낸다. 특히 아래 ($10^3$)의 제곱의 표현이 많이 쓰인다.

| | | | | | |
|---|---|---|---|---|---|
| $10^{15}$ | $(10^3)^5$ | **peta-** | P | quadrillion 천조 | 1,000,000,000,000,000 |
| $10^{12}$ | $(10^3)^4$ | **tera-** | T | trillion 조 | 1,000,000,000,000 |
| $10^9$ | $(10^3)^3$ | **giga-** | G | billion 십억 | 1,000,000,000 |
| $10^6$ | $(10^3)^2$ | **mega-** | M | million 백만 | 1,000,000 |
| $10^3$ | $(10^3)^1$ | **kilo-** | K | thousand 천 | 1,000 |
| $10^2$ | | **hecto-** | H | hundred 백 | 100 |
| $10^1$ | | **deca-** | da | ten 십 | 10 |
| $10^0$ | | | | 일 | 1 |
| $10^{-1}$ | | **deci-** | d | tenth 십분의 일 | 0.1 |
| $10^{-2}$ | | **centi-** | c | hundredth 백분의 일 | 0.01 |
| $10^{-3}$ | $(10^{-3})^1$ | **milli-** | m | thousandth 천분의 일 | 0.001 |
| $10^{-6}$ | $(10^{-3})^2$ | **micro-** | $\mu$ | millionth 백만분의 일 | 0.000 001 |
| $10^{-9}$ | $(10^{-3})^3$ | **nano-** | n | billionth 십억분의 일 | 0.000 000 001 |
| $10^{-12}$ | $(10^{-3})^4$ | **pico-** | p | trillionth 일조분의 일 | 0.000 000 000 001 |

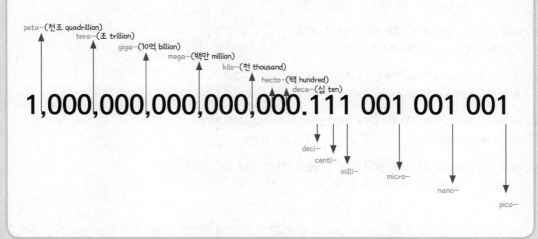

**❶ dec(a)–** [dék(ə)]: **ten 열(10)**
decade [dékeid] 명 10년간, 10, 열 개 한 벌[조], 열 권[편]

**❷ hecto–** [héktou]: **hundred 백(100)**
헥토 = 10의 제곱 = $10^2$
hectometer [héktoumitər] 명 헥토미터, 100미터

**❸ kilo–** [kílou] : **thousand 천(1,000)**
킬로 = 10의 3 제곱 = $10^3$
kilometer [kilάmitər] 명 킬로미터 1,000m

**❹ mega–** [mégə] : **million 백만 (1,000,000)**
메가 = 10의 6 제곱 = $10^6$
megameter 백만 미터, 1,000 킬로미터
megabyte 메가바이트, $10^6$ bytes = 백만 바이트

**❺ giga–** [gigə] : **billion 10억(1,000,000,000)**
기가 = 10의 9 제곱 = $10^9$
gigabyte 기가바이트, 109 bytes = 10억 바이트

**❻ tera–** [térə] : **trillion 1조(1,000,000,000,000)**
테라 = 10의 12 제곱 = $10^{12}$
terabyte 테라바이트, $10^{12}$ bytes = 1조 바이트

**❼ peta–** [pétə] : **천조 quadrillion(1,000,000,000,000,000)**
페타 = 10의 15 제곱 =$10^{15}$
petameter n. 페타미터, $10^{15}$ meters = 천조 미터

**❽ deci–** [désə] :**0.1 = 10분의 1(1/10)**
deciliter [désilì:tər] 명 데시리터, 1리터의 10분의 1
decimal [désəməl] 형 십진법의

**❾ centi–** [sénti] : **0.01 = 100분의 1(1/100)**
centigram [séntigræm] 명 센티그램, 100분의 1그램
centenary [séntənèri] 형 100의 명 100년간

**❿ milli–** [míli] : **0.001 = 1,000분의 1(1/1,000)**
milliliter [mílilí:tər] 밀리리터, 1리터의 1/1000

**⓫ micro–** [máikrou]:**0.000 001 = 100만 분의 1(1/1,000,000)**
microbar 명 마이크로바, 100만 분의 1바

**⓬ nano–** [nǽnə] : **0.000 000 001 = 10억분의 1(1/1,000,000,000)**
nanometer 명 나노미터, 10억 분의 1미터 = $10^{-9}$ meter

**⓭ pico–** [pí:kou] : **0.000 000 000 001=1조분의 1(1/1,000,000,000,000)**
picogram 명 피코그램, 1조분의 1그램 = $10^{-12}$ gram

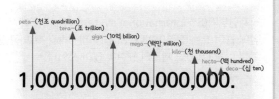

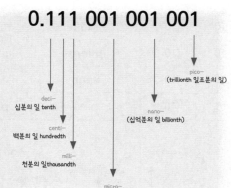

※ 아래에서 우리말은 영어로 영어는 우리말로 각각 뜻을 쓰시오.

1. 4각형, 4변형 (※ 2개)  _____
2. 곤충, 육각류의 동물  _____
3. 5각형, (the P-) 미국 국방부  _____
4. 육각형  _____
5. 7각형, 7변형  _____
6. 7각형  _____
7. 8변형, 8각형, 팔각당  _____
8. 8각형  _____
9. 옥타브, 8도음정  _____
10. 낙지, 팔각목의 동물  _____
11. 10년간, 10  _____
12. 10각형  _____
13. 사변형 요새지, 4각형  _____

14. quadrathon  _____
15. quadrennial  _____
16. pentad  _____
17. pentangular  _____
18. pentathlon  _____
19. hexangular  _____
20. nonagon  _____
21. decahedron  _____
22. decapod  _____
23. decathlon  _____
24. decathlete  _____
25. nonagenarian  _____
26. heptagonal, septangular _____

※ 다음 문장의 빈칸에 알맞은 단어를 보기에서 찾아 넣으시오. 필요 시 대문자, 수, 시제, 태 등 문법적 요소를 고려하여 쓰세요.

**보기**

pentagon, septangular, octachord, hexapod, decagon, pentad, septangle, heptagonal, tetragon, decapod, decade, septilateral, octave, hexagon, quadrangle, quadrennial

27. A _____ is a period of 10 years.

28. A _____ is a ten-sided polygon.

29. _____ may refer to the number five.

30. A _____ is a figure which has seven angles.

31. A _____ figure is having seven sides.

32. A _____ figure is having seven angles.

33. An _____ is a musical instrument having eight strings.

34. The soprano singer sang the song an _____ higher.

35. In geometry, a _____ is a six-sided polygon or 6-gon.

36. _____ may refer to an animal with six leg.

37. A _____ pyramid is a pyramid with a heptagonal base.

38. A _____ is a polygon with four sides and four angles.

39. _____ is an order of crustaceans such as lobsters and crabs.

40. In architecture, a _____ is a space or a courtyard, usually rectangular in plan.

41. The Olympic Games is a _____ gathering of athletes from around the world.

42. The _____ is the headquarters building of the United States Department of Defense.

# hemi-, semi-, demi-: half 반(1/2)

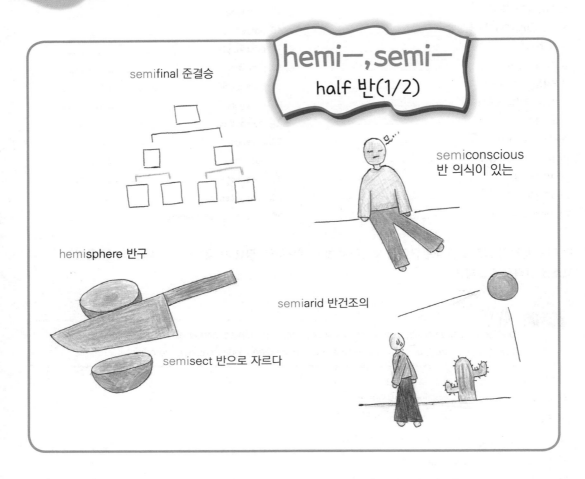

hemi-, semi-
half 반(1/2)

semifinal 준결승

semiconscious
반 의식이 있는

hemisphere 반구

semiarid 반건조의

semisect 반으로 자르다

이 단원에서 학습할 단어모음입니다. □□□에 각각 모르는 단어를 3회에 걸쳐 ☑(체크표시)해 보세요.
모르는 단어는 끝까지 학습하세요.

## Preview Words

□□□ **hemi**sphere [hémisfiər] n. (지구·천체의) 반구
□□□ **hemi**spheric, -ical [hèmisférik], [-əl] a. 반구의
□□□ **hemi**parasite [hèmipǽrəsàit] n. 반기생 생물
□□□ **hemi**parasitic [hèmipǽrəsítik] a. 반기생의
□□□ **hemi**sect [hèmisékt] v. 반으로 자르다
□□□ **hemi**cycle [hèmisáikl] n. 반원형
□□□ **semi**arid [semiǽrid] a. 반건조의, 비가 매우 적은
□□□ **semi**automated [semiɔ́:təmæid] a. 반자동화된, 반자동의

□□□ **semi**conductor [semikəndʌ́ktər] n. 반도체
□□□ **semi**final [semifáinəl] n. 준결승
□□□ **semi**circle [semisɔ́:rkl] n. 반원(형)
□□□ **semi**civilized [semisívəlàizd] a. 반문명의
□□□ **semi**conscious [semikánʃəs] a. 반의식이 있는
□□□ **semi**paralysis [semipərǽləsis] n. 일부 마비, 불완전 마비
□□□ **demi**god [démigàd] n. 반신반인

# 어근 hemi-, semi-, demi-는 모두 반(1/2)을 나타낸다.

☐ **hemisphere** [hémisfìər]
hemi(half 반) + sphere(구)

명 (지구·천체의) **반구**

[1] The **hemispheres** of Earth refer to any division of the globe into two hemispheres.

☐ **hemispheric, -ical**
[hèmisférik], [-əl]
hemi(half 반) + spheric(구의)

형 반구의, 반구체의

[2] The human brain demonstrates functional specialization, including strong **hemispheric** asymmetries.

☐ **hemiparasite** [hèmipǽrəsàit]
hemi(half 반) + parasite(기생충)

명 반기생 생물

[3] Mistletoe is a **hemiparasite** that attaches itself to a host tree.

☐ **hemiparasitic** [hèmipǽrəsítik]
hemiparasite(반기생 생물)+ic ( 형접 )

명 반기생의

[4] Root **hemiparasitic** plants are green plants with retained photosynthetic capability.

☐ **hemisect** [hèmisékt]
hemi(half-반) + sect(cut 자르다)

동 반으로 자르다, 세로로 2등분하다

[5] To **hemisect** is to bisect especially in equal right and left parts.

☐ **hemicycle** [hèmisáikl]
hemi(half 반) + cycle(원)

명 반원형, 반원형의 투기장, 반원형 방

[6] The walls of the **Hemicycle** are thicker than those of the Colonnade.

☐ **semiarid** [semiǽrid]
semi(half 반) + arid(건조한)

형 반건조의, 비가 매우 적은, 반건지성

[7] The **semiarid** is a climate or place that is partially arid, or semi-dry and has less than 20 inches of rain each year.

☐ **semiautomated**
[semióːtəmæid]
semi(half 반) + automated(자동화된)

형 반자동화된, 반자동의

[8] Automated parking system is designed to reduce the area of parking spaces by either fully automated or **semi-automated** features.

---

1. 지구의 반구는 지구를 두 개의 반구로 나누어서 그 중 한 개를 말한다.
2. 인간의 뇌는 강력한 반구형 비대칭을 포함한 기능적 전문성을 보여준다.
3. 겨우살이(미슬토)는 숙주 나무에 자신을 부착하는 반기생 생물이다.
4. 반기생 뿌리 식물들은 광합성 능력을 가지고 있는 녹색 식물들이다.
5. 이등분하는 것은 특히 오른쪽과 왼쪽 부분으로 반으로 자르는 것이다.
6. 반원형 투기장의 벽은 콜로네이드(줄지어진 기둥)의 벽보다 더 두껍다.
7. 반건조(semiarid)는 부분적으로 건조하거나 반 건조하며 매년 20인치 미만의 비가 내리는 기후 또는 장소다.
8. 자동 주차 시스템은 완전 자동화 또는 반자동 특징으로 주차 공간을 줄이도록 설계되었다.

□ **semiconductor**

[semikəndʌ́ktər]

semi(half 반) + conductor(전도체)

명 반도체, 반도체를 이용한 장치

[9] The link between the economy and the **semiconductor** industry is loose at best.

---

□ **semifinal** [semifáinəl]

semi(half 반) + final(결승)

명 준결승

[10] South Korea advanced to the **semifinals** of the FIFA U-20 World Cup on Saturday.

---

□ **semicircle** [semisə́ːrkl]

semi(half 반) + circle(원)

명 반원(형)

[11] The most common shape is the **semicircle**, which goes back to classical antiquity.

---

□ **semicivilized** [semisívəlàizd]

semi(half 반) + civilized(문명화 된)

형 반미개[반문명]의

[12] They can actually look like a **semi-civilized** species.

---

□ **semiconscious** [semikánʃəs]

semi(half 반) + conscious(의식이 있는)

형 반의식이 있는, 의식이 완전치 않은

[13] The boy was found '**semi-conscious**' in an alley.

---

□ **semiparalysis** [semipərǽləsis]

semi(half 반) + paralysis(마비)

명 일부 마비, 불완전 마비

[14] The lockdown has led to the **semi-paralysis** of economic activity in Colombia.

---

□ **demigod** [démigàd]

demi(half 반) + god(신)

명 반신반인

[15] As the series begins, Percy discovers that he is in fact a **demigod**, the son of a human mother and the Greek god Poseidon.

[16] **Demigods** were those characters in ancient mythology who were the son or daughter of a mortal and a god, and so were often human but with extraordinary powers or beauty.

---

9. 경제와 반도체 산업 사이의 관계는 기껏 느슨한 관계다.
10. 대한민국이 토요일 FIFA U-20 준결승전에 진출했다.
11. 가장 일반적인 모양은 반원이며, 그것은 고대 유물로 거슬러 올라 간다.
12. 그들은 실제 반문명 인종으로 보인다.

13. 그 소년은 골목에서 '반 의식적'인체 발견되었다.
14. 폐쇄는 콜롬비아 경제 활동의 반 마비로 이어졌다.
15. 시리즈가 시작되면서, 퍼시는 자신이 실제로 인간 어머니와 그리 스 신 포세이돈의 아들인 반신반인임을 발견한다.
16. 데미고드(Demigods)들은 고대 신화에서 인간과 신의 아들딸이 었던 등장인물이었다. 그래서 그들은 종종 인간이지만 특별한 힘

# quarter-: 1/4

이 단원에서 학습할 단어모음입니다. □□□에 각각 모르는 단어를 3회에 걸쳐 ☑(체크표시)해 보세요.
모르는 단어는 끝까지 학습하세요.

# quarter는 4분의 1를 뜻한다.

**다의어** **quarter** [kwɔ́ːrtər]

- 한 시간의 4분의 1 = 15분
- 1년의 4분의 1 = 1 분기
- 1달러의 4분의 1 = 25센트
- 방향의 4분의 1은 동,서,남,북 → 방면, 지역, 지방, 지구

**명** 4분의 1, 15분, 분기, 25센트, 지역, 지구

[1] He cut the watermelon into **quarters**.

[2] Only a **quarter** of people questioned said that they were happily married.

[3] My baby was born at a **quarter** past nine.

[4] I'll meet you at a **quarter** past five.

[5] Sales have climbed significantly each **quarter**.

[6] There was a fall in unemployment in the third **quarter** of the year.

[7] The **quarter**, called a quarter dollar, is a US coin worth twenty five cents.

[8] The office is situated at the Chinese **quarter** of San Francisco.

---

☐ **quarterfinal** [kwɔ́ːrtərfáinəl]

quarter(4분의 1) + final(결승)

**명** 준준결승, 8강    **형** 준준결승의, 8강의

**명** 준준결승, 8강

[9] The very least I'm looking for in this tournament is to reach the **quarter-finals**.

[10] A **quarter-final** is one of the four matches in a competition which decides which four players or teams will compete in the semi-final.

**형** 준준결승의, 8강의

[11] The FA Cup resumes at the **quarterfinal** stage next weekend.

---

☐ **quarterly** [kwɔ́ːrtərli]

quarter(4분의 1) + ly( **형접** , **부접**)

**형** 연(年) 4회의    **부** 연(年) 4회에

**형** 연(年) 4회의

[12] The magazine will be published **quarterly**.

[13] In May our company reported **quarterly** earnings of $2.3 billion.

**부** 연(年) 4회에

[14] Investors can choose to take the income annually or **quarterly**.

---

1. 그는 수박을 4등분하였다.
2. 단지 질문에 응답한 사람들의 1/4만이 그들의 결혼이 행복하다고 답했다.
3. 나의 아기는 9시 15분에 태어났다.
4. 나는 5시 15분에 너를 만날 것이다.
5. 판매가 매 분기마다 상당히 증가하였다.
6. 금년 3분기에 실업률이 떨어졌다.
7. quarter dollar라고 불리는 the quarter는 25센트 가치가 있는 미국 동전이다.
8. 사무실은 샌프란시스코의 중국인 거리에 위치해 있다.
9. 내가 이번 토너먼트에서 원하는 최소한은 준준결승(8강)에 진출하는 것이다.
10. 준준결승은 준결승(4강)에서 어느 팀이나 선수가 결정할 것인가를 결정하는 네 경기 중 하나다.
11. FA컵은 다음 주말 8강에서 다시 시작한다.
12. 그 잡지는 분기별로 발행된다.
13. 5월에 우리 회사는 분기별 23억 달러의 수익을 보고했다.
14. 투자자는 연간 또는 분기별로 수입을 선택할 수 있다.

# multi-: 여러 가지의

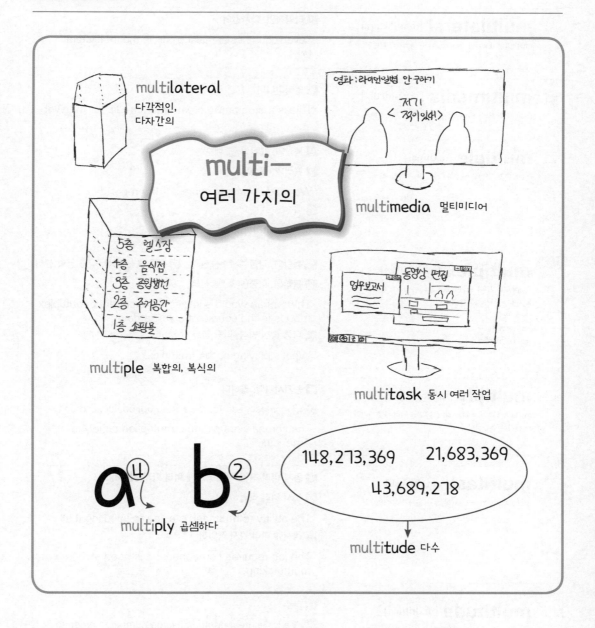

multilateral
다각적인,
다자간의

영화 : 라이언일병 안 구하기
저기
< 적이있어!>

multi-
여러 가지의

multimedia 멀티미디어

5층 헬스장
4층 음식점
3층 종합병원
2층 주거공간
1층 쇼핑몰

multiple 복합의, 복식의

업무보고서    동영상 편집

multitask 동시 여러 작업

a⁴  b²

multiply 곱셈하다

148,273,369    21,683,369
43,689,278

multitude 다수

이 단원에서 학습할 단어모음입니다. □□□에 각각 모르는 단어를 3회에 걸쳐 ☑(체크표시)해 보세요.
모르는 단어는 끝까지 학습하세요.

**Preview Words**

□□□ **multilateral** [mʌltilǽtərəl] a. 다각적인, 다자간의
□□□ **multimedia** [mʌltimíːdiə] n. 멀티미디어
□□□ **multiple** [mʌltipəl] a. 복합의, 복식의 n. 배수
□□□ **multiplex** [mʌltəplèks] a. 복합의, 다중(多重) 송신의

□□□ **multiply** [mʌltəplài] v. 늘리다, 증가시키다
□□□ **multitask** [mʌltitæsk] n. 동시 여러 작업
□□□ **multitude** [mʌltitjùːd] n. 다수

☐ **multilateral** [mʌ́ltilǽtərəl]

multi(여러 개의) + lateral(side) → 여러개가 나란히
→ 다자간의

형 다각적인, 다자간의

¹ Seven countries are taking part in the **multilateral** talks.

☐ **multimedia** [mʌ́ltimíːdiə]

multi(여러 개의) + media(매체) → 여러 가지의 매체

명 멀티미디어

² This is a program to create **multimedia** for the Web.

☐ **multiple** [mʌ́ltipəl]

multi(여러 개의) + ple(fold 겹치다) → 복합(의)

형 복합의, 복식의 명 배수

형 복합의, 복식의

³ We made **multiple** copies of the report.

명 배수

⁴ 63 is a **multiple** of 7.

다의어
☐ **multiplex** [mʌ́ltəplèks]

multi(여러 개의) + plex(fold 겹치다)
→ 여러 가지가 겹쳐져 있는 것
─ 복합건물
─ 다중송신방식
─ 다중영화센터

형 복합의, 다중(多重) 송신의 명 다중 송신 방식, 다중 영화 센터

형 복합의, 다중(多重) 송신의.

⁵ The orphan would sometimes experience **multiplex** moods in the course of a single day.

명 다중 송신 방식, 다중 영화 센터

⁶ What's playing at the **multiplex**?

☐ **multiply** [mʌ́ltəplài]

multi(여러 개의) + ply(fold 겹치다) → 여러 개를 겹치다
→ 증가시키다, 곱하다

동 증가시키다, 곱하다

유사어 increase, add to, raise, step up, double, accrue

⁷ The corona virus patients **multiplied** rapidly in America.

☐ **multitask** [mʌ́ltitæsk]

multi(여러 개의) + task(작업) → 동시 여러 작업

명 동시 여러 작업 동 동시에 여러 가지 작업하다

명 동시 여러 작업

⁸ The ability to **multitask** is a key to handling it all.

동 동시에 여러 가지 작업하다

⁹ The job requires someone who is good at **multitasking**.

☐ **multitude** [mʌ́ltitjùːd]

multi(여러 개의) + tude(명접) → 수가 많음

명 다수

유사어 a lot, a great number, a large number, a great quantity, a large quantity, horde, mass, abundance

¹⁰ The city has a **multitude** of problems, from homelessness to drugs and murder.

---

1. 일곱 개 국가들이 다자간의 대화에 참여 하고 있는 중이다.
2. 이것은 웹에 멀티미디어를 만드는 프로그램이다.
3. 우리는 그 보고서의 여러 복사본을 만들었다.
4. 63은 7의 배수이다.
5. 그 고아는 때때로 하루 동안에도 여러 가지 분위기를 경험하곤 했다.
6. 다중영화센터(멀티플렉스)에서 무엇이 상영되고 있나요?

7. 코로나 바이러스 환자가 미국에서 빠르게 증가했다.
8. 동시 작업 능력은 그것 모두를 처리하는 열쇠다.
9. 이 작업에는 여러 가지 일을 동시에 할 수 있는(멀티태스킹)에 능숙한 사람이 필요하다.
10. 그 도시는 노숙자에서 마약과 살인까지 많은 문제를 가지고 있다.

## TEST DAY 37

※ 아래에서 우리말은 영어로 영어는 우리말로 각각 뜻을 쓰시오.

1. 동시 여러 작업 _____
2. 다수 _____
3. (지구·천체의) 반구 _____
4. 반기생의 _____
5. 반으로 자르다 _____
6. 반원형 _____
7. 반문명의 _____
8. 반의식이 있는 _____
9. 일부 마비, 불완전 마비 _____
10. 반신반인 _____
11. 4분의 1, 15분, 1 분기, 25센트 _____
12. 준준결승(의) _____
13. 연 4회의[에], 철마다(의) _____

14. multilateral _____
15. multimedia _____
16. hemispheric, −ical _____
17. hemiparasite _____
18. semiarid _____
19. semiautomated _____
20. semiconductor _____
21. semifinal _____
22. semicircle _____
23. multiple _____
24. multiplex _____
25. multiply

※ 다음 문장의 빈칸에 알맞은 단어를 보기에서 찾아 넣으시오. 필요 시 대문자, 수, 시제, 태 등 문법적 요소를 고려하여 쓰세요.(다만 본문 예문 학습을 유도하기 위하여 예문에서 사용한 단어를 정답으로 하였다.)

> **보 기**
> multiplex, multiplex, multilateral, quarter, quarter, quarter, multitude, hemisect, multiple, semi-civilized, semi-conscious, quarterfinal, semi-paralysis, hemiparasite, hemispheres, hemispheric, hemiparasitic

26. He cut the watermelon into _____s.

27. What's playing at the _____?

28. We made _____ copies of the report.

29. They can actually look like a _____ species.

30. The boy was found _____ in an alley.

31. Mistletoe is a _____ that attaches itself to a host tree.

32. There was a fall in unemployment in the third _____ of the year.

33. The FA Cup resumes at the _____ stage next weekend.

34. Seven countries are taking part in the _____ talks.

35. The city has a _____ of problems, from homelessness to drugs and murder.

36. To _____ is to bisect especially in equal right and left parts.

37. The office is situated at the Chinese _____ of San Francisco.

38. The lockdown has led to the _____ of economic activity in Colombia.

39. The _____ of Earth refer to any division of the globe into two hemispheres.

40. The human brain demonstrates functional specialization, including strong _____ asymmetries.

41 Root _____ plants are green plants with retained photosynthetic capability.

42. The orphan would sometimes experience _____ moods in the course of a single day.

Shall we take a rest?

# 눈꽃 왕국 소년

어제 하얀 눈이 펑펑 내려,
온 세상은 하얀 눈꽃 왕국이 되었습니다.

눈꽃 왕국 사람들은 마을 어귀에 함께 모여,
눈사람을 만들고 눈싸움도 하고
또 눈썰매도 탔습니다.
오랜만에 모두 정말 신나게 놀았습니다.

그날따라 밤이 되면서도 날씨가 포근하여,
눈꽃 왕국 소년은 밤새 안절부절못했습니다.
온 밤 내내 뒤척이다 잠 못 이루고 아침이 되었습니다.

앞 산 위에 해가 떠오르자,
눈꽃 왕국은 녹아내리고 있었습니다.
눈꽃 왕국 소년은 정말 노심초사하였습니다.
가만히 앉아 있을 수가 없었습니다.

황급히 달려 앞산 위로 올라갔습니다.
해를 삼켜 버리고 온 몸으로 덮쳐버리고 싶었습니다.
하지만 눈꽃 왕국 소년은 그럴 수가 없었습니다.

직접 해를 무찌르기 위하여
힘껏 뛰어올라 해에게로 갔습니다.
눈꽃 왕국 소년은 뜨거운 해와 싸워 이겨
눈꽃 왕국을 꼭 지켜 줄 것입니다.

# Chapter III

단어의 뿌리
주요 root(어근)

| 어근(root) | 뜻 | 단어 예 |
|---|---|---|
| prim | 최초, 최고 | primacy 제일, 탁월 |
| home | 같은(the same) | homology 상동관계 |
| chron(o) | 시간의 지속 | chronology 연대기, 연대학 |
| tempor | 시간(time) | temporary 일시적인 |
| man(u,i), main | 손(hand) | manual 설명서 |
| ped(i) | 발(foot) | peddle 행상 다니다 |
| corp(or) | 몸(body) | corporal 육체의, 신체의 |
| phys(ic) | 물질, 신체 | physics 물리학 |
| psych(o) | 마음(mind) | psychology 심리학 |
| cor(d,e), cour | 마음(heart) | concord 일치, 조화 |
| audi | 소리(sound), 듣다(sound) | audience 관객 |
| voc, vow | 목소리(voice), 부르다(call) | vocal 목소리의, 보컬 |
| vis(e), vi(d), view, vey | 보다(see) | vision 시력, 시야 |
| aster, astro, sider | 별(star) | astronomy 천문학 |
| band, bind, bond, bund | 묶다 | band 밴드 |
| bio | 생명(life) | biology 생물학 |
| cede, ceed, cess, ceas | 가다(go) | access 접근 |
| cap | 우두머리(head) | capital 수도, 대문자, 자본금 |
| car, char | 마차(carriage) | carrier 운반하는 사람, 보균자 |
| cred, creed | 믿음 | credit 신용, 칭찬, 학점 |
| cur | 달리다(run), 흐르다(flow) | currency 통용, 화폐 |
| duct, duc(e) | 이끌다(lead), 가져오다(bring) | conduce 이끌다 |
| dict | 말하다(say) | dictate 지시하다, 구술하다 |
| equa(i), equi | 같은, 평등한(the same) | equate 같게 하다 |
| fac(t), fec(t), fic(t), fair | 만들다(make) | fact 사실 |
| fy | | fortify 강하게 만들다 |
| fer | 나르다(carry), 가져오다(bring) | infer 추론하다 |
| flu | 흐르다(flow) | fluid 액체 |
| fin(e) | 끝(end), 경계(limit) | final 마지막의 |
| form | 형태, 구성 | formal 모양의, 공식의 |
| litter | 글자(letter) | literal 글자 그대로의 |
| gen(e) | 출생(birth), 생산하다(produce) | genetic 유전의 |
| grad, gress, gree, gred | 걸어 가다(go), step(걸음, 단계) | grade 등급, 성적, 학년 |
| graph | 쓰다(write), 그리다(draw) | graph 그래프, 도표 |
| ject | 던지다(throw) | inject 주사하다 |
| leg | 법률(law) | legal 법률의 |

| 어근(root) | 뜻 | 단어 예 |
|---|---|---|
| lect, leg | 모으다(gather), 선택하다(choose) | collect 모으다 |
| nov, new | 새로운(new) | nova 신성 |
| log(y) | word(말) → (말이 모여) 학문 | virology 바이러스학 |
| long, leng, ling | 긴 | length 길이 |
| path, pati, pass | 겪다(suffer), 느끼다(feel) | pathos 페이소스, 비애감 |
| pend, pens, pond | 매달다(hang), 무게를 달다(weigh) | pendulum 추 |
| pel, peal, puls(e) | 밀다(push), 몰다(drive) | propel 앞으로 나가게 하다 |
| ple, ply, plic, ploit, ploy | 접다(fold), weave(짜다) | complex 복잡한 |
| lateral | 옆쪽(side) | bilateral 양측의 |
| press | 누르다(press) | depression 우울, 경기침체 |
| rupt | 깨다(break) | bankrupt 부도난 |
| clos(e), clude | 닫다(shut) | enclose 동봉하다 |
| onym | 이름(name), 단어(word) | synonym 동의어 |
| pos(e), pon(e) | 놓다(put), 두다(place) | compose 구성하다, 작곡하다 |
| vert, vers | 돌아서 향하다(turn) | adversity 역경 |
| tend, tent(e), tens(e) | 늘리다(stretch), 당기다(pull) | tension 긴장 |
| terr(i) | 두렵게 하다(frighten) | terrible 무서운 |
| | 땅(earth) | territory 지역, 영토 |
| vit, viv(e), vig | 생명(life), 살다(live) | vitality 생명력 |
| ven(t) | 오다(come) | advent 출현 |
| volv, volu, volt | 말다, 돌다(roll) | revolve 돌리다, 회전하다 |
| val(u), vail | 가치(value), 가치 있는(worth) | valuable 가치 있는 |
| geo | 땅(earth, land) | geology 지질학 |
| tract | 당기다(draw), 끌다(pull) | attract 끌어 당기다 |
| ward, wa, war, warn | 주의하다(watch) | ward 보호, 감시 |
| medi(o), mid | 중간(middle) | median 중간(의), 평균(의) |
| tone, tune | 음질, 색조 | monotone 단조로운 |
| mov, mo(e), mot | 움직이다(move) | motive 동기, 자극 |
| ment, men, mon, min(d) | 마음(mind) | mental 마음의 |
| spir | 숨쉬다(breathe) | perspire 땀을 흘리다 |
| scrib | 쓰다(write) | inscribe 새기다 |
| sens, sent | 느낌(feeling) | sensitive 민감한 |
| mit, miss, mess, mise | 보내다(send), 가다(go) | mission 임무 |
| spec(t), spic, specul | 보다(look) | spectacle 경관, 미관 |
| tain, ten(t), tin | 붙들다(hold) | obtain 획득하다 |
| tort, tors | 비틀다(twist) | torture 고문하다 |

# pri(m, n): 최초의, 최고의

#1 /100

primacy, primary, prime
첫 번째, 제일, 탁월, 전성기

principal
교장, 주요한

pri(m,n)
최초의, 최고의

primitive
원시의, 태고의

primeval
초기의, 원시(시대)의

primate
영장류의 동물

이 단원에서 학습할 단어모음입니다. □□□에 각각 모르는 단어를 3회에 걸쳐 ☑(체크표시)해 보세요.
모르는 단어는 끝까지 학습하세요.

□□□ **prim**acy [práiməsi] n. 제일, 수위, 탁월, 대주교의 직
□□□ **prim**ary [práimèri] a. 첫째의, 주요한 n. 주요한 사물
□□□ **prim**e [praim] a. 첫째의, 전성기 n. 전성기
□□□ **prim**ate [práimit] n. 영장류의 동물

□□□ **prim**itive [prímətiv] a. 원시의, 원시적인
□□□ **prim**eval [praimí:vəl] a. 초기의, 원시의, 태고의
□□□ **prin**ciple [prínsəpəl] n. 원리, 원칙, 근본
□□□ **prin**cipal [prínsəpəl] a. 주요한 n. 장(長), 교장

## 어근 prim-은 '처음의, 제1의, 최고의' 뜻에 해당하는 말이다.

☐ **primacy** [práiməsi]

prim(최초의) + acy(**명접** – 상태, 직위) → 최고의 상태나 직책
→ 최고, 탁월

**명** 제일, 수위, 탁월, 대주교(primate)의 직

[1] The two companies are struggling for **primacy** in the software market.

---

☐ **primary** [práimèri]

prim(최초의) + ary(**형접** –~에 속한) → 최고에 속하는
→ 최고의, 첫째의

**형** 첫째의, 주요한

**유사어** main, chief, key, prime, central, principal, foremost

[2] Our **primary** concern is to provide the refugees with food and health care.

---

☐ **prime** [praim]

**형** 첫째의, 전성기, 최초의 **명** 전성기, 최고

**형** 첫째의, 전성기, 최초의

**유사어** main, chief, key, primary, central, principal

[3] Smoking is the **prime** cause of lung disease.

**명** 전성기, 최고

**유사어** bloom, blossom, florescence, flower, flush, heyday

[4] The actor is in the **prime** of his life now.

---

☐ **primate** [práimit]

prim(최초의) + ate(**명접** – 직위)

**명** 영장류의 동물, 대주교

[5] A **primate** includes humans, monkeys and apes.

[6] Even then, experimental work with **primates** is incredibly challenging.

---

☐ **primitive** [prímətiv]

primi(최초의) + tive(**형접**) → 처음의 → 원시의

**형** 원시의, 원시적인

[7] A **primitive** crocodile roamed the prehistoric seas around 150 million years ago.

---

☐ **primeval** [praimíːvəl]

primev(최초의) + al(**형접** – 상태)
→ 초기의, 태고의

**형** 초기의, 원시(시대)의, 태고의

**유사어** prehistoric, primitive

[8] **Primeval** forests are slowly disappearing as the climate changes.

[9] The three great elemental sounds in nature are the sound of rain, the sound of wind in a **primeval** wood, and the sound of outer ocean on a beach.

---

## prin**ciple** & prin**cipal**

1. 두 회사는 소프트웨어 시장에서 최고를 다툰다.
2. 우리의 주요 관심사는 피난민들에게 음식과 건강관리를 제공하는 것이다.
3. 흡연은 폐 질환의 주요한 원인이다.
4. 그 배우는 지금 그녀 인생의 전성기에 있다.
5. 영장류는 인간, 원숭이, 유인원을 포함한다.
6. 심지어 그때에도 영장류와의 실험적인 일은 굉장히 힘들게 한다.
7. 원시적인 악어는 대략 150 만년 전에 선사 시대 바다에서 어슬렁거렸다.
8. 기후가 변화하면서 원시림들이 서서히 사라지고 있다.
9. 자연 상태에서 세 가지 주요한 기본적인 소리는 비 소리, 원시 나무에서의 바람 소리, 해변에서 멀리 떨어진 바다 소리이다.

| | |
|---|---|
| ☐ **principle** [prínsəpəl] | 명 원리, 원칙, 근본<br><br>[10] The words **principle** and **principal** are pronounced in the same way as [prínsəpəl], but they are different each other in meaning. |
| ☐ **principal** [prínsəpəl] | 형 주요한, 제1의　명 장(長), 장관, 사장, 교장<br><br>[11] **Principle** is normally used as a noun meaning 'a fundamental basis of a system of thought or belief' as it is used in the basic **principles** of justice. **Principal**, on the other hand, is normally an adjective meaning 'main or most important', as it is used in 'one of the country's **principal** cities'. **Principal** can also be a noun meaning the most senior or most important person in an organization or other group as he is the **principal** of our school. |

10. 두 단어 principle와 principal은 모두 발음은 [prínsəpəl]로 같다. 하지만 의미는 서로 다르다.

11. principle은 정의의 기본원칙들에서 사용될 때처럼 보통 생각이나 믿음의 체계의 기본원리를 의미하는 명사로 사용된다. 반면 principal은 '그 나라의 주요 도시들 중 하나'에서 사용되는 것처럼 '가장 주요하고 중요한'을 뜻하는 형용사이다. 또한 principal은 어떤 조직에서 가장 나이가 많이 먹었거나 중요한 사람을 의미하는 명사로도 쓰인다.

# homo-: 같은(the same)

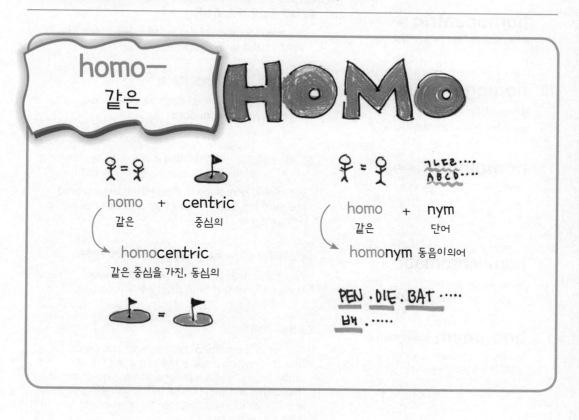

이 단원에서 학습할 단어모음입니다. ☐☐☐에 각각 모르는 단어를 3회에 걸쳐 ☑(체크표시)해 보세요.
모르는 단어는 끝까지 학습하세요.

**Preview Words**

☐☐☐ **homocentric** [hòuməséntrik] a. 같은 중심을 가진, 동심의
☐☐☐ **homonym** [hámənìm] n. 동음이의어
☐☐☐ **homochromatic** [houməkroumǽtik] a. 단색의
☐☐☐ **homogeneous** [hòumədʒíːniəs] a. 동종(동질, 균질)의, 동원(同源)의

☐☐☐ **homology** [həmálədʒi] n. 상동 관계
☐☐☐ **homotype** [houmətaip] n. 같은 형태, 상동 기관

# 어근 home-는 '같은 (the same)'의 뜻이다.

☐ **homocentric** [hòuməséntrik]
homo(same) + centric(중심의) → 중심이 같은

⟨형⟩ 같은 중심을 가진, 동심의
[1] The **homocentric** sphere system consisted of a number of rotating spheres.

☐ **homogeneous**
[hòumədʒíːniəs]
homo(same) + gene(race, kind) + ous(형접)

⟨형⟩ 동종[동질, 균질]의, 동원(同源)의
[2] The population of the village has remained remarkably **homogeneous**.

☐ **homology** [həmálədʒi]
homo(same 같은) + logy(word 말)

⟨명⟩ 상동 관계(포유 동물의 앞다리와 조류의 날개처럼 그의 기원이 동일한 것)
[3] In biology, **homology** is similarity due to shared ancestry between a pair of structures or genes in different taxa.

☐ **homochromatic**
[houməkroumǽtik]
homo(same 같은) + chromatic(색체의)

⟨형⟩ 단색의 ↔ chromatic [kroumǽtik] 색채의, 채색한
[4] What are other words for **homochromatic**?
They are unicolor, one-color and monotone.

☐ **homonym** [hámənìm]
homo(same) + nym(word)
→ (발음, 혹은 철자가) 같은 두가지 다른 뜻의 단어들

⟨명⟩ 동음이의어
[5] The word "**homonym**" comes from the prefix "homo-," which means the same, and the suffix "-nym," which means name. Therefore, a **homonym** is a word that has the same name as another word, meaning that the two words look and sound exactly alike.
For example, the word "bow" can mean both "to bend forward at the waist in respect" and "the front of the ship." The sound and spelling are the same, and only the definition changes. There, meanwhile, is another example of **homonym**, which is words with identical pronunciations but different spellings and meanings, such as meet and meat.

☐ **homotype** [houmətaip]
homo(same 같은) + type(형태)

⟨명⟩ 같은 형태, 상동 기관
[6] The right arm is the **homotype** of the right leg. One arm is the **homotype** of the other.

---

1. 동심 천구 시스템은 많은 자전하는 구들로 구성되어 있다.
2. 그 마을 주민들은 놀랍게도 동질적인 상태로 남아 있었다.
3. 생물학에서 상동성은 서로 다른 분류군에서 한 쌍의 구조 또는 유전자 사이의 공통 조상으로 인해 유사하다.
4. 단색(homochromatic)과 같은 다른 말들이 무엇인가요? 그들은 unicolor, one-color 그리고 monotone입니다.

5. 단어 동음이의어(homonym)는 '같은' 뜻의 접두어 "homo-"과 이름을 뜻하는 "-nym"으로부터 유래 하였다. 그러므로 동음이의 어는 똑같은 형태이고 소리인 또 다른 단어와 같은 단어이다. 예를 들어 단어 "bow"는 '정중하게 허리까지 앞으로 굽혀 인사하다'는 뜻과 '배의 앞쪽'이라는 뜻 두 가지를 의미할 수 있다. 소리와 스펠링이 같고 단지 의미만 다르다. 한편 또 다른 예의 동음이의어 들이 있다. meet(만나다)와 고기(meat)에서처럼 같은 발음을 가지지만 다른 스펠링이나 의미를 갖는 단어들이다.
6. 오른쪽 팔은 오른쪽 다리의 상동기관입니다. 한 팔은 다른 팔의 상동기관이다.

# chron(o)- : 지속적인 긴 시간 &
# tempor- : 일시적이고 현재적 시간

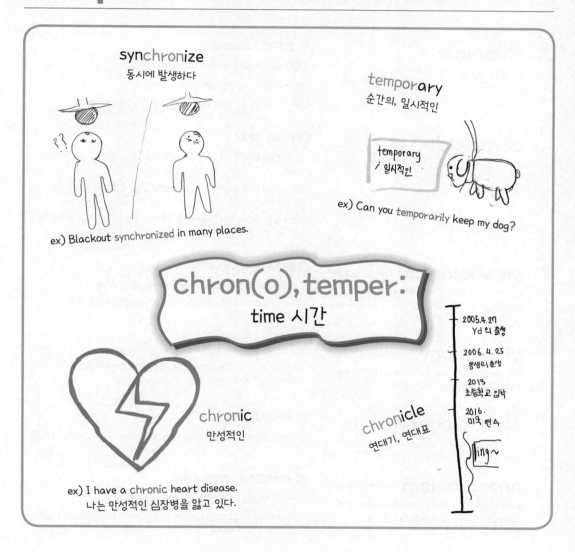

synchronize
동시에 발생하다

ex) Blackout synchronized in many places.

temporary
순간의, 일시적인

temporary
/ 일시적인

ex) Can you temporarily keep my dog?

chron(o), temper:
time 시간

chronic
만성적인

ex) I have a chronic heart disease.
나는 만성적인 심장병을 앓고 있다.

chronicle
연대기, 연표

2005.4.27
Yd 의 출생

2006. 4. 25
쫑생의 탄생

2013
초등학교 입학

2016.
미국 연수

ing~

이 단원에서 학습할 단어모음입니다. □□□에 각각 모르는 단어를 3회에 걸쳐 ☑(체크표시)해 보세요.
모르는 단어는 끝까지 학습하세요.

### Preview Words

□□□ **chron**ic [kránik] a. 만성적인, 고질적인
□□□ **chron**icle [kránikl] n. 연대기, 연대표
□□□ **chron**ological [krànəládʒik] a. 연대기 순서의, 연대학의
□□□ **chron**ology [krənálədʒi] n. 연대학, 연대, 연표, 연대기
□□□ **chron**ologer [krənálədʒər] n. 연대(연표)학자
□□□ **ana**chron**ism** [ənǽkrənìzəm] n. 시대착오적인 생각이나 관습

□□□ **synchron**ize [síŋkrənàiz] v. 동시에 발생하다
□□□ **tempor**al [témpərəl] a. 시간의, 세속적인
□□□ **tempor**ary [témpəri] a. 일시적인, 순간적인, 임시의
□□□ **tempor**ality [tèmpərǽləti] n. 일시적임, 덧없음
□□□ **con**tempor**ary** [kəntémpərèri] a. 동시대의, 현대의
　　　　　　　　　　　　　　 n. 동시대의 사람

chron(o)와 **tempor**는 시간을 뜻하는 어근이다. 시간(root)은 철학적으로 보면, 시간이 끊임없이 지속된다는 측면에서 영속적이다. 반면에 시간이 흐른다는 측면에서 일시적 혹은 현재적이다. chron(o)는 시간의 지속성 즉 긴 시간 전체를 말할 때 쓰고 tempor는 시간의 일시적이고 현재적 의미일 때 사용된다.

---

☐ **chronic** [kránik]

chron(time duration 시간의 지속) + ic(형접)
→ 시간이 흘러도 지속되는 → 만성적인

형 **만성적인, 고질적인**

유사어 persistent, incurable, immedicable

[1] He suffers from **chronic** asthma.
[2] She suffers from **chronic** pain in her knees.

---

☐ **chronicle** [kránikl]

chron(time duration 시간의 지속) + icle(명접)
→ 시간의 흐름에 따라 기록한 것 → 연대기

명 **연대기, 연대표**

[3] The **chronicle** of the expedition is still widely read today.
[4] The diary is really a **chronicle** of an important period of history.
[5] The report is a **chronicle** of the history of the Party since its formation.

---

☐ **chronological** [krànəládʒik]

chrono(time duration 시간의 지속) + logi(말, 학문)
+ cal(형접) → 시간의 흐름에 따른 기록이나 학문과 관련된
→ 연대기 순서의

형 **연대기 순서의, 연대학의**

[6] Give me the dates in **chronological** order.
[7] The chapters consists of a **chronological** order.

---

☐ **chronology** [krənálədʒi]

chrono(time duration 시간의 지속) + logy(명접 말, 학문)
→ 시간흐름에 따라 서술한 학문 → 연대학, 연대기

명 **연대학, 연대, 연표, 연대기**

[8] He gave the searchers a detailed **chronology** of the events of the past three years.

---

☐ **chronologer** [krənálədʒər]

chronology(연대학, 연대기, 연표) + er(명접 –사람)

명 **연대[연표]학자**

[9] Jonson was elected **chronologer** of London in 1628.

---

☐ **anachronism** [ənǽkrənìzəm]

ana(back, late 되돌아간) + chron(time duration 시간의 지속)
+ ism(명접 상태) → 시간흐름 개념이 없는 상태
→ 시대착오적인 생각이나 관습

명 **시대착오적인 생각이나 관습**

[10] The movie was filled with **anachronisms**.
[11] The OECD statistics reveal the **anachronism** that prevails in Korea.

---

1. 그는 만성적인 천식으로 고생한다.
2. 그녀는 무릎 만성적인 통증으로 고생한다.
3. 이 탐험대의 연대기는 여전히 널리 익힌다.
4. 그 일기는 실제 역사의 가장 중요한 기간의 연대기다.
5. 그 보도는 그 당 설립 후 당 역사에 관한 연대기다.
6. 나에게 연대순으로 날짜를 알려주세요.
7. 챕터는 연대순으로 구성되었다.
8. 그는 지난 3년간의 사건에 대하여 상세한 연대기를 우리에게 제공했다.
9. 존슨은 1628년 런던의 연대기 학자로 선출되었다.
10. 그 영화는 시대착오적인 생각들로 가득 차 있다.
11. OECD 통계는 한국에 만연한 시대착오적인 것들을 보여 준다.

☐ **synchronize** [síŋkrənàiz]

syn(together 함께) + chron(time duration 시간의 지속)
+ ize(동접) → 같은 시간에 오다 → 동시에 발생하다

동 **동시에 발생하다**

[12] The lights **synchronized** with the music.
[13] One accident **synchronizes** with another.

---

☐ **temporal** [témpərəl]

tempor(time 시간) + al(형접) → 시간같이 흐르는 속성의
→ 시간의, 일시적인, (시대와 함께하는) 세속적인

형 **시간의, 세속적인**

유사어 worldly, secular, profane, material, earthly

[14] A universe has spatial and **temporal** dimensions.
[15] Clergy should not be preoccupied with **temporal** matters.

---

☐ **temporary** [témpərəri]

tempor(time 시간) + ary(형접) → (시간의 속성인) 지나가는
→ 일시적인, 임시의

형 **일시적인, 순간적인, 임시의**

[16] This bandage is only **temporary**.
[17] The students in the fifth will study on a **temporary** campus.

---

☐ **temporality** [tèmpərǽləti]

temporal(시간의, 일시적인) + ity(명접)

명 **일시적임, 덧없음**

[18] Life implies change and hence **temporality**.

---

☐ **contemporary** [kəntémpərèri]

con(together 함께) + tempor(time 시간) + ary(형접)
→ 같은 시대를 사는 → 동시대의

형 **동시대의, 현대의**   명 **동시대의 사람**

형 **동시대의, 현대의**

[19] Byron was **contemporary** with Wordsworth.
[20] The dancer is widely regarded as the high empress of **contemporary** dance.

명 **동시대의 사람**

[21] Early cave dwellers were **contemporary** with the dinosaurs.

---

12. 빛이 음악과 동시에 들어왔다.
13. 한 사고가 또 다른 사고와 동시에 일어난다.
14. 우주는 공간적 차원과 시간적 차원을 갖는다.
15. 성직자들은 세속적인 문제에 마음을 빼앗겨서는 안된다.
16. 이 붕대는 단지 일시적이다.

17. 5학년 학생들은 임시 캠퍼스에서 공부할 것이다.
18. 인생은 변화를 의미하며 따라서 일시적이다.
19. 바이런과 워즈워스는 동시대인이었다.
20. 그 댄서는 널리 현대 춤의 여왕으로 알려졌다.
21. 초기 동굴 거주인들은 공룡과 동시대인들이었다.

# manu-, main-, man(i)-: hand 손

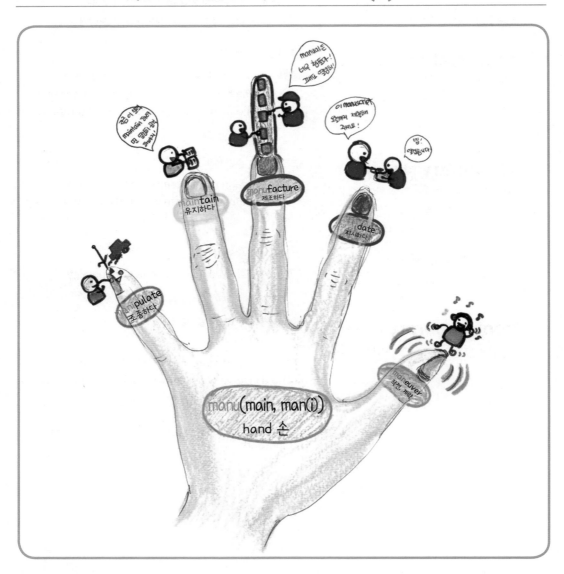

이 단원에서 학습할 단어모음입니다. ☐☐☐에 각각 모르는 단어를 3회에 걸쳐 ☑(체크표시)해 보세요. 모르는 단어는 끝까지 학습하세요.

## manu-, main-, man(i)-는 'hand 손'을 나타내는 어근이다.

☐ **manacle** [mǽnəkl]

mana(hand 손) + cle(**명접** -작은 것)

**명** 수갑, 속박, 구속  **동** 수갑을 채우다, 속박하다

[1] A heavy **manacle** around her right wrist kept her fastened to the bed.

---

☐ **mandate** [mǽndeit]

man(hand 손) + date(put 놓다) → 지시하는 손을 놓는 것 → 지시(하다)

**명** 명령, 지령 **동** 지시하다

**명** 명령, 지령 **유사어** instruction, direction, command, order

[2] A **mandate** from a leader is a command you can't refuse.

**동** 명령하다, 지시하다

[3] The law **mandates** that every car have seat belts.

---

☐ **mandatory** [mǽndətɔ̀:ri]

manda(손으로 지시, 명령) + tory(**형접**) → 명령하는

**형** 명령의, 의무적인, 지령의

**유사어** obligatory, compulsory, requisite, imperative

[4] It is **mandatory** that all students take two years of math.

---

☐ **다의어** **manual** [mǽnjuəl]

manu(hand 손) + al(**명접**, **형접**) → 손으로 하는 →
- 손의, 육체노동의
- (손에 두고 보는) 설명서

**형** 손의, 육체 노동의 **명** 설명서

**형** 손의, 육체 노동의

[5] A combination of automatic and **manual** controls produced a 61 percent savings on energy.

**명** 설명서 **유사어** handbook, instructions

[6] The book is an instruction **manual** for merchants in how to calculate profit and loss.

---

☐ **manufacture** [mǽnjəfǽktʃər]

manu(hand 손) + fact(make 만들다) + ure(**명접**)
→ 손으로 만드는 것 → 제조, 생산

**동** 제조하다 **명** 제조, 생산

**동** 제조하다 **유사어** produce, assemble

[7] The company **manufactures** wool and cotton clothing.

**명** 제조 **유사어** production, making, manufacturing

[8] We're developing new methods of paper **manufacture**.

---

☐ **manufacturing** [mǽnjəfǽktʃəriŋ]

manufactur(제조하다) + ing(**명접**, **명접**)

**형** 제조(업)의, 제조업에 종사하는 **명** 제조업

**형** 제조(업)의, 제조업에 종사하는

[9] The situation underscores the development of the **manufacturing** sector.

**명** 제조업

[10] Modern **manufacturing** is actually quite fragile despite years of optimization.

---

1. 그녀의 오른쪽 손목 주변에 무거운 수갑은 그녀를 침대에 묶어 놓았다.
2. 리더로부터 지시는 네가 거절할 수 없는 명령이다.
3. 그 법은 모든 차는 안전벨트를 설치하고 있어야 한다고 지시한다.
4. 모든 학생은 2년 수학 수강 하는 것이 의무이다.
5. 자동화와 수동 조작의 조합은 에너지의 61프로 절약을 가져왔다.
6. 이 책은 상인들이 어떻게 이익과 손실을 계산하는가를 알려주는 안내 설명서다.
7. 그 회사는 모직과 면직 의류를 생산한다.
8. 우리는 종이 생산의 새로운 방법들을 개발하고 있는 중이다.
9. 이 상황은 제조 부문 발전을 강조한다.
10. 현대 제조는 수년간의 최적화에도 불구하고 실제로 매우 취약하다.

☐ **manuscript** [mǽnjəskrìpt]

manu(hand 손) + script(write 쓰다) → 손으로 쓴 것 → 원고

명 원고  유사어 text, script, paper, typescript

[11] A **manuscript** was, traditionally, any document that is written by hand.

☐ **maintain** [meintéin]

main(hand 손) + tain(hold 잡다) → 손으로 잡고 있다 → 유지하다

동 유지하다

유사어 continue, keep, preserve, conserve, sustain, retain

[12] This cooperative system satisfies the need to **maintain** close links between industry and schools.

☐ **manage** [mǽnidʒ]

handle, train or direct의 뜻

동 관리하다, 경영하다  유사어 head, direct, control, govern

[13] My eldest son has **managed** the farm for 10 years.

☐ **management** [mǽnidʒmənt]

manage(경영하다) + ment(명접)

명 관리, 경영  유사어 administration, direction, governance,

[14] At the most fundamental level, **management** is a discipline that consists of a set of five general functions: planning, organizing, staffing, leading and controlling.

☐ **managing** [mǽnidʒiŋ]

manage(경영하다) + ing(형접)

형 경영하는, 경영을 잘하는, 잘 꾸려 나가는

[15] Athene Communications has named Rachel Wild as its new **managing** director.

☐ **manipulate** [mənípjəlèit]

mani(hand 손) + pul(pull 당기다) + ate(동접) → 조작하다, 조종하다

동 (기계 등을) 조종하다, (여론)을 조작하다

[16] The workman **manipulated** some knobs and levers.

☐ **manipulation** [mənípjəlèiʃən]

manipulate(조작하다) + tion(명접)

명 조작

[17] The people object to the press **manipulation** of the press companies.

☐ **maneuver** [mənú:vər]

man(hand 손) + euver(work 일) → 손으로 하는 일 → 동작, 움직임

명 기동, 기술적인 조작, 작전, 계략, 책략

[18] 'Maneuver' denotes one's tactical move, or series of moves, that improves or maintains one's strategic situation in a competitive environment or avoids a worse situation.

☐ **maneuverable** [mənú:vərəbəl]

maneuver(기동, 조작) + able(형)

형 조종할 수 있는

[19] The Su−35s are highly **maneuverable** and multirole fighters that can attack remote ground and air targets.

---

11. 원고는 전통적으로 손으로 쓰여진 어떤 자료다.
12. 이러한 협력 시스템은 산학 사이를 견고하게 유지하고자 하는 요구를 만족시킨다.
13. 나의 장남이 10년 동안 그 농장을 관리해오고 있다.
14. 가장 기본적인 수준에서 경영은 기획, 조직, 직원, 지휘, 통제 등 다섯 가지 일반 기능들로 구성된 분야다.
15. Athene Communications는 Rachel Wild를 새로운 전무이사로 지명했다.
16. 그 노동자는 몇몇 손잡이와 레버를 조작했다.

17. 국민들은 언론사들의 언론 조작을 반대한다.
18. '작전(maneuver)'는 경쟁적인 상황에서 전략적인 상황을 개선하고 즉 전략적인 상황을 유지하거나 더 나쁜 상황을 피하는 전술적인 움직임 즉 일련의 조치를 의미한다.
19. Su−35는 기동성이 뛰어나고 멀리 떨어진 지상 및 공중 목표물을 공격 할 수 있는 다목적 전투기다.

※ 아래에서 우리말은 영어로 영어는 우리말로 각각 뜻을 쓰시오.

1. 제일, 수위, 탁월, 대주교의 직 _____
2. 영장류의 동물 _____
3. 시대착오적인 생각이나 관습 _____
4. 동시에 발생하다 _____
5. 시간의, 세속적인 _____
6. 동시대의, 동시대의 사람 _____
7. 수갑, 속박, 속박하다 _____
8. 일시적임, 덧없음 _____
9. 명령, 지령, 지시하다 _____
10. 제조(업)의, 제조업 _____
11. 원고 _____
12. 일시적인, 순간적인, 임시의 _____
13. 명령의, 의무적인, 지령의 _____
14. 만성적인, 고질적인 _____

15. homocentric _____
16. homonym _____
17. manual _____
18. manufacture _____
19. maintain _____
20. management _____
21. chronology _____
22. managing _____
23. manipulate _____
24. chronicle _____
25. manipulation _____
26. maneuver _____
27. chronological _____
28. maneuverable _____

※ 다음 문장의 빈칸에 알맞은 단어를 보기에서 찾아 넣으시오. 필요 시 대문자, 수, 시제, 태 등 문법적 요소를 고려하여 쓰세요.(다만 본문 예문 학습을 유도하기 위하여 예문에서 사용한 단어를 정답으로 하였다.)

보기

homogeneous, manage, contemporary, manuscript, primeval, chronicle, anachronism, temporal, temporary, mandatory, chronic, primacy, manipulation, chronology, maintain, homology

29. _____ forests are slowly disappearing as the climate changes.

30. The two companies are struggling for _____ in the software market.

31. The population of the village has remained remarkably _____ .

32. My eldest son has _____ the farm for 10 years.

33. It is _____ that all students take two years of math.

34. A _____ was, traditionally, any document that is written by hand.

35. The people object to the press _____ of the press companies.

36. She suffers from _____ pain in her knees.

37. The diary is really a _____ of an important period of history.

38. The OECD statistics reveal the _____ that prevails in Korea.

39. A universe has spatial and _____ dimensions.

40. The students in the fifth will study on a _____ campus.

41. Early cave dwellers were _____ with the dinosaurs.

42. He gave the searchers a detailed _____ of the events of the past three years.

43. This cooperative system satisfies the need to _____ close links between industry and schools.

44. In biology, _____ is similarity due to shared ancestry between a pair of structures or genes in different taxa.

# 39 day

# ped(i): foot 발

ped(i)
foot

expedite
촉진하다

pedicure
발치료

expedition
원정, 탐험

pedestrian
보행자

pedal 발판

이 단원에서 학습할 단어모음입니다. ☐☐☐에 각각 모르는 단어를 3회에 걸쳐 ☑(체크표시)해 보세요.
모르는 단어는 끝까지 학습하세요.

### Preview Words

☐☐☐ **expedite** [ékspədàit] v. 촉진하다
☐☐☐ **expedition** [èkspədíʃən] n. 원정, 탐험
☐☐☐ **impede** [impíːd] v. 방해하다
☐☐☐ **impediment** [impédəmənt] n. 방해(물), 장애
☐☐☐ **pedal** [pédl] n. 발판

☐☐☐ **peddle** [pédl] v. 행상을 다니다
☐☐☐ **pedestal** [pédəstl] n. 받침, 기초
☐☐☐ **pedestrian** [pədéstriən] a. 도보의, 보행하는 n. 보행자
☐☐☐ **pedicure** [pédikjùər] n. 발치료

**306 39 day**

## ped(i)는 'foot 발'을 말하는 어근이다.

☐ **expedite** [ékspədàit]

ex(out 밖으로) + pedite(발을 딛다) → 밖으로 발을 내딛다
→ 앞으로 나아가다

동 촉진하다, 진척시키다.

[1]Our government must **expedite** the restructuring of our economy.

☐ **expedition** [èkspədíʃən]

expedite(진척시키다) + tion(명접)

명 원정, 탐험

[2]Did you enjoy your mountain climbing **expedition**?

☐ **impede** [impíːd]

im(not) + pede(발을 딛다) → 발을 딛지 못하게 하다
→ 방해하다

동 방해하다

[3]Tradition may **impede** on progress.

☐ **impediment** [impédəmənt]

impede(방해하다) + ment(명접)

명 방해, 장애

[4]A woman with speech **impediment** was denied right to vote.

☐ **pedal** [pédl]

ped(발) + al(명접) → 발을 내 딛는 곳 → 발판

명 발판

[5]People place their left feet on the **pedals** of their bicycles.

☐ **peddle** [pédl]

pedd(발) + le(동접) → 발로 다니다 → 행상 다니다

동 행상을 다니다 명 peddler 행상인

[6]These products are generally **peddled** from door to door.

☐ **pedestal** [pédəstl]

pede(발) + stal(place 장소) → 어떤 장소의 발(받침)
→ 받침, 기초

명 받침, 기초

[7]Assembly begins shortly after its **pedestal** is constructed at first.

☐ **pedestrian** [pədéstriən]

pede(발) + strian(사람) → 발로 가는 사람 → 보행자

형 도보의, 보행하는 명 보행자, 도보자

형 도보의, 보행하는

[8]He is in a **pedestrian** tour of the village.

명 보행자, 도보자

[9]We should remember that a **pedestrian** can cause traffic jams, too.

☐ **pedicure** [pédikjùər]

pedi(발) + cure(치료) → 발치료

명 발치료

[10]A **pedicure** can help prevent nail diseases and nail disorders.

---

1. 우리 정부는 경제 구조 조정을 신속히 진척시켜야 할 것이다.
2. 원정 등반은 재미 있었어?
3. 전통은 진보를 막을 수도 있다.
4. 언어 장애를 가진 한 여성이 투표권을 거부당했다.
5. 사람들은 자전거의 페달에 왼발을 올린다.
6. 이 제품들은 일반적으로 가가호호 방문 판매된다.

7. 조립은 받침대가 제작된 직후에 시작된다.
8. 그는 그 마을 도보 여행 중에 있다.
9. 우리는 보행자도 또한 교통체증을 일으킬 수 있다는 것을 기억해야 한다.
10. 발 치료는 손톱 병이나 장애를 예방할 것이다.

# corp(or): 몸, 신체 → **organization** 조직

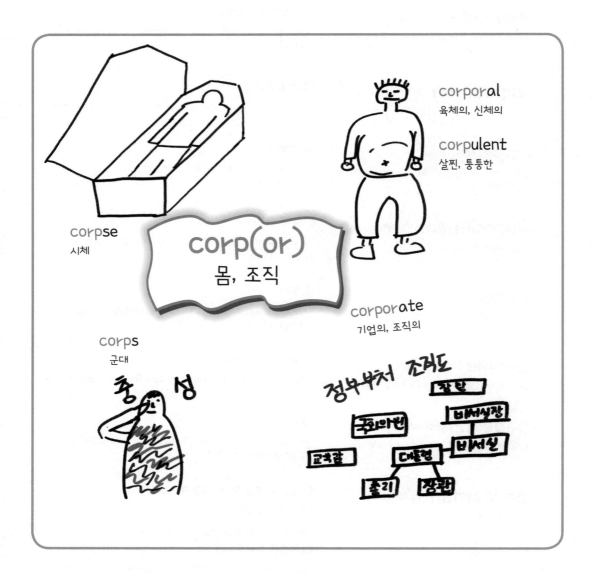

corpse
시체

corp(or)
몸, 조직

corporal
육체의, 신체의

corpulent
살찐, 퉁퉁한

corporate
기업의, 조직의

corps
군대

이 단원에서 학습할 단어모음입니다. □□□에 각각 모르는 단어를 3회에 걸쳐 ☑(체크표시)해 보세요.
모르는 단어는 끝까지 학습하세요.

**Preview Words**

□□□ **corporal** [kɔ́:rpərəl] a. 육체의, 신체의
□□□ **corporate** [kɔ́:rpərit] a. 기업의, 조직의
□□□ **corpulent** [kɔ́:rpjələnt] a. 살찐, 퉁퉁한

□□□ **corps** [kɔ:r] n. 군단, 단체
□□□ **corpse** [kɔ:rps] n. 시체
□□□ **corpus** [kɔ́:rpəs] n. 신체, (문서) 집성, 전집, 집적, 언어 자료

corp는 인간 등의 '몸' 혹은 '신체'를 표현하는 말이다. 몸 즉 신체는 심장, 간, 신장, 위장, 소장, 대장 등의 조직을 이루고 있다. 그래서 **조직(organization)**이라는 말이 나온다.

☐ **corporal** [kɔ́ːrpərəl]
corpor(body 몸) + al( 형접 ) → 몸과 관련된 → 신체의

형 육체의, 신체의
[1] What are your thoughts on **corporal** punishment?

☐ **corporate** [kɔ́ːrpərit]
corpor(조직) + ate( 형접 ) → 조직의

형 기업의, 조직의
[2] The law applies to both individuals and **corporate** bodies.

☐ **corpulent** [kɔ́ːrpjələnt]
corp(body 몸) + ulent(full) → 살이 꽉찬 → 뚱뚱한

형 살찐, 통통한
[3] Overeating made him **corpulent**.

☐ **corps** [kɔːr]
corps → 조직들 → 군단, 단체

명 군단, 단체
[4] A **corps** is a part of the army which has special duties.

☐ **corpse** [kɔːrps]

명 시체
[5] This flower is called the "**corpse** flower" because it smells like a dead animal.

☐ **corpus** [kɔ́ːrpəs]

명 신체, (문서 따위의) 집성, 전집, (지식·증거의) 집적, 언어 자료
the entire **corpus** of Shakespeare's works
셰익스피어 작품의 전집
[6] You can create a **corpus** from various available sources.
[7] Our general **corpus** includes a wide variety of informative and imaginative texts.

1. 체벌에 대해 어떻게 생각하니?
2. 그 법률은 개인과 법인 둘 모두에 적용된다.
3. 과식 때문에 그는 비만해졌다.
4. 군단은 특수 임무를 가진 군부대.

5. 이 꽃은 죽은 동물의 냄새처럼 나기 때문에 "시체 꽃"이라고 불린다.
6. 너는 활용 가능한 다양한 자료로 집적 자료를 만들 수 있다.
7. 우리 총체적 전집은 다양한 정보적 기능과 상상력이 풍부한 텍스트를 포함하고 있다.

# phys(ic)-: **body** 물질, 신체

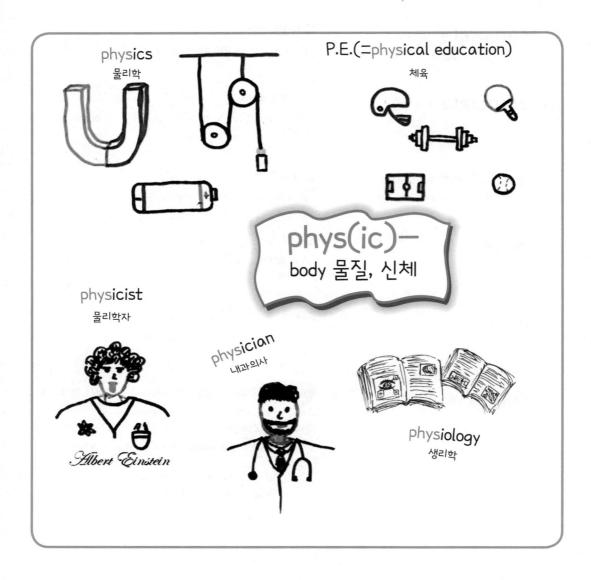

physics
물리학

P.E.(=physical education)
체육

phys(ic)—
body 물질, 신체

physicist
물리학자

Albert Einstein

physician
내과의사

physiology
생리학

이 단원에서 학습할 단어모음입니다. ☐☐☐에 각각 모르는 단어를 3회에 걸쳐 ☑(체크표시)해 보세요.
모르는 단어는 끝까지 학습하세요.

## Preview Words

☐☐☐ **phys**ics [fíziks] n. 물리학
☐☐☐ **phys**ical [fízikəl] a. 육체의, 신체의, 물질의
☐☐☐ **phys**icist [fízisist] n. 물리학자, 유물론자
☐☐☐ **phys**ician [fizíʃən] n. 내과의사

☐☐☐ **physio**logy [fìziáləʤi] n. 생리학
☐☐☐ **physio**logic,-al [fìziəláʤik], [-əl] a. 생리학(상)의
☐☐☐ **P.E.** (=physical education) n. 체육
☐☐☐ **physio**therapy [fìziəθérəpi] n. 물리 요법

**phys(ic)-**은 물질을 나타낸다. 인간의 몸은 물질로 이루어져 있다. 인간의 몸은 머리, 몸통, 손발다리, 오장육부 등으로 이루어져 있다.

---

☐ **physics** [fíziks]

phys(물질) + ics(학문) → 물질과 관련된 학문 → 물리학

> 명 물리학
> [1] Newton's discoveries revolutionized **physics**.

---

다의어 **physical** [fízikəl]

physic(물질, 신체) + al(형접)
→ 물질로 이루어진 것이 신체이므로
┌ 물질의
└ 신체의

> 형 육체의, 신체의, 물질의, 물질적인
> [2] We're living in a highly **physical** society.
> [3] How much **physical** activity do adults need?
> [4] **Physical** pain has always been one of the great sources of fear.

---

☐ **physicist** [fízisist]

physics(물리학) + ist(명접 –사람)

> 명 물리학자, 유물론자
> [5] A **physicist** is a scientist who specializes in the field of physics.

---

☐ **physician** [fizíʃən]

physic(신체) + ian(사람) → 신체와 관련한 의사 → 내과의사

> 명 내과의사
> [6] He is in practice as a **physician**.

---

☐ **physiology** [fìzìlədʒi]

physio(신체) + logy(학문) → 신체와 관련한 학문 → 생리학

> 명 생리학
> [7] He majored in **physiology** at the university.

---

☐ **physiologic, -ical**
[fìziəládʒik], [-əl]

physiology(생리학) + ic, ical(형접)

> 형 생리학(상)의, 생리적인
> [8] Our results reveal a **physiologic** function of the plant.

---

☐ **P.E.** (=physical education)

> 명 체육
> [9] Naturally, the **P.E.** teacher is nervous about his job.

---

☐ **physiotherapy**

physio(물질) + therapy(요법)

> 명 물리 요법
> [10] This combination can help raise standards in the profession and enhance **physiotherapy** results overall.

---

1. 뉴톤의 발견들은 물리학을 혁명적으로 발전시켰다.
2. 우리는 매우 물질적인 사회에 살고 있다.
3. 성인에게 얼마나 많은 신체 활동이 필요할까요?
4. 육체적 고통은 항상 두려움의 큰 원천 중 하나이다.
5. 물리학자는 물리학 분야를 전문으로 다루는 과학자다.
6. 그는 내과의로서 개업하고 있다.

7. 그는 대학교에서 생리학을 전공했다.
8. 우리 결과는 그 식물의 생리적 결과를 보여준다.
9. 당연히, 이 체육 교사는 그의 직업에 대해(일을 잃을까봐) 초조해한다.
10. 이 조합은 직업의 표준을 높이는 데 도움이 될 수 있으며, 전반적으로 물리 치료 결과를 향상시킬 수 있다.

# psych(o)-: mind 마음, spirit 정신

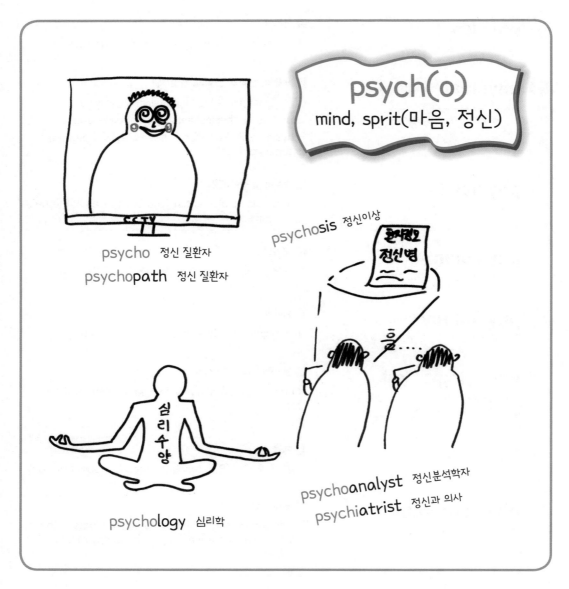

psych(o)
mind, sprit(마음, 정신)

psycho    정신 질환자
psychopath    정신 질환자

psychosis 정신이상

psychology    심리학

psychoanalyst    정신분석학자
psychiatrist    정신과 의사

이 단원에서 학습할 단어모음입니다. □□□에 각각 모르는 단어를 3회에 걸쳐 ☑(체크표시)해 보세요.
모르는 단어는 끝까지 학습하세요.

## psych(o)-는 'mind 마음, spirit 정신'을 일컫는 말이다.

☐ **psycho** [sáikou]

명 정신분석, 정신병자
[1] Psy is a stage name short for "**psycho**".

☐ **psychoanalyst**
[sàikouǽnəlist]
psycho(mind 마음) + analyst(분석자) → 정신을 분석하는 사람
→ 정신분석학자

명 정신분석학자
[2] Stephen Grosz is a **psychoanalyst** who studies people's dreams.

☐ **psychiatrist** [saikáiətrist]
psychi(mind 마음) + atrist(사람) → 정신과 관련된 사람
→ 정신과 의사

명 정신과 의사
[3] A **psychiatrist** is a physician who specializes in psychiatry.

☐ **psychiatry** [saikáiətri]
psychi(mind 마음) + atry(care) → 마음치료 → 정신병학

명 정신병학, 정신 의학, 정신병 치료법
[4] **Psychiatry** is the part of medicine that studies mental illness.

☐ **psychic** [sáikik]
psych(mind 마음) + ic(형접) → 정신과 관련된 → 마음의

형 마음의, 영혼의, 심령의
[5] Pall became very famous during the 2010 World Cup due to his **psychic** ability.

☐ **psychology** [saikúlədʒi]
psycho(mind 마음) + logy(학문) → 마음과 관련된 학문
→ 심리학

명 심리학
[6] **Psychology** is the scientific study of the human mind and the reasons for people's behaviour.

☐ **psychological, -ic**
[sàikəládʒik], [-ikəl]
psychology(심리학) + ic,-ical,(형접)

형 심리학(상)의, 심리학적인; 정신적인
[7] The money will be used to talk to family members about the **psychological** and physical impact of caring for victims.

☐ **psychopath** [sáikoupæθ]
psycho(mind 마음) + path(병) → 정신병 환자

명 정신병자, 사이코패스
[8] The psychologists call him a **psychopath**.

☐ **psychosis** [saikóusis]
psych(mind 마음) + osis(병) → 정신병

명 정신병
[9] Have you ever suffered depression or **psychosis**?

---

1. 싸이는 싸이코를 줄인 예명이다.
2. 스티븐 그로스는 사람의 꿈을 연구하는 심리분석가이다.
3. 정신과 의사는 정신병을 전공한 의사이다.
4. 정신병 의학은 정신병을 공부하는 의학의 일부다.
5. 폴은 신비한 능력때문에 2010년 월드컵 기간 동안 매우 유명해졌다.

6. 심리학은 인간의 마음과 사람들의 행동에 대한 이유를 공부하는 과학적 연구이다.
7. 그 돈은 피해자를 돌보는 것의 심리적, 신체적 영향에 대해 가족과 대화하기 위하여 사용된다.
8. 그 심리학자들은 그를 사이코패스라고 부른다.
9. 우울증이나 정신병을 앓아본 적이 있나요?

※ 아래에서 우리말은 영어로 영어는 우리말로 각각 뜻을 쓰시오.

1. 물리학 _____
2. 육체의, 신체의, 물질의 _____
3. 물리학자, 유물론자 _____
4. 내과의사 _____
5. 생리학 _____
6. 육체의, 신체의 _____
7. 기업의, 조직의 _____
8. 시체 _____
9. 신체, (문서) 집성, 전집 _____
10. 정신분석, 정신병자 _____
11. 정신분석학자 _____
12. 정신과 의사 _____
13. 정신병학, 정신 의학 _____

14. psychology _____
15. psychologic, –ical _____
16. psychopath _____
17. psychosis _____
18. expedite _____
19. expedition _____
20. impede _____
21. impediment _____
22. pedal _____
23. peddle _____
24. pedestal _____
25. pedestrian _____
26. pedicure _____

※ 다음 문장의 빈칸에 알맞은 단어를 보기에서 찾아 넣으시오. 필요 시 대문자, 수, 시제, 태 등 문법적 요소를 고려하여 쓰세요.(다만 본문 예문 학습을 유도하기 위하여 예문에서 사용한 단어를 정답으로 하였다.)

보기

> expedite, peddle, pedestrian, physician, physics, psychosis, corporal, corporate, corps, physical, impede, physicist, psychoanalyst, psychiatry, psychology, pedestal

27. He is in practice as a _____.

28. Tradition may _____ on progress.

29. Newton's discoveries revolutionized _____.

30. Have you ever suffered depression or _____?

31. Our government must _____ the restructuring of our economy.

32. These products are generally _____ from door to door.

33. We should remember that a _____ can cause traffic jams, too.

34. What are your thoughts on _____ punishment?

35. The law applies to both individuals and _____ bodies.

36. A _____ is a part of the army which has special duties.

37. _____ pain has always been one of the great sources of fear.

38. A _____ is a scientist who specializes in the field of physics.

39. Stephen Grosz is a _____ who studies people's dreams.

40. _____ is the part of medicine that studies mental illness.

41. Assembly begins shortly after its _____ is constructed at first.

42. _____ is the scientific study of the human mind and the reasons for people's behaviour.

# 40 day

# cor(d), core, cour : heart 마음

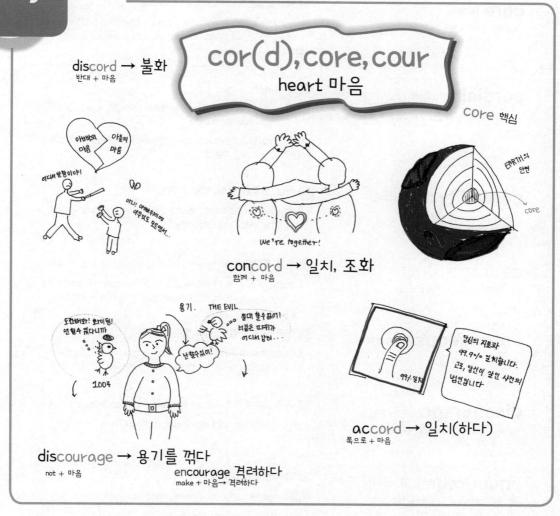

discord → 불화
반대 + 마음

cor(d), core, cour
heart 마음

core 핵심

아빠의 마음 / 아들의 마음

어디서 반항이야!

아니! 야채주스에 야무것도 모르면서..

We're together!

concord → 일치, 조화
함께 + 마음

EARTH의 단편

core

용기. THE EVIL

도전해봐! 화이팅! 넌 할 수 있다니까!

난 할 수 없어!

1004

discourage → 용기를 꺾다
not + 마음

encourage 격려하다
make + 마음 → 격려하다

절대 할 수 없어! 너끊은 따라가 어디서 갔니...

당신의 지문과 99.9% 일치합니다. 고로, 당신이 살인 사건의 범인입니다

99% 일치

accord → 일치(하다)
쪽으로 + 마음

---

이 단원에서 학습할 단어모음입니다. □□□에 각각 모르는 단어를 3회에 걸쳐 ☑(체크표시)해 보세요.
모르는 단어는 끝까지 학습하세요.

## Preview Words

□□□ **core** [kɔːr] n. 핵심

□□□ **cordial** [kɔ́ːrdʒəl] a. 진심 어린

□□□ **cordiality** [kɔ̀ːrdʒiǽləti] n. 진심, 정중함

□□□ **courage** [kə́ːridʒ] n. 용기

□□□ **courageous** [kəréidʒəs] a. 용기 있는, 용감한

□□□ **discourage** [diskə́ːridʒ] v. 기를 꺾다

□□□ **encourage** [enkə́ːridʒ] v. 격려하다

□□□ **encouragement** [enkə́ːridʒmənt] n. 용기를 돋움, 격려

□□□ **discord** [dískɔːrd] n. 불화

□□□ **concord** [kánkɔːrd] n. 일치, 조화

□□□ **accord** [əkɔ́ːrd] n. 일치 v. 일치하다

□□□ **accordance** [əkɔ́ːrdəns] n. 일치

□□□ **according** [əkɔ́ːrdiŋ] ad. 따라서 a. 일치한, 조화된

□□□ **accordingly** [əkɔ́ːrdiŋli] ad. 따라서

# 어근 cor(d)-, core-, cour-는 'heart 마음'의 뜻이다.

---

☐ **core** [kɔːr]

core(heart 심장) → 핵심

명 핵심 유사어 center, nucleus, bosom

[1] If you're looking for the most essential part or the very center of something, you're looking for its **core**.

---

☐ **cordial** [kɔ́ːrdʒəl]

cordi(heart 마음) + al( 형접 ) → 마음으로부터의 → 진심 어린

형 진심 어린

유사어 genial, affable, amiable, affectionate, warmhearted, gracious, hospitable

[2] Use '**cordial**' to describe a greeting or relationship that is friendly and sincere.

---

☐ **cordiality** [kɔ̀ːrdʒiǽləti]

cordial(진심어린) + ity( 명접 )

명 진심, 정중함, 온정, 친절한 말(행위)

[3] Conversations were extremely productive, warm and marked by **cordiality**.

---

☐ **courage** [kɔ́ːridʒ]

cour(heart 마음) + age( 명접 ) → 마음이 있는 상태 → 용기

명 용기 유사어 bravery, braveness, nerve, daring, audacity

[4] **Courage** is the choice and willingness to confront agony, pain, danger, uncertainty, or intimidation.

---

☐ **courageous** [kəréidʒəs]

courage(용기) + ous( 형접 )

형 용기 있는, 용감한, 담력 있는, 씩씩한

[5] **Courageous** leaders are also authentic, adaptive, and attuned to the needs of those around them.

---

☐ **discourage** [diskɔ́ːridʒ]

dis(not) + courage(heart 마음) → 마음을 없애다
→ 용기를 꺾다, 실망시키다

동 기를 꺾다 유사어 dishearten, dispirit, depress, disappoint

[6] Her criticism had **discouraged** him.

---

☐ **encourage** [enkɔ́ːridʒ]

en(make 만들다) + courage(heart 마음)
→ 마음을 만들어 주다 → 격려하다

동 격려하다

유사어 hearten, cheer, inspire, motivate, stimulate

[7] Investors were **encouraged** by the news.

---

☐ **encouragement**
[enkɔ́ːridʒmənt]

encourage(격려하다) + ment( 명접 )

명 용기를 돋움, 격려, 장려, 촉진

[8] He gave us **encouragement** to carry out the plan.

---

1. 네가 어떤 것의 가장 필수적인 것 혹은 바로 중요한 것을 찾는 중이라면 너는 그것의 핵심(core)을 찾는 중이다.
2. 우정어린 그리고 정중한 인사나 우정을 묘사하기 위하여 'cordial(성심성의의)'을 사용하시오.
3. 대화는 매우 생산적이고 따뜻하며 진정성이 특징적이었다.
4. 용기(courage)는 고통, 고민, 위험, 불확실 혹은 협박에 정면 도전하는 선택과 의지이다.

5. 용감한 지도자는 또한 진정성 있고 적응력이 있으며 주변 사람들의 요구에 적응한다.
6. 그녀의 비판은 그를 단념시켰다.
7. 투자자들이 그 뉴스로 고무되었다.
8. 그는 우리들이 그 계획을 수행할 수 있도록 격려해 주었다.

## concord [kánkɔːrd]

con(together 함께) + cord(heart 마음) → 마음이 함께 함
→ 조화

**명** 일치, 조화

**유사어** agreement, harmony, accord, consensus,
concurrence, unity

[9] **Concord** is agreement between persons, groups,
nations, etc.

---

## discord [dískɔːrd]

dis(not) + cord(heart 마음) → 마음이 맞지 않음 → 불화

**명** 불화

**유사어** strife, conflict, friction, disagreement, dissension,
dispute, discordance, disaccord, disharmony

[10] The plan to build the highway created **discord** in
our community.

---

## accord [əkɔ́ːrd]

ac(to ~에게) + cord(heart 마음) → 마음 한쪽으로
→ 일치(하다)

**명** 일치  **동** 일치하다

**명** 일치

[11] The two countries were about to sign an economic
cooperation **accord**.

**동** 일치하다

[12] His words and actions do not **accord**.

[13] They might even **accord** you an extra privilege.

---

## accordance [əkɔ́ːrdəns]

ac(to ~에게) + cord(heart 마음) + ance( 명접 )
→ 마음쪽으로 맞추는 것 → 일치

**명** 일치  **유사어** accord, conformity, consonance

[14] The soldiers act in **accordance** with the general's
orders.

---

## according [əkɔ́ːrdiŋ]

accord(일치) + ing( 형접 )

**부** 따라서  **형** 일치한, 조화된

[15] Clean-up devices won't solve the plastic polution
problem, **according** to a new study.

[16] The work from home shift has notably made
employees more interested in improving their
performance, **according** to the software company.

---

## accordingly [əkɔ́ːrdiŋli]

accord(일치) + ing( 형접 ) + ly( 부접 )

**부** 따라서

[17] If South Korea and the U.S. apply flexibility in the
size and method of a joint military drill and they are
likely to conduct next month, and **accordingly** North
Korea will act.

---

9. 조화(concord)는 사람들, 그룹들, 국가들 등등 사이의 동의이다.
10. 고속도로를 건설하려는 계획은 우리 공동체에서 불화를 일으켰다.
11. 두 나라는 경제 협정에 서명할 예정이었다.
12. 그는 언행(言行)이 일치하지 않는다.
13. 그들은 심지어 너에게 추가적인 특권을 줄 것이다.
14. 병사들은 장군의 명령에 따라 행동한다.

15. 새로운 연구에 따르면, 청소 장비들은 플라스틱 오염 문제를 해결
하지 못할 것이다.
16. 소프트웨어 회사에 따르면, 재택 근무로 인해 직원들의 성과
향상에 더 많은 관심을 갖게 되었다.
17. 한국과 미국이 공동 군사 훈련의 규모와 방법에 유연함을 적용한
다면, 그들은 다음날 행동할 것이다. 북한은 이에 따라 행동할 것
이다.

# audi-: sound 소리, hear, listen to 듣다

The Eighth Audition for the World Singers.

auditor 감사

audible ← inaudible
들을 수 있는    들을 수 없는

auditorium
강당

audience 관객

이 단원에서 학습할 단어모음입니다. □□□에 각각 모르는 단어를 3회에 걸쳐 ☑(체크표시)해 보세요.
모르는 단어는 끝까지 학습하세요.

## Preview Words

□□□ **audible** [ɔ́:dəbl] a. 들을 수 있는
□□□ **audibly** [ɔ́:dəbli] ad. 들을 수 있도록, 들릴 만큼
□□□ **audience** [ɔ́:diəns] n. 관객
□□□ **audio** [ɔ́:diòu] n. 오디오
□□□ **audiometry** [ɔ̀:diámətri] n.청력 측정
□□□ **audiometer** [ɔ̀:diámitər] n.청력계, 청력 측정기
□□□ **audition** [ɔːdíʃən] n. 오디션, 음성테스트
□□□ **auditor** [ɔ́:ditər] n. 방청객, 감사, 회계감사관

□□□ **auditorium** [ɔ̀:ditɔ́:riəm] n. 방청석, 강당
□□□ **auditory** [ɔ́:ditɔ̀:ri] a. 청각적인
□□□ **audiovisual** [ɔ́:diòuvíʒuəl] a. 시청각의 n. 시청각 자료
□□□ **inaudible** [inɔ́:dəbəl] a. 들을 수 없는
□□□ **acoustic,-ical** [əkú:stik],[-kəl] a. 청각의
□□□ **acoustics** [əkú:stiks] n. 음향학
□□□ **acoustician** [æ̀kustíʃən] n.음향 학자(기사)

□ **audible** [ɔ́:dəbl]

audi(hear 듣다) + ble(형접) → 들을 수 있는

형 **들을 수 있는**
[1] Her voice was hardly **audible**.

---

□ **audibly** [ɔ́:dəbli]

audible(들을 수 있는) + ly(부접)

부 **들을 수 있도록, 들릴만큼**
[2] A thankfully masked woman was visibly and **audibly** frustrated with the service being provided her.

---

□ **audience** [ɔ́:diəns]

audi(hear 듣다) + ence(명접) → 청중

명 **관객**
유사어 spectators, listeners, viewers, onlookers
[3] The **audience** applauded loudly at the end of the concert.

---

□ **audio** [ɔ́:diòu]

명 **오디오**
[4] Telepathy is a communication from one mind to another without **audio** or visual messages.

---

□ **audiometry** [ɔ̀:diámətri]

audio(sound 소리) + metry(측정법)

명 **청력 측정**
[5] **Audiometry** measures the sum of resistance.

---

□ **audiometer** [ɔ̀:diámitər]

audio(sound 소리) + meter(계량기)

명 **청력계(聽力計), 오디오미터, 청력 측정기**
[6] **Audiometer** is a device used to evaluate hearing loss during an audiology test.

---

□ **audition** [ɔ:díʃən]

audi(hear 듣다) + tion(명접) → 듣는 상황 → 음성테스트

명 **오디션, 음성테스트**
[7] The director is holding **auditions** next week for the major parts.

---

□ **auditor** [ɔ́:ditər]

audit(hear 듣다) + or(사람) → (설명 등을 듣는) 감사

명 **방청객, 감사, 회계감사관**
[8] The external **auditors** come in once a year.

---

□ **auditorium** [ɔ̀:ditɔ́:riəm]

auditor(방청객) + rium(공간) → 방청객이 있는 곳 → 방청석

명 **방청석, 강당**
[9] An **auditorium** is the part of a theater or concert hall where the audience sit.

---

1. 그녀의 목소리는 거의 알아들을 수 없었다.
2. 고마운 척 표정 관리한 여성은 그녀에게 제공되는 서비스에 대해 눈에 띄고 들을 수 있는 만큼 실망했다.
3. 연주회가 끝나자 청중들은 우레와 같은 박수를 보냈다.
4. 텔레파시는 상대방과 음성적 혹은 시각적 메시지 없이 나누는 의사 소통이다.
5. 청력 측정은 저항의 합을 측정한다.
6. 청력계는 청력 검사 중 청력 손실을 평가하는데 사용되는 장치다.
7. 그 감독은 주요 배역에 대한 다음주 오디션을 열 예정이다.
8. 사외 감사들이 1년에 한 번 온다.
9. 강당은 청중들이 앉는 극장이나 콘서트홀의 일부이다.

□ **auditory** [ɔ́ːditɔ̀ːri]

audit(hear 듣다) + ory(형접) → 듣는 것과 관련된 → 청각적인

형 청각적인

[10] The stroke impaired her **auditory** function but not her vision.

---

□ **audiovisual** [ɔ́ːdiòuvíʒuəl]

audio(hear 듣다) + visual(시각의) → 시청각의

형 시청각의 명 시청각 자료

형 시청각의

[11] Media literacy is the ability to 'read' and 'write' **audiovisual** information rather than text.

명 시청각 자료

[12] There are many **audiovisuals** in the new library.

---

□ **inaudible** [inɔ́ːdəbəl]

in(not) + audible(듣는) → 들을 수 없는

형 들을 수 없는

[13] The whistle was **inaudible** to the human ear.

---

cf) acoust- : hear 듣다

□ **acoustic, -ical** [əkúːstik], [-əl]

acoust(hear 듣다) + ic, ical(형접)

형 청각의, 전자음을 쓰지 않는  명 전자 장치를 쓰지 않은《악기》

[14] She loves listening to **acoustic** folk music.
[15] Dogs have a much greater **acoustic** range than humans.

---

□ **acoustics** [əkúːstiks]

acoust(hear 듣다) + ics(명접)

명 음향학

[16] **Acoustics** is the science of sound.

---

□ **acoustician** [æ̀kustíʃən]

acoustic(음향학) + ian(명접 –사람)

명 음향 학자[기사]

[17] An architect and **acoustician,** John Storyk, was frustrated by the limits of the software at his firm's disposal.

---

10. 뇌출혈은 시각은 아니지만 청각 기능을 손상시켰다.
11. 미디어 리터러시(미디어를 읽고 쓸 줄 하는 능력)는 문자보다는 시청각 정보를 읽고 쓸 줄 아는 능력이다.
12. 새 도서관에 많은 시청각 자료가 있다.
13. 그 휘파람 소리 같은 소리는 사람의 귀에는 들리지 않았다.
14. 그녀는 전자음을 쓰지 않는 어쿠스틱 포크 음악을 듣는 것을 좋아한다.

15. 개는 인간보다 훨씬 큰 청각 영역을 가지고 있다.
16. 음향학은 소리 과학이다.
17. 건축가이자 음향 학자인 John Storyk는 회사의 처분에 따라 소프트웨어의 한계에 좌절했다.

# VOC, VOW : voice 목소리, call 부르다

이 단원에서 학습할 단어모음입니다. ☐☐☐에 각각 모르는 단어를 3회에 걸쳐 ☑(체크표시)해 보세요.
모르는 단어는 끝까지 학습하세요.

## Preview Words

☐☐☐ **vocal** [vóukəl] a. 목소리의, 음성의 n. 보컬

☐☐☐ **vocabulary** [voukǽbjuləri] n. 어휘

☐☐☐ **vocation** [voukéiʃən] n. 천직, 직업

☐☐☐ **evoke** [ivóuk] v. (기억·감정을) 불러일으키다

☐☐☐ **evocation** [èvəkéiʃən] n. (기억·감정 등을) 불러일으킴

☐☐☐ **advocate** [ǽdvəkit] n. 옹호자, 주장자
[ǽdvəkèit] v. 옹호하다, 지지하다

☐☐☐ **vowel** [váuəl] n. 모음

## voc, vow는 'voice 목소리'내어 'call 부르다'의 뜻이다.

---

☐ **vocal** [vóukəl]

voc(call 목소리) + al( 명접 , 형접 ) → 목소리의

**명** 보컬　**형** 목소리의, 음성의

**명** 보컬

[1] The song offers more whispering **vocals**.

**형** 목소리의, 음성의

[2] The professor is a **vocal** critic of the new law.

---

☐ **vocabulary** [voukǽbjuləri]

vocabul(말) + ary( 명접 )
단어 정의나 번역을 뜻하는 말들의 리스트(list)라는 말에서 유래

**명** 어휘

[3] Having a good **vocabulary** will help you to improve your language level and become a more confident speaker of English.

---

☐ **vocation** [voukéiʃən]

voc(call 부르다) + ation( 명접 )
→ 신이 어떤 사람에게 하라고 하는 일 → 소명, 천직, 직업

**명** 천직, 직업　유사어 calling, occupation, profession

[4] Most teachers regard their profession as a **vocation**, not just a job.

---

☐ **evoke** [ivóuk]

e(out 밖으로) + voke(call 소리내다)

**동** (기억·감정을) 불러일으키다, 환기하다

[5] An abstract art **evokes** a more abstract mindset than representational art.

---

☐ **evocation** [èvəkéiʃən]

evoke(불러일으키다) + ation( 명접 )

**명** (기억·감정 등을) 불러일으킴, 환기

[6] The rise of Tesla is another **evocation** of electrical engineer Nikola Tesla.

---

☐ **advocate** [ǽdvəkit]

ad(to ~ 쪽으로) + voc(call 부르다) + ate( 동접 혹은 명접 )
→ ~쪽으로 (응원하는) 소리를 내다 → 지지하다

**명** 옹호자, 주창자　**동** [ǽdvəkèit] 옹호하다, 지지하다

**명** 옹호자, 주창자

유사어 defender, lawyer, promoter, proponent, supporter

[7] She's a strong **advocate** of women's rights.

**동** 옹호하다, 지지하다

[8] Trotsky **advocated** worldwide revolution.

---

☐ **vowel** [váuəl]

목에서 소리가 울리다는 의미

**명** 모음 ⇔ consonant [kánsənənt] 자음

[9] The **vowels** in English are a, e, i, o, and u.

[10] A **vowel** is one of the two principal classes of speech sound, the other being a consonant.

---

1. 그 노래는 더 많은 속삭이듯 하는 목소리를 제공한다.
2. 그 교수는 그 새 법에 대해 발언을 하는 비평가이다.
3. 좋은 어휘력을 갖는 것은 네가 언어 수준을 높이고 영어를 보다 자신감 있게 구사하는 사람이 되도록 도와줄 것이다.
4. 선생님들 대부분은 그들의 직업을 단순한 일이 아니라 천직으로 간주한다.
5. 추상 예술은 표현 예술보다 더 추상적인 사고 방식을 불러 일으킨다.
6. 테슬라의 등장은 전기 공학자 니콜라 테슬라를 다시 생각나게 한다.
7. 그녀는 여성권에 대한 강한 옹호자이다.
8. 트로츠키는 전 세계적인 혁명을 지지했다.
9. 영어에서 모음은 a, e, i, o, u이다.
10. 모음(vowel)은 두 개의 주요 말소리 중 하나이고 다른 것 하나는 자음(consonant)이다.

※ 아래에서 우리말은 영어로 영어는 우리말로 각각 뜻을 쓰시오.

1. 천직, 직업 _____
2. (기억·감정 등) 불러 일으킴 _____
3. 일치, 일치하다 _____
4. 진심, 정중함 _____
5. 방청석, 강당 _____
6. 격려하다 _____
7. 청각적인 _____
8. 기를 꺾다 _____
9. 용기를 돋움, 격려 _____
10. 불화 _____
11. 들을 수 없는 _____
12. 음향학 _____
13. 목소리의, 음성의, 보컬 _____

14. concord _____
15. accordance _____
16. auditor _____
17. according _____
18. audible _____
19. audience _____
20. audiometry _____
21. cordial _____
22. courageous _____
23. audiometer _____
24. audition _____
25. vowel _____
26. advocate _____

※ 다음 문장의 빈칸에 알맞은 단어를 보기에서 찾아 넣으시오. 필요 시 대문자, 수, 시제, 태 등 문법적 요소를 고려하여 쓰세요.

> **보기**
>
> evoke, cordiality, vocal, accord, accordance, concord, discord, acoustics, inaudible, vocal, vocation, acoustic, vowel, cordial, core, courage

27. _____ is the science of sound.

28. The whistle was _____ to the human ear.

29. She loves listening to _____ folk music.

30. The _____ in English are a, e, i, o, and u.

31. The song offers more whispering _____.

32. The professor is a _____ critic of the new law.

33. His words and actions do not _____.

34. The soldiers act in _____ with the general's orders.

35. _____ is agreement between persons, groups, nations, etc.

36. The plan to build the highway created _____ in our community.

37. Most teachers regard their profession as a _____, not just a job.

38. An abstract art _____ a more abstract mindset than representational art.

39. Conversations were extremely productive, warm and marked by _____.

40. Use '_____' to describe a greeting or relationship that is friendly and sincere.

41. If you're looking for the most essential part or the very center of something, you're looking for its _____.

42. _____ is the choice and willingness to confront agony, pain, danger, uncertainty, or intimidation.

# 41 day

# vis(e), vi(d), view, vey: **see, look 보다**

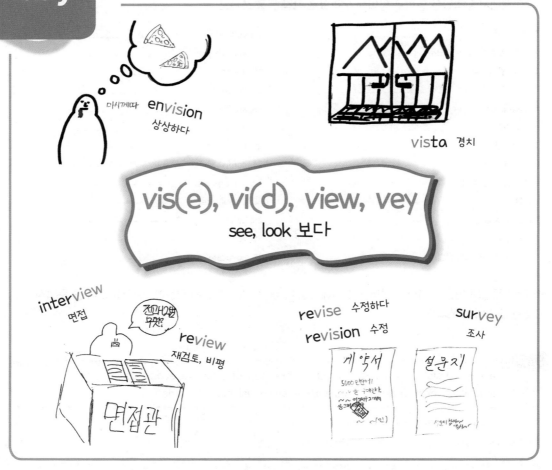

envision
마시께따 상상하다

vista 경치

vis(e), vi(d), view, vey
see, look 보다

interview 면접

전과2번 무엇?

review 재검토, 비평

면접관

revise 수정하다
revision 수정

계약서
5000 안단어!
~을 우대한다.
~~ 어쩌구저쩌구께서
~ ~인)

survey 조사

설문지

이 단원에서 학습할 단어모음입니다. ☐☐☐에 각각 모르는 단어를 3회에 걸쳐 ☑(체크표시)해 보세요.
모르는 단어는 끝까지 학습하세요.

## Preview Words

☐☐☐ **view** [vju:] n. 관점, 시야
☐☐☐ **vision** [víʒən] n. 시력, 시야, 미래상
☐☐☐ **visible** [vízəbəl] a. 볼 수 있는
☐☐☐ **visibility** [vìzə'bɪlti] n. 시야
☐☐☐ **visual** [víʒuəl] a. 시각적인, 눈에 보이는 n. 영상, 영상자료
☐☐☐ **visualize** [víʒuəlaiz] v. 시각화하다
☐☐☐ **vista** [vístə] n. 경치, 예상
☐☐☐ **evidence** [évidəns] n. 증거
☐☐☐ **envision** [invíʒən] v. 상상하다
☐☐☐ **improvise** [ímprəvàiz] v. 즉석에서 하다
☐☐☐ **improvisation** [ìmprəvəzéiʃən] n. 즉흥 연주
☐☐☐ **improvisator** [ímprávəzèitər] n. 즉흥 시인, 즉석 연주자

☐☐☐ **interview** [íntərvjù:] n. 회견, 면접 v. 회견하다, 면접하다
☐☐☐ **supervise** [sú:pərvàiz] v. 감독하다
☐☐☐ **supervision** [sù:pərvíʒən] n. 감독, 관리
☐☐☐ **supervisor** [sú:pərvàizər] n. 감독관
☐☐☐ **provide** [prəváid] v. 제공하다, 준비하다
☐☐☐ **provision** [prəvíʒən] n. 예비, 준비, 공급
☐☐☐ **proviso** [prəváizou] n. 단서, 조건
☐☐☐ **revise** [riváiz] v. 수정하다, 개정하다
☐☐☐ **revision** [rivíʒən] n. 수정, 검토
☐☐☐ **preview** [prí:vjù:] n. 예비 검사, 시연, 시사회 v. 시연을 보다
☐☐☐ **review** [rivjú:] n. 재검토, 비평
☐☐☐ **survey** [səːrvéi] v. 조사하다 n. 조사

# vis(e)는 vid, view, vey 등의 변형이 있다, 'see, look'의 뜻으로 '보다'는 뜻이다.

☐ **view** [vju:]

**명** 관점, 시야
**유사어** outlook, perspective, prospect, vision
[1] The ship disappeared from **view**.

☐ **vision** [víʒən]
vis(see 보다) + ion(**명접**) → 보는 것 → 시야

**명** 시력, 시야, 미래상
[2] The theater's director is a woman of great artistic **vision**.

☐ **visible** [vízəbəl]
vis(see 보다) + ible(**형접** able 할 수 있는)

**형** 볼 수 있는 ⇔ invisible 볼 수 없는
[3] Those stars are hardly **visible** to the naked eye.

☐ **visibility** [vɪzəbílɪti]
visible(볼 수 있는)+lity(( **명접** )

**명** 시야, 시계
[4] **Visibility** is a measure of the distance at which an object or light can be clearly discerned.

☐ **visual** [víʒuəl]
visu(see 보다) + al(**형접** , **명접** ) → 볼 수 있는 → 시각적인

**형** 시각적인, 눈에 보이는 **명** 영상, 영상자료
**형** 시각적인, 눈에 보이는
[5] The human brain is fantastic at **visual** memory.
**명** 영상, 영상자료
[6] A **visual** is something such as a picture, diagram, or piece of film.

☐ **visualize** [víʒuəlaiz]
visual(시각의) + ize(**동접** ) → 시각화하다

**동** 시각화하다
[7] She tried to **visualize** the scene he was describing.

☐ **vista** [vístə]
vista(sight 보는 것) → 경치, 예상

**명** 경치, 예상 **유사어** landscape, scene, scenery
[8] After a hard climb, we were rewarded by a **vista** of rolling hills.

☐ **evidence** [évidəns]
e(out 밖으로) + vid(see 보다) + ence(**명접** )
→ 밖으로 보여 주는 것 → 증거

**명** 증거 **유사어** testimony, witness
[9] The focus of criminal **evidence** is to connect physical evidence and reports of witnesses to a specific person.

---

1. 그 배는 시야로부터 사라졌다.
2. 그 연극 감독은 위대한 예술적 시야를 가진 여성이다.
3. 그 별들은 육안으로는 거의 볼 수 없다.
4. 시계는 물체나 빛이 분명하게 구별될 수 있는 거리에 대한 평가다.
5. 인간의 뇌는 시각적 기억에 굉장히 효과적이다.

6. 영상 자료는 그림, 도표, 영화 필름과 같은 것이다.
7. 그녀는 그가 설명하고 있는 장면을 시각화하려고 노력했다.
8. 힘든 등산 후, 우리는 굽이진 구릉의 멋진 경치로 보상 받았다.
9. 범죄 증거에 대한 초점은 물리적인 증거와 목격자들의 진술을 특정인에게 연결하는 것이다.

## envision [invíʒən]

en(make 만들다) + vision(시력, 시야)
→ (머리속에서) 보이도록 만들다 → 상상하다

통 상상하다

유사어 immagine, conceive, contemplate, envisage

[10] For the future they **envision** a performing arts center with a library and video archive.

## improvise [ímprəvàiz]

im(in-not) + pro(before 전에) + vise(see 보다)
→ 미리 보지 않고 하다 → 즉석에서 행하다

통 즉석에서 하다

[11] The mayor had to **improvise** an acceptance speech.

## improvisation [impràvəzéiʃən]

im(in-not) + pro(before 전에) + vise(see 보다)
+ tion(명접) → 미리 보지 않고 즉석에서 하는 연주
→ 즉흥연주

명 즉석에서 하기, 즉흥연주

[12] **Improvisation** is the activity of making or doing something not planned beforehand.

## improvisator [imprávəzèitər]

im(in-not) + pro(before 미리) + vise(see 보다)
+ or (명접 – 사람) → 미리 보지 않고 연주하는 사람
→ 즉흥 시인이나 연주자

명 즉흥 시인, 즉석 연주자

[13] He began his story with all the earnestness and tragic power of an **improvisator** of ancient Rome.

## interview [íntərvjùː]

inter(사이에, 서로) + view(see 보다) → 서로보다
→ 인터뷰하다

명 회견, 면접 통 회견하다, 면접하다

명 회견, 면접

[14] The purpose of the **interview** is to win the job.
[15] An **interview** is a conversation where questions are asked and answers are given.

통 회견하다, 면접하다

[16] We have **interviewed** 200 applicants for the job.
[17] Who's the most famous person you've ever **interviewed** on TV?

## provide [prəváid]

pro(before 앞으로) + vide(see 보다)
→ 앞으로 (물건 등을) 보여 주다 → 제공하다

통 제공하다, 준비하다

[18] His booklet **provides** useful information about local services.

## provision [prəvíʒən]

pro(before 미리) + vision(see 보다) → 미리 보는 것
→ 준비, 예비, 공급

명 예비, 준비, 공급

[19] The **provision** of good public transport will be essential for developing the area.

---

10. 미래를 위하여 그들은 도서관과 비디오 보관소가 있는 공연 예술 센터를 상상한다.
11. 시장은 즉석 수락 연설을 해야만 했다.
12. 즉석에서 하기(improvisation)는 사전 계획 없이 어떤 것을 행하고 만드는 활동이다.
13. 그는 고대 로마의 즉흥 시인의 모든 열성과 슬픔의 힘으로 그의 이야기를 시작했다.

14. 그 인터뷰 목적은 직업을 얻는 것이다.
15. 인터뷰는 질문과 대답이 이루어지는 대화다.
16. 우리는 그 일에 지원한 200명의 지원자들을 인터뷰했다.
17. 네가 TV에서 지금까지 인터뷰한 사람 중 가장 유명한 사람이 누구냐?
18. 그의 소책자는 지역 서비스 관련 유용한 정보를 제공한다.
19. 훌륭한 대중교통 공급이 그 지역 발전을 위하여 필수적일 것이다.

## supervise [súːpərvàiz]
super(over 위에서) + vise(see 보다) → 위에서 보다
→ 감독하다

**통** 감독하다 **유사어** oversee, direct
[20] Foreign officials are **supervising** the elections.

## supervision [sùːpərvíʒən]
supervise(감독하다) + ion(**명접**) → 위에서 보는 시야

**명** 감독, 관리
[21] **Supervision** is an act of directing, managing, or oversight.

## supervisor [súːpərvàizər]
supervise(감독하다) + or(**명접** – 사람)

**명** 감독관
[22] A **supervisor** is a person who supervises a person or an activity.

## proviso [prəváizou]
pro(before 앞으로) + viso(see 보다)
→ (요구를 하기 위하여)앞서서 보여 준 것 → 조건, 단서

**명** 단서, 조건
[23] The only **proviso** is that any loss or money owed is within your account limit.

## revise [riváiz]
re(again or back 다시) + vise(see 보다)
→ 다시 보고 문제점을 수정하다 → 개정하다, 보완하다

**통** 수정하다, 개정하다
[24] His publishers made him **revise** his manuscript three times.

## revision [rivíʒən]
revise(수정하다) + sion(**명접**)

**명** 수정, 검토
[25] **Revision** is the process of revising.

## review [rivjúː]
re(again 다시) + view (see 보다) → 재검토

**명** 재검토, 비평
[26] A **review** is a survey over a whole subject or a division of it.

## preview [príːvjùː]
pre(before 먼저)+view(see 보다) → 서문, 시사회, 먼저 보다

**명** 서문, 예비 검사, 시연, 시사회   **통** 시연을 보다
**통** 시연을 보다
[27] You can **preview** the page before you print it.
**명** 예비 검사, 시연, 시사회
[28] We saw the movie at a special **preview**.

## survey [səːrvéi]
sur(over 위에서) + vey(see 보다) → 위에서 보다
→ 조사하다

**통** 조사하다   **명** 조사
**통** 조사하다
[29] The police **surveyed** the coasts of New Zealand.
**명** 조사
[30] A marketing **survey** is a method of gathering information from a sample of people.

---

20. 외국의 관리들이 선거를 감독하고 있는 중이다.
21. 감독은 지휘, 관리, 혹은 감시의 행위이다.
22. 감독관은 어떤 사람이나 행동을 감시하는 사람이다.
23. 유일한 단서는 어떤 손실이나 빚진 돈은 너의 계정 한도 내에 있다는 것이다.
24. 그의 발행인은 그가 그의 원고를 세 번 수정하게 하였다.

25. 수정(revision)은 고치는 과정이다.
26. 리뷰(review)는 전체 주제나 혹은 분야에 대한 검토이다.
27. 페이지를 인쇄하기 전에 미리 볼 수 있다.
28. 특별 시사회에서 영화를 봤다.
29. 경찰은 뉴질랜드 연안을 수색했다.
30. 시장조사는 사람들의 샘플로부터 정보를 모으는 방법이다.

# aster-, astro-, sider : star 별

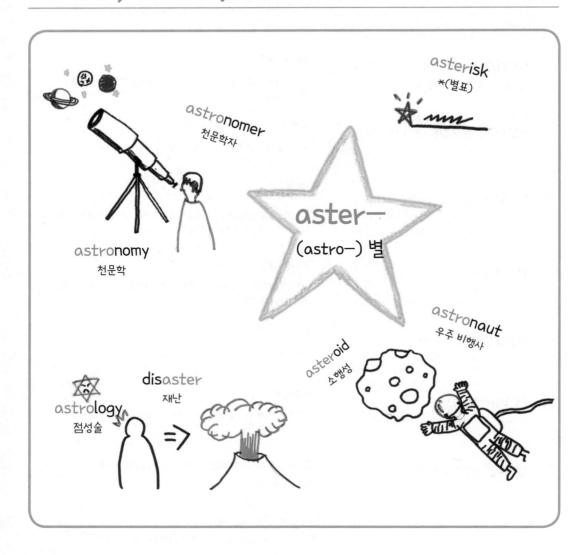

이 단원에서 학습할 단어모음입니다. □□□에 각각 모르는 단어를 3회에 걸쳐 ☑(체크표시)해 보세요.
모르는 단어는 끝까지 학습하세요.

## Preview Words

□□□ **aster**isk [ǽstərìsk] n. 별표( * )
□□□ **aster**oid [ǽstəròid] n. 소행성
□□□ **astro**logy [əstrálədʒi] n. 점성술
□□□ **astro**naut [ǽstrənɔ̀ːt] n. 우주 비행사
□□□ **astro**nomer [əstránəmər] n.천문학자

□□□ **astro**nomy [əstránəmi] n. 천문학
□□□ **astro**nomer [əstránəmər] n. 천문학자
□□□ **con**sider [kənsídər] v. 생각하다
□□□ **dis**aster [dizǽstər] n. 재난, 큰 참사
□□□ **dis**astrous [dizǽstrəs] a. 비참한, 재난의

☐ **asterisk** [ǽstərìsk]
small star(작은 별)을 뜻한다.

명 별표(*)
[1] The **asterisk** refers the reader to a footnote.

☐ **astrology** [əstrálədʒi]
astro(star 별) + logy(학문)
→ (별자리로 점을 치던 것에서 유래한) 점성술

명 점성학
[2] The term "supermoon" originated in modern **astrology**.

☐ **astrologer** [əstrɑlədʒər]
astrology(점성학) + er( 명접 )

명 점성술사
[3] **Astrologers** use Nasa data for their calculations.

☐ **astronomy** [əstránəmi]
astro(star 별) + nomy(학문) → 별들을 연구하는 학문 → 천문학

명 천문학
[4] Navigation is an application of **astronomy**.

☐ **astronomer** [əstránəmər]
astronomy(천문학) + er( 명접 – 사람)

명 천문학자
[5] An **astronomer** is a scientist who studies the stars, planets, and other natural objects in space.

☐ **asteroid** [ǽstərɔ̀id]
aster(star 별) + oid(form or shape 형태)
→ 별모양의 형태의 작은 행성(minor planet)

명 소(작은) 행성
[6] An **asteroid** is one of the very small planets that move around the sun between Mars and Jupiter.

☐ **astronaut** [ǽstrənɔ̀ːt]
astro(star 별) + nautes(sailor 항해사) → 별들을 항해하는 사람
→ 우주비행사

명 우주 비행사
[7] An **astronaut** is a person who travels into space.

☐ **consider** [kənsídər]
con(together 함께) + sider(star 별)
→ (별들을 함께 놓고 점을 치듯) 생각하다

동 생각하다
[8] Let us **consider** the subject carefully.

☐ **disaster** [dizǽstər]
dis(ill 나쁜) + aster(star 별) → 나쁜 별 → 재난

명 재난, 큰 참사
유사어 mishap, calamity, catastrophe
[9] A **disaster** is a very bad accident such as an earthquake or a plane crash.

☐ **disastrous** [dizǽstrəs]
disaster(재난) + ous( 형접 )

형 비참한, 재난의
[10] This area suffers from **disastrous** floods every year.

---

1. 별표(*)는 독자에게 각주(脚註)를 보라는 뜻이다.
2. 이 용어 "초대형 달"은 현대 점성술에서 유래했다.
3. 점성술사들은 나사(NASA)자료를 그들 계산을 위해 사용한다.
4. 항해술은 천문학을 응용한 것이다.
5. 천문학자는 별, 행성 그리고 우주에 있는 다른 자연 물체를 연구하는 과학자이다

6. 소행성은 화성과 목성사이의 태양 둘레를 움직이는 매우 조그만 행성들 중 하나다.
7. 우주 비행사는 우주로 여행을 하는 사람이다.
8. 이 주제를 조심스럽게 심사숙고해 봅시다.
9. 재난은 지진과 비행기 충돌같은 매우 나쁜 사고이다.
10. 이 지역은 해마다 수마가 휩쓸고 지나 간다.

※ 아래에서 우리말은 영어로 영어는 우리말로 각각 뜻을 쓰시오.

1. 시력, 시야, 미래상 _____
2. 즉석에서 하기, 즉흥연주 _____
3. 감독하다 _____
4. 예비, 준비, 공급 _____
5. 단서, 조건 _____
6. 수정하다, 개정하다 _____
7. 경치, 예상 _____
8. 천문학자 _____
9. 생각하다 _____
10. 수정, 검토 _____
11. 예비 검사, 시연, 시사회 _____
12. 조사하다, 조사 _____
13. *(별표) _____
14. 소행성 _____

15. astrology _____
16. improvise _____
17. astronomy _____
18. visibility _____
19. supervision _____
20. envision _____
21. supervisor _____
22. improvisator _____
23. provide _____
24. astronaut _____
25. preview _____
26. visible _____
27. evidence _____
28. visualize _____

※ 다음 문장의 빈칸에 알맞은 단어를 보기에서 찾아 넣으시오. 필요 시 대문자, 수, 시제, 태 등 문법적 요소를 고려하여 쓰세요.(다만 본문 예문 학습을 유도하기 위하여 예문에서 사용한 단어를 정답으로 하였다.)

**보기**

view, visual, vision, visible, astronaut, supervision, consider, revision, disastrous, improvise, provide, visualize, disaster, proviso, survey, improvisation

29. The ship disappeared from_____.

30. Let us _____ the subject carefully.

31. _____ is the process of revising.

32. The theater's director is a woman of great artistic _____.

33. Those stars are hardly_____ to the naked eye.

34. The human brain is fantastic at _____ memory.

35. She tried to _____ the scene he was describing.

36. An _____ is a person who travels into space.

37. _____ is an act of directing, managing, or oversight.

38. This area suffers from_____ floods every year.

39. The mayor had to _____ an acceptance speech.

40. His booklet _____ useful information about local services.

41. A _____ is a very bad accident such as an earthquake or a plane crash.

42. The only_____ is that any loss or money owed is within your account limit.

43. A marketing _____ is a method of gathering information from a sample of people.

44. _____ is the activity of making or doing something not planned beforehand.

# band, bind, bond, bund: 묶다

band, bind, bond, bund
묶다

bind 묶다
포박하다, 묶다, 머리를 묶다

붕대로 감다
→ band**age** 붕대

(의무, 약속 등으로) 구속
→ bond**age** 속박, 노예

이 단원에서 학습할 단어모음입니다. ☐☐☐에 각각 모르는 단어를 3회에 걸쳐 ☑(체크표시)해 보세요.
모르는 단어는 끝까지 학습하세요.

**Preview Words**

☐☐☐ **band** [bænd] n. 한 무리의 사람들, 악대, 밴드
☐☐☐ **band**age [bǽndidʒ] n. 붕대
☐☐☐ **bind** [baind] v. 묶다
☐☐☐ **bind**er [baindər] n. 바인더, 묶는 사람

☐☐☐ **bond** [band] n. 묶는 것, 끈, 유대, 결합력
☐☐☐ **bond**age [bándidʒ] n. 속박, 노예
☐☐☐ **bund**le [bándl] n. 묶음, 꾸러미

**band**는 **bond, bund, bind** 등의 변형이 있다. '**묶다**'라는 뜻이다.

---

☐ **band** [bænd]

명 그룹, 떼, 악대, 밴드   통 단결시키다

명 그룹, 떼, 악대, 밴드

[1] The Beatles was probably the most famous **band** in the world.

통 단결시키다

[2] They are **banded** together closely.

[3] They **banded** themselves into the association.

---

☐ **bandage** [bǽndidʒ]

band(묶다) + age(명접 상태)

명 붕대

[4] He wound a small **bandage** round her finger.

---

☐ **bind** [baind]

통 묶다 (bound – bound)

[5] They **bound** the packages with brightly colored ribbon.

---

☐ **binder** [baindər]

bind(묶다) + er(명접)

명 바인더, 묶는 사람, 묶는 것, 가계약서

[6] In the case of a real estate purchase, a **binder** contains the basic terms of the transaction.

[7] Tillerson was given a thick **binder** of documents about the plan.

---

☐ **bond** [bɑnd]

명 묶는 것, 끈, 유대, 인연, 결합력

[8] In societies with strong family **bonds**, people tend to live longer.

---

☐ **bondage** [bándidʒ]

bond(묶는 것) + age(명접, 상태)

명 속박, 노예

[9] The slaves were kept in **bondage** until their death.

---

☐ **bundle** [bándl]

명 묶음, 꾸러미

[10] We sorted the newsletters into **bundles** for distribution.

---

1. 아마 비틀즈가 세계에서 가장 유명한 밴드였다.
2. 그들은 밀접히 단결돼 있다.
3. 그들은 단결해서 그 협회를 만들었다.
4. 그는 그녀의 손가락에 붕대를 감았다.
5. 그들은 밝은 색 리본으로 꾸러미를 묶었다.

6. 부동산 매입의 경우, 가계약서는 계약의 기본 조건을 포함하고 있다.
7. Tillerson은 그 계약에 관한 두터운 자료 서류철을 받았다.
8. 강한 가족 연대 사회에서 사람들은 더 오래 사는 경향이 있다.
9. 노예들은 그들이 죽을 때까지 속박되었다.
10. 우리는 배포를 위한 꾸러미로 회보를 분류하였다.

# bio: life 생명

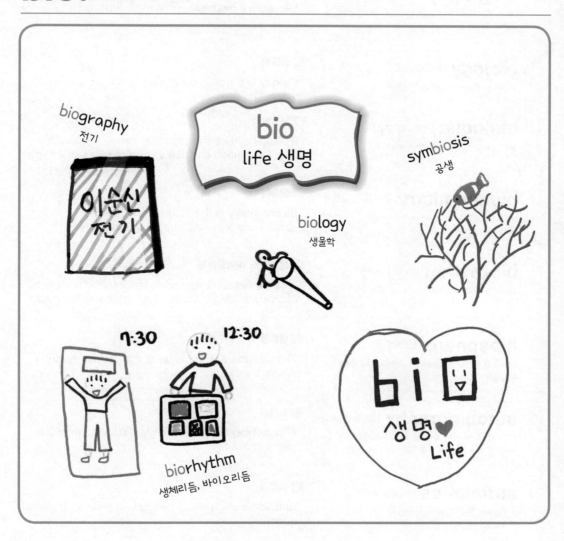

이 단원에서 학습할 단어모음입니다. □□□에 각각 모르는 단어를 3회에 걸쳐 ☑(체크표시)해 보세요. 모르는 단어는 끝까지 학습하세요.

**Preview Words**

□□□ **bio**graphy [baiágrəfi] n. 전기
□□□ **bio**logy [baiálədʒi] n. 생물학
□□□ **bio**logist [baiálədʒist] n. 생물학자
□□□ **bio**chemistry [báiákémistri] n. 생화학
□□□ **bio**rhythm [báiəríðəm] n. 생체리듬, 바이오리듬

□□□ **bio**sphere [báiəsfiər] n. 생물권
□□□ auto**bio**graphy [ɔ̀:təbaiágrəfi] n. 자서전
□□□ anti**bio**tics [æntibáioutiks] n. 항생제
□□□ sym**bio**sis [simbáiousis] n. 공생
□□□ sym**bio**tic [sìmbaiátik] a. 공생의

☐ **biography** [baiágrəfi]

bio(life 삶, 생명) + graphy(write 쓰다) → 삶에 관해 쓰는 것
→ 전기, 일대기

명 전기

[1] He wrote a **biography** of Mother Teresa.

---

☐ **biology** [baiálədʒi]

bio(life 삶, 생명) + logy(학문) → 생물학

명 생물학

[2] **Biology** is the science of life.

---

☐ **biologist** [baiálədʒist]

bio(life 삶, 생명) + logist(학자) → 생물학자

명 생물학자

[3] **Biologists** study the structure, function, growth, origin, evolution and distribution of living organisms.

---

☐ **biochemistry** [baiákemistri]

bio(life 삶, 생명) + chemistry(화학) → 생화학

명 생화학

[4] **Biochemistry** is the study of the material substances that make up living things.

---

☐ **biorhythm** [báiəríðəm]

bio(life 삶, 생명) + rhythm(리듬) → 생체리듬

명 생체리듬, 바이오리듬

[5] A **biorhythm** is an attempt to predict various aspects of a person's life through simple mathematical cycles.

---

☐ **biosphere** [báiəsfiər]

bio(life 삶, 생명) + sphere(영역) → 생명체가 사는 영역
→ 생물권

명 생물권

[6] The **biosphere** is made up of the parts of Earth where life exists.

---

☐ **autobiography** [ɔ:təbaiágrəfi]

auto(자신의) + bio(life 삶, 생명) + graphy(write)
→ 자신의 삶에 관한 기록 → 자서전

명 자서전

[7] An **autobiography** is a self-written account of the life of oneself.

---

☐ **antibiotics** [æntibáioutiks]

anti(against 반대하여) + biotics(생명체)
→ 미생물의 번식하는 것을 방해하는 → 항생제

명 항생제

[8] **Antibiotics** are used to treat some types of bacterial infection.

---

☐ **symbiosis** [simbáiousis]

sym(together 함께) + biosis(사는 방식) → 함께 살아가는 방식

명 공생

[9] The bird lives in **symbiosis** with the hippopotamus.

---

☐ **symbiotic** [sìmbaiátik]

sym(together 함께) + biot(life 삶) + ic(형접)

형 공생의

[10] **Symbiotic** relationships are an important component of life in the ocean.

---

1. 그는 테레사 수녀의 전기를 썼다.
2. 생물은 생명에 대한 학문이다.
3. 생물학자는 살아있는 유기체의 구조, 기능, 성장, 기원, 진화, 분포를 연구한다.
4. 생화학은 살아있는 것을 구성하는 물질에 대한 연구다.
5. 바이오리듬은 간단한 수학적인 순환을 통하여 사람의 생명에 대한 여러 가지 측면을 예측하려는 시도다.

6. 생물권은 생명체가 존재하는 지구의 일부로 구성되어 있다.
7. 자서전은 자기 자신의 삶에 대한 스스로 쓴 이야기다.
8. 항생제는 얼마간의 종류의 박테리아 감염을 치료하기 위하여 사용된다.
9. 그 새는 하마와 공생관계로 산다.
10. 공생관계는 바다에서 생명의 중요한 구성 요소다.

# cede, ceed, cess, ceas: go 가다

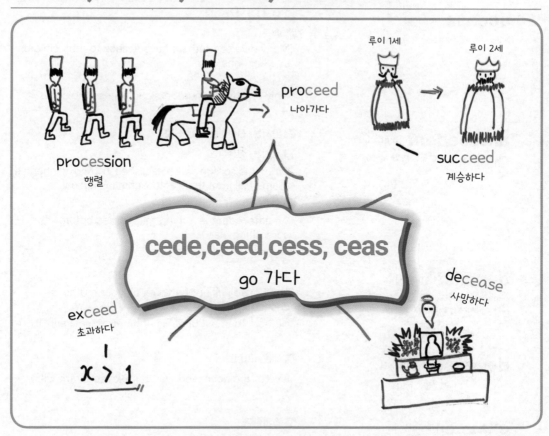

이 단원에서 학습할 단어모음입니다. □□□에 각각 모르는 단어를 3회에 걸쳐 ☑(체크표시)해 보세요.
모르는 단어는 끝까지 학습하세요.

## Preview Words

- □□□ **ac**cess [ǽkses] n. 접근 v. 다가 가다
- □□□ **ante**cedent [æ̀ntəsíːdənt] a. 앞서는, 선행하는 n. 선례
- □□□ **de**cease [disíːs] n. 사망
- □□□ **ex**ceed [iksíːd] v. 초과하다
- □□□ **ex**ceeding [iksíːdɪ̀ŋ] a. 대단한, 지나친, 굉장한
- □□□ **ex**cel [iksél] v. 능가하다
- □□□ **ex**cellence [éksələns] n. 우수, 탁월(성), 뛰어남
- □□□ **ex**cellent [éksələnt] a. 우수한, 일류의, 훌륭한
- □□□ **in**cessant [insésənt] a. 끊임없는
- □□□ **prede**cessor [prédisèsər] n. 전임자
- □□□ **re**cede [risíːd] v. 물러가다, 퇴각하다
- □□□ **re**cess [ríːses] n. 휴회

- □□□ **pro**ceed [prousíːd] v. 진행하다, 나아가다
- □□□ **pro**cess [práses] n. 과정, 진행 v. 처리하다
- □□□ **pro**cession [prəséʃən] n. 행진, 행렬
- □□□ **pro**cedure [prəsíːdʒər] n. 절차
- □□□ **pre**cede [prisíːd] v. 먼저 일어나다
- □□□ **pre**cedent [présədənt] n. 전례
- □□□ **unpre**cedented [ənprésədèntid] a. 유례없는
- □□□ **suc**ceed [səksíːd] v. 성공하다, 연속되다
- □□□ **suc**cess [səksés] n. 성공
- □□□ **suc**cessful [səksésfəl] a. 성공적인
- □□□ **suc**cession [səkséʃən] n. 연속, 계승
- □□□ **suc**cessive [səksésɪ̀v] a. 계속되는

**cede**는 'go 가다'라는 뜻이다. 변형으로는 **ceed, cess, ceas**가 쓰인다.

---

☐ **access** [ǽkses]

ac(to - 쪽으로) + cess (go 가다) → ~쪽으로 가다 → 접근하다

명 접근 동 다가 가다

명 접근
[1] Many divorced fathers have **access** to their children at weekends.

동 다가 가다
[2] Only registered members can **access** the site.

---

☐ **antecedent** [æntəsíːdənt]

ante(먼저) + cedent(간 것) → 앞 서 가는(것)

형 앞서는, 선행하는 명 선례

형 앞서는, 선행하는
[3] When the college was established in 1546, it inherited a large hall from three **antecedent** institutions.

명 선례
[4] An **antecedent** is a thing that comes before something else.

---

☐ **decease** [disíːs]

de(down or away 사라져) + cease(go 가다)
→ (썩어서) 아래로 혹은 사라져 가다 → 사망하다

명 사망
[5] The house will not be yours till your mother's **decease**.
[6] He held the post until his untimely **decease** in 1991.

---

☐ **deceased** [disíːst]

decease(사망) + ed(형접)

형 죽은, 고(故)
[7] Five of the **deceased** were employed by the club.

---

☐ **exceed** [iksíːd]

ex(out 밖으로) + ceed(go 가다) → 넘어서 가다 → 초과하다

동 초과하다
[8] His achievements have **exceeded** expectations.

---

☐ **exceeding** [iksíːdŋ]

exceed(초과하다) + ing(형접)

형 대단한, 지나친, 굉장한
[9] The customer accepted the apology with his **exceeding** graciousness.

---

☐ **incessant** [insésənt]

in(not) + cess(go) + ant(형접) → 가버리지 즉 사라지지 않는
→ 끊임없는
[in(not) + cease(중단하다) → '중단하지 않는'으로 생각해도 무방]

형 끊임없는
[10] The **incessant** noise came from deep within the bowels of the beast.

---

1. 많은 이혼한 아버지들은 주말에 자녀들과 접촉할 접근권을 얻는다.
2. 단지 등록된 멤버들 만이 그 사이트에 접근할 수 있다.
3. 그 대학이 1546년에 설립되었을 때 세 전신 시설들로부터 큰 강당을 상속받았다.
4. 선례는 그 밖의 어떤 것 이전에 오는 것이다.
5. 그 집은 너의 엄마가 사망할 때까지는 너의 것이 아닐 것이다.
6. 그는 1991년 그의 요절할 때 까지 그의 직책을 유지했다.
7. 사망자들 중 다섯 명은 그 클럽에 고용되었다.
8. 그의 성과는 예상을 초월했다.
9. 그 고객은 그의 대단한 정중함을 갖춘 사과를 받아 들였다.
10. 중단없는 소리가 그 야수의 창자 속 깊은 곳에서 나왔다.

| | |
|---|---|
| ☐ **excel** [iksél]<br>ex(out 밖으로) + cel(go 가다) → 넘어서 가다 → 능가하다 | 통 능가하다, 유능하다, 뛰어나다<br>[11]Tourism aspirants get tips to **excel** in industry. |
| ☐ **excellence** [éksələns]<br>excel(능가하다) + ence( 명접 ) | 명 우수, 탁월(성), 뛰어남<br>[12]The professor received a prize for **excellence** in the arts. |
| ☐ **excellent** [éksələnt]<br>excel(능가하다) + ent( 형접 ) | 형 우수한, 일류의, 훌륭한<br>[13]This is an **excellent** Spanish wine that you probably haven't heard of. |
| ☐ **predecessor** [prédisèsər]<br>pre(먼저) + decessor(은퇴한 사람) | 명 전임자<br>[14]The new governor is an improvement on his **predecessor**. |
| ☐ **recede** [risíːd]<br>re(back 밖으로) + cede(go 가다) → 뒤로 가다 → 후퇴하다 | 통 물러가다, 퇴각하다<br>[15]We will wait until the waters **recede**. |
| ☐ **recess** [ríːses] | 명 휴회<br>[16]The court is in **recess**. |
| ☐ **proceed** [prousíːd]<br>pro(앞으로) + ceed(go 가다) → 앞으로 나아가다 | 통 진행하다, 나아가다<br>[17]Work is **proceeding** slowly. |
| ☐ **process** [práses]<br>pro(앞에) + cess(go 가다) → 진행 | 명 과정, 진행   통 처리하다, 줄지어 걷다<br>명 과정, 진행<br>[18]The bath **process** includes a shampoo, a rinse and a dry.<br>통 처리하다<br>[19]Returning soldiers need time to **process** what they have experienced in combat. |
| ☐ **procession** [prəséʃən]<br>process(줄지어 걷다)+ion( 명접 ) | 명 행진, 행렬<br>[20]The **procession** stretched for several miles. |
| ☐ **procedure** [prəsíːdʒər]<br>process(처리하다)+ion( 명접 ) | 명 절차<br>[21]A **procedure** is a tried and true process or method used to accomplish a particular task. |

11. 관광 여행 지망자들은 사업에서 유능한 정보를 구한다.
12. 그 교수는 인문학에서 우수하여 상을 받았다.
13. 이것은 네가 아마 들어보지 못한 뛰어난 스페인 와인이다.
14. 신임 주지사는 전임자보다 낫다.
15. 우리는 물이 빠질 때까지 기다릴 것이다.
16. 법정은 휴정 중이다.

17. 작업은 천천히 진행되고 있다.
18. 목욕 과정은 샴푸와 린스 및 드라이어가 포함되어 있다.
19. 귀환한 군인들이 그들이 전투에서 경험한 것을 처리할 시간이 필요하다.
20. 행렬이 몇 마일에 걸쳐 뻗어 있었다.
21. 절차는 특별한 과제를 성취하기 위하여 사용되는 실질적인 과정 혹은 방법이다.

| | |
|---|---|
| ☐ **pre**ce**de** [prisíːd]<br>pre(먼저) + cede(가다) → 먼저 일어나다 | 통 **먼저 일어나다**<br>²² The calm **precedes** the storm. |
| ☐ **prece**de**nt** [présədənt]<br>precede( 먼저 일어나다 ) + ent ( 명접 ) | 명 **전례**<br>²³ There is no **precedent** for a fire of this scale. |
| ☐ **unprec**e**dented**<br>[ənprésədèntid]<br>un(not) + precedent+ed( 형접 ) | 형 **유례없는**<br>²⁴ Crime has risen on an **unprecedented** scale. |
| 다의어 **succeed** [səksíːd]<br>suc(under or after) + ceed(go)<br>→ 아래에서 혹은 뒤에서 따라서 가다<br>┌ 성공하다 명 success 성공 형 successful 성공적인<br>└ 연속하다 명 succession 연속 형 successive 연속하는 | 통 **성공하다, 연속되다**<br>²⁵ You are likely to **succeed** at becoming fluent in this language.<br>²⁶ He **succeeded** to his father's kingdom. |
| ☐ **success** [səksés]<br>'성공하다'의 명사형 | 명 **성공**<br>²⁷ The movie was a great **success.** |
| ☐ **success**ful [səksésfəl]<br>success(성공) + ful( 형접 ) → '성공하다'의 형용사형 | 형 **성공적인**<br>²⁸ The play had a **successful** run on Broadway. |
| ☐ **success**ion [səkséʃən]<br>'연속하다'의 명사형 | 명 **연속, 계승**<br>²⁹ Many business owners are thinking about **succession** planning. |
| ☐ **succ**ess**ive** [səksésfəl]<br>succession(연속) + ive( 형접 ) → '연속되다'의 명사형 | 형 **계속되는**<br>³⁰ COVID-19 cases dropped for third **successive** day. |

22. 폭풍우가 닥치기 전의 고요하다.
23. 이런 규모의 화재는 전례가 없다.
24. 범죄가 전례없이 증가하였다.
25. 너는 이 언어에 유창하게 되는데 성공할 거 같다.
26. 그는 그의 아버지의 왕국을 계승했다.

27. 그 영화는 크게 성공하였다
28. 연극은 브로드웨이에서 흥행에 성공적이었다.
29. 많은 사업주들이 승계 계획에 대해 생각하고 있다.
30. 코로나바이러스 환자가 3일 동안 연속하여 떨어졌다.

※ 아래에서 우리말은 영어로 영어는 우리말로 각각 뜻을 쓰시오.

1. 생물권 _____
2. 자서전 _____
3. 항생제 _____
4. 공생 _____
5. 공생의 _____
6. 앞서는, 선행하는, 선례 _____
7. 사망 _____
8. 전례 _____
9. 유례없는 _____
10. 연속, 계승 _____
11. 계속되는 _____
12. 대단한, 지나친, 굉장한 _____
13. 속박, 노예 _____

14. bundle _____
15. biography _____
16. biologist _____
17. biochemistry _____
18. biorhythm _____
19. excellence _____
20. incessant _____
21. predecessor _____
22. recede _____
23. recess _____
24. procession _____
25. procedure _____
26. precede _____

※ 다음 문장의 빈칸에 알맞은 단어를 보기에서 찾아 넣으시오. 필요 시 대문자, 수, 시제, 태 등 문법적 요소를 고려하여 쓰세요.(다만 본문 예문 학습을 유도하기 위하여 예문에서 사용한 단어를 정답으로 하였다.)

**보기**

procession, biosphere, predecessor, recede, process, precede, precedent, bandage, bonds, unprecedented, bondage, bundle, autobiography, antibiotic, symbiosis, symbiotic

27. The calm _____ the storm.

28. There is no _____ for a fire of this scale.

29. Crime has risen on an _____ scale.

30. He wound a small _____ round her finger.

31. In societies with strong family _____ people tend to live longer.

32. The slaves were kept in _____ until their death.

33. We sorted the newsletters into _____ for distribution.

34. The new governor is an improvement on his _____.

35. We will wait until the waters _____.

36. The bath _____ includes a shampoo, a rinse and a dry.

37. The _____ stretched for several miles.

38. The _____ is made up of the parts of Earth where life exists.

39. An _____ is a self-written account of the life of oneself.

40. _____ are used to treat some types of bacterial infection.

41. The bird lives in _____ with the hippopotamus.

42. _____ relationships are an important component of life in the ocean.

# 43 day

## cap, cip, cep(i)t, ceit, chief/⁽동사형⁾-ceive, cupy :
### head 머리, 우두머리 → (머리를) 가지다

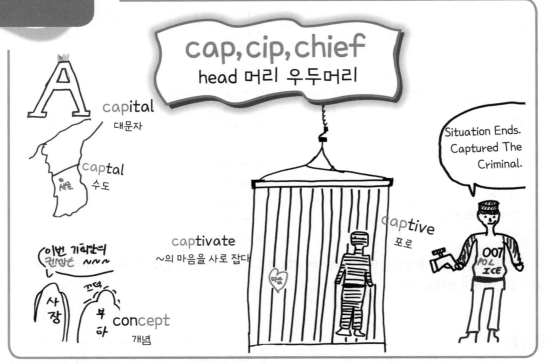

이 단원에서 학습할 단어모음입니다. □□□에 각각 모르는 단어를 3회에 걸쳐 ☑(체크표시)해 보세요.
모르는 단어는 끝까지 학습하세요.

### Preview Words

- **capital** [kǽpitl] n. 수도, 대문자, 자본금
- **capitalism** [kǽpitəlìzəm] n. 자본주의
- **capable** [kéipəbəl] a. 유능한, 할 수 있는
- **captain** [kǽptin] n. 장(長), 두령(chief) 지도자, 선장, 함장, 정장
- **capture** [kǽptʃər] n. 생포 v. 붙잡다, 생포하다
- **captivate** [kǽptəvèit] v. 마음을 사로 잡다
- **captive** [kǽptiv] n. 포로, 사로잡힌 사람 a. 포로의, 사로잡힌
- **chief** [tʃíːf] n. 우두머리 a. 주요한, 중요한, 우두머리의
- **accept** [æksépt] v. 받아 들이다, 수락하다
- **acceptance** [ækséptəns] n. 받아들임, 수령, 수락, 승인, 채용
- **acceptable** [ækséptəbəl] a. 받아들일 수 있는, 견딜 수 있는
- **achieve** [ətʃíːv] v. 이루다
- **achievement** [ətʃíːvmənt] n. 성취, 달성, 업적, 공로
- **conceive** [kənsíːv] v. 마음속으로 품다, 임신하다
- **conceit** [kənsíːt] n. 자부심, 자만심
- **concept** [kánsept] n. 개념
- **conception** [kənsépʃən] n.개념, 생각, 구상, 착상, 임신
- **deceive** [disíːv] v. 속이다
- **deception** [disépʃən] n. 사기, 기만, 협잡, 속임수
- **deceit** [disíːt] n. 속임, 책략, 사기
- **deceptive** [diséptiv] a. 현혹시키는, 사기의
- **except** [iksépt] prep. 제외하고
- **exception** [iksépʃən] n. 예외, 제외
- **exceptional** [iksépʃənəl] a. 예외적인, 이례의, 특별한
- **occupy** [ákjəpài] v. 차지하다
- **occupancy** [ákjəpənsi] n. 점유, 점령, 거주
- **occupant** [ákjəpənt] n. 점유자, 거주자, 선점자, 점거자
- **participate** [pɑːrtísəpèit] v. 참여하다
- **participation** [pɑːrtísəpèiʃən] n. 관여, 참여, 관계, 참가
- **participant** [pɑːrtísəpənt] a. 참여하는 n. 참가자
- **perceive** [pərsíːv] v. 인지하다
- **perception** [pərsépʃən] n. 지각(작용), 인식, 지각력
- **perceptive** [pərséptiv] a. 지각(감지)하는, 지각력 있는
- **receive** [risíːv] v. 받다, 수령하다. 환영하다
- **receipt** [risíːt] n. 수령, 영수, 받음, 인수증, 영수증
- **reception** [risépʃən] n. 수취, 수령, 응접, 환영회, 리셉션
- **receptible** [riséptəbəl] a. 받을 수 있는, 수용할 수 있는

**cap**-은 '**head** 머리, 우두머리 → **(머리를) 가지다**'의 뜻이다. 변형으로 **cept, ceipt, ceit, chief, cip** 등이 쓰인다. 또 동사형으로 **ceive, cupy**가 있다. 뜻을 좀 더 살펴보면 '**머리**'라는 뜻에서 과거에 동물을 사냥하여 머리로 세어 나눠 가진다는 의미로 '**~를 취하다**'의 뜻이 있다. '**head & take**-'**머리(핵심)**'와 '**~를 취하다**'가 핵심 뜻이다.

---

多의어 **capital** [kǽpitl]

capit(head & take 핵심을 가지다) + al( 명접 )
- 머리에 해당하는 것 → 나라의 머리 → 수도
- 글의 머리 글자(첫글자) → 대문자
- (과거) 사냥감의 머리 → 주요한 자본

명 수도, 대문자, 자본금

[1] More people live in the **capital** than in the whole of the rest of the country.
[2] **Capital** is a term for financial assets, such as funds in deposit accounts and/or funds from special financing sources.

---

☐ **capitalism** [kǽpitəlìzəm]

capital(자본) + ism( 명접 -주의)

명 자본주의

[3] **Capitalism** is an economic theory where production is privately owned and controlled by the laws of supply and demand.

---

☐ **capable** [kéipəbəl]

cap(head & take 핵심을 가지다) + able(쓸 수 있는)
→ (머리가 있는 이라는 뜻에서) 유능한

형 유능한, 할 수 있는 유사어 competent, able

[4] The assistant is **capable** and efficient.

---

☐ **captain** [kǽptin]

명 장(長), 두령(chief) 지도자, 선장, 함장
유사어 boss, commander, director

[5] We were sinking fast, and the **captain** gave the order to abandon ship.

---

☐ **capture** [kǽptʃər]

capt(head & take 핵심을 가지다) + ure( 명접 )
→ 머리를 잡는 → 생포(하다)

명 생포 동 붙잡다, 생포하다

명 생포 유사어 arrest, apprehension, seizure

[6] People who commit cybercrime often evade **capture**.

동 붙잡다, 생포하다 유사어 catch, apprehend, seize, arrest

[7] The performer **captured** our attention.

---

1. 많은 사람들이 국가의 나머지 모든 지역보다도 수도권에서 산다.
2. 자본금은 예금 계좌에 있는 자금이나 특별한 자금 조달원으로부터 나온 금융자산에 대한 용어.
3. 자본주의는 생산이 수요공급 법칙에 의해 사적으로 소유되고 통제되는 경제 이론이다.
4. 그 보좌역은 유능하고 능률적이다.
5. 우리는 빠르게 침몰하고 있는 중이었다. 그래서 선장은 배를 포기하라는 명령을 내렸다.
6. 사이버 범죄를 범한 사람들은 가끔 체포를 피한다.
7. 그 연주자는 우리의 주목을 끌었다.

□ **cap**tivate [kǽptəvèit]

captiv(head & take 핵심을 가지다) + ate( 동접 )
→ 사람의 머리(정신-마음)를 가지다 → ~의 마음을 사로 잡다

동 ~의 마음을 사로 잡다

유사어 enthrall, charm, enchant, bewitch, fascinate, entrance, enrapture, attract, allure, lure, dazzle

[8] The scenery **captivated** our attention.

---

□ **cap**tive [kǽptiv]

cap(head & take 핵심을 가지다) + tive( 형접 , 명접 )

형 포로의, 사로잡힌    명 포로, (사랑 따위의) 노예

형 포로의, 사로잡힌

[9] The **captive** soldiers planned their escape.

명 포로, (사랑 따위의) 노예

[10] We found soldiers who had been **captives** for several years.

---

다의어 **chief** [tʃiːf]

─ 우두머리
─ 주요한, 중요한
─ 우두머리의

명 우두머리    형 주요한, 중요한, 우두머리의

명 우두머리 유사어 leader, head, headman, ruler, master, commander

[11] A new **chief** of the security forces has just been appointed.

형 주요한, 중요한, 우두머리의

유사어 leading, principal, premier, highest, foremost, supreme, superior, main, principal, primary, prime, cardinal, central, predominant, preeminent, major, ruling, dominant

[12] Her job is their **chief** source of income.
[13] Coffee and rice are the country's **chief** exports.

---

□ **ac**cept [æksépt]

ac(to ~에게 ) + cept(head & take 핵심을 가지다)
→ 받아 들이는 쪽으로 → 수락하다

동 받아 들이다, 수락하다 유사어 receive

[14] My mother had a hard time **accepting** many of our parenting choices.

---

□ **ac**ceptance [ækséptəns]

accept (받아 들이다, 수락하다) + ance( 명접 )

명 받아들임, 수령, 수락, 승인, 채용
유사어 receiving, acquiring, undertaking

[15] **Acceptance** is the quality or state of being accepted or acceptable.

---

□ **ac**ceptable [ækséptəbəl]

accept (받아 들이다, 수락하다) + able( 형접 )

형 받아들일 수 있는, 견딜 수 있는

[16] Her performance was **acceptable**, but not stunning.

---

8. 그 경치는 우리의 관심을 사로잡았다.
9. 포로 군인들은 그들의 탈출을 계획했다.
10. 우리는 여러 해 동안 포로 상태에 있었던 군인들을 발견했다.
11. 보안군의 새 대장이 방금 임명 되었다.
12. 그녀의 일이 그들 수입의 주요 원천이다.
13. 커피와 쌀은 그 나라의 주요 수출품이다.

14. 나의 엄마는 우리들의 육아 선택의 많은 것을 받아 들이면서 힘든 시간을 가졌다.
15. 승인(Acceptance)은 받아들여지거나 혹은 받아들일 수 있는 자격이나 상태이다.
16. 그의 공연은 받아들일 수 는 있었지만 대단한 것은 아니었다.

## deceive [disíːv]
de(away 떨어져) + ceive(head & take 핵심을 가지다)
→ 머리를 멀리하게 하여 → 속이다

**동** 속이다  **유사어** swindle, defraud, cheat

[17] He was accused of **deceiving** the customer about the condition of the car.

## deception [disépʃən]
deceive (속이다) + tion(명접)

**명** 사기, 기만, 협잡, 속임수  **유사어** deceit, falsehood, fraud

[18] **Deception** is an act or statement which misleads, hides the truth, or promotes a belief, concept, or idea that is not true.

## deceit [disíːt]

**명** 속임, 책략, 사기

[19] The president is completely free of **deceit**.

## deceptive [diséptiv]
deceive (속이다) + tive(형접)

**형** 현혹시키는, 사기의

[20] The sea here is very **deceptive**; it looks calm but is in fact very dangerous.

## achieve [ətʃíːv]
a(to ~쪽으로) + chieve(head & take 핵심을 가지다)
→ 머리를 가지는 쪽으로 → 성취하다

**동** 이루다  **유사어** attain, reach, realize, bring about, accomplish

[21] With much practice, she has **achieved** a high level of skill.

## achievement [ətʃíːvmənt]
achieve(이루다) + ment (명접)

**명** 성취, 달성, 업적, 공로  **유사어** accomplishment, attainment

[22] This is a truly remarkable **achievement**.

## 다의어 conceive [kənsíːv]
con(together 함께) + ceive(head & take 핵심을 가지다) →
┌ (머리를 함께하는) 마음속으로 품다, 이해하다
└ (아이를) 임신하다

**동** 마음속으로 품다, 이해하다, 임신하다

**유사어** accept, assume, perceive

[23] He **conceives** a prejudice of blacks.

## conceit [kənsíːt]
con(together 함께) + ceit(head & take 핵심을 가지다)
→ 핵심을 가진 마음 → 자부심, 자만심

**명** 자부심, 자만심  **유사어** vanity

[24] The **conceit** of that man is incredible!

## concept [kánsept]
con(together 함께) + cept(head & take 핵심을 가지다)
→ 머리가 함께 존재함 → 개념

**명** 개념  **유사어** idea, notion, conception

[25] She is familiar with basic **concepts** of psychology.

## 다의어 conception [kənsépʃən]
conceive(마음속으로 품다) + ion(명접)

**명** 개념, 생각, 구상, 착상, 임신

[26] The PD directed the drama from **conception** to completion.
[27] **Conception** happens when a sperm meets an egg.

---

17. 그는 자동차 상태에 관해 고객을 속인 것에 대하여 고소당했다.
18. 사기(deception)는 잘못 이끌고, 진실을 감추고 사실이 아닌 믿음, 개념, 혹은 이념을 조장하는 말이나 행동이다.
19. 대통령은 속임수로부터 전적으로 거리가 멀다.
20. 그 바다 여기는 매우 현혹하게 한다. 고요하게 보이나 사실 매우 위험하다.
21. 많은 연습으로 그녀는 높은 수준의 기술을 성취하였다.

22. 이것은 진실로 놀랄만한 업적이다.
23. 그들은 흑인들에 대한 편견을 가지고 있다.
24. 저 남자의 자만심은 놀랍네.
25. 그녀는 심리학의 기본 개념들에 익숙하다.
26. 그 PD가 그 드라마의 구상에서 완성까지 프로젝트를 감독했다.
27. 임신은 정자가 난자와 결합 할 때 발생한다.

## except [iksépt]

ex(out 밖으로) + cept(head & take 핵심을 가지다)
→ 머리가 없는 → 제외하고

**전치사** 제외하고

28 We are all ready **except** you.
29 The stores will be open daily **except** Sundays.

## exception [iksépʃən]

except (제외하고) + tion(명접) → 제외

**명** 예외, 제외

30 There is no rule but has some **exceptions**.

## exceptional [iksépʃənəl]

exception(예외, 제외) + al(형접)

**형** 예외적인, 이례의, 특별한

**유사어** unusual, uncommon, abnormal, atypical, extraordinary

31 This is an **exceptional** case.

## occupy [ákjəpài]

oc(to 쪽으로) + cupy(head & take 핵심을 가지다)
→ 머리를 얻는 쪽으로 → 차지하다

**통** 차지하다

32 They have **occupied** the apartment for three years.

## occupancy [ákjəpənsi]

occupy(차지하다) + ancy(명접)

**명** 점유, 점령, 거주

33 Hospital **occupancy** rates are declining nationwide.

## occupant [ákjəpənt]

occupy(차지하다) + ant(명접 –행위자)

**명** 점유자, 거주자, 선점자, 점거자

34 The furniture has been left by the previous **occupants**.

## participate [pɑːrtísəpèit]

parti(part 부분) + cip(head & take 핵심을 가지다) + ate(동접)
→ 부분을 차지하다 → 참여하다

**통** 참여하다

35 We are eager to **participate** in the city's cultural life.

## participation [pɑːrtísəpèiʃən]

participate (참여하다) + ion(명접)

**명** 관여, 참여, 관계, 참가

36 Schools see online **participation** fall off over time.

## participant [pɑːrtísəpənt]

participate (참여하다) + ant(형접 명접)

**형** 참여하는, 관계하는   **명** 관여자, 참가자

**형** 참여하는, 관계하는

37 **Participant** media is a leading media company that inspires social change.

**명** 관여자, 참가자

38 He is an active **participant** in the protest movement.

---

28. 너 말고는 우리는 모두 준비가 돼 있다.
29. 그 가게들은 일요일을 제외하고 매일 열 것이다.
30. 예외 없는 법칙은 없다.
31. 이것은 예외적인 경우다.
32. 그들은 3년 동안 그 아파트를 차지하고 있다.
33. 병원 점유율이 전국적으로 떨어지고 있다.

34. 가구들이 이전 점유자들에 의해 남겨졌다.
35. 우리는 그 도시의 문화적인 생활에 참여하기를 열망한다.
36. 학교는 시간이 지남에 따라 온라인 참가율이 떨어진다고 보고 있다.
37. 참가하는 미디어들은 사회 변화를 고무시키는 주요 미디어 회사이다.
38. 그는 저항 운동에 적극적인 참가자이다.

**perceive** [pərsíːv]

per(through 통과하여) + ceive(head & take 핵심을 가지다)
→ 관통하여 머리를 취하다 → 인식하다

[동] 인지하다 [유사어] discern, recognize

[39] New technology was **perceived** to be a threat to employment.

---

**perception** [pərsépʃən]

perceive(인지하다) + tion([명접])

[명] 지각(작용), 인식, 지각력

[유사어] discernment, appreciation, recognition, realization, cognizance, awareness, consciousness

[40] **Perception** is the sensory experience of the world.

---

**perceptive** [pərséptiv]

perceive(인지하다) + tive([형접])

[형] 지각[감지]하는, 지각력 있는, 통찰력이 있는

[41] **Perceptive** people are insightful, intelligent, and able to see what others cannot.

---

**receive** [risíːv]

re(again 다시) + ceive(head & take 핵심을 가지다)
→ 다시 받다

[동] 받다, 수령하다 [유사어] accept, obtain, gain, acquire

[42] Members of Parliament **received** a 4.2 percent pay increase this year.

---

**receipt** [risíːt]

받은 것에 대해 확인으로 문서로 써준 것

[명] 수령(受領), 영수, 받음, 인수증, 영수증 [유사어] receiving

[43] Keep your **receipt** in case you need to return anything.

---

**reception** [risépʃən]

receive(받다, 수령하다, 환영하다) + tion([명접])

[명] 받아들임, 수취, 수령, 응접, 접대, 환영회, 리셉션

[유사어] acceptance

[44] The elementary school is going to hold a **reception** for the new students and their families.

---

**receptible** [riséptəbəl]

receive(받다, 수령하다, 환영하다) + ible([형접])

[형] 받을 수 있는, 수용할 수 있는

[45] The hydrogen molecule was **receptible** to oxygen.

---

39. 새로운 기술은 고용에 대한 위협으로 인지되었다.
40. 인식(perception)은 세계에 대한 감각중추의 경험이다.
41. 지각 있는(perceptive) 사람들은 통찰력있고 지성적이고 다른 사람들이 볼 수 없는 것을 볼 수 있다.
42. 의원들은 금년 4.2프로 임금 인상을 받았다.
43. 어떤 것을 환불하는 것이 필요할 경우에 대비하여 영수증을 보관하세요.
44. 그 초등학교는 새로운 학생들과 부모님들을 위하여 환영회를 개최할 예정이다.
45. 수소 분자는 산소를 받아들일 수 있다.

※ 아래에서 우리말은 영어로 영어는 우리말로 각각 뜻을 쓰시오.

1. 지각, 인식, 지각력 _____
2. 수령, 영수, 영수증 _____
3. 유능한, ~할 수 있는 _____
4. 지도자, 선장, 함장 _____
5. 생포, 붙잡다, 생포하다 _____
6. 마음을 사로 잡다 _____
7. 포로, 포로의 _____
8. 받아 들이다, 수락하다 _____
9. 자부심, 자만심 _____
10. 개념 _____
11. 사기, 기만, 협잡 _____
12. 속임, 책략, 사기 _____
13. 수도, 대문자, 자본금 _____

14. capitalism _____
15. exception _____
16. exceptional _____
17. occupy _____
18. acceptance _____
19. achievement _____
20. conceive _____
21. occupant _____
22. participation _____
23. participant _____
24. perceive _____
25. reception _____
26. receptible _____

※ 다음 문장의 빈칸에 알맞은 단어를 보기에서 찾아 넣으시오. 필요 시 대문자, 수, 시제, 태 등 문법적 요소를 고려하여 쓰세요.(다만 본문 예문 학습을 유도하기 위하여 예문에서 사용한 단어를 정답으로 하였다.)

**보 기**

> acceptance, capture, capture, occupy, occupancy, acceptable, captain, receipt,
> except, exceptional, capable, captive, chief, receive, perceptive, reception

27. We are all ready_____ you.

28. This is an _____ case.

29. The assistant is _____ and efficient.

30. The performer _____d our attention.

31. They have _____ the apartment for three years.

32. Hospital _____ rates are declining nationwide.

33. People who commit cyber crime often evade _____.

34. We found soldiers who had been _____ for several years.

35. A new _____ of the security forces has just been appointed.

36. _____ is the quality or state of being accepted or acceptable.

37. Her performance was _____, but not stunning.

38. We were sinking fast, and the _____ gave the order to abandon ship.

39. Keep your _____ in case you need to return anything.

40 Members of Parliament _____d a 4.2 percent pay increase this year.

41. _____ people are insightful, intelligent, and able to see what others cannot.

42 The elementary school is going to hold a _____ for the new students and their families.

# car, char: carriage 마차

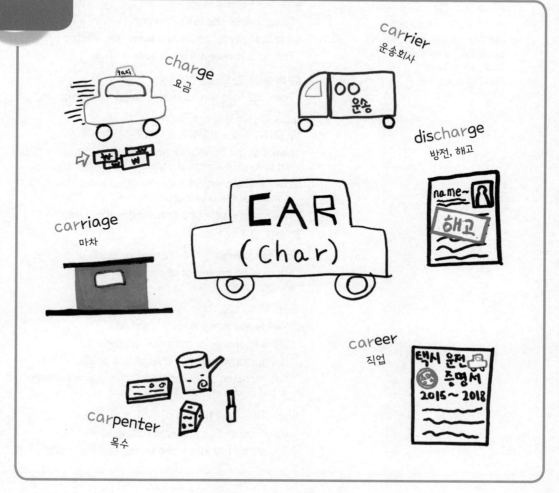

이 단원에서 학습할 단어모음입니다. □□□에 각각 모르는 단어를 3회에 걸쳐 ☑(체크표시)해 보세요.
모르는 단어는 끝까지 학습하세요.

### Preview Words

□□□ **car**eer [kəríər] n. 직업, 경력

□□□ **car**penter [káːrpəntər] n. 목수

□□□ **car**riage [kǽridʒ] n. 탈 것, 마차 = wagon, cartage

□□□ **car**rier [kǽriər] n. 운반하는 사람(것), 운송회사, 보균자

□□□ **char**ge [tʃɑːrdʒ] v. 충전하다, 장전하다
　　　　　　　　　 n. 충전, 짐, 요금, 책임, 비난

□□□ dis**char**ge [distʃɑːrdʒ] v. 짐을 부리다, 해방하다
　　　　　　　　　　 n. 해임, 방출

# 어근 **car, char**는 'carriage(마차)'에서 유래하였다.

**다의어** **charge** [tʃɑːrdʒ]

cha(car 마차) + ge(명접)

- (잔, 총과 포 등) 충전(하다), 장전(하다)
- (재화나 서비스를 받았다면) 요금, 부담, 책임
- (내야 할 요금 등 잘못된 행위에) 비난, 고소, 기소(하다), 혐의(를 두다)
- (업무나 의무의) 책임(맡다)

통 충전하다, 비난하다  명 충전, 요금, 책임, 혐의 ↔ discharge

통 충전·장전하다

¹ **Charge** your glasses with wine.

² It takes several hours to **charge** this electric car.

³ The soldier **charged** a gun with a shot.

(구매 등 후에) 요금을 청구하다

⁴ The local museum doesn't **charge** for admission.

(내야 할 요금 등을 내지 않으면)
비난하다, 고소, 고발하다, 혐의를 두다, 기소하다

⁵ National Tax Service **charged** that the company had not paid taxes for four years.

⁶ The people **charged** her with using the company's money for her own purposes.

⁷ Two sisters have been **charged** with murder.

명 충전, 장전

⁸ Electric **charge** is the physical property of matter.

⁹ There is no **charge** of chemicals in this fire extinguisher.

요금, 책임 , 보호, 의무

¹⁰ No **charge** is made for the service.

¹¹ He is in **charge** of the training program.

¹² His grandmother is in **charge** of a child.

¹³ The representative assumed an important **charge** in the government.

비난, 고발, 고소, 혐의

¹⁴ He is wanted on a **charge** of burglary.

¹⁵ The police brought a **charge** against the mayor.

---

1. 잔을 술로 채우시오.
2. 이 전기차를 충전하는데 몇시간 걸린다.
3. 그 군인은 총에 탄알을 장전했다.
4. 현지 박물관은 입장료를 청구하지 않는다.
5. 국세청은 그가 5년 동안 세금을 내지 않았다고 고발했다.
6. 사람들은 그녀의 개인 목적을 위해 회사의 돈을 사용한 것 때문에 비난했다.
7. 두 자매는 살인 혐의를 받고 있다.

8. 전하는 물질의 물리적 특성이다.
9. 이 소화기에 화학물이 충전되어 있지 않다.
10. 서비스 요금은 받지 않는다.
11. 그는 훈련 프로그램을 책임 맡고 있다.
12. 그의 할머니가 그 아이를 맡고 있다.
13. 그 의원은 그 정부에서 중요한 직책을 맡았다.
14. 그는 강도 혐의로 수배된 자이다.
15. 경찰은 시장에 대해 혐의를 제기한다.

**다의어** **discharge** [distʃɑ́:rdʒ]

dis(not) + charge(짐, 충전)
'채워 넣다' 뜻 charge와 반대로 '채워 넣은 것을 비우다'의
뜻이다. 동사와 명사로 사용된다.

- (채워진 총, 쓰레기 등을 비우는 행위) 발사·배출
  (하다)
- (승객, 화물을 차 등에서) 하차(하다)
- (책임, 의무, 직장, 병원, 교도소, 군대로부터) 면
  제·퇴직·해고·퇴원·석방·제대(하다)

**통** 짐을 부리다, 해방하다   **명** 해임, 방출

**통** 짐을 부리다, 해방하다

16 The Han river **discharges** itself into the West Sea.
17 The workers **discharged** a cargo from a ship.
18 The taxi **discharged** its passenger at the station.
19 The government **discharged** prisoners.
20 The patient was **discharged** from hospital.
21 He was **discharged** from office as incompetent.
22 The factory **discharges** smoke into the air.

**명** 해임, 방출

23 The ports are used for the loading and **discharge** of
cargo.
24 He sued the company for wrongful **discharge**.
25 $ 1 billion was spent to reduce the plant's
**discharge**.

---

☐ **career** [kəríər]

인생이라는 car(마차, 자동차)를 위한 길 → 직업, 경력

**명** 직업, 경력

26 A **career** is an individual's metaphorical "journey"
through learning, work and other aspects of life.

---

☐ **carpenter** [kɑ́:rpəntər]

car(마차, 자동차)에 망치 등 여러 도구를 싣고 일하러 다니는 사
람 → 목수

**명** 목수

27 A **carpenter** is a person who engages in carpentry,
or the craft of woodworking.

---

☐ **carriage** [kǽridʒ]

carri(car & carry 차 혹은 운반) + age( 명접 ) → 탈것, 마차

**명** 탈 것, 마차   **유사어** wagon, cartage

28 A **carriage** is a wheeled vehicle for people, usually
horse-drawn.

---

☐ **carrier** [kǽriər]

carri(car & carry 차 혹은 운반) + er( 명접 하는 사람 등)
→ 운반하는 사람(것)

**명** 운반하는 사람(것), 운송회사, 보균자

29 A **carrier** is a vehicle that is used for carrying
people, especially soldiers, or things.

---

16. 한강은 서해로 흘러든다.
17. 노동자들이 배에서 화물을 내렸다.
18. 택시는 역에서 손님을 내렸다.
19. 정부는 죄수들을 석방했다.
20. 그 환자는 병원에서 퇴원했다.
21. 그는 회사에서 무능하다고 면직당했다.
22. 그 공장은 연기를 뿜어낸다.
23. 그 항구는 화물 선적과 하역을 위해 사용된다.
24. 그는 부당한 해고에 대해 그 회사를 고소했다.

25. 10억 달러가 그 공장의 배출물을 줄이기 위하여 소비되었다.
26. 커리어(career)는 학습, 일, 그리고 다른 여러 가지의 삶에 관한
    개인의 은유적인 여행(journey)이다.
27. 목수(carpenter)는 목공일, 즉 나무로 만드는 공예에 종사하는
    사람이다.
28. 마차는 보통 말에 의해 끌어지는 사람들을 위한 바퀴 달린
    운송수단이다.
29. 운반하는 것(a carrier)은 사람들 특히 군인들, 혹은 물건들을
    운반하기 위하여 사용되는 수송 수단이다.

# cred, creed: 믿음

credit   n. 신용, 칭찬, 학점
v. 신용하다, 입금하다

discredit 신뢰하지 않다
not

credential 신임장,
자격증명서

cred
creed 믿음

credible 믿을 수 있는

creed
신조, 신념

incredible 믿을 수 없는,
놀랄 만한

이 단원에서 학습할 단어모음입니다. □□□에 각각 모르는 단어를 3회에 걸쳐 ☑(체크표시)해 보세요.
모르는 단어는 끝까지 학습하세요.

### Preview Words

□□□ **cred**ential [kridénʃəl] n. 신임장, 자격 증명서 a. 신임하는
□□□ **cred**ibility [krédəbíləti] n. 진실성, 신뢰성
□□□ **cred**ible [krédəbəl] a. 신뢰할 수 있는, 믿을 수 있는
□□□ **cred**it [krédit] n. 신용, 칭찬, 학점 v. 신용하다, 입금하다

□□□ **creed** [kriːd] n. 신조, 신념
□□□ **dis**cred**it** [diskrédit] n. 불신, 불신감 v. 신뢰하지 않다
□□□ **in**cred**ible** [inkrédəbəl] a. 믿을 수 없는, 놀랄 만한, 엄청난

# cred, creed은 '믿음, 신뢰'를 뜻하는 어근이다.

☐ **credential** [kridénʃəl]
credenti(신뢰) + al( 명접 , 형접 )

명 신임장, 자격 증명서　형 신임하는
명 신임장, 자격 증명서
[1] They ignored the user **credentials** of the local system.
형 신임하는
[2] Type the website address and your **credential** information.

---

☐ **credit** [krédit]

명 신용, 칭찬, 학점 동 신용하다, 입금하다 ↔ discredit 불신
[3] His good **credit** helped him to obtain the loan with ease.

☐ **credibility** [krédəbíləti]
cred(믿음) + ible(할 수 있는) + ity( 명접 ) → 믿을 수 있는 것 → 진실성, 신뢰성

명 진실성, 신뢰성
[4] The government had lost all **credibility**.

☐ **credible** [krédəbəl]
cred(믿음) + ible(할 수 있는- 형접 ) → 믿을 수 있는

형 신뢰할 수 있는, 믿을 수 있는
[5] He has so many **credible** colleagues.

☐ **discredit** [diskrédit]
dis(not) + credit(신용, 신뢰) → 불신, 불신감

명 불신, 불신감　동 신뢰하지 않다
명 불신, 불신감
[6] Evidence of links with drug dealers has incurred **discredit on** the mayor to the citizens.
동 신뢰하지 않다
[7] The scandal disastrously **discredited** the mayor.

---

☐ **incredible** [inkrédəbəl]
in(not) + credible(믿을 수 있는) → 믿을 수 없는

형 믿을 수 없는, 놀랄 만한, 엄청난
[8] We had an **incredible** time on our vacation.

---

☐ **creed** [kri:d]

명 신조, 신념
[9] He and I are of different political **creed**.

---

1. 그들은 지역 시스템 사용자 자격증을 무시했다.
2. 웹사이트 주소 및 자격 증명 정보를 입력하십시오.
3. 그의 좋은 신용은 그가 쉽게 대출을 받는데 도와주었다.
4. 정부는 모든 신용을 잃었다.
5. 그에겐 신뢰할 만한 동료가 상당히 많다.

6. 마약 거래상과 연관된 증거는 시민들에게 시장에 대한 불신을 가져왔다.
7. 그 추문으로 시장은 치명적으로 신용이 떨어졌다.
8. 우리는 방학 때 정말 좋은 시간을 보냈어!
9. 그와 나는 서로 다른 정치적 신념을 가지고 있다.

# cur: run 달리다, flow 흐르다

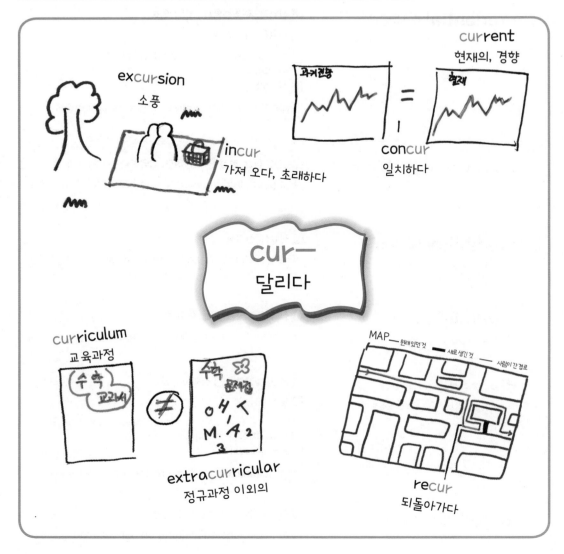

이 단원에서 학습할 단어모음입니다. □□□에 각각 모르는 단어를 3회에 걸쳐 ☑(체크표시)해 보세요.
모르는 단어는 끝까지 학습하세요.

Preview Words

□□□□ **currency** [kə́ːrənsi] n. (화폐의) 통용, 유통, 화폐
□□□□ **current** [kə́ːrənt] a. 통용되고 있는, 현재의 n. 흐름, 경향
□□□□ **currently** [kə́ːrəntli] ad. 일반적으로, 널리, 현재
□□□□ **curriculum** [kəríkjələm] n. 교육과정
□□□□ **cursor** [kə́ːrsər] n. 커서
□□□□ **concur** [kənkə́ːr] v. 일치하다
□□□□ **excursion** [ikskə́ːrʃən] n. 여행, 소풍
□□□□ **extracurricular** a. 과외의, 정규과정 이외의

□□□□ **incur** [inkə́ːr] v. 가져 오다, 초래하다
□□□□ **occur** [əkə́ːr] v. 발생하다
□□□□ **occurrence** [əkə́ːrəns] n. 사건, 생긴 일
□□□□ **occurrent** [əkə́ːrənt] a. 현재 일어나고 있는
□□□□ **precursive** [prikə́ːrsiv] a. 선구의, 전조의, 예보적인
□□□□ **precursor** [prikə́ːrsə] n. 선구자
□□□□ **recur** [rikə́ːr] v. 되돌아가다

**cur**는 어떤 방향을 향하여 'run 달리다' 또는 'flow 흐르다'의 뜻이다.

---

**다의어** **cur**rency [kə́:rənsi]

current(흐름) + cy(**명접**) →
┌ 통용, 유통
└ (흘러 다니는) 화폐

**명** (화폐의) **통용, 유통, 화폐**
[1] **Currency** is a generally accepted form of payment, including coins and paper notes.
[2] Is this the **currency** collapse they warned about?

---

☐ **cur**rent [kə́:rənt]

cur(run 달리다) + rent(현재) → 현재 흐르고 있는
→ 통용되고 있는, 경향

**형** 통용되고 있는, 현재의 **명** 흐름, 경향
[3] An electric **current** is the rate of flow of electric charge.

---

☐ **cur**rently [kə́:rəntli]

current(흐름) + ly(**부접**)

**부** 일반적으로, 널리, 현재
[4] Apple says multiple iCloud services are **currently** down for some users.

---

☐ **cur**riculum [kəríkjələm]

cur(run 달리다) + riculum(course 과정) → 달리는(배우는) 과정
→ 배우는 교육과정

**명** 교육과정
[5] The term **curriculum** refers to the lessons and academic content taught in a school or in a specific course or program.

---

☐ **cur**sor [kə́:rsər]

cur(run 달리다) + s+or(**명접** -사물)

**명** 커서
[6] Click "Ease of Access" to customize the text input **cursor** in Windows 10.

---

☐ con**cur** [kənkə́:r]

con(together 함께) + cur(run 달리다) → 함께 달리다
→ 동의하다

**동** 일치하다, 동의하다 **유사어** agree, accord ↔ disagree
[7] Historians have **concurred** with each other in this view.

---

☐ ex**cur**sion [ikskə́:rʃən]

ex(out 밖으로) + cur(run 달리다) + sion(**명접**)
→ 밖으로 달리는 것 → 소풍

**명** 여행, 소풍 **유사어** outing, picnic
[8] An **excursion** is a trip by a group of people, usually made for leisure, education, or physical purposes.

---

1. 통화는 동전과 지폐를 포함하여 일반적으로 허용되는 결제 방법이다.
2. 이것이 그들이 경고한 통화 붕괴인가요?
3. 전류는 전하의 흐름의 비율이다.
4. 애플은 현재 일부 사용자들에게 여러 iCloud 서비스가 다운되었다고 말한다.
5. 커리큘럼(curriculum)이라는 용어는 학교나 특정 과정이나

프로그램에서 가르쳐지는 학과 과정이나 학문적인 내용을 말한다.
6. 윈도우 10에서 텍스트 입력 커서를 취향에 맞추기 위해 "Ease of Access"를 클릭하세요.
7. 역사가들이 이런 관점에 있어서는 서로 의견 일치를 보아 왔다.
8. 소풍(an excursion)은 레져나 교육, 신체적인 목적으로 이루어지는 단체 여행이다.

## extracurricular

[ékstrəkərikjələr]

extra(out 밖으로) + curricular(과정) → 정규과정 밖으로 → 과외의

**형** 과외의, 정규과정 이외의

[9] An **extracurricular** activity or subject is not part of the usual school or college course.

---

## incur [inkə́:r]

in(안으로) + cur(flow 흐르다) → 안으로 흐르다 → 가져 오다

**동** 가져오다, 초래하다

**유사어** induce, cause, give rise to, bring on

[10] If you **incur** a cost, debt, or a fine, you have to pay money.

---

## occur [əkə́:r]

oc(to ~쪽으로) + cur(run 달리다) → ~쪽으로 달려서 → 발생하다

**동** 발생하다 **유사어** happen, take place, come about

[11] The disease **occurs** chiefly in tropical climates.

---

## occurrence [əkə́:rəns]

occur(발생하다) + (r)ence( **명접** )

**명** 사건, 생긴 일

[12] A county in Ohio ranks highest for **occurrence** of COVID-19 cases.

---

## occurrent [əkə́:rənt]

occur(발생하다) + (r)ent( **형접** )

**형** 현재 일어나고 있는 **유사어** current

[13] Our action isn't always caused by **occurrent** beliefs.

---

## precursive [prikə́:rsiv]

precur(먼저 달리는) + sive( **형접** ) → 선구의, 전조의

**형** 선구의, 전조의, 예보적인

[14] His thinking was interleaved with his **precursive** concepts of biological evolution.

---

## precursor [prikə́:rsə]

pre(before 먼저) + cur(run 달리다) + sor( **명접** ) → 먼저 달렸던 사람 → 전임자

**명** 전조, 선구자 **유사어** forerunner, progenitor, pioneer

[15] A **precursor** is something that happens before something else.

[16] This change could have been the **precursor** of an improvement.

---

## recur [rikə́:r]

re(again or back 다시 or 뒤로) + cur(run 달리다) → 반복되다, 재발하다

**동** 되돌아가다, 되풀이 되다, 재발하다

[17] When the symptoms **recurred**, the doctor diagnosed something different.

---

9. 과외활동이나 과목은 정규학교나 대학 과정의 일부가 아니다.

10. 네가 비용, 빚 혹은 벌금이 발생하면 너는 돈을 지불해야 한다.

11. 그 병은 주로 열대 기후에서 발생한다.

12. 오하이오 주, 한 군(카운티)는 COVID-19 사례가 가장 많이 발생한 지역이 되었다.

13. 우리의 행동이 항상 현재 일어나는 신념에 의한 것은 아니다.

14. 그의 생각은 생물학적 진화와 관련된 그의 선구적인 개념들 속에 포함되어 있다.

15. 전조(precursor)는 다른 어떤 것 이전에 일어나는 것이다.

16. 이 변화는 개선의 전조였을 수 있다.

17. 그 증상들이 재발할 때, 의사는 다른 어떤 것을 진단했다.

## TEST DAY 44

※ 아래에서 우리말은 영어로 영어는 우리말로 각각 뜻을 쓰시오.

1. (화폐의) 통용, 유통 _____
2. 커서 _____
3. 일치하다 _____
4. 여행, 소풍 _____
5. 과외의 _____
6. 가져 오다, 초래하다 _____
7. 발생하다 _____
8. 사건, 생긴 일 _____
9. 신용, 학점, 신용하다 _____
10. 신조, 신념 _____
11. 불신,신뢰하지 않다 _____

12. incredible _____
13. credential _____
14. current _____
15. curriculum _____
16. precursor _____
17. recur _____
18. occurrent _____
19. precursive _____
20. carriage _____
21. credibility _____
22. credible _____

※아래 각각 문장에서 사용된 charge의 알맞은 뜻은?

 **보기**  책임, 혐의, 충전하다, 요금청구하다

23. It takes several hours to charge this electric car.

24. The local museum doesn't charge for admission.

25. He is in charge of the training program.

26. He is wanted on a charge of burglary.

※ 아래 각각 문장에서 사용된 discharge의 알맞은 뜻은?

 **보기**  해고, (짐이나 사람 등을) 내리다, 석방하다, 배출하다

27. The taxi discharged its passenger at the station.

28. The government discharged prisoners.

29. The factory discharges smoke into the air.

30. He sued the company for wrongful discharge.

※ 다음 문장의 빈칸에 알맞은 단어를 보기에서 찾아 넣으시오. 필요 시 대문자, 수, 시제, 태 등 문법적 요소를 고려하여 쓰세요.(다만 본문 예문 학습을 유도하기 위하여 예문에서 사용한 단어를 정답으로 하였다.)

 **보기**  charge, charge, credibility, career, carrier, discredit,  discharge

31. The government had lost all _____.

32. The scandal disastrously _____ed the mayor.

33. The soldier _____d a gun with a shot.

34. There is no _____ of chemicals in this fire extinguisher.

35. The ports are used for the loading and _____ of cargo.

36. A _____ is an individual's metaphorical "journey" through learning, work and other aspects of life.

37. A _____ is a vehicle that is used for carrying people, especially soldiers, or things.

# 45 / day

## duct, duc(e): **lead, bring** 이끌다, 가져오다

이 단원에서 학습할 단어모음입니다. □□□에 각각 모르는 단어를 3회에 걸쳐 ☑(체크표시)해 보세요.
모르는 단어는 끝까지 학습하세요.

### Preview Words

□□□ **abduct** [æbdΛkt] v. 유괴하다
□□□ **abduction** [æbdΛkʃən] n. 유괴
□□□ **conduce** [kəndjúːs] v. 도움이 되다, 이끌다
□□□ **conduct** [kándΛkt] n. 행위, 행동, 지도
□□□ **conduction** [kəndΛkʃən] n. 끌기, 유도, 전도
□□□ **conductive** [kəndΛktiv] a.전도(성)의, 전도력이 있는
□□□ **induce** [indjúːs] v. 설득하여 ~하게 하다
□□□ **inducement** [indjúːsmənt] n. 유인, 유도, 권유, 장려
□□□ **educate** [édʒukèit] v. 교육하다
□□□ **education** [èdʒukéiʃən] n. 교육, 훈육, 훈도, 양성
□□□ **educated** [édʒukèitid] a. 교육받은, 교양 있는, 숙련된
□□□ **deduce** [didjúːs] v. 연역하다, 추론하다
□□□ **deduct** [didΛkt] v. 빼다, 공제하다
□□□ **deduction** [didΛkʃən] n. 뺌, 공제, 연역(법)
□□□ **deductive** [didΛktiv] a. 추리의, 연역적인
□□□ **produce** [prədjúːs] v. 생산하다, [prádjuːs] n. 농산물

□□□ **productive** [prədΛktiv] a. 생산적인, 다산의
□□□ **induct** [indΛkt] v. 안내하다, …에게 전수하다
□□□ **induction** [indΛkʃən] n. 유도, 도입, 귀납법
□□□ **inductive** [indΛktiv] a. 귀납적인
□□□ **seduce** [sidjúːs] v. 부추기다, 유혹하다
□□□ **seduction** [sidΛkʃən] n. 유혹
□□□ **seductive** [sidΛktiv] a. 유혹하는, 호리는, 매력 있는
□□□ **introduce** [ìntrədjúːs] v. 소개하다
□□□ **introduction** [ìntrədΛkʃən] n. 받아들임, 소개
□□□ **introductive** [ìntrədΛktiv] a. 소개의, 서론의, 준비의
□□□ **introductory** [ìntrədΛktəri] a. 소개의, 서론의, 준비의
□□□ **reduce** [ridjúːs] v. 감소시키다
□□□ **reduction** [ridΛkʃən] n. 감소, 절감
□□□ **reproduce** [rìːprədjúːs] v. 재생하다, 생식하다
□□□ **reproduction** [rìːprədΛkʃən] n. 재생, 생식
□□□ **reproductive** [rìːprədΛktiv] a. 생식의, 재생의

어근 **duct, duc, duce**는 '**lead** 이끌다, **bring** 가져오다'라는 뜻이다.

---

☐ **ab**duct [æbdʌ́kt]
ab(away 떨어져) + duct(lead 이끌다)

동 유괴하다
[1] A man hired an agent to **abduct** his business coworker.

---

☐ **ab**duction
abduct(유괴하다) + ion(명접)

명 유괴
[2] A group of friends rescued a 13-year-old girl from an **abduction** last Friday.

---

☐ **con**duce [kəndjúːs]
con(together 함께) + duce(lead 이끌다)
→ 이끌어서 함께 하게 하다 → 도움이 되다

동 도움이 되다, 이끌다 유사어 lead, bring about, trigger
[3] Technological progress **conduces** to human happiness.

---

다의어 **con**duct [kʌ́ndʌkt]
con(together 함께) + duct(lead 가져오다) → 함께 이끌다
— 행동, 지휘, 안내
— 행동하다, 안내하다 지휘하다

명 행위, 지휘, 안내   동 [kəndʌ́kt] 수행하다, 인도하다, 지휘하다
명 행위, 행동, 지도
[4] Your **conduct** or your own behavior is the way you conduct or lead yourself.
동 수행하다, 인도하다
[5] The election was **conducted** according to new electoral law.

---

☐ **con**duction [kəndʌ́kʃən]
conduce(이끌다) + tion(명사형어미) → 행동하여 이끄는 행위
→ 유도, 전도

명 (파이프로 물 따위를) 끌기, 유도, 전도
[6] **Conduction** occurs when two object at different temperatures are in contact with each other.
[7] Heat energy can be transferred by **conduction**, convection, or radiation.

---

☐ **con**ductive [kəndʌ́ktiv]
conduct (지도, 안내) + ive(형접)

형 전도(성)의, 전도력이 있는
[8] Aluminium is a **conductive** metal.

---

☐ **in**duce [indjúːs]
in(안으로) + duce(lead 이끌다) → 이끌어 안으로 가져오다
→ 일으키다

동 설득하여 ~하게 하다, 야기하다
유사어 persuade, convince, cause
[9] That medicine will **induce** sleep.
[10] His meditation **induced** a compromise.

---

☐ **in**duce**ment**
induce (유도하다) + ment(명접)

명 유인, 유도, 권유, 장려
[11] They offer every **inducement** to foreign businesses to invest in their states.

---

1. 한 남자가 자신의 사업 동료를 납치하기 위하여 대리자를 고용했다.
2. 친구들이 지난 금요일 납치로부터 13세 소녀를 구출했다.
3. 기술적인 진보가 인간의 행복을 가져온다.
4. 너의 행동, 즉 네 자신의 행위는 네가 행동하고 네 지신을 이끄는 방법이다.
5. 그 선거는 새로운 선거법에 따라 행하여졌다.
6. 전도는 온도가 다른 두 물체가 서로 접촉할 때 발생한다.
7. 열 에너지는 전도, 대류, 복사로 전달된다.
8. 알루미늄은 전도성 금속이다.
9. 저 약은 잠을 유도한다.
10. 그의 명상은 화합을 이룰었다.
11. 그들은 외국 기업들이 그들 국가에 투자하도록 모든 장려책을 제안한다.

☐ **educate** [édʒukèit]

e(out 밖으로) + ducate(가져오다)
→ (능력 등을) 밖으로 끌어내다 → 교육하다

图 **교육하다**

[12] Most children's television programs aim to **educate** and entertain at the same time.

☐ **education** [èdʒukéiʃən]

educate(교육하다) + ion( 명접 )

图 **교육, 훈육, 훈도, 양성**

[13] **Education** is the process of facilitating learning, or the acquisition of knowledge, skills, values, beliefs, and habits.

☐ **educated** [édʒukèitid]

educate(교육하다) + ed( 형접 )

图 **교육받은, 교양 있는, 숙련된**

[14] Almost 50% of younger **educated** consumers in Germany are open to cultured meat.

☐ **deduce** [didʒúːs]

de(down 아래로)+duce(lead 이끌다) → 아래도 이끌다
→ 연역하다, 추론하다

图 **연역하다, 추론하다** ↔ induce 귀납하다

[15] Mathematicians try to **deduce** all of mathematics from simple logical principles.

[16] From his remarks we **deduced** that he didn't agree with us.

☐ **deduct** [didʌkt]

de(down or away 아래로 or 사라져) + duct(lead 이끌다)
→ 아래로 (A에서 B를) 빼다, 공제하다

图 **빼다, 공제하다** 유사어 subtract, minus

[17] The company **deducts** $35 each week from my salary for health insurance.

다의어 **deduction** [didʌkʃən]

── deduct (빼다, 공제하다) + tion( 명접 ) → 뺌, 공제
── deduce(연역하다, 추론하다)+tion( 명접 ) → 연역, 추론

图 **뺌, 공제** 유사어 subtraction

[18] Subtract tax **deductions** from your income before you figure the amount of tax you owe.

[19] The interest I receive on my savings account is paid after the **deduction** of tax.

图 **추론, 연역**(법)

[20] Sherlock Holmes was famous for making clever **deductions**.

☐ **deductive** [didʌktiv]

deduce(연역하다, 추론하다) + tive( 형접 )

图 **추리의, 연역적인**

[21] **Deductive** reasoning usually follows steps. First, there is a premise, then a second premise, and finally an inference.

---

12. 대부분의 아동용 텔레비전 프로그램은 교육과 오락을 동시에 목표로 한다.

13. 교육은 배움을 촉진시키는 과정, 즉 지식, 기술, 가치, 신념, 습관의 습득이다.

14. 독일에서 보다 젊은 교양있는 소비자들 중 거의 50프로가 사육된 고기에 개방적이다.

15. 수학자들은 단순한 논리적 원리들로부터 수학의 모든 것을 연역하려고 노력한다.

16. 그의 말에서 그가 우리들과 의견이 같지 않다고 추론했다.

17. 그 회사는 나의 급료에서 건강보험을 위하여 매주 35달러를 공제한다.

18. 네가 지불의무가 있는 세금을 계산하기 전에 너의 수입으로부터 세금공제액을 공제하세요.

19. 내가 나의 저축성 계정에서 받은 이자는 세금공제 후에 지불 받는다.

20. 셜록홈즈는 예리한 추론을 하는 것으로 유명했다.

21. 연역적인 추론은 보통 첫째 전제가 있다. 그런 다음에 또 다른 전제가 있다. 그리고 마지막으로 추론이 있다.

**다의어 produce** [prədjúːs]

pro(앞으로) + duce(lead 이끌다) → 앞으로 가져오다 →

  ┌ 생산하다
  └ 생산물, 농산물

동 생산하다  명 [prádjuːs] 산출액, (집합적) 농산물

동 생산하다

22 The company has just **produced** a luxury version of the aircraft.

명 산출액, (집합적) 농산물

23 This is a storing place for agricultural **produce**.

---

☐ **productive** [prədʌ́ktiv]

product(제품) + ive(형접)

형 생산적인, 다산의

24 Are remote teams **productive**?

---

☐ **induct** [indʌ́kt]

in(안으로) + duct(lead 이끌다)

동 안내하다, 초보를 가르치다

25 The guide **inducted** students into the use of a foreign language.

---

**다의어 induction** [indʌ́kʃən]

induct(안내하다, 초보를 가르치다) + ion(명접)

명 인도(식), 유도, 도입, 귀납법 ↔ deduction 연역법

26 **Induction** is a procedure or ceremony for introducing someone to a new job, organization, or way of life.

27 **Induction** makes observations that lead to generalizations for how that thing works.

---

☐ **inductive** [indʌ́ktiv]

induct(안내하다) + ive(형접)

형 귀납적인 ↔ deductive 연역적인

28 **Inductive** reasoning in logic is inferences from particular cases to the general case.

---

☐ **seduce** [sidjúːs]

se(away) + duce(lead 이끌다) → 멀리 이끌어 내다 → 유혹하다

동 부추기다, 유혹하다

유사어 allure, entice, attract, tempt, lure

29 The lawyer has **seduced** a female client.

---

☐ **seduction** [sidʌ́kʃən]

seduce(부추기다, 유혹하다) + tion(명접)

명 유혹

유사어 allurement, attraction, inducement, lure, temptation

30 At one time, **seduction** was a crime in many states, but **seduction** is no longer criminal.

---

☐ **seductive** [sidʌ́ktiv]

seduce(부추기다, 유혹하다) + tive(형접)

형 유혹하는, 매력 있는

31 That is a **seductive** black evening dress.

---

22. 그 회사는 방금 그 항공기의 화려한 버전을 생산했다.
23. 이곳은 농산물 저장소이다.
24. 원격 팀이 생산적인가?
25. 그 안내원이 학생들이 외국어를 쓰도록 유도했다.
26. 인도식은 어떤 사람을 새 직업이나 조직 혹은 삶의 방식으로 소개하는 절차나 의식이다.
27. 귀납법은 사물이 어떻게 작동하는가에 대하여 일반화를 이끌어

내는 의견을 낸다.
28. 논리학에서 연역추론은 특별한 사건들에서 일반적 상황으로의 추론이다.
29. 그 변호사는 한 여성 의뢰인을 유혹했다.
30. 한때 유혹은 많은 주에서 범죄였다. 그러나 유혹은 더 이상 범죄가 아니다.
31. 저것은 매혹적인 이브닝 드레스다.

☐ **reduce** [ridjúːs]

re(back or again 뒤로 or 다시) + duce(lead 이끌다)
→ (좋지 않았던 혹은 적었던 상태 등으로) 다시 이끌다
→ 감소시키다

동 감소시키다

32 You **reduce** something when you lessen its volume, size, or degree.

---

☐ **reduction** [ridʌkʃən]

reduce(감소시키다) + tion(명접)

명 감소, 절감

33 American Airlines plans 30% **reduction** of management and administrative staff.

---

☐ **introduce** [ìntrədjúːs]

intro(안으로) + duce(lead 이끌다) → (어느 집단) 안으로 이끌다
→ 소개하다

동 소개하다

34 The Government has **introduced** a number of other money-saving moves.

---

☐ **introduction** [ìntrədʌkʃən]

introduce(소개하다) + tion(명접)

명 받아들임, 소개

35 Your **introduction** should contain a thesis that will assert your main argument.

---

☐ **introductive** [ìntrədʌktiv], **introductory** [ìntrədʌktəri]

introduce(소개하다) + tive, ory(형접)

형 소개의, 서론의, 서문의, 준비의, 예비적인(preliminary), 초보의

36 In this **introductive** video, we explain to you how the video tutorials for French pronunciation work.
37 We are making a special **introductory** offer of a reduced subscription.

---

☐ **reproduce** [rìːprədjúːs]

re(again 다시) + produce(생산하다)

동 재생하다, 생식하다

38 Both mice and rats are ready to start to **reproduce** at five weeks of age.

---

☐ **reproduction** [rìːprədʌkʃən]

reproduce(재생하다) + ion(명접)

명 재생, 생식

39 The **reproduction** rate has increased to 1.8 from 1.3 a week ago.

---

☐ **reproductive** [rìːprədʌktiv]

reproduce(재생하다) + tive(형접)

형 생식의, 재생의

40 This **reproductive** work has traditionally been undervalued.

---

32. 너는 부피, 크기 혹은 단계를 줄일 때 무엇인가를 줄이다.
33. American Airlines은 경영관리 직원들의 30% 감축을 계획한다.
34. 정부는 많은 다른 돈을 절약하는 조치들을 소개했다.
35. 너의 소개는 네가 주장하는 주요 논점을 드러내는 논제를 포함해야만 한다.
36. 이 소개 비디오에서 우리는 여러분에게 프랑스어 발음에 대한

비디오 지침서가 어떻게 작동하는가를 설명한다.
37. 우리는 할인된 구독에 대한 특별 입문 제안을 하는 중이다.
38. 생쥐와 쥐 모두 생후 5주에 번식을 시작할 준비가 되었다.
39. 번식률이 일주일 전 1.3에서 1.8로 증가했다.
40. 이 재생 작업은 전통적으로 저평가되었다.

※ 아래에서 우리말은 영어로 영어는 우리말로 각각 뜻을 쓰시오.

1. 안내하다, …에게 전수하다 _____
2. 유도, 도입, 귀납법 _____
3. 귀납적인 _____
4. 부추기다, 유혹하다 _____
5. 유혹 _____
6. 유혹하는, 호리는, 매력 있는 _____
7. 받아들임, 소개 _____
8. 소개의, 서론의, 준비의 _____
9. 감소, 절감 _____
10. 재생하다, 생식하다 _____
11. 재생, 생식 _____
12. 생식의, 재생의 _____
13. 유괴하다 _____

14. abduction _____
15. conduce _____
16. conduct _____
17. conduction _____
18. conductive _____
19. induce _____
20. inducement _____
21. education _____
22. educated _____
23. deduction _____
24. deductive _____
25. produce _____
26. productive _____

※ 다음 문장의 빈칸에 알맞은 단어를 보기에서 찾아 넣으시오. 필요 시 대문자, 수, 시제, 태 등 문법적 요소를 고려하여 쓰세요.(다만 본문 예문 학습을 유도하기 위하여 예문에서 사용한 단어를 정답으로 하였다.)

**보기**

seductive, inducement, deduction, induction, induction, inductive, reduction, seduction, seduce, induct, deduction, deduct, abduct, conduce, conduct, conduction

27. That is a _____ black evening dress.

28. The lawyer has _____ (e)d a female client.

29. A man hired an agent to _____ his business coworker.

30. Technological progress _____ to human happiness.

31. The election was _____ according to new electoral law.

32. Heat energy can be transferred by _____, convection, or radiation.

33. They offer every _____ to foreign businesses to invest in their states.

34. The guide _____ed students into the use of a foreign language.

35. Sherlock Holmes was famous for making clever _____.

36. The company _____ $35 each week from my salary for health insurance.

37. The interest I receive on my savings account is paid after the _____ of tax.

38. _____ makes observations that lead to generalizations for how that thing works.

39. _____ reasoning in logic is inferences from particular cases to the general case.

40. American Airlines plans 30% _____ of management and administrative staff.

41. _____ is a procedure or ceremony for introducing someone to a new job, organization, or way of life.

42. At one time, _____ was a crime in many states, but seduction is no longer criminal.

# dict : say 말하다

이 단원에서 학습할 단어모음입니다. □□□에 각각 모르는 단어를 3회에 걸쳐 ☑(체크표시)해 보세요. 모르는 단어는 끝까지 학습하세요.

## Preview Words

□□□ **dict**ate [díkteit] v. 받아쓰게 하다, 지시하다 n. 명령

□□□ **dict**ation [diktéiʃən] n.구술, 받아쓰기, 명령, 지시

□□□ **dict**ator [díkteitər] n. 독재자

□□□ **dict**atorship [díkteitərʃip] n. 독재정권

□□□ **dict**ion [díkʃən] n. 말씨, 용어의 선택, 말의 표현법

□□□ **dict**ionary [díkʃənèri] n. 사전

□□□ **male**diction [mæ̀lədíkʃən] n. 저주, 비방

□□□ **contra**dict [kàntrədíkt] v. 반박하다, ~와 모순되다

□□□ **contra**diction [kàntrədíkʃən] n. 부정, 반박

□□□ **in**dicate [índikèit] v. 가르키다, 암시하다

□□□ **in**dication n. 지시, 지적, 표시, 암시, 징조, 징후

□□□ **pre**dict [pridíkt] v. 예언하다

□□□ **pre**diction [pridíkʃən] n. 예언하기, 예언

## 다의어 dictate [díkteit]

dict(say 말하다) + ate( 동접 ) → 부르는 것을 받아 쓰게 하다
→ 명령하다

─ 받아쓰게 하다, 지시하다, 명령하다
└ 명령, 지시

동 받아쓰게 하다, 지시하다   명 명령
동 지시하다

[1] Most religions **dictate** that followers must practice kindness, compassion, devotion, and non-violence.

명 지시, 명령   유사어 order, command

[2] He showed blind obedience to the **dictates** of his superior.

## 다의어 dictation [diktéiʃən]

dictate(받아쓰게 하다, 지시하다) + ion( 명접 )

명 구술, 받아쓰기, 명령, 지시, 독재

[3] Our French **dictation** lasted half an hour.
[4] The dictator asked his assistant to take **dictation**.

## ☐ dictator [díkteitər]

dictate(지시하다) + or( 명접 – 사람)

명 독재자   유사어 autocrat, tyrant

[5] A **dictator** is a political leader who possesses absolute power.

## ☐ dictatorship [díkteitərʃip]

dictator(독재자) + ship( 명접 – 상태)

명 독재정권   유사어 autocracy, tyranny

[6] A **dictatorship** is a type of government where a single person or party has absolute power.

## ☐ diction [díkʃən]

dict(say 말하다) + ion( 명접 )

명 말씨, 용어의 선택, 어법, 말의 표현법

[7] **Diction** can be defined as style of speaking or writing, determined by the choice of words by a speaker or a writer.

## ☐ dictionary [díkʃənèri]

diction(말씨) + ary( 명접 – 장소) → 말들이 모여 있는 곳
→ 사전

명 사전

[8] This **dictionary** has gone online since 1999.

## ☐ malediction [mæ`lədíkʃən]

male(bad 나쁜) + diction(말) → 나쁜 말 → 저주

명 저주, 비방

유사어 curse, execration, cursing, damning

[9] A **malediction** is words or speech intended to bring about destruction or evil.

---

1. 대부분의 종교는 신자들이 친절함, 동정, 헌신, 그리고 비폭력을 행사해야 한다고 지시한다.
2. 그는 상관의 명령에 맹목적인 복종을 보여 주었다.
3. 우리의 프랑스어 받아쓰기는 30분동안 지속되었다.
4. 그 독재자는 그의 보좌관이 명령을 받으라고 요구했다.
5. 독재자는 절대권력을 가지고 있는 정치 지도자이다.

6. 독재국가는 한사람이나 혹은 한 정당이 절대권력을 가지고 있는 정부 형태다.
7. 어법은 연사나 작가의 단어 선택에 의해 결정되는 말하기와 쓰기의 유형으로 정의할 수 있다.
8. 이 사전은 1999년 이후로 온라인으로 서비스하고 있다.
9. 저주(malediction)는 파괴나 악을 가져오도록 의도한 말이다.

☐ **contradict** [kɑ̀ntrədíkt]

contra(반대하여) + dict(say 말하다)
→ 반대하여 말하다, 반박하다

동 반박하다, ~와 모순되다 유사어 refute, controvert
[10] Recent evidence has **contradicted** established theories on this subject.

☐ **contradiction** [kɑ̀ntrədíkʃən]

contradict(반박하다, ~와 모순되다) + ion(명접)

명 부인, 부정, 반박 유사어 conflict, disagreement, discrepancy
[11] In classical logic, a **contradiction** consists of a logical incompatibility or incongruity between two or more propositions.

☐ **indicate** [índikèit]

in(안) + dicate(말하다) → 안으로 말하다
→ 가르키다, 암시하다

동 가르키다, 암시하다
유사어 point out, pinpoint, point to, point, signal, imply, signify
[12] Fever **indicates** illness.

☐ **indication** [índikèit]

indicate (가르키다, 암시하다) + ion(명접)

명 지시, 지적, 표시, 암시, 징조, 징후
유사어 hint, omen, sign, signal, suggestion
[13] There're **indications** that unemployment will increase.
[14] The opinion polls proved to be a good **indication** of the election result.

☐ **predict** [pridíkt]

pre(before 먼저) + dict(say 말하다) → 먼저 말하다
→ 예언하다

동 예언하다
[15] He **predicts** that the trend will continue.

☐ **prediction** [pridíkʃən]

predict(예언하다) + tion(명접)

명 예언하기, 예언
[16] Don't make any **predictions** about tomorrow's meeting result.

---

10. 최근의 증거는 그 주제에 대한 기존 이론과 모순된다.
11. 고전 논리학에서 모순은 2개 이상의 명제 사이에서 논리적인 양립불가 즉 부조화로 구성된다.
12. 열은 질병의 징후이다.

13. 실업률이 증가할 징후가 보인다.
14. 여론 조사는 선거결과가 좋을 것으로 판명되었다.
15. 그는 그 경향이 계속될 것이라고 예언한다.
16. 내일 회의 결과에 대해 어떠한 예측도 하지 마라.

# equa(l), equi: 같은, 평등한

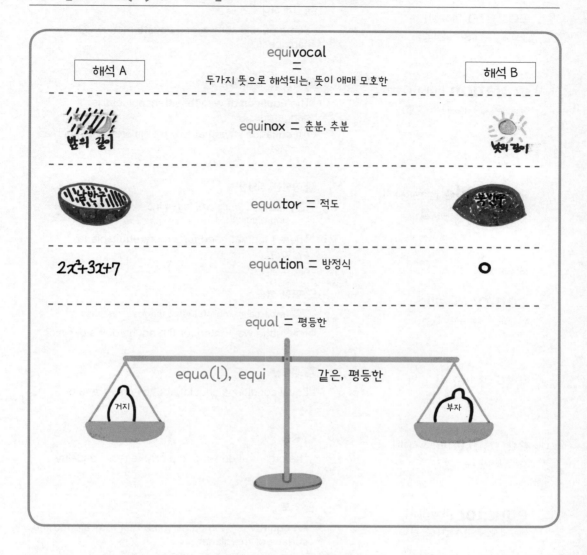

이 단원에서 학습할 단어모음입니다. ☐☐☐에 각각 모르는 단어를 3회에 걸쳐 ☑(체크표시)해 보세요.
모르는 단어는 끝까지 학습하세요.

**Preview Words**

☐☐☐ **equate** [ikwéit] v. 같게 하다
☐☐☐ **equity** [ékwəti] n. 공평, 평등, 순자산
☐☐☐ **equitable** [ékwətəbəl] a. 공평한, 정당한
☐☐☐ **equal** [íːkwəl] a. 평등한
☐☐☐ **equality** [i(ː)kwáləti] n. 평등
☐☐☐ **equation** [i(ː)kwéiʒən] n. 같은 것, 평형, 방정식
☐☐☐ **equator** [ikwéitər] n. 적도
☐☐☐ **equivalent** [ikwívələnt] a. 동등한

☐☐☐ **equilibrate** [iːkwíləbrèit] v. 평형을 유지하다
☐☐☐ **equilibrium** [iːkwəlíbriəm] n. 평형, 균형, 평정
☐☐☐ **disequilibrium** [disiːkwəlíbriəm] n. 불균형, 불안정
☐☐☐ **equilateral** [iːkwəǽtərəl] a. 등변의
☐☐☐ **equinox** [íːkwənɔks] n. 춘분, 추분
☐☐☐ **equivocal** [ikwívəkəl] a. 두가지 뜻으로 해석되는,
　　　　　　　　　뜻이 애매 모호한
☐☐☐ **unequal** [ʌníːkwəl] a. 불평등한

**equa(l), equi**은 'the same 같은, 평등한'의 뜻으로 쓰이는 어근이다.

---

☐ **equate** [ikwéit]
equi(the same 같은) + ate(동접)

[동] 같게 하다

[1] Some people sometimes **equate** money with happiness.

---

☐ **equation** [i(:)kwéiʒən]
equa (the same 평등한) + tion(명접)

[명] 같은 것, 평형, 방정식

[2] The **equation** of wealth with happiness is dangerous.

[3] An **equation** says that two things are equal such as '7 + 2 = 10 - 1'.

---

☐ **equitable** [ékwətəbəl]
equit(the same 같은) +able(형접)

[형] 공평한, 정당한

[유사어] fair, just, impartial, fair-minded, unbiased, unprejudiced

[4] There's a great need for a more **equitable** tax system.

---

☐ **equity** [ékwəti]
equ(the same 같은) +ity(명접)

[명] 공평, 평등

[유사어] impartiality, rightfulness, fairness, justness

[5] The judge was noted for the **equity** of his decision.

---

☐ **equal** [íːkwəl]
equ(the same 같은) + al(형접)

[형] 평등한

[6] **Equal** conditions should produce equal results.

---

☐ **equality** [i(:)kwáləti]
equal (평등한) + ity(명접)

[명] 평등

[7] The organization aims to promote racial **equality**.

---

☐ **equator** [ikwéitər]
남반구와 북반구를 같도록 나누는 곳

[명] 적도

[8] An **equator** is an imaginary line that runs around the surface of the planet.

---

☐ **equivalent** [ikwívələnt]
equi(the same 같은 equal) + valent(worth 가치)
→ 같은 가치의

[형] 동등한

[9] The figure is **equivalent** to approximately 43 people a day.

---

1. 얼마간의 사람들은 때때로 돈을 행복과 같다고 생각한다.
2. 부와 행복의 동일시는 위험하다.
3. 방정식은 '7 + 2 = 10 — 1'와 같이 두 개가 같다는 것을 말한다.
4. 좀 더 균등한 조세 제도가 절실히 필요하다.
5. 그 판사는 판결의 공정성으로 유명했다.

6. 같은 조건이 같은 결과를 생산한다.
7. 그 종교는 인종간 평등을 증진시키는 것을 목표로 한다.
8. 적도는 지구의 표면을 가로지르는 가상의 선이다.
9. 이 수치는 매일 약 43명에 해당한다.

☐ **equilibrate** [iːkwíləbrèit]

equili(the same 같은 equal) + br(balance 균형) + ate( 동접 )
→ 평형시키다

동 **평형을 유지하다**

[10] The policy has **equilibrated** as a result of the demand.

---

☐ **equilibrium** [iːkwəlíbriəm]

equili(the same 같은 equal) + brium(balance 균형)
→ 저울이 평형인 상태 → 평형, 균형

명 **평형, 균형, 평정** ↔ disequilibrium 불균형, 불안정

[11] **Equilibrium** is the condition of a system in which all competing influences are balanced.
[12] The pressures cause her to lose her **equilibrium**.

---

☐ **disequilibrium**

[disìːkwəlíbriəm]

dis(not 없는) + equilibrium(평형)

명 **(경제상의) 불균형, 불안정**

[13] **Disequilibrium** is the lack of or opposite of an equilibrium.

---

☐ **equilateral** [iːkwəlǽtərəl]

equi(the same 같은 equal) + lateral(side 옆으로)
→ 똑같은 길이로 옆에 있는 → 등변의

형 **등변의**

[14] An **equilateral** triangle is a triangle in which all three sides are equal.

---

☐ **equinox** [iːkwənɔks]

equi(the same 같은 equal) + nox(night 밤)
→ 낮과 밤의 길이가 같은 → 춘분, 추분

명 **춘분, 추분**

[15] **Equinox** is a day when day and night are the same length.

---

☐ **equivocal** [ikwívəkəl]

equi(the same 같은 equal) + voc(소리) + al( 형접 )
→ 두가지 이상으로 소리를 내는 → 애매한

형 **두가지(이상) 뜻으로 해석되는, 뜻이 애매 모호한**

유의어 ambiguous, uncertain, misleading, obscure

[16] 'Equivocal' is having several different meanings.

---

☐ **unequal** [ʌníːkwəl]

un(not) + equal(평등한) → 평등하지 않은

형 **불평등한**

유의어 unfair, unjust, unreasonable, one-sided, arbitrary, biased, wrongful, unjustified, partial

[17] This country still had a deeply oppressive, **unequal** and divisive political system.

---

10. 그 정책은 수요의 결과로서 균형 상태를 유지해왔다.
11. 평형 상태(equilibrium)는 모든 경쟁하는 힘들이 균형을 이루는 시스템 상태다.
12. 압력들은 그녀가 그녀의 평정을 잃게 했다.
13. 불균형은 평형이 없거나 반대다.

14. 정삼각형은 모든 세 면이 똑같은 삼각형이다.
15. 춘분이나 추분(equinox)은 낮과 밤의 길이가 같은 날이다.
16. 애매모호한(Equivocal)은 여러 가지 다른 의미를 갖는 것이다.
17. 이 나라는 여전히 깊게 억압적이고 불평등하고 분열을 일으키는 정치 시스템을 가지고 있었다.

※ 아래에서 우리말은 영어로 영어는 우리말로 각각 뜻을 쓰시오.

1. 받아쓰게 하다, 지시하다, 명령 _____
2. 구술, 받아쓰기, 명령, 지시 _____
3. 독재자 _____
4. 독재정권 _____
5. 말씨, 용어의 선택, 말의 표현법 _____
6. 사전 _____
7. 저주, 비방 _____
8. 반박하다, ~와 모순되다 _____
9. 부정, 반박 _____
10. 지시, 표시, 암시, 징후 _____
11. 가르키다, 암시하다 , _____
12. 예언하기, 예언 _____
13. 예언하다 _____

14. equity _____
15. equitable _____
16. equality _____
17. equation _____
18. equator _____
19. equivalent _____
20. equilibrate _____
21. equilibrium _____
22. disequilibrium _____
23. equilateral _____
24. equinox _____
25. equivocal _____
26. unequal _____

※ 다음 문장의 빈칸에 알맞은 단어를 보기에서 찾아 넣으시오. 필요 시 대문자, 수, 시제, 태 등 문법적 요소를 고려하여 쓰세요.(다만 본문 예문 학습을 유도하기 위하여 예문에서 사용한 단어를 정답으로 하였다.)

**보기**

> equator, dictate, dictatorship, indicate, equilibrium, malediction, predict, indication, equivocal, dictation, prediction, equate, equity, equivalent, disequilibrium, equilateral

27. Fever _____ illness.

28. He _____ that the trend will continue.

29. There're _____ that unemployment will increase.

30. '_____' is having several different meanings.

31. Our French _____ lasted half an hour.

32. Don't make any _____ about tomorrow's meeting result.

33. Some people sometimes _____ money with happiness.

34. The judge was noted for the _____ of his decision.

35. The figure is _____ to approximately 43 people a day.

36. The pressures cause her to lose her _____.

37. _____ is the lack of or opposite of an equilibrium.

38. An _____ triangle is a triangle in which all three sides are equal.

39. An _____ is an imaginary line that runs around the surface of the planet.

40. A _____ is words or speech intended to bring about destruction or evil.

41. Most religions _____ that followers must practice kindness, compassion, devotion, and non-violence.

42. A _____ is a type of government where a single person or party has absolute power.

# 47 day

## fac(t), fec(t), fic(t), fair : make 만들다 (1)

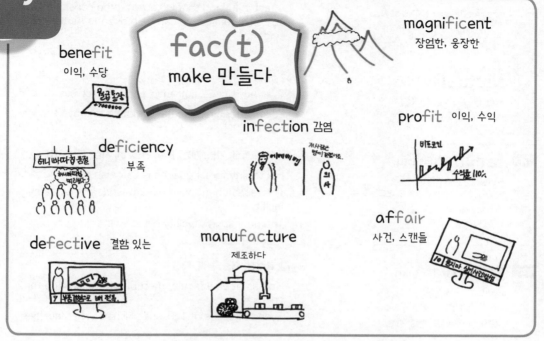

이 단원에서 학습할 단어모음입니다. ☐☐☐에 각각 모르는 단어를 3회에 걸쳐 ☑(체크표시)해 보세요.
모르는 단어는 끝까지 학습하세요.

### Preview Words

| | |
|---|---|
| ☐☐☐ **affair** [əféər] n. 사건, 스캔들 (-s) 활동 | ☐☐☐ **factual** [fǽktʃuəl] a. 사실에 입각한 |
| ☐☐☐ **affect** [əfékt] v. 영향을 미치다 | ☐☐☐ **facility** [fəsíləti] n. 쉬움, 특징, 기능, 솜씨, 건물, (주로 pl) 시설, 편의 시설 |
| ☐☐☐ **affection** [əfékʃən] n. 애정, 호의 | |
| ☐☐☐ **affectionate** [əfékʃənit] a. 애정 깊은, 사랑에 넘친 | ☐☐☐ **faculty** [fǽkəlti] n. 교수진, 재능, 능력, 재산 |
| ☐☐☐ **benefit** [bénəfit] n. 이익, 수당, (~s) 연금 | ☐☐☐ **fiction** [fíkʃən] n. 꾸민 이야기, 소설 |
| ☐☐☐ **benefaction** [bènəfǽkʃən] n. 은혜를 베풂, 은혜 | ☐☐☐ **infect** [infékt] v. 감염시키다 |
| ☐☐☐ **counterfeit** [káuntərfit] a. 위조의 n. 가짜 | ☐☐☐ **infection** [infékʃən] n. 감염 |
| ☐☐☐ **defect** [difékt] n. 결함 | ☐☐☐ **infectious** [infékʃəs] a. 전염되는 |
| ☐☐☐ **defective** [diféktiv] a. 결함 있는 | ☐☐☐ **manufacture** [mǽnjəfǽktʃər] v. 제조하다 n. 제조 |
| ☐☐☐ **deficient** [difíʃənt] a. 결함 있는 | ☐☐☐ **magnificent** [mægnífəsənt] a. 장엄한, 웅장한 |
| ☐☐☐ **deficiency** [difíʃənsi] n. 부족 | ☐☐☐ **profit** [práfit] n. 이익, 수익 |
| ☐☐☐ **effect** [ifékt] n. 효과 | ☐☐☐ **proficient** [prəfíʃənt] a. 능숙한, 숙달된 |
| ☐☐☐ **effective** [iféktiv] a. 효과적인 | ☐☐☐ **suffice** [səfáis] v. 충분하다 |
| ☐☐☐ **efficiency** [ifíʃənsi] n. 능률, 효율 | ☐☐☐ **sufficient** [səfíʃənt] a. 충분한 |
| ☐☐☐ **efficient** [ifíʃənt] a. 능률적인, 효과적인, 효율적인 | ☐☐☐ **sufficiency** [səfíʃənsi] n. 충분(한 상태), 충분한 수량 |
| ☐☐☐ **fact** [fækt] n. 사실 | |

# fac(t), fec(t), fic(t), fair: make 만들다

| | |
|---|---|
| ☐ **fact** [fækt]<br>fact(make 만든 것) → 실제적인 일, 사실 | 명 **사실**<br>[1] A **fact** is a thing that is known to be consistent with objective reality and can be proven to be true with evidence. |
| ☐ **factual** [fǽktʃuəl]<br>fact(make 만든 사실) + ual(형접) | 형 **사실에 입각한**<br>유사어 truthful, true, authentic, genuine, fact-based, real<br>[2] Science requires **factual** evidence to prove theories. |
| 다의어 **facility** [fəsíləti]<br>facil(만드는) + ity(명접)<br>→ (쉽게) 만들 수 있는 것, 만든 것, 만드는 곳 →<br>┌ 쉬움, 시설,기능<br>└ pl) 편의시절 | 명 **쉬움, 특징, 기능, 재능, 솜씨, 건물, pl) 시설, 편의 시설**<br>[3] His **facility** for languages is astonishing.<br>[4] The researchers were hard at work at a research **facility**.<br>[5] The new sports **facility** has a swimming pool. |
| 다의어 **faculty** [fǽkəlti]<br>facul(만드는) + ty(명접) →<br>┌ 능력,재능, 지불능력, 재산<br>└ (대학의) 학부, (대학의 능력) 교수진 | 명 **교수진, 재능, 능력, 재산**<br>[6] He has been a **faculty** member at the college for 20 years.<br>[7] Even at the age of 100, she still had all her **faculties**. |
| ☐ **fiction** [fíkʃən]<br>fici(make 만들다) + tion(명접) | 명 **꾸민 이야기, 소설**<br>[8] Fact is sometimes stranger than **fiction**. |
| ☐ **affect** [əfékt]<br>af(to ~쪽으로) + fect(fact~ make 만들다)<br>→ (만드는 쪽으로) 영향을 미치다 | 통 **영향을 미치다** 유사어 influence<br>[9] The dampness began to **affect** my health.<br>[10] The pay increase will greatly **affect** their lifestyle. |
| ☐ **affection** [əfékʃən]<br>affect(영향을 미치다) + ion(명접) | 명 **애정, 호의** 유사어 fondness, love, liking<br>[11] The people have deep **affection** for their nation. |
| ☐ **affectionate** [əfékʃənit]<br>affection(애정) + ate(형접) | 형 **애정 깊은, 사랑에 넘친** 유사어 warmhearted, big-hearted<br>[12] Nelson expressed **affectionate** thoughts about his parents. |

1. 사실이란 객관적인 실체와 일관성 있는 것으로 알려진 그리고 증거로 사실임이 입증될 수 있는 것이다.
2. 과학은 이론을 증명하는 사실적 증거를 요구한다.
3. 언어에 대한 그의 능력은 놀랍다.
4. 그 연구원들은 한 연구 기관에서 열심히 일하고 있었다.
5. 새로운 스포츠 시설은 수영장을 가지고 있다.
6. 그는 20년 동안 대학에서 교수진이었다.
7. 100세의 나이에도 그녀는 여전히 그녀의 모든 능력을 가지고 있다.
8. 사실은 소설보다 기이하다.
9. 습기는 나의 건강에 영향을 미치기 시작했다.
10. 임금인상은 그들의 인생에 크게 영향을 미칠 것이다.
11. 국민들은 그들 국가에 깊은 애정을 가지고 있다.
12. 넬슨은 그의 부모님에 관하여 애정 넘치는 생각을 표현했다.

## affair [əféər]
af(to ~쪽으로) + fair(make 만들다) → 만드는 쪽으로 → 사건

**명** 사건, 업무
[13] The awards celebration is an annual **affair** in Hollywood.
[14] Political and economic **affairs** tend to be a lot more complex than that.

---

**다의어** ## benefit [bénəfit]
bene(good 좋은) + fit(make 만들다) → 좋은 것을 만드는 것
┌ 이익(이되다), 수당
└ pl) 연금

**명** 이익, 수당, (~s) 연금 **동** 이익이 되다
**명** 이익, 수당, (~s) 연금
[15] Profit has to be used for the benefit of all the victims collectively.
[16] We encourage you to apply for **benefits**.
**동** 이익이 되다
[17] The new plan may **benefit** many students.

---

## benefaction [bènəfǽkʃən]
bene(good 좋은) + fit(make 만들다) + ion(명접)
→ 좋은 것을 만드는 행위나 상태 → 은혜

**명** 은혜를 베풂, 은혜
[18] He was president of the Stanford University, a private **benefaction** of the times.

---

## counterfeit [káuntərfit]
counter(against~에 반대하여) + feit(make 만들다)
→ 반대로 만드는 → 위조의

**형** 위조의 **명** 가짜 **동** 위조하다
**형** 위조의
[19] **Counterfeit** products are fakes or unauthorized replicas of the real product.
**명** 가짜
[20] The $100 bill turned out to be a **counterfeit**.
**동** 위조하다
[21] The gangsters were **counterfeiting** money in their garage in the village.

---

## defect [difékt]
de(down or away 사라지다) + fect(make 만들다)
→ 만들면서 사라진 것 → 결함

**명** 결함 **동** 이탈하다
**명** 결함 **유사어** fault, flaw, shortcoming
[22] The scientist was born with a heart **defect**.
**동** 이탈하다
[23] She **defected** from the conservative party.

---

## defective [diféktiv]
defect(결함) + ive(형접) → 결함있는

**형** 결함 있는 **유사어** deficient, faulty
[24] Her sight was becoming **defective**.

---

## deficient [difíʃənt]
de(down or away 사라지다) + fici(make 만들다) + ent(형접)
→ (무엇인가) 빠진 채 만드는 → 결함 있는

**형** 결함 있는
[25] A diet **deficient** in calcium can lead to weak bones.

---

13. 시상식은 할리우드에서 연례적인 행사다.
14. 정치경제적 사건들은 그것보다 훨씬 더 복잡한 경향이 있다.
15. 수익은 모든 피해자의 이익을 위해 공동으로 사용해야한다.
16. 우리는 네가 연금을 신청하도록 독려한다.
17. 새로운 계획은 많은 학생들에게 도움이 될 것이다.
18. 그는 그 시대의 은혜인 스탠포드 회장이었다.
19. 위조 제품은 가짜 즉 진품의 인정받지 않은 복제품이다.

20. 그 100달러짜리 지폐는 위조지폐로 판명되었다.
21. 그 악당들은 그 마을에 있는 그들 차고에서 돈을 위조하고 있는 중이었다.
22. 그 과학자는 청각 장애를 가지고 태어났다.
23. 그녀는 보수당으로부터 이탈했다.
24. 그녀의 시력이 점차로 나빠 지고 있었다.
25. 칼슘이 부족한 식사는 약한 뼈로 이어질 수 있다.

| | | |
|---|---|---|
| ☐ **deficiency** [difíʃənsi] | **명 결핍, 부족** ↔ sufficiency [səfíʃənsi] 충분, 충분한 수량 | |
| deficient(결함 있는) + cy(명접) → 결함이 있는 상태 → 부족 | 26 The accident was caused by **deficiencies** in the engine. | |

| | |
|---|---|
| ☐ **effect** [ifékt] | **명 효과** |
| ef(out 밖으로) + fect(make 만든 것) → 밖으로 만들어진 것 → 효과 | 27 The beneficial **effects** of exercise are well documented. |

| | |
|---|---|
| ☐ **effective** [iféktiv] | **형 효과적인** 유사어 effectual, efficient |
| effect(효과) + ive(형접) | 28 Yoga is a very **effective** technique for combating stress. |

| | |
|---|---|
| ☐ **efficiency** [ifíʃənsi] | **명 능률, 효율** |
| ef(out 밖으로) + fici(make 만들다) + ency(명접) → 효율 | 29 **Efficiency** is defined as a level of performance that uses the lowest amount of inputs to create the greatest amount of outputs. |

| | |
|---|---|
| ☐ **efficient** [ifíʃənt] | **형 능률적인, 효과적인, 효율적인** |
| ef(out밖으로) + fici(make 만들다) + ent(형접) | 30 LED lamps are **efficient** at converting electricity into light. |

| | |
|---|---|
| ☐ **infect** [infékt] | **통 감염시키다** |
| in(안으로) + fect(make 만들다) → 안에 넣다 → 감염시키다 | 31 His flu **infected** his wife. |

| | |
|---|---|
| ☐ **infection** [infékʃən] | **명 감염** |
| infect(감염시키다) + ion(명접) → 감염 | 32 Many human illnesses are caused by **infection** with either bacteria or viruses. |

| | |
|---|---|
| ☐ **infectious** [infékʃəs] | **형 전염되는** |
| infect(감염시키다) + ious(형접) → 감염시키는 | 33 **Infectious** diseases are caused by microscopic germs such as bacteria or viruses. |

| | |
|---|---|
| ☐ **profit** [práfit] | **명 이익, 수익** |
| pro(앞으로) + fit(make 만들다) → 만들어서 앞으로 나온 것 | 34 **Profit** is the money a business makes after accounting for all expenses. |

---

26. 그 사고는 엔진 결함에 의해서 야기되었다. 27. 운동의 유익한 효과들이 잘 자료화되어 있다.
28. 요가는 스트레스와 싸우는 매우 효과적인 테크닉이다.
29. 효율(efficiency)은 가장 높은 생산을 산출하기 위하여 가장 작은 투자를 하는 성과 수준으로 정의된다.
30. LED 램프는 전기를 빛으로 변화시키는데 효율적이다.
31. 그의 독감이 아내에게 옮았다.

32. 많은 인간의 병들은 박테리아나 바이러스의 감염에 의해 야기된다.
33. 전염병은 박테리아나 바이러스와 같은 극히 작은 세균에 의해서 발생한다.
34. 이익은 사업체가 모든 비용을 계산한 후 사업체가 버는 돈이다.
35. 우리 회사는 모직과 면직물 의류를 제조한다.
36. 이 자동차는 국산이다.
37. 그녀는 네가 그녀에게 꽤 자연스럽게 말할 수 있다는 것을 느끼게

## manufacture [mæ̀njəfǽktʃər]

manu(hand 손) + fact(make 만들다) + ure(명접)
→ 손으로 만들기(수공업) → 제조

**동** 제조하다 **명** 제조

**동** 제조하다

[35] Our company **manufactures** wool and cotton clothing.

**명** 제조

[36] This car is of domestic **manufacture**.

## magnificent [mægnífəsənt]

magni(great 대단한) + fic(make 만들다) + ent(형접)
→ 대단하게 만드는 → 장엄한

**형** 장엄한, 웅장한

**유사어** splendid, spectacular, impressive, striking, glorious, superb, majestic, awesome, admirable, fine, great, wonderful, notable, excellent, tremendous, brilliant

[37] She is **magnificent** at making you feel you can talk quite naturally to her.

## proficient [prəfíʃənt]

pro(앞으로) + fici(make 만들다) + ent(형접)
→ 앞으로 나올 정도로 만드는 → 능숙한

**형** 능숙한, 숙달된

**유사어** skilled, skillful, expert, accomplished

[38] If you are **proficient** in something, you can do it well.

[39] A great number of Egyptians are **proficient** in foreign languages.

## suffice [səfáis]

suf(sub 아래) + fice(make 만들다)
→ 만들어서 아래를 (채우다) → 충분하다

**동** 충분하다

[40] A brief note will **suffice**.

[41] A few brief observations will **suffice** for present purposes.

## sufficient [səfíʃənt]

suffice(충분하다) +ent(형접) → 충분한

**형** 충분한 ⇔ insufficient [ìnsəfíʃənt] **형** 불충분한

[42] This army is **sufficient** to defend the country.

[43] Rental income was **sufficient** to cover interest payments.

[44] The government has **sufficient** funds to do this project.

## sufficiency [səfíʃənsi]

suffice(충분하다) + ency(명접) → 충분한

**명** 충분(한 상태), 충분한 수량 ⇔ deficiency[difíʃənsi] 결핍, 부족

[45] A **sufficiency** is an adequate amount of something.

---

하는데 대단하다.
38. 네가 어떤 것에 유능하다면, 너는 그것을 잘 할 수 있다.
39. 굉장히 많은 이집트 사람들이 외국어에 능숙하다.
40. 간단한 메모가 충분할 것이다.
41. 몇 가지 간단한 관찰이 현재 목적에 충분할 것이다.
42. 이 군대는 국가를 방위하는데 충분하다.
43. 임대 수입이 이자 지급을 감당하기에 충분하다.

44. 정부는 이 프로젝트를 할 충분한 자금을 가지고 있다.
45. 충분한 상태(sufficiency)는 어떤 것의 적절한 양이다.

1. 이란은 그들의 남부 국경을 요새화할 것이다.
2. 과학자들은 비정상적인 성장을 일으키는 유전자를 발견했다.
3. 종교적 자유는 흑인 공동체에 대한 차별을 정당화하지 않는다.
4. 그 렌즈는 자연미를 확대해 줄 것이다.

※ 아래에서 우리말은 영어로 영어는 우리말로 각각 뜻을 쓰시오.

1. 꾸민 이야기, 소설 _____
2. 감염시키다 _____
3. 감염 _____
4. 전염되는 _____
5. 제조하다, 제조 _____
6. 장엄한, 웅장한 _____
7. 이익, 수익 _____
8. 능숙한, 숙달된 _____
9. 충분하다 _____
10. 충분한 _____
11. 충분(한 상태), 충분한 수량 _____
12. 사건, 스캔들 (−s) 활동 _____
13. 쉬움, 기능, 건물, (−s) 편의 시설 _____

14. affectionate _____
15. benefit _____
16. benefaction _____
17. counterfeit _____
18. defect _____
19. defective _____
20. deficiency _____
21. effective _____
22. efficiency _____
23. efficient _____
24. factual _____
25. affection _____
26. faculty _____

※ 다음 문장의 빈칸에 알맞은 단어를 보기에서 찾아 넣으시오. 필요 시 대문자, 수, 시제, 태 등 문법적 요소를 고려하여 쓰세요.(다만 본문 예문 학습을 유도하기 위하여 예문에서 사용한 단어를 정답으로 하였다.)

**보기**

infectious, affection, affectionate, manufacture, facility, faculty, faculties, affect, manufacture, deficient, defect, counterfeit, defective deficiency, facility,  profit

27. This car is of domestic _____.

28. The scientist was born with a heart _____.

29. The $100 bill turned out to be a _____.

30. Her sight was becoming _____.

31. A diet _____ in calcium can lead to weak bones.

32. The accident was caused by _____ in the engine.

33. His _____ for languages is astonishing.

34. The researchers were hard at work at a research _____.

35. He has been a _____ member at the college for 20 years.

36.  Even at the age of 100, she still had all her _____.

37. The pay increase will greatly _____ their lifestyle.

38. The people has deep _____ for their nation.

39. Nelson expressed _____ thoughts about his parents.

40. Our company _____ wool and cotton clothing.

41. _____ is the money a business makes after accounting for all expenses.

42. _____ diseases are caused by microscopic germs such as bacteria or viruses.

# 48 day

## -fy(동사형): make 만들다(2)

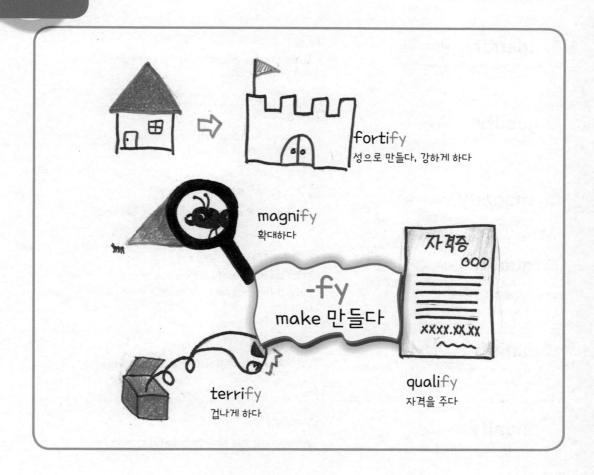

fortify
성으로 만들다, 강하게 하다

magnify
확대하다

-fy
make 만들다

자격증
000
XXXX.XX.XX

qualify
자격을 주다

terrify
겁나게 하다

이 단원에서 학습할 단어모음입니다. □□□에 각각 모르는 단어를 3회에 걸쳐 ☑(체크표시)해 보세요.
모르는 단어는 끝까지 학습하세요.

### Preview Words

□□□ **fortify** [fɔ́ːrtəfài] v. 요새화하다, 강하게 만들다
□□□ **identify** [aidéntəfài] v. (본인·동일물)을 확인하다
□□□ **justify** [dʒʌ́stəfài] v. 옳다고 하다, 정당화하다
□□□ **magnify** [mǽgnəfài] v. 확대하다, 크게 보이게 하다
□□□ **qualify** [kwáləfài] v. 자격을 주다

□□□ **satisfy** [sǽtisfài] v. 만족시키다
□□□ **signify** [sígnəfài] v. 의미하다, 뜻하다
□□□ **terrify** [térəfài] v. 겁나게 하다, 무서워하게 하다
□□□ **testify** [téstəfài] v. 증명하다, 입증하다

# '-fy'는 make 뜻으로 동사를 만든다.

---

☐ **fortify** [fɔ́ːrtəfài]

fort(성) + ify(make 만들다)

동 요새화하다, 강하게 만들다
[1] Iran will **fortify** their southern border.

---

☐ **identify** [aidéntəfài]

ident(the same 같은) + ify(make 만들다)

동 (본인·동일물)을 확인하다, 발견하다
[2] Scientists have **identified** the gene that causes abnormal growth.

---

☐ **justify** [dʒʌ́stəfài]

just(올바른) + ify(make 만들다)

동 정당화하다
[3] Religious freedom does not **justify** discrimination against black community.

---

☐ **magnify** [mǽgnəfài]

magn(great 큰) + ify(make 만들다)

동 (렌즈 따위로) 확대하다
[4] The lens will **magnify** the beauty of nature.

---

☐ **qualify** [kwálə̀fài]

qual(자격) + ify(make 만들다) → 자격을 만들어 주다
→ 자격을 주다

동 자격을 주다, 자격을 갖추다
[5] They do not **qualify** for compensation payment.
[6] It's our responsibility to **qualify** for 2030 FIFA World Cup.

---

☐ **satisfy** [sǽtisfài]

satis(만족) + fy(make 만들다) → 만족스럽게 만들다
→ 만족시키다

동 만족시키다
[7] We were **satisfied** with the summit meeting.

---

☐ **signify** [sígnəfài]

sign(신호) + ify(make 만들다)

동 의미하다
[8] What does this phrase **signify**?

---

☐ **terrify** [térəfài]

terr(공포) + ify(make 만들다)

동 무서워하게 하다
[9] The possibility of nuclear war **terrifies** all the world.

---

☐ **testify** [téstəfài]

test(시험) + ify(make 만들다)

동 증명하다
[10] The witness **testified** that he had not met the man.

---

5. 그들은 보상금 지급에 자격을 갖추지 못한다.
6. 2030년 FIFA 월드컵에 대한 자격을 갖추는 것은 우리의 책임이다.
7. 우리는 정상회담에 만족했다.
8. 이 구절은 어떤 의미입니까?
9. 핵전쟁의 가능성은 전세계를 공포스럽게 한다.
10. 그 증인은 남자를 만나지 않았다고 증언했다.

# fer : carry 나르다, bring 가져오다

ferry
연락선

conference
회의

transfer
이동하다, 갈아타다

fer
carry 나르다, bring 가져오다

infer
추론하다

생물인데
날개가 있어.

refer
언급하다, 참조하다

이 단원에서 학습할 단어모음입니다. □□□에 각각 모르는 단어를 3회에 걸쳐 ☑(체크표시)해 보세요.
모르는 단어는 끝까지 학습하세요.

## Preview Words

□□□ **ferry** [féri] n. 페리, 연락선
□□□ **confer** [kənfə́:r] v. 수여하다, 의논하다
□□□ **conference** [kánfərəns] n. 회의
□□□ **defer** [difə́:r] v. 미루다, 연기하다
□□□ **infer** [infə́:r] v. 추론하다
□□□ **inference** [ínfərəns] n. 추론
□□□ **offer** [ɔ́fər] v.…을 권하다, 제공하다
□□□ **offering** [ɔ́fəriŋ] n. 공물, 헌금, 헌납, 제공

□□□ **suffer** [sʌ́fər] v. 경험하다
□□□ **sufferance** [sʌ́fərəns] n. 관용, 허용, 인내력
□□□ **prefer** [prifə́:r] v. ~를 더 좋아하다
□□□ **preference** [préfərəns] n. 더 좋아함, 좋아함
□□□ **refer** [rifə́:r] v. 언급하다, 참조하다
□□□ **reference** [réfərəns] n. 문의, 참고
□□□ **transfer** [trænsfə́:r] v. 이동하다, 갈아타다
□□□ **transference** [trænsfə́:rəns] n. 이전, 옮김, 이동, 전송(轉送)

# 어근 fer는 'carry 나르다' 혹은 'bring 가져오다' 등의 뜻이다.

☐ **ferry** [féri]

fer(carry 나르다) + ry(명접) → 사람을 나르는 → 연락선

명 **나루터, 페리, 연락선** 유사어 ship, boat

[1] A **ferry** is a merchant vessel used to carry passengers, and sometimes vehicles and cargo.

---

☐ **confer** [kənfə́:r]

con(together 함께) + fer(carry 나르다)
→ (상 등을) 가져와서 함께하다 → 수여하다, 의논하다, 베풀다

동 **수여하다, 의논하다** 유사어 consult

[2] The law **confers** this public right.

---

☐ **conference** [kánfərəns]

confer(의논하다) + ence(명접)
→ 함께 가져와서 의논하는 행위 → 회의

명 **회의** 유사어 consultation, meeting

[3] **Conference** is a meeting of two or more persons for discussing matters of common concern.

---

☐ **defer** [difə́:r]

de(away or down 떨어져서) + fer(carry 나르다)
→ (일정을 나중으로) 떨어져서 놓다 → 연기하다

동 **미루다, 연기하다** 유사어 postpone, put off, adjourn, delay

[4] They **deferred** the decision until February.

---

☐ **infer** [infə́:r]

in(안에) + fer(carry 나르다) → 안에 의미 있는 것을 나르다
→ 추론하다

동 **추론하다** 유사어 deduce, reason

[5] From these facts we can **infer** that crime has been increasing.

---

☐ **inference** [ínfərəns]

in(안에) + fer(carry 나르다) + ence(명접)
→ 안에 있는 것을 나르는 행위 → 추론

명 **추론** 유사어 deduction, reasoning, conjecture

[6] Our **inferences** to unobserved occurrences depend upon this postulate.

---

☐ **offer** [áfər]

of(ob-to ~쪽으로) + fer(carry 나르다) → 제공하다

동 **…을 권하다, 제공하다**

[7] YMCA will **offer** 'several program options to facilitate and support children'.

---

☐ **offering** [áfəriŋ]

offer(제공하다) + ing(명접)

명 (신에게 바치는) **공물, 제물, 헌금, 헌납, 제공**

[8] The **offering** is expected to close on August 12, 2020, subject to customary closing conditions.

---

1. 페리(ferry)는 여행객, 때때로 자동차나 화물을 수송하기 위하여 사용되는 상업용 선박이다.
2. 그 법은 이러한 공공의 권리를 제공한다.
3. 회의(conference)는 공통된 관심사에 대한 문제들을 토론하기 위한 2명 이상의 회의이다.
4. 그들은 2월까지 결정을 미뤘다.
5. 이러한 사실로부터 우리는 그 범죄가 증가하고 있다고 추론할 수 있다.
6. 관찰되지 않는 사건들에 대한 우리의 추론은 이 같은 자명한 원리에 따른다.
7. YMCA는 '어린이들을 돕고 지원하기 위하여 여러 프로그램 옵션'을 제공할 것이다.
8. 이 제공은 2020년 8월 12일에 마감될 예정이며 관례적인 마감 조건이 적용될 예정이다.

☐ **suffer** [sʌ́fər]

suf(sub-under 아래에서) + fer(carry)
→ (무거운 것) 아래서 움직이다 → 고생하다

통 (고통·변화 따위를) **경험하다, 입다, 받다**
[9] Korean companies' online overseas sales **suffered** the first quarterly decline in the April–June period.

☐ **sufferance** [sʌ́fərəns]

suffer(경험하다) + ance(명접)
→ (무거운 것) 아래서 참고있는 것 → 관용, 허용

명 **관용, 허용, 인내력**
[10] We can expect a sooner or later release from the **sufferance** of this quarantine period.

☐ **prefer** [prifə́:r]

pre(before 앞에) + fer(carry 나르다) → (앞쪽으로) 나르다
→ 더 좋아 하다

통 **~를 더 좋아하다, 선호하다**
[11] I would **prefer** to discuss the matter in private.

☐ **preference** [préfərəns]

prefer(~를 더 좋아하다) + ence(명접)

명 **더 좋아함, 선호** 유사어 liking, partiality
[12] My **preference** is for chemistry rather than physics.

☐ **transfer** [trænsfə́:r]

trans(through 가로질러) + fer(carry 나르다)
→ (A에서 B로) 가로질러 옮기다

통 **이동하다, 갈아 타다** 유사어 move, convey, shift, transport
[13] The money is **transferred** immediately from your account to the seller's.

☐ **transference** [trænsfə́:rəns]

transfer(이동하다, 갈아 타다) + ence(명접)

명 **이전, 옮김, 이동, 전송** 유사어 transmission, transition
[14] **Transference** from space to Earth hardly happens overnight.

☐ **refer** [rifə́:r]

re(again 다시 or back 뒤로) + fer(carry 나르다)
→ 다시 가져오다 → 언급하다, 참조하다

통 **언급하다, 참조하다** 유사어 mention
[15] The reports of the commission are often **referred** to in the media.

☐ **reference** [réfərəns]

refer(언급하다) + ence(명접)
→ (어떤 것을 가져와서) 언급하고 참고

명 **문의, 참고**
[16] The purpose of the **reference** list is to allow your sources to be found by your reader.

---

9. 한국 기업의 온라인 해외 판매는 4월에서 6월 사이에 첫 분기 감소를 겪었다.
10. 우리는 이 격리 기간의 고통에서 조만간 석방될 것으로 예상할 수 있다.
11. 나는 개인적으로 이 문제를 토론하고 싶다.
12. 나는 물리보다 화학을 좋아한다.
13. 그 돈은 즉각 너의 계좌에서 판매자의 계좌로 옮겨진다.
14. 우주에서 지구로 이동은 하룻 밤에 결코 일어나지 않는다.
15. 그 위원회에 관한 기사가 가끔 이 매체에 언급된다.
16. 참고 목록에 대한 목적은 너의 독자들이 출처를 찾는 것을 허락하는 것이다.

# flu: flow 흐르다

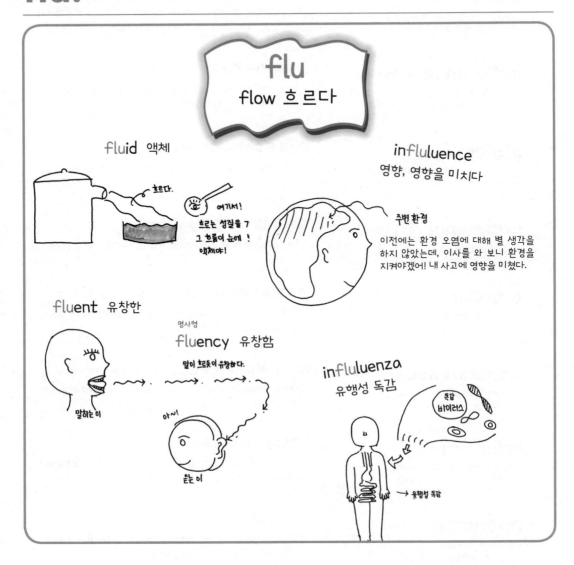

이 단원에서 학습할 단어모음입니다. □□□에 각각 모르는 단어를 3회에 걸쳐 ☑(체크표시)해 보세요.
모르는 단어는 끝까지 학습하세요.

어근 **flu**는 'flow 흐르다'의 뜻이다.

☐ **fluid** [flúːid]
flu(flow 흐르다) + id(명접) → 흐르는 상태 → 액체

명 **액체, 유동체**
[1] **Fluids** are a phase of matter and include liquids, gases and plasmas.

☐ **fluent** [flúːənt]
flu(flow 흐르다) + ent(형접) → 막힘없이 술술 흐르듯 하는 → 유창한

형 **유창한** 유사어 eloquent
[2] The man is a **fluent** speaker and writer on technical subjects.

☐ **fluency** [flúːənsi]
flu(flow 흐르다) + ency(명접) → 막힘없이 술술 흐르는 상태 → 유창함

명 **유창함**
[3] An assessment of **fluency** is a measure or characterization of one's language ability.

☐ **influence** [ínfluəns]
in(안으로) + flu(flow 흐르다) + ence(명접) → 안으로 흘러 들어가는 것 → 영향(을 미치다)

명 **영향** 동 **영향을 미치다** influencer 명 영향력있는 사람
유사어 affect
명 **영향**
[4] Her mother's **influence** made her stay in London.
동 **영향을 미치다**
[5] Businesses make large contributions to members of Congress, hoping to **influence** their votes on key issues.

☐ **influential** [ìnfluénʃəl]
influence(영향) + ial(형접)

형 **영향을 미치는**
유사어 powerful, authoritative, dominant, controlling
[6] Those facts were **influential** in gaining the people's support.

☐ **influenza** [ìnfluénzə]
in(안으로) + flu(flow 흐르다) + enza(virus 바이러스) → 안으로 들어가는 독감 바이러스

명 **유행성 독감** 유사어 flu
[7] The most common symptoms of **influenza** include high fever, runny nose, sore throat, muscle pains, headache, coughing, sneezing, and feeling tired.

☐ **flux** [flʌks]

명 **흐름, 유출, 밀물**
[8] **Flux** is a rate of flow through a surface or substance in physics.

☐ **influx** [ínflʌks]
in(안으로) + flux(흐름)

명 **유입, 도래, 쇄도**
[9] An **influx** is an inflow of a large amount of people or things.

---

1. 유동체는 물질의 한 단계이고 액체, 가스, 플라즈마를 포함한다.
2. 그 남자는 기술적인 주제에 관해 유창한 연설가이자 작가다.
3. 유창함(fluency)의 평가는 언어능력의 평가 혹은 특성이다.
4. 그녀의 엄마의 영향력은 그녀가 런던에 머물게 했다.
5. 사업계는 주요 이슈에 대하여 그들의 투표에 영향을 미치기를 희망하면서 의원들에게 많은 기부를 한다.
6. 그런 사실들이 국민들의 지지를 얻는 데 영향력이 있었다.
7. 유행성독감(influenza)은 고열, 콧물, 아픈 목, 근육통, 두통, 기침, 재채기, 피로 등을 포함한다.
8. 유량(flux)은 물리학에서 표면이나 물체의 공간을 통과하는 흐름의 비율이다.
9. 유입은 대량의 사람들이나 물건이 유입되거나 도착하는 것이다.

※ 아래에서 우리말은 영어로 영어는 우리말로 각각 뜻을 쓰시오.

1. 관용, 허용, 인내력 _____
2. 더 좋아함, 좋아함 _____
3. 언급하다, 참조하다 _____
4. 문의, 참고 _____
5. 이전, 옮김, 이동, 전송 _____
6. 액체 _____
7. 유창한 _____
8. 유창함 _____
9. 영향, 영향을 미치다 _____
10. 유행성 독감 _____
11. 영향을 미치는 _____
12. 흐름, 유출, 밀물 _____
13. 유입, 도래, 쇄도 _____

14. fortify _____
15. identify _____
16. justify _____
17. magnify _____
18. qualify _____
19. signify _____
20. terrify _____
21. testify _____
22. confer _____
23. conference _____
24. defer _____
25. inference _____
26. offering _____

※ 다음 문장의 빈칸에 알맞은 단어를 보기에서 찾아 넣으시오. 필요 시 대문자, 수, 시제, 태 등 문법적 요소를 고려하여 쓰세요.(다만 본문 예문 학습을 유도하기 위하여 예문에서 사용한 단어를 정답으로 하였다.)

**보기**

magnify, transference, infer, flux, confers, influx, fluid, inference, justify, conference, defer,  terrify, preference,  reference, qualify, signify

27. The law _____ this public right.

28. They _____ed the decision until February.

29. The lens will _____ the beauty of nature.

30. They do not _____ for compensation payment.

31. What does this phrase _____?

32. The possibility of nuclear war _____ all the world.

33. My _____ is for chemistry rather than physics.

34. _____ from space to Earth hardly happens overnight.

35. From these facts we can _____ that crime has been increasing.

36. _____ is a rate of flow through a surface or substance in physics.

37. An _____ is an inflow of a large amount of people or things.

38. _____ are a phase of matter and include liquids, gases and plasmas.

39. Our _____ to unobserved occurrences depend upon this postulate.

40. Religious freedom does not _____ discrimination against black community.

41. _____ is a meeting of two or more persons for discussing matters of common concern.

42. The purpose of the _____ list is to allow your sources to be be found by your reader.

# fin(e): end 끝(내다), limit 경계, 한정하다

이 단원에서 학습할 단어모음입니다. □□□에 각각 모르는 단어를 3회에 걸쳐 ☑(체크표시)해 보세요.
모르는 단어는 끝까지 학습하세요.

### Preview Words

□□□ **final** [fáinəl] a. 최종적인, 마지막의

□□□ **finale** [finá:li] n. 피날레, 최후의 막

□□□ **finance** [fináns] n. 금융, 재정, 재무

□□□ **financial** [finǽnʃəl] a. 재정상의, 재무의, 재계의, 금융상의

□□□ **confine** [kənfáin] v. 한정하다 n. 한계, (보통 pl.) 경계, 국경

□□□ **define** [difáin] v. 규정하다, 정의하다

□□□ **definite** [défənit] a. 뚜렷한, 분명한

□□□ **indefinite** [indéfənit] a. 불명확한, 분명하지 않은

□□□ **definitive** [difínətiv] a. 최종적인, 확정적인

□□□ **definition** [dèfəníʃən] n. (윤곽·한계 따위의) 한정, 명확. 정의

□□□ **refine** [rifáin] v. 정제하다

□□□ **infinity** [infínəti] n. 무한함, 무한대

□□□ **infinite** [ínfənit] a. 무한한

□□□ **finite** [fáinait] a. 한정되어 있는, 유한의

어근 **fin(e)**은 'end 끝(내다)' 혹은 'limit 경계, 한정하다'의 뜻이다.

---

☐ **final** [fáinəl]

fin(end 끝) + al(형접) → 끝의

형 **최종적인, 마지막의** 유사어 last, ending

[1] The **final** version of the report was presented.

---

☐ **finale** [finá:li]

ending(엔딩)을 뜻하는 이탈리아어 finale, 혹은 라틴어 fīi-nālis로부터 유래

명 **피날레, 최후의 막**

[2] The legendary singer has signed a deal with Decca for an LP described as "her grand **finale**".

---

☐ **finance** [finǽns]

fin(end 끝) + ance(명접)
→ (문제해결, 벌금 혹은 세금 등을 지불하여 끝내다)는 금융, 재정

명 **금융, 재정, 재무**

[3] **Finance** is defined as the management of money and includes activities like investing, borrowing, lending, budgeting, saving, and forecasting.

---

☐ **financial** [finǽnʃəl]

finance(금융) + al(형접) → 금융의

형 **재정상의, 재무의, 재계의; 금융상의**

[4] We think of bright and healthy future of **financial** services.

---

☐ **confine** [kənfáin]

con(together 함께) + fine(end 끝)
→ (서로 경계선을) 함께 하다 → 제한하다

동 **한정하다, 가두다** 명 [kánfain] **한계, (보통 pl.) 경계, 국경**

동 **한정하다, 가두다**

[5] Let's **confine** our remarks to the facts, shall we?

명 **한계, (보통 pl.) 경계, 국경**

[6] We must operate within the **confines** of the law.

---

☐ **define** [difáin]

de(down 아래로 or away 사라져) + fine(end 끝)
→ 끝을 잘라내어 명확히 하다 → 규정하다

동 **규정하다, 정의하다**

유사어 determine, establish, fix, specify, designate

[7] The contract **defines** the client's obligations.

---

☐ **definite** [défənit]

define(규정하다) + ite(형접) → 끝을 잘라 명확히 규정하는
→ 뚜렷한, 분명한

형 **뚜렷한, 분명한** ↔ indefinite 불명확한

[8] We had no **definite** plans.

---

☐ **indefinite** [indéfənit]

in(not) + definite(분명한)

형 **불명확한, 분명하지 않은** ↔ definite 분명한

[9] WHO says travel bans cannot be **indefinite** amid the pandemic.

---

1. 그 보고서의 최종안이 제시되었다.
2. 전설적인 그 가수는 데카와 "그녀의 마지막 피날레"로 묘사된 LP를 계약했다.
3. 금융(Finance)은 돈 운영으로 정의되고 투자, 빌리는 것, 빌려주는 것, 예산, 저축 그리고 예측을 포함한다.
4. 우리는 금융 서비스 관련 밝고 건강한 미래에 관하여 생각한다.
5. 우리의 발언을 사실에만 한정하자. 어때?
6. 우리는 법의 한계 내에서 활동해야 한다.
7. 계약은 고객의 의무를 규정한다.
8. 우리는 어떤 분명한 계획도 없었다.
9. WHO는 전염병 속에서 여행금지가 불명확할 수 없다고 말한다.

**definitive** [difínətiv]

define(규정하다) + tive(형접) → 최종적인, 확정적인

형 최종적인, 확정적인

유사어 conclusive, final, ultimate, decisive

[10] The police have no **definitive** proof of her guilt.

---

**definition** [dèfəníʃən]

define(규정하다) + tion(명접) → 한정, 명확, 정의

명 (윤곽·한계 따위의) 한정, 명확. 정의

[11] The new law has broadened the **definition** of terrorism.

---

**refine** [rifáin]

re(again 다시) + fine(end 끝) → 다시 반복하여 끝을 잘라내다 → 정제하다

동 정제하다, 세련되게 하다 유사어 purify, sift

[12] Sugar and oil are **refined** before use.

[13] This book helps students **refine** their writing style.

---

**refined** [rifáind]

refine(정제하다, 세련되게 하다) + ed(형접)

형 정련한, 정제한, 세련된 유사어 purified, pure, sifted, filtered, distilled

[14] The United States was a net exporter of 1.52 million barrels a day of crude and **refined** products.

[15] The bride has very **refined** manners.

---

**infinity** [infínəti]

in(not) + fin(end 끝) + ity(명접) → 끝이 없는 상태 → 무한

명 무한함, 무한대 유사어 infinitude, vastness, immensity

[16] **Infinity** (symbol:∞) is a concept describing something without any bound.

---

**infinite** [ínfənit]

in(not) + fin(end 끝) + ite(형접) → 끝을 정하지 않은 → 무한한

형 무한한 ↔ finite [fáinait] 형 유한한

[17] This is man's **infinite** yearning to know the truth.

---

**finite** [fáinait]

fin(끝 end) + ite(형접)

형 한정되어 있는, 유한의 ↔ infinite [ínfənit] 형 무한한

[18] When you travel, you have a **finite** amount of time and (generally) a finite budget.

---

10. 경찰은 그녀의 죄와 관련 어떠한 확정적인 증거도 가지고 있지 못하다.

11. 새로운 법은 테러리즘의 여행의 정의를 확대했다.

12. 설탕과 기름은 사용 전 정제된다.

13. 이 책은 학생들이 그들의 글쓰기 스타일을 세련되도록 도와준다.

14. 미국은 하루에 순수 152만 배럴의 원유와 정유 수출업자였다.

15. 그 신부는 매우 세련된 매너를 가졌다.

16. 무한대(∞-infinity)는 어떠한 경계도 없는 것을 설명하는 개념이다.

17. 이는 진실을 알려는 인간의 무한한 욕구이다.

18. 여행할 때, 제한된 시간과 (일반적으로) 한정된 예산이 있다.

# form: 형태, 구성

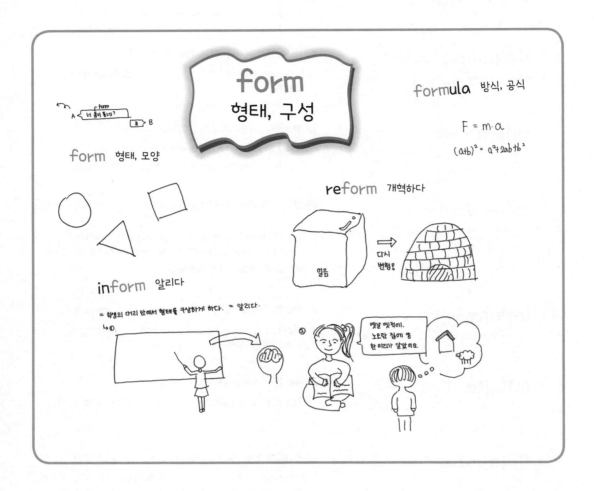

이 단원에서 학습할 단어모음입니다. □□□에 각각 모르는 단어를 3회에 걸쳐 ☑(체크표시)해 보세요.
모르는 단어는 끝까지 학습하세요.

# 어근 form은 사물 등의 '모양'이나 '형태'를 뜻한다.

☐ **form** [fɔːrm]

**명** 형태, 모양　**동** 형성하다 ↔ deform 모양 없이 하다, 흉하게 하다

**명** 형태, 모양

[1] Create custom **forms** for surveys and questionnaires at no extra cost.

**동** 형성하다

[2] Ice is **forming** on the window in winter.

---

☐ **formal** [fɔːrməl]

form(형태, 모양) + al(형접)

**형** 모양의, 정식의, 형식에 맞는 ↔ informal 비공식적인

**유사어** ceremonial, ceremonious, ritualistic, ritual, official

[3] The accountant is the **formal** leader of the project.

---

☐ **formality** [fɔːrmǽləti]

formal(형식적인) + ity(명접)

**명** 형식에 구애됨, 격식을 차림

[4] A **formality** is something that follows traditional rules.

---

☐ **formation** [fɔːrméiʃən]

form(형성하다) + ation(명접)

**명** 형성, 성립, 설립 ↔ deformation 모양을 망침, 기형

[5] The book explains the **formation** of the planets.

---

☐ **formative** [fɔːrmətiv]

form(형성하다) + ative(형접)

**형** 모양을 이루는 ↔ deformative 모양을 망치는

[6] The experience in the slum had a **formative** influence on his art.

---

☐ **conform** [kənfɔːrməl]

con(together 함께) + form(형식) → 형식에 함께 하는 것 → 순응하다

**동** 순응하다, 순응시키다 conformation **명** 순응 conformity **명** 적합

[7] New developments will have to **conform** to certain design and aesthetic codes.

---

☐ **deform** [difɔːrm]

de(not) + form(형태)

**동** 모양 없이 하다, 불구로 하다 deformity **명** 기형

[8] Malware brings about links that **deform** your site significantly.

---

☐ **inform** [infɔːrm]

in(안으로) + form(형태) → 안으로 형태를 넣어주다 → (상황을) 알리다

**동** 알리다 **유사어** notify, apprise

[9] The spokesman **informed** the people of president's arrival.

---

1. 추가 비용 없이 조사와 설문을 위한 고객용 서식을 만드세요.
2. 겨울에 창에 점점 성에가 낀다.
3. 그 회계사가 그 프로젝트 리더이다.
4. 격식은 전통적인 룰을 따르는 어떤 것이다.
5. 이 책은 행성들의 형성을 설명한다.
6. 슬럼가에서의 경험은 그의 예술에 형식적인 영향력을 가졌다.
7. 새로운 개발이 특정 디자인 및 미적 코드를 준수해야 한다.
8. 악성 코드(malware)는 사이트를 크게 변형시키는 링크를 가져온다.
9. 대변인은 국민들에게 대통령의 도착을 알렸다.

☐ **information** [ìnfərméiʃən]

inform(알리다) + ation(명접)

명 정보, (정보·지식의) 통지, 전달

[10] They're collecting **information** about the early settlers in the region.

☐ **informative** [infɔ́:rmətiv]

inform(알려 주다) + ative(형접)

형 정보의, 지식을 주는, 유익한, 교육적인

[11] His column is so **informative** and humorous.

☐ **informal** [infɔ́:rməl]

in(not) + formal(형식에 맞는) → 형식을 지키지 않는

형 비공식의, 약식의, 격식 차리지 않는 ↔ formal 형식적인

[12] The two parties agreed to hold an **informal** meeting.

☐ **informality** [ìnfɔ:rmǽləti]

informal(비공식의) + ity(명접)

명 비공식, 약식

[13] His free **informality** changed photography forever.

☐ **reform** [rifɔ́:rm]

re(again or back 다시 or 뒤로) + form(형태)
→ 형태를 다시 만든다 → 개혁하다

동 개혁하다 유사어 improve

[14] 'Reform' means the improvement or amendment of what is wrong, corrupt, unsatisfactory, etc.

☐ **reformation** [rèfərméiʃən]

reform(개혁하다) + ation(명접)

명 개혁, 개정, 개선

[15] The party pushed for legislation on the **reformation** of health care.

☐ **reformative** [rifɔ́:rmətiv]

reform(개혁하다) + ative(형접)

형 개혁의, 쇄신하는

[16] The group's primary purpose is to aid in a **reformative** process.

☐ **formula** [fɔ́:rmjələ]

명 방식, 공식

[17] This **formula**, $2\pi r$, is used to calculate the length of a circle.

[18] The drink company thoroughly guards its secret **formula**.

☐ **perform** [pərfɔ́:rm]

per(through 통과하여) + form(형식)
→ 형식을 처음부터 끝까지 통과해 나가다 → 수행하다

동 실행하다, 이행하다 performance 명 실행

[19] Employees **perform** better with a competitive workplace.

---

10. 그들은 그 지역에서 초기 정착자들에 관한 정보를 모으고 있는 중이다.
11. 그의 컬럼은 유익하고 유머스럽다.
12. 두 당은 비공식 회의를 여는 것을 동의했다.
13. 그의 형식에 구애되지 않는 자유로운 비공식성은 사진술을 영원히 바꿨다.
14. 개혁(reform)은 잘못되고 부패하고 불만족스러운 것을 개선하고 수정하는 것을 뜻한다.

15. 그 정당은 의료보호 개혁에 관한 입법을 추진하였다.
16. 그 그룹의 주요목적은 개혁 과정에서 돕는 것이다.
17. 이 공식 $2\pi r$ 은 원의 길이를 계산하기 위하여 사용된다.
18. 그 음료회사는 회사의 비밀 방식을 철저히 보호한다.
19. 직원들은 경쟁력있는 직장에서 더 잘 수행한다.

# liter : letter 글자

이 단원에서 학습할 단어모음입니다. □□□에 각각 모르는 단어를 3회에 걸쳐 ☑(체크표시)해 보세요.
모르는 단어는 끝까지 학습하세요.

| □ **literal** [lítərəl] | 형 글자 그대로의 |
| --- | --- |
| liter(letter 글자) + al(형접) | [1] Liberty in the **literal** sense is impossible in the world. |

| □ **literate** [lítərit] | 형 읽고 쓸 줄 아는 ↔ illiterate 읽고 쓸 줄 모르는 |
| --- | --- |
| liter(letter 글자) + ate(형접) → 읽고 쓸 줄 아는 | [2] If you're **literate**, you can read and write. |

| □ **literacy** [lítərəsi] | 명 읽고 쓰는 능력 ↔ illiteracy [ilítərəsi] 문맹 |
| --- | --- |
| liter(letter 글자) + acy(literat(letter 글자) + ure(명)) | [3] Their goal is to achieve basic **literacy**. |

| □ **illiterate** [ilítərit] | 형 무식한, 문맹의 |
| --- | --- |
| il(not) + literate(읽고 쓸 줄아는) → 읽고 쓸 줄 모르는 → 문맹의 | [4] 70 percentage of the population is **illiterate** in the country. |

| □ **illiteracy** [ilítərəsi] | 명 문맹, 무학, 무식 |
| --- | --- |
| il(not) + literacy(읽고 쓸 줄 아는 능력) | [5] Health **illiteracy** is nothing new in America. |

| □ **literature** [lítərətʃər] | 명 문학 |
| --- | --- |
| literat(letter 글자) + ure(literat(letter 글자) + ure 명접) | [6] **Literature**, most generically, is any body of written works. |

| □ **literary** [lítərèri] | 형 문학의, 문필의 |
| --- | --- |
| liter(letter) + ary (형접) | [7] One of America's best storytellers has received an award to recognize the **literary** works of talented Black authors. |

| □ **obliterate** [əblítərèit] | 동 (글자 따위를) 지우다, 말살하다 |
| --- | --- |
| ob(ab-not) + literate → 문자를 없애다 | [8] Will the coronavirus pandemic **obliterate** a last frontier in our privacy: our biological selves? |

| □ **obliteration** [əblítərèiʃən] | 명 말살, 삭제, 흔적을 없앰, 망각 |
| --- | --- |
| obliterate(지우다, 말살하다) + ion(명접) | [9] Nuclear bomb stockpiles cast the shadow of potential global **obliteration**. |

---

1. 문자 그대로의 자유는 이 세상에서 불가능하다.
2. 네가 literate라면, 너는 읽고 쓸 수 있다.
3. 그들의 목표는 기본적인 읽고 쓸 수 있는 능력을 성취하는 것이다.
4. 인구의 70퍼센트가 이 지역에서 문맹이다.
5. 건강 문맹은 미국에서 새로운 것이 아니다.
6. 가장 일반적으로 문학은 쓰여진 작품들이다.
7. 미국 최고의 스토리텔러 중 한 명이 재능있는 흑인 작가의 문학작품을 인정하는 상을 수상했다.
8. 코로나 바이러스는 전염병의 마지막 단계인 생물학적 자아를 없앨까요?
9. 핵폭탄 비축이 잠재적인 세계 소멸의 그림자를 드리운다.

※ 아래에서 우리말은 영어로 영어는 우리말로 각각 뜻을 쓰시오.

1. 금융, 재정, 재무 _____
2. (글자 따위를) 지우다, 말살하다 _____
3. 재정상의, 재무의, 금융상의 _____
4. 한정하다, 한계,(보통 pl.) 경계 _____
5. 불명확한, 분명하지 않은 _____
6. 최종적인, 확정적인 _____
7. 한정, 명확. 정의 _____
8. 정제하다 _____
9. 무한함, 무한대 _____
10. 읽고 쓸 줄 아는 _____
11. 무한한 _____
12. 한정되어 있는, 유한의 _____
13. 문맹, 무학, 무식 _____

14. formality _____
15. formation _____
16. formative _____
17. deform _____
18. informal _____
19. informality _____
20. literary _____
21. informative _____
22. reformation _____
23. reformative _____
24. formula _____
25. illiterate _____
26. finale _____

※ 다음 문장의 빈칸에 알맞은 단어를 보기에서 찾아 넣으시오. 필요 시 대문자, 수, 시제, 태 등 문법적 요소를 고려하여 쓰세요.(다만 본문 예문 학습을 유도하기 위하여 예문에서 사용한 단어를 정답으로 하였다.)

**보기**

formula, formula, infinity, literacy, illiteracy, literal, illiterate, literature, literate,  definite, confine, confines, define, refine, refined, infinite

27. If you're _____ , you can read and write.

28. Their goal is to achieve basic _____ .

29. Health _____ is nothing new in America.

30. Liberty in the _____ sense is impossible in the world.

31. 70 percentage of the population is _____ in the country.

32. _____ , most generically, is any body of written works.

33. We had no _____ plans.

34. Let's _____ our remarks to the facts, shall we?

35. We must operate within the _____ of the law.

36. The contract _____ the client's obligations.

37. This book helps students _____ their writing style.

38. The bride has very _____ manners.

39. This is man's _____ yearning to know the truth.

40. This _____ , $2\pi r$, is used to calculate the length of a circle.

41. The drink company thoroughly guards its secret _____ .

42. _____ (symbol:∞) is a concept describing something without any bound.

# 50 day

## gen(e): birth 출생, produce 생산하다

gender 성별

genius 천재 IQ180

pregnant 임신한

gen(e) = birth, produce

homogeneous 동종의

gene 유전자

이 단원에서 학습할 단어모음입니다. □□□에 각각 모르는 단어를 3회에 걸쳐 ☑(체크표시)해 보세요.
모르는 단어는 끝까지 학습하세요.

### Preview Words

□□□ **gene** [dʒiːn] n. 유전자
□□□ **gender** [dʒéndər] n. 성별
□□□ **genetic, -ical** [dʒənétik], [-əl] a. 유전의
□□□ **generate** [dʒénəreit] v. 생산하다
□□□ **generation** [dʒènəréiʃən] n. 세대, 대
□□□ **general** [dʒénərəl] a. 일반의, 보편적인 n. 장군
□□□ **generalize** [dʒénərəlàiz] v. 일반화하다
□□□ **generalization** [dʒénərəlàizeiʃən] n. 일반화, 보편화
□□□ **generous** [dʒénərəs] a. 관대한, 후한
□□□ **genius** [dʒíːnjəs] n. 천재

□□□ **genuine** [dʒénjuin] a. 진짜의, 진품의
□□□ **congenial** [kəndʒíːnjəl] a. 같은 성질의, 마음이 맞는
□□□ **genome, -nom** [dʒíːnoum], [-nam] n. 게놈
□□□ **homogeneous** [hòumədʒíːniəs] a. 동종의
□□□ **ingenious** [indʒíːjəs] a. 독창적인
□□□ **ingenuous** [ingenuous] a. 솔직한, 꾸밈없는
□□□ **ingenuity** [ìndʒənjúːəti] n. 발명의 재주, 창의력, 재간
□□□ **pregnant** [prégnənt] a. 임신한

☐ **gene** [dʒiːn]

명 유전자
[1] A **gene** is the part of a cell in a living thing which controls its physical characteristics, growth, and development.

☐ **gender** [dʒéndər]
gen(birth 출생) + der(type 유형)
→ (출생할 때부터 주어진 종류라는 뜻으로) 성별

명 성별
[2] A person is a male or a female as his or her **gender**.

☐ **genetic, -ical** [dʒənétik], [-əl]
gene(birth 출생) + tic, tical (형접) → 유전의

형 유전의
[3] He was suffering from a rare **genetic** disease.

☐ **generate** [dʒénərèit]
gener(birth 출생) + ate(동접) → (새로) 출생하다
→ 생산하다

동 낳다, 생산하다
유사어 breed, bring, bring about, create, produce
[4] The reforms would **generate** new jobs.
[5] Tourism **generates** income for local communities.

☐ **generation** [dʒènəréiʃən]
generate(낳다, 생산하다) + tion(명접)
→ 일정한 시점에 낳은 사람들 → 세대

명 세대, 대(代)
[6] A **generation** is all of the people born and living at about the same time, regarded collectively.

☐ 다의어 **general** [dʒénərəl]
gen(birth 탄생) + (er) + al(형접, 명접) →
┌ 누구나 가지고 있는 → 일반적인, 보편적인
└ (부하들이 가지고 있는 특성이나 능력을 모두 아우르는 사람) → 장군

형 일반의, 보통의, 보편적인  명 장군
형 일반의, 보통의, 보편적인
[7] Korea's **general** election drew worldwide attention.
명 장군
[8] The newspaper belatedly reported on death of Army **general**.

☐ **generalize** [dʒénərəlàiz]
general(일반적인) + ize(동접)

동 일반화하다
[9] Russia needs to **generalize** the regions' experience.

☐ **generalization**
[dʒénərəlàizeiʃən]
generalize(일반화하다) + ation(명접)

명 일반화, 보편화, 개괄, 종합
[10] It's unfair to make that **generalization**.

☐ **generous** [dʒénərəs]
gener(birth 출생) + ous(형접)
→ 태어날 때 (유복한) 상태로 태어난 → 관대한, 풍요로운

형 관대한, 후한  유사어 liberal, lavish
[11] He is always **generous** in sharing his enormous knowledge.

---

1. 유전자는 그것의 물리적 특성, 성장, 발전을 통제하는 살아있는 것에 있는 세포 일부다.
2. 사람은 성별로 남성 혹은 여성이다.
3. 그는 희귀한 유전병으로 고생하고 있는 중이다.
4. 개혁은 새로운 직업을 생산할 것이다.
5. 관광은 지역 공동체에 수입을 가져온다.
6. 한 세대는 대략 똑같은 시대에 태어나 사는 집단적으로 간주되는 모든 사람들이다.

7. 한국의 총선은 전 세계적으로 주목을 받았다.
8. 그 신문은 뒤늦게 육군 장군의 죽음에 대해 보도했다.
9. 러시아는 그 지역 경험을 일반화하는 것이 필요하다.
10. 그같은 일반화는 불공평하다.
11. 그는 거대한 지식을 공유하는데 항상 관대하다.

☐ **genius** [dʒíːnjəs]

genius → 태어날 때 빛나는 정신(spirit)을 가진 사람 → 천재

명 **천재** 유사어 prodigy

[12] A **genius** is a highly talented, creative, or intelligent person.

---

☐ **genuine** [dʒénjuin]

genu(birth 출생) + ine(형접) → 태어날 때 가지고 있었던 특성
→ 진짜의

형 **진짜의, 진품의** 유사어 authentic, real, original

[13] There was **genuine** joy in this novel.

---

☐ **congenial** [kəndʒíːnjəl]

con(together 함께) + gen(birth 출생) + ial(형접)
→ 태어날 때부터 함께 있는 → 같은 성질의

형 **같은 성질의, 마음이 맞는** 유사어 compatible

[14] She was **congenial** and easygoing.

---

☐ **genom(e)** [dʒíːnoum]

gen(birth 탄생) + ome(chromosom 염색체)

명 **게놈**

[15] Inside every cell lies a **genome** – a full set of DNA that contains the instructions for building an organism.

---

☐ **homogeneous**
[hòumədʒíːniəs]

home(same 같은) + gen(birth 출생) + ous(형접)
→ 태생이 같은 → 동종의

형 **동종의** 유사어 comparable, related

[16] The population of the village has remained remarkably **homogeneous**.

---

☐ **ingenious** [indʒíːnjəs]

in(안에) + gen(birth 출생) + ous(형접)
→ 안에 타고난 것이 있는 → 독창적인

형 **독창적인** 유사어 inventive, creative, original

[17] Johnny is so **ingenious** – he can make the most remarkable sculptures from the most ordinary materials.

---

☐ **ingenuous** [ingenuous]

in(안에) + genu(birth 출생) + ous(형접)
→ 태어난 상태를 가지고 있는 → 꾸밈없는

형 **솔직한, 꾸밈없는** 유사어 naive, innocent, trustful

[18] Jessica's **ingenuous** nature made her an easy target for the man.

---

☐ **ingenuity** [ìndʒənjúːəti]

in(안에) + genu(birth 탄생) + ity(명접) → 창의력, 재주

명 **발명의 재주, 창의력, 재간**

[19] Black **ingenuity** is such a profound characteristic of people of color that it has been the force that enables us to thrive in the face of so much systemic adversity.

---

☐ **pregnant** [prégnənt]

pre(이전) + gn(birth 출생) + ant(형접)
→ 태어나기 이전의 상태 → 임신한

형 **임신한**

[20] When you have found out that you are **pregnant**, there are a lot of things you need to know.

---

12. 천재는 매우 재능있고 창조적이고 지성적인 사람이다.
13. 이 소설 속에는 진짜 즐거움이 있었다.
14. 그녀는 마음이 맞고 태평했다.
15. 모든 세포 내부에는 게놈(유전자 정보)이 있다. 유기체를 만들기 위한 지침이 포함된 완전한 DNA 세트이다.
16. 이 마을 주민들은 놀랄만하게 같은 혈연들을 유지하고 있다.

17. Johnny는 너무나 독창적이다. 그는 가장 평범한 물질로부터 가장 놀랄만한 조각품들을 만들 수 있다.
18. 제시카의 순진한 본성은 그녀를 그 남자의 쉬운 목표가 되도록 하였다.
19. 흑인의 독창성은 유색 인종 사람들의 너무나 심오한 특성이어서 너무 많은 체제의 역경 속에서도 번영할 수 있게 해주는 힘이다.
20. 네가 임신했다는 것을 발견했을 때, 네가 알아야 할 많은 것들이 있다.

# grad, gress, gree, gred : go 걸어가다, step 걸음, degree 단계

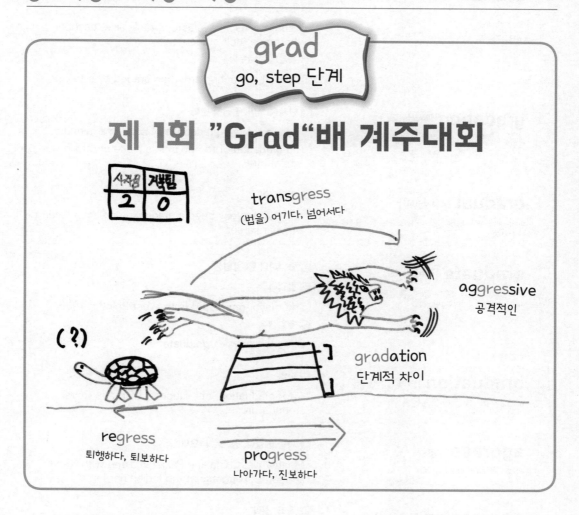

grad
go, step 단계

## 제 1회 "Grad"배 계주대회

transgress
(법을) 어기다, 넘어서다

aggressive
공격적인

gradation
단계적 차이

(?)

regress
퇴행하다, 퇴보하다

progress
나아가다, 진보하다

이 단원에서 학습할 단어모음입니다. ☐☐☐에 각각 모르는 단어를 3회에 걸쳐 ☑(체크표시)해 보세요.
모르는 단어는 끝까지 학습하세요.

### Preview Words

☐☐☐ **grade** [greid] n. 등급, 성적 v. 등급으로 나누다
☐☐☐ **grad**ation [grədéiʃən] n. 단계적 차이, 점진적 변화
☐☐☐ **grad**ual [grǽdʒuəl] a. 점차적인
☐☐☐ **grad**uate [grǽdʒuèit] v. 졸업하다 n. 졸업생
☐☐☐ **grad**uation [grǽdʒuéiʃən] n. 졸업
☐☐☐ **aggress** [əgrés] v. 싸움을 걸다, 공세로 나오다
☐☐☐ **aggress**ion [əgréʃən] n. 공격, 침략
☐☐☐ **aggress**ive [grǽdʒuèit] a. 공격적인
☐☐☐ **congress** [káŋgris] n. 의회, 국회
☐☐☐ **ingred**ient [ingríːdiənt] n. 재료, 성분
☐☐☐ **degrad**e [digréid] v. (품성을) 떨어 뜨리다, 비하하다, 강등하다

☐☐☐ **degrad**ation [dègrədéiʃən] n. 지위를 내림, 격하, 강직
☐☐☐ **degree** n. 정도, 단계, 온도, 학위
☐☐☐ **progress** [prəgrés] v. 나아가다, 진보하다 n. [prágres] 진보
☐☐☐ **progress**ion [prəgréʃən] n. 전진, 진보
☐☐☐ **progress**ive [prəgrésiv] a. 전진하는, 진보적인
☐☐☐ **regress** [rigrés] v. 퇴행하다, 퇴보하다 n. [ríːgres] 후퇴
☐☐☐ **regress**ive [rigrésiv] a. 후퇴의, 역행하는, 퇴화[퇴보]하는
☐☐☐ **transgress** [trænsgrés] v. (법을) 어기다, 넘어서다
☐☐☐ **retrogress** [retrəgres] v. 뒤로 되돌아가다, 후퇴하다
☐☐☐ **retrogress**ive [retrəgresiv] a. 후퇴하는, 퇴보하는
☐☐☐ **upgrade** [ʌpgreid] n. 업그레이드

| 다의어 **grade** [greid] | 몡 등급, 성적, 학년   동 등급으로 나누다 |
| --- | --- |
| ┌ 등급, 성적, 학년<br>└ 등급으로 나누다 | 몡 등급, 성적, 학년<br>[1] **Grade** means 'to evaluate or rank,' like teachers who **grade** their students.<br>동 등급으로 나누다<br>[2] The fruit is washed and then **graded** by size. |
| ☐ **gradation** [grədéiʃən]<br>grad(grade 등급) + ation( 명접 ) → 등급화 → 단계적인 변화 | 몡 단계적 차이, 점진적 변화<br>[3] There are many **gradations** of color in a rainbow.<br>[4] The **gradation** of tempo in this piece of music is very subtle. |
| ☐ **gradual** [grǽdʒuəl]<br>grade(step 등급) + ual( 형접 ) → 단계적으로 등급을 올리는<br>→ 점차적인 | 혱 점차적인<br>[5] Her success has been a **gradual** progression over a 14-year career. |
| ☐ **graduate** [grǽdʒuèit]<br>gradu(degree 등급, 학위) + ate( 동접 , 명접 )<br>→ 등급(학위)을 얻다 → 졸업하다 | 동 졸업하다  몡 졸업생<br>동 졸업하다<br>[6] The mayor **graduated** from West Point in 1965.<br>몡 졸업생<br>[7] Chris is a physics **graduate**. |
| ☐ **graduation** [grǽdʒuéiʃən]<br>graduate(졸업하다) + ion( 명접 ) | 몡 졸업<br>[8] After **graduation**, my daughter wants to travel around Europe. |
| ☐ **aggress** [əgrés]<br>ag(to ~쪽으로) + gress(go 가다) | 동 싸움을 걸다, 공세로 나오다<br>[9] Meanwhile, China and Pakistan along with Nepal continue to **aggress** at the Indian border. |
| ☐ **aggression** [əgréʃən]<br>aggress (싸움을 걸다) + ion( 명접 ) | 몡 공격, 침략<br>[10] A nuclear sea-launched cruise missile will help deter nuclear **aggression**. |
| ☐ **aggressive** [grǽdʒuèit]<br>ag(to ~쪽으로) + gress(grade 등급) + ive( 형접 )<br>→ 등급을 올리려는 → 공격적인 | 혱 공격적인<br>유사어 hostile, belligerent, bellicose, combative, violent<br>[11] The criminal is very uncooperative and **aggressive**. |

1. 등급(grade)는 학생들을 점수로 나누는 선생님들처럼 '평가하고 분류하는 것'을 의미한다.
2. 과일은 세척된 다음에 사이즈로 등급별로 구별되었다.
3. 무지개에 많은 색깔 단계의 차이가 있다.
4. 음악의 각각의 곡에서 박자의 단계는 매우 미묘하다.
5. 그녀의 성공은 14년 경력동안 점차적인 진행이었다.
6. 그 시장은 1965년 West Point를 졸업했다.
7. 크리스는 물리학 졸업생이다.
8. 졸업 후 나의 딸은 유럽을 여행하기를 원한다.
9. 한편 중국과 파키스탄은 네팔과 함께 인도 국경에서 계속 공격하고 있다.
10. 해상에서 발사된 핵 순항미사일은 핵 공격을 막는데 도움이 된다.
11. 그 범인은 매우 비협조적이고 공격적이다.

☐ **con**gress [kάŋgris]

con(together 함께) + gress(grade 등급)
→ 일정한 자격을 갖춘(등급들) 사람들이 모여서 함께 하는
→ 의회

圀 의회, 국회 유사어 parliament, diet, council, assembly
[12] The U.S. **Congress** makes laws that influence our daily lives.

---

☐ **de**grade [digréid]

de(down 아래로) + grade(등급)
→ 등급을 아래로 끌어 내리다

동 (품성을) 떨어 뜨리다, 비하하다, 강등하다
유사어 deteriorate, degenerate, decay, discredit, downgrade, impair, lessen
[13] The women group accuses the company of **degrading** women in its ads.
[14] Poverty doesn't **degrade** individuals and rob them of dignity and worth.

---

☐ **de**grad**ation** [dὲgrədéiʃən]

degrade(떨어 뜨리다) + ation(명접)

圀 지위를 내림, 격하, 강직
[15] More than 90 percent of the Earth's agricultural soils are at risk of **degradation** within the next 30 years.

---

다의어 **de**gree [digríː]

de(away 떨어져) + gree(step&grade 등급)
→ 잘라내고 단계를 명확히 정하는 것 →
┌ 정도, 단계
└ 온도, 학위

圀 정도, 단계, 온도, 학위 유사어 level, stage, grade
[16] This job demands a high **degree** of skill.
[17] A Columbia man was found guilty of second-**degree** murder.
[18] The earth's atmosphere has warmed by a little more than one **degree** Celsius since 1900.
[19] What's a master's **degree** really worth?

---

☐ in**gred**ient [ingríːdiənt]

in(안에) + gred(go 가다) + ient → 안으로 들어간 것 → 성분

圀 재료, 성분 유사어 additive, element
[20] An **ingredient** is a substance that forms part of a mixture.

---

☐ **re**gress [rigrés]

re(back 뒤로) + gress(go 가다) → 뒤로 가다
→ 퇴행, 후퇴(하다)

동 퇴행하다, 퇴보하다 圀 [ríːgres] 후퇴
동 퇴행하다, 퇴보하다
[21] She **regressed** to the mental age of a five-year-old.
圀 후퇴
[22] **Regress** is the opposite of progress.

---

12. 미 의회는 우리 일상 생활에 영향을 미치는 법을 만든다.
13. 그 여성 그룹은 광고에서 여성을 비하한 것에 대해 그 회사를 고발했다.
14. 가난은 개인의 품성을 떨어뜨리고 그들에게서 품위와 가치를 떨어지게 하지 않는다.
15. 향후 30년 내에 지구의 농업 토양의 90% 이상이 황폐화될 위험이 있다.

16. 이 직업은 높은 정도의 기술을 요구한다.
17. 한 콜롬비아 남자가 2급 살인죄가 있는 것으로 알려졌다.
18. 지구의 대기는 1900년 이후 섭씨 1도 조금 더 따뜻해졌다.
19. 석사 학위는 어떤 가치가 있습니까?
20. 성분은 혼합물 일부를 형성하는 물질이다.
21. 그녀는 다섯 살의 정신적 나이로 후퇴하였다.
22. 후퇴(regress)는 진보(progress)의 반대이다.

## regressive [rigrésiv]
regress(퇴행하다, 퇴보하다) + sive(형접)

형 후퇴의, 역행하는, 퇴화(퇴보)하는 유사어 retrogressive

²³ The citizen movement in Korea defeated the autocratic and **regressive** regime.

## progress [prəgrés]
pro(앞으로) + gress(go 가다) → 앞으로 나아가다 → 진보(하다), 발전(하다)

동 나아가다, 진보하다 명 [prágres] 진보

동 나아가다, 진보하다

²⁴ The wagon train **progressed** through the valley.

명 진보

²⁵ The darkness did not stop my **progress**.

²⁶ Friendships are a hot topic and ambitions you share to make real **progress**.

## progression [prəgréʃən]
progress(진보하다) + sion(명접) → 진보, 전진

명 전진, 진보

²⁷ Doctors were surprised by the rapid **progression** of the disease.

## progressive [prəgrésiv]
progress(진보하다) + ive(형접)

형 전진하는 ↔ retrogressive 후퇴하는

진보적인, 진보주의의 ↔ conservative 보수주의의

²⁸ She worked for women's rights, labor reforms, and other **progressive** causes.

## transgress [trænsgrés]
trans(across 가로질러) + gress(go 가다) → 넘어가다 → 위반하다

동 (법을) 어기다, 넘어서다

²⁹ To **transgress** is to go past a limit or to break the rules of accepted behavior.

## retrogress [retrəgres]
retro(뒤로) + gress(go 가다)

동 뒤로 되돌아가다, 후퇴하다

³⁰ If it is left unchallenged, the country can **retrogress** to tyrannical rule.

## retrogressive [rètrəgrésiv]
retrogress(후퇴하다) + ive(형접)

형 후퇴[역행]하는 ↔ progressive 전진하는

³¹ I think that the move is not **retrogressive** for minority voters.

## upgrade [ʌpgreid]
up(위로) + grade(등급)

명 업그레이드

³² Fair Haven is getting more than $6 million to **upgrade** its wastewater treatment system.

---

23. 대한민국에서 시민 운동은 독재적이고 퇴행적인 정권을 이겼다.
24. 마차 행렬이 마을을 통과하여 나아갔다.
25. 어둠이 나의 진보를 막지 못했다.
26. 우정은 네가 진정한 진보를 이루기 위해 네가 공유하는 최고의 주제이고 꿈이다.
27. 의사들은 그 병의 빠른 진행으로 놀랐다.
28. 그녀는 여성의 권리, 노동 개혁 그리고 다른 진보적인 대의명분을 위하여 일했다.

29. 한계를 넘어서는 것(to transgress)은 한계를 지나치는 것 혹은 수용된 행동 규칙의 룰을 깨는 것이다.
30. 도전받지 않으면 국가는 압제적인 통치로 후퇴할 수 있다.
31. 나는 그 조치가 소수 유권자들에게 역행적이지 않다고 생각한다.
32. Fair Haven은 폐수 처리 시스템을 업그레이드하기 위해 6백만 달러 이상을 받고 있다.

※ 아래에서 우리말은 영어로 영어는 우리말로 각각 뜻을 쓰시오.

1. 성별 _____
2. 생산하다 _____
3. 공격적인 _____
4. 의회, 국회 _____
5. 재료, 성분 _____
6. (법을) 어기다, 넘어서다 _____
7. (품성을) 떨어 뜨리다 _____
8. 지위를 내림, 격하 _____
9. 일반의, 보편적인, 장군 _____
10. 일반화, 보편화 _____
11. 관대한, 후한 _____
12. 진짜의, 진품의 _____
13. 같은 성질의, 마음이 맞는 _____

14. homogeneous _____
15. ingenious _____
16. ingenuous _____
17. ingenuity _____
18. pregnant _____
19. gradual _____
20. progressive _____
21. regress _____
22. regressive _____
23. transgress _____
24. retrogress _____
25. genetic, -ical _____
26. genome, -nom _____

※ 다음 문장의 빈칸에 알맞은 단어를 보기에서 찾아 넣으시오. 필요 시 대문자, 수, 시제, 태 등 문법적 요소를 고려하여 쓰세요.(다만 본문 예문 학습을 유도하기 위하여 예문에서 사용한 단어를 정답으로 하였다.)

**보기**

> aggressive, retrogress, gene,  genuine, genetic, gradation,, congenial, gradual,
> aggression, degree, ingredient , degrade, progress, progressive,  gender, genius

27. She was _____ and easygoing.

28. There was _____ joy in this novel.

29. He was suffering from a rare _____ disease.

30. A person is a male or a female as his or her _____.

31. A _____ is a highly talented, creative, or intelligent person.

32. The criminal is very uncooperative and _____.

33. The _____ of tempo in this piece of music is very subtle.

34. Her success has been a _____ progression over a 14-year career.

35. A nuclear sea-launched cruise missile will help deter nuclear _____.

36. This job demands a high _____ of skill.

37. An _____ is a substance that forms part of a mixture.

38. Poverty doesn't _____ individuals and rob them of dignity and worth.

39. The darkness did not stop my _____.

40. She worked for women's rights, labor reforms, and other _____ causes.

41. If it is left unchallenged, the country can _____ to tyrannical rule.

42. A _____ is the part of a cell in a living thing which controls its physical characteristics, growth, and

   development.

## △ 어휘 문제를 풀 때에도 영어의 기초는 생각하면서 풀자!!

1. 명사, 동사, 형용사, 부사 등 품사를 맞게 썼는가?

2. 주어가 3인칭 단수이고 현재를 나타낼 때는 동사원형에 –(e)s를 붙였는가?

3. 명사가 두 개 이상일 때는 –(e)s를 붙여 복수형으로 썼는가?

4. 명백한 과거 표현이 있을 때는 과거형 동사를 썼는가?

5. 수동을 나태낼 때는 동사의 p.p(과거분사)형을 썼는가?

## △ 본문 예문 학습을 유도하기 위하여, 문장 문제 TEST에서
### 정답은 예문에서 사용한 단어로 하였다.

각 Day별 TEST에서 문장 속 어휘 문제는 본문에 나온 예문을 문제화하였다.
따라서 정답은 다른 동의어들도 가능한 경우가 많다. 하지만 여기에서는 예문에서
사용한 단어 만을 정답으로 하였다.

정답

1.appointee 2.falsehood 3.censorship 4.economics 5.interviewer 6.peddler 7.counselor 8.ethics 9.examiner 10.inventor 11.physics 12.psychology 13.socialism 14.사회학 15.수험자 16.수사, 수사학 17.인터뷰 대상자 18.형제 관계, 형제애 19.신학 20.자본주의 21.거지 22.우정 23.후원, 발의 24.학자, 장학생 25.고용주 26.생존자 27.Psychology 28.appointee 29.examinees 30.scholar 31.peddler 32.counselor 33.inventor 34.survivors 35.falsehood 36.leaflets 37.theology 38.Censorship 39.sponsorship 40.Ethics 41.Economics 42.Physics

해석

27.심리학은 마음과 행동의 과학이다. 28.내무부 지명인이 그의 윤리 서약을 위반했다. 29.수험생들은 그들이 있는 곳 어디서나 온라인 시험을 치렀다. 30.학자로서 당신은 이 대화에 대한 정보를 제공해야 한다. 31.이 사람들은 유효한 현상 허가증을 보여줄 수 있어야 한다. 32.상담가는 사람들, 특히 개인적인 문제에 관해 조언하는 전문가이다. 33.성공적인 발명가가 되기를 원하는가? 도움이 되는 이러한 아이디어를 사용하세요. 34.전체적으로 최소 네 명의 생존자가 위중한 상태에서 지역 병원으로 이송되었다. 35.그들은 진실과 거짓의 차이점을 이해하지 못하는 것 같다. 36.오늘 밤 너의 밴드가 연주한다는 말을 전하기 위해 전단지를 나눠 줄 수 있다. 37."신학"이라는 단어는 그리스어 두 단어인 테오스(하나님)와 로고 (단어)에서 유래했다. 38.검열은 정부, 민간 기관 및 기타 통제 기관에서 수행할 수 있다. 39.기업 후원은 회사가 특정 이벤트와 관련하여 지불하는 광고 형태이다. 40.윤리는 도덕적으로 좋은 것과 나쁜 것, 옳고 그른 것에 관한 철학적 학문이다. 41.경제학은 생산, 유통 및 소비를 연구하는 사회과학이다. 42.물리학은 우리가 주변 세계를 이해하고 예측하는 데 도움이 되는 규칙을 찾고 응용하는 것이다.

정답

1.environment 2.improvement 3.sweetness 4.vacation 5.growth 6.disposal 7.permission 8.awareness 9.refusal 10.booklet 11.leaflet 12.width 13.octette 14.너비, 폭 15.담배 16.문화 17.생략 18.고요, 정적 19.길이 20.왕국, 왕토 21.관공리의 지위 22.높이 23.진실, 진리 24.통일, 단일화 25.무게, 중량 26.자유 27.civilization 28.growth 29.Truth 30.length 31.heights 32.Freedom 33.kingdom 34.omissions 35.refusal 36.booklet 37.octette 38.unification 39.environment 40.disposal 41.occupation 42.improvement

해석

27.나는 고대 그리스 문명을 전공한다. 28.최근 몇 년 동안 도시는 폭발적인 성장을 겪고 있다. 29.진실은 사실 또는 진실과 일치하는 속성이다. 30.그 테이블의 길이는 7피트이며 너비는 4피트다. 31.국가별로 남성과 여성의 평균 신장 차이를 조사했다. 32.자유는 일반적으로 제약없이 행동하거나 변화시키는 것이다. 33.매년 수백만의 무슬림들이 사우디아라비아 왕국을 방문한다. 34.이 책에 심각한 오류와 누락이 있다. 35.정부는 테러리스트와의 타협 거부를 반복하고 있다. 36.소책자는 종이 표지가 있고 정보를 제공하는 작고 얇은 책이다. 37.8중주곡은 8명의 공연자를 위하여 씌어진 음악 작곡이다. 38.유럽의 진보적인 노동조합은 노동계급의 정치적 통일을 요구한다. 39.자연 환경은 자연적으로 발생하는 모든 생물과 무생물을 포함한다. 40.세계의 얼마간의 도시에는 하수 처리를 위한 적절한 시설이 없다. 41.국가는 사람들에게 식량을 공급해야하기 때문에 농업은 보호되는 직업이다. 42.판매량 증가는 전체적으로 회사에 유익한 영향을 미쳤다.

정답

1.failure 2.bankruptcy 3.conspiracy 4.recovery 5.mileage 6.postage 7.assistance 8.difference 9.slavery 10.matrimony 11.bondage 12.passage 13.testimony 14.지배, 숙달, 정통 15.출현 16.기쁨, 즐거움 17.아름다움 18.인내력 19.보험 20.자유 21.적절성 22.역경 23.정확, 정확도 24.노출 25.섬세, 미묘 26.활동 27.adversities 28.bondage 29.liberty 30.recovery 31.exposure 32.passage 33.pleasure 34.matrimony 35.accuracy 36.difference 37.assistance 38.Endurance 39.failures 40.conspiracy 41.testimony 42.Bankruptcy

해석

27.행복으로 가는 길에는 역경이 가득하다. 28.노예들은 다양한 방법으로 속박에 저항했다. 29.넓게 말하면 자유는 자신이 원하는 대로 할 수 있는 상태다. 30.소기업 COVID-19 회복 보조금을 신청하세요. 31.후보들은 텔레비전 노출을 위해 경쟁하고 있다. 32.이 산의 그 계곡은 외지인의 통행이 드물다. 33.오늘 여러분과 함께하게 되어 매우 기쁘다. 34.성직자는 거룩한 결혼의 유대 안에서 그들을 결합시켰다. 35.위원회는 그 보고서의 정확성에 대한 의문을 제기하였다. 36.꼬리 없는 원숭이와 꼬리 있는 원숭이의 차이점은 무엇입니까? 37.이 프로그램은 무료 점심을 이용할 수 있는 자녀가 있는 가족에게 지원을 제공한다. 38.지구력 운동은 힘, 균형 및 유연성과 함께 네 가지 유형의 운동 중 하나이다. 39.그 사업가는 사업에서 반복적인 실패에 낙담했다. 40.그는 음모론이 퍼지고 있다는 사실에 놀랍지 않지만 놀라운 속도로 퍼지고 있다고 생각하지 않는다. 41.법에서 증언은 엄숙한 진술이나 사실 선언을 하는 증인으로부터 얻은 증거의 한 형태다. 42.파산은 미지급 부채를 상환할 수 없는 개인 또는 사업체 관련된 법적 소송 절차이다.

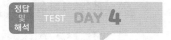

정답

1.frighten 2.simplify 3.educate 4.separate 5.modernize 6.organize 7.modify 8.categorize 9.heighten 10.realize 11.supervise 12.activate 13.깊게 하다, 깊어지다 14.산화시키다 15.넓어지다, 넓히다 16.동요시키다, 선동하다 17.연합시키다, 참가시키다 18.녹이다, 용해시키다 19.계산하다 20.깨우다, 일으키다 21.확대하다, 확장하다 22.기억하다 23.날카롭게 하다 24.약하게 하다, 약화시키다 25.sharpen 26.liquefy 27.activate 28.simplifies 29.amplify 30.awaken 31.memorize 32.modernize 33.organize 34.separated 35.broadening 36.associated 37.heighten 38.deepen 39.weaken 40.frighten

해석

25.그는 그 칼을 날카롭게 했다. 26.압력 하에서 가스가 액화된다. 27.비타민은 새로운 세포의 성장을 활성화 시킨다. 28.새로운 소프트웨어는 프로세스를 단순화 한다. 29.기술은 생산성을 확대해 줄 것이다. 30.가족들은 어젯밤 소음으로 깨어났다. 31.우리는 학창시절에 시를 암기하도록 요구 받았다. 32.대통령은 최근 군을 현대화할 계획을 발표하였다. 33.그는 발명품을 제조하기 위하여 회사를 조직하였다. 34.영국은 영국 해협에 의해 프랑스와 분리되어 있다. 35.그 마을 사람들은 교통 흐름을 가속화하기 위해 다리를 넓히고 있는 중이다. 36.그들은 범죄 사건 동안 서로 밀접한 관련이 있었다. 37.폭력적인 경찰은 군중들 사이의 긴장을 고조시켰다. 38.그 책은 그 상황에 대한 나의 이해를 심화시키는 데 확실히 도움이 되었다. 39.코로나 바이러스 대유행으로 국가 경제는 계속 약화되고 있다. 40.무장 군인들은 테러리스트를 겁주기 위해 몇 발의 총을 발사했다.

정답

1.compulsory 2.heroic 3.forceful 4.essential 5.elementary 6.ambitious 7.inspiring 8.convinced 9.electrical 10.competitive 11.thrifty 12.changeable 13.flexible 14.충실한, 성실한 15.기본 16.흙으로 만든 17.즐거운, 유쾌한 18.신비한, 불가사의한 19. 인접해 있는 20.싸우기를 좋아하는 21.해가 없는 22.좌절하게 하는 23.골치 아픈 24.흠없는 25.중대한, 의의 깊은 26.분실한 27.flexible 28.selfish 29.Compulsory 30.competitive 31.productive 32.changeable 33.essential 34.quarrelsome 35.inspiring 36.foolish 37.cultural 38.forceful 39. significant 40.elementary 41.ambitious 42.heroic

해석

27.내 일정은 유연하다. 28.인간들은 합리적인가 이기적인가? 29.강제적인 퇴직이 62세이다. 30.우리는 경쟁이 치열한 세상에 살고 있다. 31.얼마간의 노동자들은 다른 사람들보다 더 생산적이다. 32.영국의 날씨는 악명 높게 변덕스럽다. 33.산소는 생명 유지에 필수 불가결한 것이다. 34.논쟁적인 사람은 종종 논쟁에 참여한다. 35.COVID 19에서 살아남은 간호사의 감동적인 이야기다. 36.그녀가 그 추운 날씨에 보트를 타고 나가는 것은 어리석었다. 37.최고의 영화는 국가 또는 문화적 장벽을 초월한 영화다. 38.민주 투사들은 영웅적인 행동으로 메달을 받았다. 39.그는 강력하고 감정적인 연설을 발전 시켰다. 40.정보의 자유 법(Freedom of Information Act) 제도는 중요한 영향을 미친다. 41.그는 가장 기본적인 공정성과 정의 개념조차 가지고 있지 않다. 42.우리 회사 사장은 사업에 대한 야심 찬 계획을 가지고 있다.

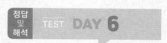

정답

1.rhetoric 2.magnetic 3.jealousy 4.greedy 5.advocate 6.separate 7.assistant  8.otherwise 9.likewise 10.downwards 11.arrival 12.ceremonial 13.학자 14.규칙적인 15.축축하게 하다 16.금빛의, 황금빛의 17.전도(자)의, 선교사 18.감독, 감독하는 19.친척, 비교상의 20.대표적인, 대표자 21.연(年) 4회의(에), 연 4회 간행물, 계간지 22.통상시에, 대개  23.맛있게 24.옆(쪽)으로 25.advocate 26.moisten 27.relative 28.otherwise 29.superintendent 30.separate 31.representative 32.missionary 33.magnetic 34.ordinarily 35.deliciously 36.regular 37.golden 38.Rhetoric 39.greedy 40.Jealousy

해석

25.그는 평화론자이다. 26.이슬이 초원을 적셨다. 27.그들은 비교적 편하게 살고 있다. 28.우리는 낙관적이어야 한다. 그렇지 않으면 너는 포기한다. 29.감독의 역할과 권한은 지역마다 다르다. 30.실제로 모든 돌판은 그 자체로 분리된 농장으로 취급된다. 31.그림은 19세기 초 영국 예술을 대표한다. 32.Nancy Green은 스토리텔러, 요리사 그리고 선교 노동자로 설명된다. 33.자석은 자기장을 생성하는 재료 또는 물체이다. 34.겨울 스포츠시즌이 대개 11월에 시작한다. 35.최고의 재료들은 파스타, 카레, 심지어 토스트에도 맛있게 잘 어울린다. 36.7월 10일 부터 정례 예배를 제외한 모든 교회 행사를 금지하였다. 37.옛날 옛적에 긴 황금 머리를 가진 아름다운 어린 공주가 있었다. 38. 수사학은 효과적으로 말하고 쓰는 기술, 혹은 이 기술에 대한 연구다. 39.일부 집주인은 탐욕스럽다, 그리고 사람들이 감당할 수 있는 것보다 높은 임대료를 요구한다. 40. 질투가 반드시 나쁜 것은 아니다. 인간의 본성이다. 때때로 질투하는 것이 당연하다.

정답

1.precaution 2.precede 3.precedence 4.precedent 5.precedented 6.unprecedented 7.predecessor 8.predate 9.predict 10.prediction 11.predominate 12.predominant 13.서문, ~에 서문을 쓰다 14.편견 15.서곡, 전조 16.정상보다 빠른 17.전제 18.먼저 점유하다, 마음을 빼앗다 19.준비하다 20. 준비 21.전제조건 22.추정하다 23.추정 24.시사회 25.precedes 26.prepare 27.premature 28.preparations 29.prerequisite 30.presumption 31.prelude 32.preface 33.unprecedented 34.predecessor 35.predicts 36.predominance 37.Prejudice 38.premise 39.Precedence 40.predominant

해석

25.천둥소리보다 번개가 먼저 발생한다. 26.여러분은 수행평가 준비를 해야 한다. 27.그 계획을 실행하기에는 아직 시기가 빠르다. 28.우리는 이사 준비 중이다. 29.건강은 행복의 필수 조건 중 하나다. 30.무죄에 대한 추정이 법에서 중심이다. 31.나에게 독서는 잠들기 전 필수적인 서곡이었다. 32.서문은 저자에 의해서 씌어 지는 짧은 소개문이다. 33.실업률이 전례없는 수준에 이르렀다. 34.나의 전임자는 12년 동안 이 일에 종사했다. 35.기상 예보관은 폭풍우가 올 것을 예보한다. 36.그 가수는 처음 2019년에 예술가로서 탁월함을 보여 주었다. 37.편견은 기본적인 사실을 무시하는 생각이나 의견이다. 38.그들은 모든 인간은 평등하게 창조되었다는 전제에서 시작했다. 39. 대피 계획에서 부상자들에게 우선권이 주어져야 한다. 40.최근 여성들이 건강 관리 전문가로서 지배적인 역할을 한다.

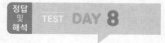

정답

1.pros and cons 2.progress 3.propose 4.proposal 5.product 6.production 7.provision 8.providence 9.producer 10.project 11.prologue 12.prominent 13.prolong 14.순서, 절차 15.승진, 승격, 진급 16.앞으로 나아가다 17.예언자 18.보호, 보안 19.장래의, 유망한 20.돌출, 명성 21.진전시키다, 승진하다 22.진행, 경과 23.행렬 24.예언하다 25.기대, 전망, 가능성 26.항의하다, 항의 27.protection 28.procedure 29.process 30.propose 31.project 32.prophecy 33.prophet 34.procession 35.proposal 36.promotes 37.produce 38.product 39.Production 40.prologue 41.prolong 42.prominent

해석

27.비옷은 비로부터 보호를 해 준다. 28.비자를 받는 절차는 어떻게 되어 있습니까? 29.희끗희끗 해지는 머리는 노화과정의 일부다. 30.그녀는 그 회의 참가 거부를 제안하였다. 31.나의 다음 계획은 부엌을 장식하는 것이다. 32.전쟁이 일어나리라는 그의 예언이 들어맞았다. 33.예언자는 신을 대변하는 사람이다. 34.축제는 시장이 이끄는 행렬과 함께 시작될 것이다. 35.그들은 핵무기 사용 금지 제안을 발표하였다. 36.그린피스는 오늘날 우리의 행성- 지구-를 위협하는 위험들에 대한 인식을 증진시킨다. 37.이것은 젊은 소비자들이 신선한 농산물을 높은 가격에 생산한다는 것을 암시한다. 38.마켓팅에서 상품은 소비자가 사용할 수 있도록 만들어진 물건이나 시스템이다. 39.생산은 여러 가지 물질적 혹은 비물질적 투입을 결합하는 과정이다. 40.프롤로그(Prologue)는 소개하는 연극, 이야기, 혹은 긴 시의 시작 부분이다. 41.그들은 너무나 좋은 시간을 보내고 있는 중어서 또 한 주 더 연장하기로 결정했다. 42.정부는 인권 증진을 위하여 보다 중요한 역할을 해야 한다.

1.advancement 2.foreman 3.anticipate 4.posterior 5.foregoing 6.postscript 7.anticipation 8.ancestor 9.ancestral 10.foreshadow 11.foresee 12.posthumous 13.postpone 14.고대의, 옛날의 15.전진하다, 전진 16.유리한 조건 17.실제보다 날짜를 늦추어 적다 18.전후의 19.예측, 예보하다 20.선구자 21.…에 앞서다 22.조상 23.으뜸가는 24.고대의, 골동품 25.고대 유물 26.예지력, 선견지명 27.forego 28.foremost 29.postscript 30.forerunners 31.forehead 32.postponed 33.foregoing 34.foreman 35.ancestors 36.ancestry 37.anticipation 38.forecast 39.posterior 40.posthumous

해석

27.석재 도구는 청동 도구보다 앞선다. 28.Sale은 승리가 그의 마음 속에 최우선이었다고 말한다. 29.추신으로 내 안부를 전해 주십시오. 30.검은 구름은 폭풍의 전조이다. 31.그 남자는 희생자의 이마에 총을 대고 죽이려고 위협한다. 32.그는 내일까지 그의 출발을 연기했다. 33.앞서 말한 내용이 최신 내용과 모순된다. 34.그는 그 광산에서 건설 감독으로 일해오고 있다. 35.그의 조상은 아일랜드에서 미국으로 왔었다. 36.인간은 침팬지와 공통된 혈통을 가지고 있다. 37.많은 팬들이 앞으로 그의 성공을 기대하고 있을 것이다. 38.그들은 다음 2년 동안에 걸쳐 실업률이 크게 떨어질 것을 예측한다. 39.후방 사슬(신체 뒷면)은 다리에서부터 흐르는 모든 근육들을 포함한다. 40.유복자 출생(사후출생)은 생물학적 부모가 죽은 후 출생한 아이다.

1.recover 2.revival 3.reconcile 4.remain 5.refund 6.resumption 7.redeem 8.renovate 9.retreat 10.retrieve 11.represent 12.rehabilitate 13.reproductive 14.회복, 복구, 경기 회복 15.이동, 제거, 철수, 해임 16.만회, 회복, 정정, 보상 17.재결합하다 18.본래 상태로 되돌아가다 19.조정, 화해, 조화 20.암송하다 21.강화하다, 보장하다 22.옮기다, 제거하다, 해임시키다 23.교체, 대치, 복직 24.대표하는, 대표자 25.번식하다, 복제하다 26.(길 따위를) 되돌아가다 27.retrieve 28.Remove 29.removal 30.reproduce 31.representative 32.recovery 33.reconcile 34.retreat 35.rehabilitate 36.retraced 37.reunited 38.recover 39.remainder 40.resumption 41.reinforce 42.Reconciliation

해석

27.경찰은 그 블랙박스를 회수했다. 28.명단에서 내 이름을 빼줘. 29.우리는 오래된 차 폐기를 위해 준비했다. 30.세포는 자가 복제된다. 31.의회는 국민을 대표한다. 32.미라는 수술로 완전히 회복되었다. 33.두 가지 입장을 화해시킬 어떤 방법도 없다. 34.그 군대는 많은 사상자를 낸 뒤 후퇴해야만 했다. 35.이 프로그램은 너의 이미지를 원상태로 되돌리는데 도움을 줄 것이다. 36.그는 그가 상자를 놓아 두었던 지점까지 되돌아 갔다. 37.사라는 마침내 공항에서 그녀의 아이들과 재회하였다. 38.그녀가 심장 수술 후 회복하는데 오랜 시간 걸렸다. 39.캠핑객들은 음식 대부분을 먹고 약간의 나머지를 개에게 주었다. 40.그는 베트남과 미국 사이에 경제 제휴 재개를 위하여 일했다. 41.그 회담이 성공하면 국제적인 정치가로서의 그의 명성이 강화될 것이다. 42.화해는 다시 우호적이고 조화를 가져오는 사람들의 행동이다.

1.retrospect 2.retrospective 3.afterglow 4.afterword 5.retroaction 6.aftercare 7.aftercrop 8.afterlife 9.retrogression 10.retrogress 11.afterworld 12.retroact 13.뒷맛, 여운 14.반동의, 효력이 소급하는 15.돌려 주다, 되돌아가다 16.산후 복통, 훗배 앓이 17.여진, 여파 18.후에 19.반환, 후퇴 20.후퇴하는, 뒤로 되돌아가는 21.잔존 효과, (사고의) 후유증 22.후퇴하는, 퇴보하는 23.잔상 24.afterlife 25.aftertaste 26.Afterpain 27.aftereffect 28.retrospect 29.retrospect 30.retrocede 31.retrogress 32.Aftercare 33.retrogressive 34.afterglow 35.Aftercrop 36.aftershock 37.retrospect 38.retrospective 39.retrospective

해석

25.그 와인은 쓴 뒷맛을 가지고 있다. 26.Afterpain(산후통)은 분만 후 일반적인 현상이다. 27.주요 후속 효과는 내가 하루 종일 유쾌했다는 것이다. 28.돌이켜 생각해보면 그것은 표현의 자유이다. 29.그 건축가는 공정한 태도로 이 사건을 회고했다. 30.일본은 이전 소유자에게 영토를 반환하여야 한다. 31.그녀는 명예회복의 출발지점까지 후퇴했다. 32.사후 관리(aftercare)는 회복기 환자의 관리와 치료이다. 33.진보적이든 퇴행적이든 항상 얼마간의 변동이 있다. 34.잔광(afterglow)은 태양이 구름의 아래쪽을 밝혔을 때 일어난다. 35.이모작(aftercrop)은 같은 토양에서 연중 나중 수확을 의미한다. 36.여진(aftershock)은 큰 지진 후에 뒤따르는 조그만 지진이다. 37.회고해 볼 때 나의 대학 시절은 그 당시 실제보다 더 행복한 것처럼 보인다. 38.회고전은 한 예술가의 활동의 확대된 기간부터 작품을 출품한다. 39.의학적인 회상(retrospective)은 환자의 의학적 병력이나 삶에 대한 시험이다.

1.overcharge 2.sovereign 3.surface 4.surpass 5.overcome 6.overdue 7.supreme 8.superficial 9.overwhelm 10.surplus 11.surmount 12.overflow 13.override 14.압도적인 15.우수한 16.뛰어난 17.미신, 미신적 관습 18.따라 잡다 19.여분의 20.뒤엎다, 타도 21.감독 22.미신의 23.감시 24.우연히 듣다, 엿듣다 25.간과하다, 내려다 보이다, 경치 26.감독하다 27.overshadow 28.overflow 29.overthrow 30.overwhelming 31.superstitious 32.surveillance 33.superficial 34.Sovereign 35.surpasses 36.surplus 37.surmount 38.superfluous 39.supervises 40.superstition

해석

27.구름이 달을 가리고 있다. 28.폭우 때문에 강이 그것의 둑을 범람할지도 모른다. 29.그들의 궁극적인 목적이 정부를 타도하는 것이다. 30.압도적인 다수가 그 정책에 찬성표를 던졌다. 31.그 마을 원주민들은 미신적이다. 32.지금 더 많은 은행들이 감시카메라를 설치하고 있는 중이다. 33.네가 책을 표지로 판단하고 있다면 너는 피상적이다. 34.통치자는 권력을 행사할 모든 것을 가지고 있다. 35.한국의 예산이 500조를 초과한다. 36.한국이 향후 수개월 동안에도 무역 흑자를 유지할 것이다. 37.후보자는 여러 종류의 장애물을 극복하여야 한다. 38.새 시장은 불필요한 프로그램을 제거하는 것을 계획하고 있다. 39.매니저가 주문 부서 70명의 노동자를 감독한다. 40.미신은 행운이나 다른 불합리하고 비과학적이고, 초자연적인 힘들에 대한 신뢰를 기초로 한 어떠한 믿음이나 관습이다.

## 정답 TEST DAY 13

1.update 2.hypocenter 3.hypodermic 4.upload 5.hypotension 6.upright 7.hyperaesthesia 8.hyperanxious 9.hyperbole 10.upset 11.hyperacid 12.지극히 활동적인 13.향상, 상승, 높이다 14.긴장 감퇴(저하), 저혈압(증) 15.들어 올림, 용기, 대변동, 격변 16.혹평가 17.고혈압(증), 긴장 항진(증) 18.(위액 등의) 산과소, 저산증 19.지지하다 20.과다 활동, 활동 항진 21.충혈 22.의식 과잉의 23.update 24.upgrade 25.upheaval 26.uphold 27.Upload 28.upright 29.upsets 30.Hyperactivity 31.hypocenter 32.hypodermic 33.Hypotension 34.Hypotonia 35.hypertension 36.Hyperbole

### 해석

23.교과서는 정기적으로 업데이트 되어야 한다. 24.버전 6.0으로 업그레이드는 525달러 비용이 든다. 25.대변혁이 1789년 유럽에서 일어났다. 26.그런 행위는 지지할 수 없다. 27.서버에 정보를 올려라. 28.너의 의자를 똑바로 하고 안전벨트를 매세요. 29.정부의 거부가 많은 사람들을 화나게 했다. 30.과다 활동은 특별히 혹은 비정상적으로 활동적인 상태이다. 31.진원지(A hypocenter)는 지진의 처음 일어난 지점이다. 32.피하 주사 바늘이 약을 너의 정맥 안으로 주사한다. 33.저혈압(Hypotension)은 90/60 mmHg보다 낮은 혈압이다. 34.긴장 저하증(Hypotonia)은 감소된 근육 긴장에 대한 의학적 용어이다. 35.높은 혈압 즉 고혈압(hypertension)은 심장병이나 뇌졸중의 위험을 증가시킨다. 36.과장법(hyperbole)은 핵심을 정하고 강조를 위해 극단적인 과장을 사용하는 언어의 비유법이다.

## 정답 TEST DAY 14

1.suppression 2.undercover 3.underestimate 4.undergo 5.suggestion 6.undergraduate 7.underground 8.suppress 9.surrender 10.sustain 11.undermine 12.복종시키다, 제출하다 13.가라 앉다 14.경험하다 15.암시하다, 제안하다 16.축소해서 말하다 17.어렴풋이 의식하고 있는 18.주제, 과목, 지배를 받는 19.잠수함, 해저의 20.책임을 맡다 21.물 속에 잠기다 22.지지, 부양, 지지하다, 부양하다 23.suppress 24.subsides 25.support 26.undergo 27.subconscious 28.subject 29.submarine 30.submerge 31.submit 32.subject 33.submit 34.underground 35.undertake 36.suppression 37.surrender 38.sustain

### 해석

23.그 장군은 반란을 진압했다. 24.나는 폭풍우가 가라앉을 때까지 몇 분 기다릴 것이다. 25.그는 국가로부터 금융 지원을 신청했다. 26.그 환자는 새로운 줄기세포 치료법을 경험할 것이다. 27.그 기억이 나의 잠재의식 안에 깊게 묻혀 있다. 28.우리의 토론 주제는 미래를 위한 교육이다. 29.잠수함이 만년설 아래로 깊게 항해했다. 30.잠수함이 적들의 비행기가 보였을 때 물 속으로 들어갔다. 31.여자들은 그들의 아버지의 권위에 복종했다. 32.모든 국민은 헌법에 복종해야 한다. 33.1월 30일 전에 신청서를 내야 한다. 34.농부들이 추운 날씨로부터 농작물을 보호하기 위하여 지하에서 농작물을 보관한다. 35.네가 어떠한 과제를 떠맡든지 모든 너의 열정으로 행하라. 36.우리는 표현에 대한 억압을 인권 문제로 생각한다. 37.일본은 조건 없이 연합군에 항복하는 것을 거부하였다. 38.시간이 지나면서 그 같은 활동은 대중의 지지를 유지할 수 없다.

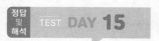

## 정답 TEST DAY 15

1.impair 2.inclusion 3.income 4.immigrate 5.impose 6.influx 7.inhalation 8.inherent 9.inject 10.insert 11.insertion 12.inspire 13.imposing 14.인상을 주다 15.인상적인, 감동을 주는 16.타고난, 천부의 17.전염, 감염 18.접촉 감염성의, 전염성의 19.영향을 미치는 20.주입, 불어넣음, 우려낸 차 21.분발케 하는, 고무하는 22.설치하다 23.임명, 임관, 설치 24.침입, 침략 25.통찰, 간파, 통찰력 26.투자 27.impairs 28.include 29.Income 30.imposes 31.infuse 32.infusion 33.inhale 34.inhalation 35.inject 36.injection 37.inhere 38.immigrate 39.inspiration 40.influential 41.inherited 42.influx

### 해석

27.지방의 과잉 축적은 건강을 해친다. 28.가사에는 요리와 청소도 포함된다. 29.수입은 사람이 받는 수입 혹은 기금 등의 모든 형태이다. 30.정부는 물품에 과세한다. 31.코치는 선수들에게 열망을 불어 넣었다. 32.주입 펌프는 액체를 전달하는 의료 장치다. 33.우선, 코를 통해 숨을 들이마시면서 배를 부풀리세요. 34.그 사람들은 질식사했어요. 35.그 간호사는 정맥에 약을 주사했다. 36.줄기세포 주사 치료는 불법이다. 37.이기심이 우리 각자 안에 타고난 것인가? 38.그는 미국으로 이주해 온 최초의 한국인들 중 한 사람이다. 39.달은 많은 예술가에게 영감의 원천이 되어왔다. 40.역사상 가장 영향력있는 사람들에 대한 우리의 연구에 환영합니다. 41.다음은 상속된 돈을 관리하기 위한 네 가지 고려 사항이다. 42.남한의 인구에는 외국인들의 증가가 큰 부분을 차지했다.

## 정답 TEST DAY 16

1.interact 2.intervene 3.interrogation 4.interception 5.interchange 6.interrogative 7.interfere 8.intervention 9.interviewer 10.interaction 11.internal 12.international 13.interpersonal 14.통역하다 15.상호 작용하는, 쌍방향의 16.가로채다 17.방해, 훼방 18.휴식 시간 19.해석, 설명, 판단 20.가로막음, 차단, 방해 21.교차하다 22.심문하다 23.간격, 중간 휴식시간 24.방해하다, 일시중단 25.가로지름, 교차, 횡단, 교차점 26.피회견자 27.intersection 28.interact 29.intercept 30.interception 31.interferes 32.internal 33.interval 34.interruption 35.intervene 36.interviewee 37.interpretations 38.interrogate 39.interrogation 40.Interrogative 41.Interference 42.intermission

### 해석

27.그 사고는 혼잡한 교차로에서 발생했다. 28.그 아이는 다른 학생들과 잘 어울리지 못한다. 29.한국 선수가 볼을 가로챈 뒤 빠르게 공격했다. 30.이 장비는 중요한 정보를 가로채는 것을 막아준다. 31.아침 식사를 거르는 것은 학생들이 수업에 집중을 방해한다. 32.데스크탑 컴퓨터의 내부 저장은 훨씬 더 안전하다. 33.또한 열차 운행 간격도 줄어들 것이다. 34.우리들의 대화는 한 시간 이상 동안 방해없이 계속되었다. 35.그는 불평등을 완화하기 위해서 정부가 경제체제에 개입해야 한다. 36.그 뉴스 기자는 인터뷰 대상에게 매우 개인적인 질문을 했다. 37.분쟁은 두 개의 크게 다른 법에 대한 해석에 기초한다. 38.경관은 그 여행객의 여행 목적에 대해 심문했다. 39.심문의 정의는 어떤 사람에게 구두 질문이다. 40.의문문은 네가 정보를 모으고 혼란스러운 것을 명쾌하게 하도록 한다. 41.간섭(Interference)은 두 개 이상이 광선이 겹칠 때 발생하는 시각적인 효과이다. 42.휴식시간(intermission)은 연극, 오페라, 콘서트 혹은 영화 등 공연들 사이의 휴식시간이다.

**정답**

1.excellent 2.elaborate 3.excel 4.exaggeration 5.exaggerate 6.excellence 7.exhalation 8.emergence 9.exhale 10.emergency 11.elaboration 12.elicit 13.나오다 14.이민을 가다 15.(책임·의무 등의)회피 16.(타국으로의)이주 17.명성, 고위, 높음 18.회피하는 19.쫓아 내다 20.저명한 21.피하다 22.추방23.환기 시키다 24.불러일으킴, 환기 25.elaborate 26.emergency 27.emigrate 28.eminent 29.eminence 30.evade 31.Evasion 32.evasive 33.evict 34.Eviction 35.evoke 36.excellence 37.exaggerations 38.exhalation 39.Elaboration 40.emergence

**해석**

25.그들은 그 시스템을 가동하기 위하여 정교한 컴퓨터 프로그램들을 만들었다. 26.대통령은 지진 후 긴급상황을 선언했다. 27.많은 사람들이 더 나은 삶을 살기 위해 그 나라로 이민 간다. 28.저명한 사람은 잘 알려지고 존경받는다. 29.78미터짜리 모터 요트가 일출에 멋지게 나타났다. 30.그 증인은 당혹스럽게 하는 질문을 회피하려고 노력했다. 31.회피는 물리적으로 무엇인가로부터 피하는 행위이다. 32.조종사는 다른 비행기를 피하기 위하여 민첩한 행동을 취해야만 했다. 33.국민들은 그를 현직에서 추방시켰다. 34.퇴거는 지주에 의한 임대 재산에 대한 임대 종료이다. 35.그 좋은 시는 푸른 들판의 냄새, 색, 소리를 생생히 그려낸다. 36.그 배우는 그 영화에서 연기의 우수성에 대해 인정받았다. 37.불행하게도 그 신문 기사는 과장과 허위로 가득 차 있었다. 38.그 호흡밸브는 숨을 내쉬기 쉽게하고 마스크안에 열과 습기를 감소시키도록 디자인 되었다. 39.퇴고(Elaboration)는 존재하는 정보에 보다 정교하고 새롭게 출현하는 완전체를 창조하기 위하여 더 많은 정보를 보태는 행위이다. 40.인터넷의 출현은 사람들이 쉽고 빠르게 의사소통하도록 하였다.

**정답**

1.explication 2.exceed 3.exhaust 4.explicable 5.extinguish 6.exchange 7.ex-convict 8.exhibition 9.expand 10.exhibit 11.expansion 12.expanse 13.expel 14.내쫓는 힘이 있는, 구제약 15.상세히 설명하다, 해설하다 16.뚜렷한, 명백한 17.박람회, 전람회 18.노출, 발각, 폭로 19.수출하다 20.드러내다, 노출 시키다 21.확대하다 22.넓이, 크기, 길이 23.멸종한, 사멸한 24.연장, 확대, 〈전화〉내선 25.광대한, 넓은 26.사멸, 절멸, 폐절, 소멸 27.expand 28.extend 29.expanse 30.exhausted 31.explicit 32.exceed 33.exhibition 34.explication 35.extent 36.exposure 37.extinguish 38.extinct 39.extinction 40.exterminate 41.explicable 42.expelled

**해석**

27.그 법안은 인터넷 서비스를 확대해 줄 것이다. 28.캐나다는 평화 유지 임무를 확대하지 않을 것이다. 29.그 탐험가는 거대한 북극의 광활한 공간을 응시했다. 30.우리는 모든 우리의 천연자원들을 고갈시켰다. 31.그 여배우는 경찰에 분명한 메시지를 보냈다. 32.타이거 우즈가 오스틴에서 이번 주 기대를 충족시켰는가 초과하였는가? 33.전시회 공간이 크고 타원형 모양이어야 한다. 34.연극에 설명이 너무 많고 행동이 충분하지 않다. 35.사진은 재난이 발생한 남부 해안의 홍수 정도를 보여준다. 36.너는 항상 태양에 노출을 제한하여야 한다. 37.소방 대원들은 불길을 진화하기 위하여 몇시간 동안 싸웠다. 38.20종의 새와 20종의 포유류가 20년 후에 멸종될 것이다. 39.생물학에서 멸종(extinction)은 죽어서 살아지는 것 혹은 종의 절멸을 뜻한다. 40.국민들은 다음 총선에서 친일 세력들을 뿌리 채 뽑는 것을 원한다. 41.인간의 비극은 가난과 결핍보다 과소비로 더 많이 설명할 수 있다. 42.와이 대학은 반복적인 학내 비행에 대하여 중국 출신의 학생을 추방하였다.

**정답**

1.outbreak 2.extraneous 3.outspoken 4.utter 5.utmost 6.extrovert 7.outburst 8.outcast 9.outcome 10.extrasolar 11.outdo 12.outgoing 13.outgrow 14.법익 박탈, 불법화하다 15.배출구, 상점, 콘센트 16.개요, 윤곽 17.정규 과목 이외의 18.뛰어난 19.~보다 더 무게가 나가다 20.…의 의표[허]를 찌르다 21 특별한 22.~보다 오래 살다 23.전망, 예측 24.능가하다 25.생산, 산출 26.지구 밖의, 지구 이외의 행성(생물) 27.outbreak 28.outcast 29.outcome 30.outdo 31.outlet 32.outlets 33.outline 34.outskirts 35.Extraneous 36.extrasolar 37.outspoken 38.outstanding 39.extraordinary 40.extraterrestrial 41.outlet 42.output

**해석**

27.전쟁 발발은 우리 회사의 도산을 재촉했다. 28.그녀가 학교에서 따돌림 당하고 있다고 느낀다. 29.우리는 그 선거 결과를 마음 졸이며 기다리고 있는 중이다. 30.그는 항상 팀메이트를 보다 나으려고 노력한다. 31.시를 쓰는 것은 그의 유일한 감정 배출 형태이다. 32.그 회사는 전국적으로 1,200개 이상의 매장을 가지고 있다. 33.그는 나에게 사건의 개요를 간략하게 설명했다. 34.우리는 수도 변두리에서 머물렀다. 35.카메라 내부에 외부 빛이 들어가서 사진을 망쳤다. 36.케플러 망원경은 아직 태양계 바깥의 행성을 직접적으로 관측할 수 없다. 37.넬슨 만델라는 인종차별(Apartheid)에 대해 거리낌 없이 비평한 비평가였다. 38.그 지역은 뛰어난 자연미 때문에 유명하다. 39.비범한 예언가는 문명 사이에도 또 다른 갈등을 예언하는다. 40.외계 생명이 존재하는지 어떤지를 결정하기 위하여 인간들이 훨씬 열심히 노력하는 것이 필요하다. 41.전기 콘센트 또는 콘센트는 전기 설비를 전기 공급 장치에 연결하는 소켓이다. 42.그 국가들은 실제로 세계 경제 생산의 약 5분의 1을 차지한다.

**정답**

1.transact 2.transcribe 3.transaction 4.withhold 5.transcript 6.transfer 7.transform 8.without 9.withstand 10.notwithstanding 11.transatlantic 12.transcend 13.transfuse 14.옮겨 심다, 이식 15.대각선의 16.진단하다, 조사 분석하다 17.옮겨 붓기, 주입, 침투, 수혈 18.이식유전자를 가진 19.대화 20.진단(법), 진단, 식별 21.넘어서다, 벗어나다 22.방언, 사투리 23.도표, 도해 24.뛰어난, 탁월한 25.직경, 지름 26.철회하다, 그만두다 27.transatlantic 28.transcend 29.transformed 30.diagonals 31.diagnose 32.withdraw 33.withstand 34.dialect 35.transacts 36.transformation 37.transfuse 38.transcendent 39.transcript 40.transfusion 41.Notwithstanding 42.diameter

**해석**

27.대서양을 횡단하는 비행기가 그 곳에 많이 착륙한다. 28.지혜와 지능은 시대를 초월한다. 29.누에가 고치로 변형된다. 30.직사각형은 똑같은 길이의 두 대각선을 가지고 있다. 31.의사는 그녀의 병을 결핵으로 진단하였다. 32.러시아는 베네수엘라로부터 군대를 철수하지 않을 것이다. 33.과학은 극단적인 날씨를 견디어 낼 방법들을 찾고 있다. 34.방언은 특정 지역에서 말되어지는 언어의 형태이다. 35.그 상인은 많은 상점과 거래하고 있다. 36.형질 전환은 외래 DNA가 세포 속으로 유입되는 과정이다. 37.교수는 자기 연구에 대한 열정을 학생들에게 불어넣었다. 38.그 선수의 탁월한 능력은 그팀이 놀라운 승리를 할 수 있도록 도왔다. 39.오늘 회의 요청 기록은 당사 웹 사이트에서 확인할 수 있다. 40.수혈은 잃어버린 혈액 요소를 대체하기 위한 여러 가지 의학적 용도로 사용된다. 41.일부 회원들의 반대에도 불구하고 우리는 계획을 진행해야한다고 생각한다. 42.둥근 물체의 직경은 가로지르는 직선의 길이다.

1.perceive 2.sympathy 3.synthetic 4.perception 5.perceivable 6.symphony 7.synthesize 8.perceptive 9.perennial 10.perfect 11.perfume 12.permanent 13.synchronize 14.허가, 면허, 허용 15.증후군, 동시에 발생하는 일련의 증상 16.인내하다 17.비슷한 말 18.인내(력), 참을성, 버팀 19.종합, 통합, 합성 20.끈덕짐, 고집, 영속, 지속 21.관점, 시각, 견해, 원근화법 22.땀을 흘리다 23.설득해서 하게 하다 24.발한, 땀 25.설득 잘하는, 설득력 있는 26.설득, 설득력, 확신, 신념 27.perceive 28.Perennial 29.perfume 30.permanent 31.permitted 32.permit 33.permission 34.persisted 35.synthetics 36.synthesize 37.synthesizing 38.Persistence 39.perspire 40.perception 41.Synthetic 42.Perspiration

[해석]

27.물고기가 수면에서 뛰어오르는 것을 보게 될 거다. 28.다년생의 꽃들이 싹이 돋는 것은 확실한 봄의 신호이다. 29.그녀의 향수 냄새가 온 사무실을 뒤덮었다. 30.그 외국인 노동자는 한국에서의 영구 거주를 신청했다. 31.이 방에서는 금연이다. 32.그 외국인은 임시 거주 허가를 획득하였다. 33.불법 입국자들은 허가 없이 그 나라에 들어왔다. 34.그 전설은 1,000년 동안 계속되어 오고 있다. 35.인조 보석 제품은 합성 물질로서 알려졌다. 36.몸이 직접 합성할 수 없는 많은 비타민들이 있다. 37.광범위한 조사 후 그는 산을 합성하는데 성공했다. 38.끈기는 또한 매우 오랫동안 지속되는 어떤 것을 의미한다. 39.기자들과 카메라맨들은 열기 속에서 땀 흘리기 시작했다. 40.모든 인식은 신경 체계를 통해 들어오는 신호들이다. 41.합성 제품은 자연 제품보다는 화학물질이나 인공 물질로부터 만들어졌다. 42.sweating으로 알려진 땀은 포유류 피부에서 땀샘에 의해 분비되는 액체의 분비이다.

1.combination 2.coexistence 3.coheir 4.coalition 5.coauthor 6.coexist 7.cohere 8.commemorate 9.commemoration 10.company 11.compel 12.coherent 13.copartner 14.동시에 일어나다 15.협력 16.서로 평행한, 평평한 17.충돌하다 18.우연한 일치 19.협력하다 20.공모, 결탁 21.공모의 22.직장 동료 23.결합하다 24.강요, 강제 25.응집, 일관성 26.화합하는, 결합하는 27.coexist 28.coexistence 29.coheir 30.cohere 31.coherent 32.coherence 33.combination 34.compulsion 35.cohesive 36.cohesion 37.collide 38.collision 39.coincide 40.coincidence 41.Collusion 42.collaboration

[해석]

27.인간은 자연과 공존해야 한다. 28.이 행사는 평화, 공생, 그리고 생명을 후원한다. 29.펩시의 공동 상속인이자 기업가가 인터뷰에서 모든 것을 말했다. 30.그 소설의 여러 요소들이 시종일관하다. 31.그들의 산업 정책은 일관성 있고 실질적이다. 32.에세이 전체가 일관성이 부족하다. 33.물은 수소와 산소의 결합이다. 34.그 지붕은 강요하에서 이루어졌다. 35.가족 구성원은 우리 사회의 응집력있는 단위이다. 36.다른 주요 문제는 고용과 사회적 결속이다. 37.캘리포니아 화물열차가 여객열차와 충돌했다. 38.Blar 씨는 Stanton 씨와 끊임없이 충돌하고 있는 중이다. 39.라마단이 월드컵 기간과 겹쳤다. 40.우연한 일치(coincidence)는 두 가지 이상 비슷한 혹은 관련된 사건이 우연히 동시에 일어나는 때이다. 41.공모(Collusion)는 특히 국가들이나 조직들 사이에 불법적인 협력이다. 42.그 영화는 BBC 드라마와 예술과 오락 부문의 독특한 합작품이다.

1.confirmation 2.cooperation 3.cooperative 4.correspond 5.compromise 6.conform 7.complicate 8.confrontation 9.confirm 10.correspondent 11.correspondence 12.복잡함, 합병증 13.구성하다, 작곡하다 14.편집하다, 자료 수집하다 15.편집, 편찬, 편집물 16.구성 17.합성하다, 화합물 18.구조, 형태 19.직면하다 20.농축시키다, 응축시키다 21.압축, 응축, 농축, 응결 22.협력하다 23.compose 24.compilation 25.compounds 26.compound 27.compromise 28.confirms 29.conform 30.confronted 31.compromise 32.cooperation 33.cooperative 34.complicate 35.condense 36.cooperate 37.Condensation 38.correspond 39.correspondents 40.compiled

[해석]

23.그는 the First Violin Sonata를 4년 일찍 작곡하였다. 24.이 CD는 1980년대의 위대한 곡들의 편집물이다. 25.그 회사는 여러 가지 성분을 조제하여 약으로 만든다. 26.공기가 디젤과 가솔린 가스의 화합물처럼 냄새가 난다. 27.다른 타협안이 필요하다. 28.이 보고로 나의 의심이 확실했음을 알았다. 29.아이들은 또한 해로운 방식으로 순응하기 위해 노력할지도 모른다. 30.우리는 종종 일상 생활에서 어려움에 직면한다. 31.정부는 환경 원칙을 타협하지 않을 것이다. 32.우리는 너의 완전한 협력이 필요하다. 33.내가 곤란할 때에 그는 매우 협력적이다. 34.문제를 더 이상 복잡하게 만들지 마라. 35.논점을 몇 가지로 요약하여 주십시오. 36.지도자들은 내전을 끝내는데 협력하기로 약속했다. 37.액화는 물 수증기가 액체 상태의 물로 변화하는 과정이다. 38.이 말들은 민주주의 이념과 맞지 않는다. 39.특파원들에 관련하여 말하면, 편지는 커뮤니케이션의 중요한 도구였다. 40.그 앨범은 작년 순회 공연 실황 녹음을 편집한 것이었다.

1.illiterate 2.impatient 3.inanimate 4.inapplicable 5.incapacity 6.incessant 7.independent 8.inextricable 9.immediate 10.immemorial 11.impartial 12.inhumane 13.invariable 14.피할 수 없는 15.무능(력), 무력 16.죽지 않는 17.불법의 18.참을 수 없는 19.비싸지 않은 20.무한한 21.불안정 22.만질 수 없는 23.비논리적인 24.거대한, 막대한 25.부도덕한 26.무례한, 버릇없는 27.inextricable 28.infinite 29.illiterate 30.illiteracy 31.illogical 32.immemorial 33.immediate 34.insatiable 35.Intangible 36.instable 37.instability 38.incessant 39.indivisible 40.inevitable 41.inability 42.independent

[해석]

27.경제와 정치는 불가분의 관계이다. 28.그들은 셀 수 없이 많은 권리를 가진다. 29.그 거리 아이들의 대부분은 문맹이다. 30.아프리카에서 문맹의 비율이 매우 높았다. 31.사랑의 게임은 종종 신비롭고 비논리적이다. 32.태고적부터 공룡이 존재했다. 33.아주 가까운 장래에 대한 전망은 좋다. 34.그 아이들은 만족을 모르는 호기심을 가지고 있다. 35.무형의 재산은 여러 가지 독특한 특성들을 가지고 있다. 36.그 시스템은 불안정 경향이 있을 것이다. 37.정치적인 불안정이 경제 정책에 문제를 일으킬 것 같다. 38.밤낮 우리는 도시의 끊임없는 소음과 함께 산다. 39.원자는 나눠질 수 없다. 다시말해 원자는 분리될 수 없는 물질이다. 40.그 두 회사의 합병은 피할 수 없을 것 같다. 41.재산세를 납부할 능력이 없는 경우 집을 잃는 것으로 이끄는가? 42.우리는 독립적인 전 세계 출신의 창작자들이 새로운 프로젝트를 개발하도록 돕는다.

# TEST DAY 25

## 정답

1.irrational 2.disability 3.disagree 4.irresistible 5.irresponsible 6.irreducible 7.disappearance 8.disapproval 9.disclose 10.discontent 11.discontinue 12.discourage 13.disgrace 14.분해, 분열, 붕괴 15.무질서 16.침착한, 냉정한 17.반증을 들다, 반박하다 18. 불찬성, 반대 의견, 불만 19.자격을 박탈하다 20.무시하다, 묵살하다 21.부적절, 무관함 22.부적절한, 무관한 23.바꾸어 놓다, 옮기다 24.불쾌 25.설득하여 단념시키다 26.불규칙적인 27.irrational 28.irregular 29.irresponsible 30.irrelevant 31.disapprove 32.disclose 33.disable 34.disagree 35.disappear 36.disgrace 37.disintegrate 38.disqualification 39.dissuade 40.irresistible 41.discontinue 42.disqualify

## 해석

27.이 전쟁은 많은 면에서 비이성적이다. 28.너의 심장박동이 다시 불규칙해졌다. 29.그는 전혀 무책임한 말을 한다. 30.그것이 나와 상관없는 일은 아닌 것 같다. 31.기독교 윤리는 자살을 부정한다. 32.그는 친구에게 비밀을 밝혔다. 33.그 탐정을 성공적으로 그 폭탄을 쓸모없게 했다. 34.결론은 사실과 일치하지 않는다. 35.버팔로가 그 마을에서 왜 사라졌는가? 36.국민들은 그 조사들을 수치라고 부른다. 37.그녀는 디지털 자산을 분해 시킬 수 있을 것이다. 38.그 같은 범죄에 대한 벌칙은 자동적인 자격박탈이다. 39.그 상담가들은 젊은이들이 폭력단들에 참여하지 않도록 설득한다. 40.그는 그 광경을 보고 크게 소리치고 싶은 충동을 느꼈다. 41.버스회사는 두 읍내사이 버스운행을 중단할 계획이다. 42.선거 위원회가 여전히 후보자들과 정당들의 자격 박탈 할 수 있다.

# TEST DAY 26

## 정답

1.deviation 2.depress 3.debase 4.deflate 5.degradation 6.demotion 7.depict 8.deposit 9.declaration 10.deform 11.dehydrate 12.deodorant 13.decay 14.퇴폐적인, 데카당파의 15.연역하다, 추론하다 16.추론, 뺌, 공제 17.출발, 떠남, 발차, 출항 18.규제를 철폐하다 19.규제 철폐 20.벗어나다 21.의기소침, 침울, 불경기 22.말로 설명하다, 묘사하다 23.기술, 묘사 24.무시하다. 경멸하다 25.가치를 내리다 26.가치를 내리다 27.dehydrate 28.delay 29.deodorant 30.declaration 31.description 32.deduction 33.deposit 34.deposition 35.deposition 36.deflation 37.debase 38.decadent 39.deduce 40.deduction 41.deformation 42.depresses

## 해석

27.짠 액체는 몸을 탈수시킬 수 있다. 28.출발을 연기하는 쪽이 좋겠다. 29.그렇다면 탈취제 사용을 즉각 중단해야 한다는 것입니까? 30.선언의 정의는 공식적인 발표다. 31.그 디자이너는 생생한 묘사를 할 수 있는 진정한 재능이 있다. 32.배당금은 세금 공제없이 지불될 것이다. 33.고객은 매달 최소한 100달러를 예금해야 한다. 34.군중들은 독재자의 파면을 축하했다. 35.홍수는 강어귀에 퇴적층을 일으킨다. 36.디플레이션이 경제에 어떻게 영향을 미치는가? 37.어떤 것의 가치를 떨어뜨리는 것은 그것의 가치나 질을 줄이는 것을 의미한다. 38.데카당문학은 19세기에 프랑스에서 전성기를 가졌다. 39.추론하는 것(To deduce)은 네가 이미 아는 것에 기초한 채 무언가를 이해하는 것이다. 40.탐정은 사실로부터 추론에 의해 살인자를 밝혀낼 것이다. 41.공학에서 변형은 물체의 사이즈나 모양에 있어 변형을 뜻한다. 42.누군가가 또 무엇인가를 너를 우울하게 하면, 그들은 네가 슬프거나 실망스럽게 느끼도록 하는 것이다.

# TEST DAY 27

## 정답

1.decode 2.defuse 3.counteract 4.counterattack 5.derange 6.detachment 7.counterblow 8.counterfeit 9.countermeasure 10.detached 11.contraband 12.contradict 13.controversy 14.철회하다 15.발견, 간파, 탐지, 발각 16.해독하다 17.균형을 맞추다 18.무효로하다, 상쇄하다 19.내려 가다 20.자손, 후예 21.반대로, 반대, 반대의 것 22.반박하다 23.서리를 제거하다 24.단점, 약점 25.고갈시키다 26.해독성의 27.derange 28.Deranged 29.Descendant 30.detoxify 31.contradict 32.contraband 33.descension 34.decode 35.deplete 36.depletion 37.detachment 38.detected 39. Controversy 40.contrary 41.demerit 42.Detoxicant

## 해석

27.전쟁은 우리의 삶을 어지럽혔다. 28.미친 운전자가 3명을 죽였다. 29.후손은 조상의 반대말이다. 30.특별한 차는 몸을 해독하는 것으로 여겨진다. 31.이 같은 발견은 초기 연구를 반박한다. 32.국세청은 온라인 밀수를 타겟으로 한다. 33.골동품의 실제 가치가 하락했다. 34.그 스파이는 암호문을 해독해서 읽었다. 35.이 화학물질은 오존층을 고갈시킨다. 36.산소고갈은 큰 바다에서 대량 멸종을 촉발시켰다. 37.이탈리아 파견대가 그 지역에 보내졌다. 38.얼마간의 소리들은 인간의 귀에 의해 탐지될 수 없다. 39.논쟁(Controversy)은 오래 지속된 분쟁과 토론상태를 말한다. 40.연구는 전통적인 생각과 정반대되는 몇몇 발견들을 보도했다. 41.일장 일단이 있다. 42.몸에서 독을 제거하고 감소시키는 저 약초들은 해독성이 있는 약초다.

# TEST DAY 28

## 정답

1.unambitious 2.unaware 3.antagonize 4.antiaging 5.antonym 6.undue 7.uneasy 8.uneven 9.antibiosis 10.unfold 11.unfortunate 12.unidentified 13.uninhabited 14.아무 제약을 받지 않은 15.항생물질 16.고의가 아닌 17.…의 가죽끈을 풀다, 속박을 풀다 18.~할 거 같지 않은 19.항체, 항독소 20.불안하게 하다 21.불안 22.부도덕한 23.숙련되지 않은, 미숙한 24.길들지 않은 25.남극의 26.꺼리는, 마지 못해 하는 27.antagonizes 28.unleash 29.antibiotics 30.antibody 31.uninhabited 32.uninhibited 33.unintended 34.uneven 35.unfair 36.Antibiosis 37.Unskilled 38.untamed 39.undue 40.unconstitutional 41.unidentified 42.Antonyms

## 해석

27.그의 태도는 사람들의 반감을 산다. 28.최악의 경우, 핵전쟁이 발생할 수도 있다. 29.새로운 항생제들이 물고기 진액을 사용하여 개발되었다. 30.항체가 비만과 골다공증을 치료할 수 있다. 31.무인도는 그 섬에 살고 있는 사람들이 전혀 없다. 32.우리는 두 시간 동안 영광스럽고 아무 제약이 없는 연극을 봤다. 33.그 제안된 개혁은 의도되지 않은 결과를 가져올 것이다. 34.길을 조심하시오. 포장돌이 고르지 않네요. 35.다른 사람의 불행을 이용하는 것은 부당하다. 36.항생작용은 둘 이상의 유기체 사이의 생물학적 상호 작용이다. 37.비숙련 외국인 노동이 사우디 노동자의 소득을 감소시킬 것이다. 38.길들여지지 않은 지역이나 장소는 원래 그대로 즉 자연상태에 있다. 39.그 같은 높은 인상은 지역 납세자에게 지나친 부담을 부과한다. 40.대통령의 빈약하고 무력하며 위헌 행위는 우리에게 합의를 요구한다. 41.경찰은 어제 발견된 시체의 신원이 밝혀지지 않은 남자의 죽음을 조사하고 있는 중이다. 42.반대말(Antonyms)은 정반대말이나 근접한 반대말이다. 즉 tall(키가 큰)와 short(키가 작은), fast(빠른)와 slow(늦은), weak(약한)과 strong(강한)이 그것이다.

408

1.nonacceptance 2.nonsense 3.telegraphic 4.telescope 5.nonscheduled 6.nonscientific 7.achromatic 8.amnesia 9.amoral 10.atonal 11.nonalcoholic 12.nonchalance 13.anecdote 14.아노미 현상 15.이름을 밝히지 않는, 익명의 16.불균형, 비대칭 17.재택근무 18.원격회의 19.(텔레비전으로)방송하다 20.텔레파시 능력자 21.무관심(냉담)한, 태연한, 냉정한 22.사실 문학 23.무정부 24.무정부주의, 무정부 (상태) 25.텔레파시, 정신 감응(술) 26.정신 감응의, 이심전심의 27.amoral 28.nonchalant 29.telegraphic 30.telepathy 31.nonfiction 32.Nonchalance 33.nonscheduled 34.nonscientific 35.nonacceptance 36.telescope 37.achromatic 38.ahistorical 39.Amnesia 40.Amoral 41.Anarchism 42.anecdote

해석

27.과학은 완전히 도덕과 관계없다. 28.그의 냉담한 태도는 나를 격노하게 하였다. 29.그 다음에 그는 오스틴에게 전신환으로 100,000달러를 보냈다. 30.텔레파시의 정의는 뇌에서 뇌로 메시지를 보내는 것이다. 31.White는 소설과 비소설 27권의 책을 앞서 썼다. 32.냉담함(nonchalance)은 일상적인 관심의 부족, 즉 걱정이나 열정이 없는 이완된 상태다. 33.이것은 주요사건 관련 대부분의 임시 방송, 특별 보도와 취재를 포함한다. 34.그 그룹은 화요일 총선 후인 지난주 500명의 유권자들에 대한 비과학적인 조사를 공개했다. 35.우리의 임무는 지불 처리 지연 또는 기술 실패 또는 미승인 문제 해결을 치료하는 것을 포함한다. 36.친절한 전문가가 올바른 망원경, 쌍안경 또는 액세서리를 선택하도록 도와준다. 37.별 없는 밤에 회색 도시 경치와 호수의 검은 표면은 둘 다 무색(achromatic)으로서 묘사되어질 수 있다. 38.그 책은 문화를 역사와 관련 없고 부조리한 주로 경제적인 문제로서 말한다. 39.기억 상실증(Amnesia)은 새로운 정보를 얻거나 과거를 기억하는데 어려움을 말한다. 40. Amoral(도덕과 관계없는)는 도덕의 관념이 없는 사람이나 혹은 도덕적인 고려가 적용되지 않는 장소나 상황들이다. 41.무정부주의는 권력자들을 부당한 것으로 거부하는 반 권위적인 정치 사회 철학이다. 42.똑같은 인터뷰에서 그는 좋은 세일즈맨이 된다는 것이 무엇을 뜻하는지에 관한 일화를 말했다.

1.abhor 2.avert 3.aversion 4.abduction 5.abhorrence 6.abnormal 7.absurd 8.aboriginal 9.abrade 10.abrasion 11.seduction 12.secede 13.seclusion 14.잘라서 떼어 내다 15.안전 16.선발, 선택 17.차별하다 18.용서하다, 면제하다 19.흡수하다, 열중하다 20.비밀 21.분할 22.부추기다 23.인종차별 24.유괴하다 25.흡수, 열중 26.남용하다, 오용하다 27.abhors 28.abducted 29.abhorrent 30.abhorrence 31.abrasions 32.absorb 33.absorption 34.section 35. seclude 36.secede 37.seclusion 38.selection 39.segregation 40.seduced 41.secret 42.Seduction

해석

27.인간은 폭력을 몹시 싫어한다. 28.그 소녀는 납치범들에 의해 유괴되었다. 29.얼마간의 죄수들에게 그들의 범죄는 너무나 혐오스럽다. 30.그들은 인종주의에 대한 그들의 혐오를 보여주려 열망한다. 31.그는 오른쪽 뺨에 심각한 상처를 입었다. 32.나무들은 이산화탄소를 흡수하고 그늘을 제공한다. 33.운동은 몸이 영양물질의 흡수를 촉진 시킬 수 있다. 34.그 레스토랑은 흡연 금지 구역을 가지고 있나요? 35.그 지역은 남부로부터 탈퇴하려고 노력한다. 36.전형적으로 그 신부는 또 다른 방에서 혼자 있다고 한다. 37.그가 연기에서 은퇴한 이후 은둔하는 삶을 살고 있다. 38.정치 후보자 선발을 관리하는 엄격한 규칙들이 있다. 39.그 공동체는 학교와 주택에서 인종차별을 끝내기 위하여 싸웠다. 40.거의 모든 에딘버러 방문객은 그것의 멋진 건축물에 매혹된다. 41.대통령은 의회 빌딩 아래에 있는 비밀 통로를 통해 도망쳤다.42.유혹(seduction)은 일부러 어떤 사람이 어떤 관련된 일에 참여하도록 부추기는 과정이다.

1.benefaction 2.benefactor 3.benefic 4.beneficial 5.benefit 6.ambiance 7.ambidexter 8.ambiguous 9.ambition 10.ambitious 11.ambiguity 12.ambivalent 13.amphibian 14.양서류의, 수륙 양용의 15.원형극장 16.자선심이 많은, 인정 많은 17.선행, 은혜, 자선 18.자비심, 박애, 선행, 자선 19.자애로운 20.(영양물의) 흡수 불량 21.솜씨 없는, 서투른 22.질병 23.악의 24.악의 있는 25.작동하지 않음, 제대로 작동하지 않다 26.악성코드 27.benefactor 28.benefit 29.beneficial 30.beneficence 31.malice 32.malicious 33.maltreat 34.malfunction 35.ambidextrous 36.ambiguity 37.malformation 38.ambiance 39.ambivalent 40.amphibians 41.ambidexter 42.malfunctions

해석

27.한 익명의 은인이 백만 달러를 기증했다. 28.오일 발견은 그 읍내에 많은 이익을 가져왔다. 29.규칙적인 운동은 많은 유익한 건강효과를 가지고 있다. 30.그들은 그들 스폰서들의 자선행위에 깊게 의존하고 있다. 31.확실히 그녀의 논평에는 어떠한 악의도 없었다. 32.악의적인 의도가 전혀 없다. 33.여러 명의 죄수들이 학대 당했다. 34.소프트웨어 문제로 인해 시스템이 오작동하고 있다. 35.우리들 중 어떤 사람들도 자연스러운 양손잡이는 아니다. 36.그 시의 모호함은 여러 해석을 허락한다. 37.아프리카에서 아이들이 팔다리 기형으로 고생한다. 38.단어 'ambiance'는 어떤 장소의 분위기나 느낌으로 정의된다. 39.전 가족들은 교외로 이사 가는 것에 대해 상반된 입장을 가지고 있었다. 40.양서류는 생존하기 위하여 물이나 혹은 축축한 환경을 필요로 하는 척추동물이다. 41.'양손잡이 혹은 이중 행위자(An ambidexter)'는 똑같이 수월하게 양손을 사용하거나 혹은 양쪽으로부터 뇌물이나 수수료를 챙기는 사람이다. 42.장비 오작동은 설계 불량, 불완전한 자격, 또는 유지 보수 문제로부터 발생할 수 있다.

1.misdeed 2.misfortune 3.mislead 4.automobile 5.autocracy 6.automatic 7.autonomy 8.misapply 9.misapprehend 10.encourage 11.enslave 12.entitle 13.enclose 14.자서전 15.자필, 서명 16.무례한 행동을 하다 17.무례, 부정, 나쁜 행동 18.계산을 잘못하다 19.높이다, 풍부하게 하다 20.깊게 하다 21.그르치기 쉬운, 오해하기 쉬운 22.잘못 나타내다 23.잘못, 틀림, 잘못 알다 24.오해하다 25.크게 하다 26.강하게 하다 27.misfortune 28.enforce 29.enlarge 30.enrich 31.enslaved 32.automatic 33.autocracy 34.enable 35.automatic 36.autonomy 37.entitled 38.deepen 39.strengthen 40.misbehaved 41.misbehavior 42.miscalculated

해석

27.《속담》화불단행(禍不單行). 엎친 데 덮치다.28.우리는 교통법규를 시행하는 것을 필요로 한다. 29.시의회가 공원을 확대하기로 투표했다. 30.그녀의 작품은 1960년대에 대한 우리의 견해를 풍요롭게 했다. 31.우리는 점차 기술에 노예가 되어간다. 32.네 차는 오토매틱인가 수동인가? 33.1980년대에 국민은 독재에 맞섰다. 34.전산화는 우리가 생산비를 반으로 줄이도록 한다. 35.현금 자동 입출금기는 미국에서 처음 개발되었다. 36.시위대는 그들의 지역에서 즉각적인 자치를 요구했다. 37.아이들과 노인들은 싼 열차 티켓 자격이 주어졌다. 38.태평양 지역에서의 위기가 상당히 깊어질 수 있다. 39.그녀의 목소리 톤이 갑자기 강해졌다. 40.아이들이 잘못 행동했을 때, 그녀는 대처할 수 없었다. 41.그 선생님은 아이들의 잘못을 꾸짖었다. 42.가장 큰 문제는 항공사가 수요를 잘못 계산했다는 것이다.

**정답**

1.abandon 2.aboard 3.aboriginal 4.abroad 5.alike 6.amaze 7.amazement 8.arouse 9.ashamed 10.absurd 11.acceleration 12.accompany 13.accompaniment 14.계산, 계좌, 계정 15.회계사, 회계사 16.집적, 축적, 누적 17.누적하는 18.비난하다, 고소하다, 고발하다 19.비난, 규탄 20.인정하다, 승인하다 21.승인, 용인, 인지, 감사 22.점착하다, 고수하다 23.고수, 묵수, 집착하다 24.부착하는, 점착성의 25.접근한, 인접한 26.정리, 조절, 조정 27.Abandon 28.adjacent 29.absurd 30.accelerate 31.accompany 32.aboriginal 33.alike 34.amazement 35.accuse 36.accusations 37.acknowledge 38.accountant 39.Adherent 40.adjustment 41.adhere 42.Adhesion

**해석**

27.그런 구식의 사고는 버려라. 28.그녀의 집은 도서관과 인접한 곳에 있다. 29.Wolf는 그 주장들이 어리석다고 말한다. 30.그들은 농작물의 성장을 가속화 하기 위하여 특별한 화학 물질을 사용한다. 31.산책에 따라가도 괜찮니? 32.1,000명 이상의 원주민 여성들이 1980년 이후 실종되었다. 33.이 두 옷은 형태, 길이, 색상 면에서 비슷한 것으로 보인다. 34.그는 그가 본 것 때문에 깜짝 놀람으로 가득했다. 35.나를 그것에 대해 비난할 권리가 없다. 36.너는 그와 같은 거친 비난을 할 수는 없어. 37.역사가들은 일반적으로 그녀를 그녀의 분야에서 천재로 인정한다. 38.회계사는 금융 기록을 기록하고 조사하는 사람이다. 39.부착세포는 자라기 위하여 표면에 부착 되어져야 만 하는 세포이다. 40.적절한 장소에서 조그마한 조정이 의미하는 차이를 만들 수 있다. 41.그 박테리아는 일단 혈액 속에 들어가면 적혈구 표면에 들러붙는다. 42.점착(adhesion)은 서로 응집하려는 다른 미립자들이나 표면의 특성이다.

**정답**

1.administer 2.administration 3.advocate 4.advocator 5.appease 6.appoint 7.appointment 8.approach 9.approximate 10.approximation 11.approximative 12.arrogant 13.attest 14.오만, 거만 15.모으다, 집합시키다, 조립하다 16.이르다, 도달하다 17.도달, (노력하여 얻은) 기능, 재간 18.(주의 등을) 끌다, 끌어 당기다 19.(사람을) 끄는 힘, 매력, 유혹 20.사람의 마음을 끄는, 매력적인 21.아노미 현상 22.이름을 밝히지 않는 23.(눈·얼굴 따위를) 돌리다 24.문질러 닳리다, 비벼대어 벗기다 25.유괴하다 26.유괴 27.attracts 28.attraction 29.approach 30.appeased 31.appointed 32.administered 33.advocate 34.avert 35.abrade 36.abducted 37.attractive 38.arrogance 39.assemble 40.attain 41.attainment 42.approximation

**해석**

27.그 게임은 많은 주목을 끈다. 28.그녀는 인간적 매력을 지니고 있다. 29.그들은 완전히 다른 방향으로 접근법을 원했다. 30.그들은 빵 한 조각으로 허기를 달랬다. 31.그들은 회의 날짜와 장소를 정했다. 32.연금 기금은 상업적인 은행들이 관리한다. 33.심장병 전문가들은 콜레스트롤이 낮은 식사를 옹호한다. 34.그 범죄자는 그의 시선을 즉각 피하지는 않았다. 35.그 죄수의 수갑은 그의 손목을 문질러 벗겼다. 36.테러리스트들에 회사 이사가 거리에서 납치되었다. 37.이 같은 매력적인 건물은 특히 정원 배경에서 두드러진다. 38.물론 이 같은 종류의 직무상의 오만함은 새로운 것이 아니다. 39.그 공장의 근로자들은 반도체를 조립한다. 40.열심히 일하면 결국 너의 목적을 달성할 것이다. 41.그녀는 무엇보다도 교육적인 성취를 높게 평가한다. 42.근사치는 어떤 것에 일부러 비슷하지만 그러나 정확히 어떤 것에 똑같지는 않은 것이다.

**정답**

1.monarchy 2.monolog(ue) 3.monotone 4.monotonous 5.monopoly 6.monolingual 7.monoxide 8.unification 9.universe 10.unilateral 11.unanimous 12.unanimity 13.biannual 14.이중 초점의 15.2개국어를 구사하는 16.2진법의 17.쌍안경 18.양분하다 19.이중의 20.의심스러운 21.3종 경기 22.삼지창, 세 갈래진 작살 23.3개월, (3학기제의) 1학기 24.세 겹의, 세배의 25.삼각대, 세 다리 걸상 26.사소한 27.unanimity 28.unique 29.unify 30.unification 31.unity 32.university 33.Monolingual 34.monolog(ue) 35.monopoly 36.monolingual 37.triathlon 38.tribes 39.monoxide 40.unanimous 41.monarchy 42.Monotone

**해석**

27.이 15명의 남자들은 만장일치와 화합을 소중하게 생각한다. 28.손가락은 모든 개인에게 독특하다. 29.대통령은 그의 연설로 국가를 통일하기 위하여 노력했다. 30.그 조약은 두 국가의 통일을 금지했다. 31.보통 인간의 의식은 놀라운 통일성을 보여 준다. 32.직원들의 대부분은 대학 학위를 가지고 있다. 33.1개국어 사용자(monolingual)는 단지 하나의 언어 만을 말하는 사람을 언급한다. 34.연극에서 독백(monolog)은 한 명의 배우에 의해서 표현되는 말이다. 35.그들의 지배를 깨트리는 유일한 방법은 그들의 공급 독재를 제거하는 것이다. 36.언어 학습에 이 같은 접근은 하나의 언어를 사용하는 그룹들에게 적당하다. 37.일산화물(monoxide)은 분자에 단지 하나의 산소 원자를 포함하는 어떤 산화물이다. 38.한 결정이 만장일치면 그것은 모든 사람은 완전히 일치한다는 것을 의미한다. 39.군주(monarchy)는 한사람이 국가를 통치하는 최고 권위를 가지고 있는 정부형태다. 40.모노톤은 음악과 연설에서처럼 단 하나의 변화하지 않는 음조를 가진 소리이다. 41.단어 '트라이애슬론'은 '세 가지 콘테스트'라는 의미를 지닌 그리스어에서 왔다. 42.그녀는 심지어 거기에 사는 부족들과 친구가 되었다.

**정답**

1.tetragon, quadrangle 2.hexapod 3.pentagon 4.hexagon 5.heptagon 6.septangle 7.octagon 8.octangle 9.octave 10.octopus 11.decade 12.decagon 13.quadrilateral 14.4종 경기 15.4년간의,4년마다 16. 다섯, 5년간, 5가 원소 17.5각(형)의 18.5종 경기 19.육각(형)의 20.9변형 21.10면체 22.십각목 23.10종 경기 24.10종 경기 선수 25.90대의 사람 26.7각형의 27.decade 28.decagon 29.Pentad 30.septangle 31.septilateral 32.septangular 33.octachord 34.octave 35.hexagon 36.Hexapod 37.heptagonal 38.tetragon 39.Decapod 40.quadrangle 41.quadrennial 42.Pentagon

**해석**

27.decade는 10년의 기간이다. 28.십각형(decagon)은 10면 다각형이다. 29.Pentad는 숫자 5를 언급한다. 30.칠각형(septangle)은 7개의 각을 가진 도형이다. 31.7변(septilateral) 도형은 7개의 면을 가진 것이다. 32.칠칠각형의(Septangular) 도형은 7개의 각을 가진 것이다. 33.팔현금(octachord)은 8개의 현을 가진 악기다. 34.그 소프라노 가수는 그 곡을 한옥타브 높여 불렀다. 35.기하학상 육각형은 6면 다각형 또는 6각형이다. 36.육각류(hexapod)는 여섯 개의 다리를 가진 동물을 말한다. 37.칠각 피라미드는 칠면체 기반의 피라미드이다. 38.사변형은 네 변과 네 각을 가지고 있는 다각형이다. 39.십각류(decapod)는 새우나 게와 같은 갑각류이다. 40.건축술에서, 사변형 건물은 보통 계획 상 직사각형의 공간 또는 안뜰이다. 41.올림픽 게임은 4년마다 열리는 전 세계 선수들의 모임이다. 42.펜타곤은 미국방부의 본부 건물이다.

1.multitask 2.multitude 3.hemisphere 4.hemiparasitic 5.hemisect 6.hemicycle 7.semicivilized 8.semiconscious 9.semiparalysis 10.demigod 11.quarter 12.quarterfinal 13.quarterly 14.다각적인, 다자간의 15.멀티미디어 16.반구의 17.반기생 생물 18.반건조의, 비가 매우 적은 19.반자동화된, 반자동의 20.반도체 21.준결승 22.반원(형) 23.복합의, 복식의, 배수 24.복합의, 다중 송신의 25.늘리다, 증가시키다 26.quarter 27.multiplex 28.multiple 29.semi-civilized 30.semi-conscious 31.hemiparasite 32.quarter 33.quarterfinal 34.multilateral 35.multitude 36.hemisect 37.quarter 38.semi-paralysis 39.hemispheres 40.hemispheric 41.hemiparasitic 42.multiplex

해석

26.그는 수박을 4등분하였다. 27.멀티플렉스에서 무엇이 상영되고 있나요? 28.우리는 그 문서의 여러 복사본을 만들었다. 29.그들은 실제 반문명 인종으로 보인다. 30.그 소년은 골목에서 '반 의식적'인 것으로 밝혀졌다 31.겨우살이(미슬토)는 숙주 나무에 자신을 부착하는 반기생 생물이다. 32.금년 3분기에 실업률이 떨어졌다. 33.FA 컵은 다음 주말 8강에서 다시 시작한다. 34.7개 국가들이 다각적인 대화에 참여 하고 있는 중이다. 35.그 도시는 노숙자에서 마약과 살인까지 많은 문제를 가지고 있다. 36.이등분하는 것은 특히 오른쪽과 왼쪽 부분으로 반으로 자르는 것이다. 37.사무실은 샌프란시스코의 중국인 거리에 위치해 있다. 38.폐쇄는 콜롬비아 경제 활동의 반 마비로 이어졌다. 39.지구의 반구는 지구를 두 개의 반구로 나누는 것을 말한다. 40.인간의 뇌는 강력한 반구형 비대칭을 포함한 기능적 전문성을 보여준다. 41.반기생 뿌리식물들은 광합성 능력을가지고 있는 녹색 식물들이다. 42.그 고아는 때때로 하루 동안에도 여러 가지 분위기를 경험하곤 했다.

1.primacy 2.primate 3.anachronism 4.synchronize 5.temporal 6.contemporary 7.manacle 8.temporality 9.mandate 10.manufacturing 11.manuscript 12.temporary 13.mandatory 14.chronic 15.같은 중심을 가진, 동심의 16.동음이의어 17.육체노동의,설명서 18.제조하다, 제조, 생산 19.지속하다, 유지하다 20.관리, 경영 21.연대학, 연대, 연표 22.경영하는 23.조종하다 24.연대기, 연대표 25.조작 26.동작, 움직임 27.연대기 순서의, 연대학의 28.조종할 수 있는 29.Primeval 30.primacy 31.homogeneous 32.managed 33.mandatory 34.manuscript 35.manipulation 36.chronic 37.chronicle 38.anachronism 39.temporal 40.temporary 41.contemporary 42.chronology 43.maintain 44.homology

해석

29.기후가 변화하면서 원시림들이 서서히 사라지고 있다. 30.두 회사는 소프트웨어 시장에서 최고를 다툰다. 31.그 마을 주민들은 놀랍게도 동질적인 상태로 남아 있었다. 32.나의 장남이 10년 동안 그 농장을 관리해오고 있다. 33.모든 학생은 2년의 수학 수강이 의무적이다. 34.원고는 전통적으로 손으로 쓰여진 어느 자료다. 35. 국민들은 언론사들의 언론 조작을 반대한다. 36.그녀는 무릎 만성적인 통증으로 고생한다. 37.그 일기는 실제 역사의 가장 중요한 기간의 연대기다. 38.OECD 통계는 한국에 만연한 시대착오적인 것들을 보여 준다. 39.우주는 공간적 차원과 시간적 차원을 갖는다. 40.5년 학생들은 임시 캠퍼스에서 공부할 것이다. 41.초기 동굴 거주인들은 공룡과 동시대인들이었다. 42.그는 지난 3년간의 사건에 대하여 상세한 연대기를 우리에게 제공했다. 43.이러한 협력 시스템은 산학 관계를 견고하게 유지하고자 하는 요구를 만족시킨다. 44.생물학에서 상동성은 서로 다른 분류군에서 한 쌍의 구조 또는 유전자 사이의 공통 조상으로 인해 유사하다.

1.physics 2.physical 3.physicist 4.physician 5.physiology 6.corporal 7.corporate 8.corpse 9.corpus 10.psycho 11.psychoanalyst 12.psychiatrist 13.psychiatry 14.심리학 15.심리학(상)의 16.정신병자 17.정신병 18.촉진하다 19.원정, 탐험 20.방해하다 21.방해(물), 장애 22.발판 23.행상을 다니다 24.받침, 기초 25.도보의, 보행하는, 보행자 26.발치료 27.physician 28.impede 29.physics 30.psychosis 31.expedite 32.peddled 33.pedestrian 34.corporal 35.corporate 36.corps 37.Physical 38.physicist 39.psychoanalyst 40.Psychiatry 41.pedestal 42.psychology

해석

27.그는 내과의를 개업하고 있다. 28.전통은 진보를 막을 수도 있다. 29.뉴튼의 발견들은 물리학을 혁명적으로 발전시켰다. 30.우울증이나 정신병을 앓아 본 적이 있나요? 31.우리 정부는 경제 구조 조정을 신속히 진척시켜야 할 것이다. 32.이 제품들은 일반적으로 가가호호 방문 판매된다. 33.우리는 보행자도 또한 교통 체증을 일으킬 수 있다는 것을 기억해야 한다. 34.체벌에 대해 어떻게 생각하니? 35.그 법률은 개인과 법인 둘 모두에 적용된다. 36.군단은 특수 임무를 가진 군부대다. 37.육체적 고통은 항상 두려움의 큰 원천 중 하나이다. 38.물리학자는 물리학 분야를 전문으로 다루는 과학자다. 39.스티븐 그로스는 사람의 꿈을 연구하는 심리 분석가이다. 40.정신병 의학은 정신병을 공부하는 의학의 일부다. 41.조립은 받침대가 제작된 직후에 시작된다. 42.심리학은 인간의 마음과 사람들의 행동에 대한 이유를 공부하는 과학적 연구이다.

1.vocation 2.evocation 3.accord 4.cordiality 5.auditorium 6.encourage 7.auditory 8.discourage 9.encouragement 10.discord 11.inaudible 12.acoustics 13.vocal 14.일치, 조화 15.일치 16.방청객, 감사, 회계감사관 17.따르다, 일치한, 조화된 18.들을 수 있는 19.관객 20.청력 측정 21.진심 어린 22.용기 있는, 용감한 23.청력계, 청력 측정기 24.오디션, 음성테스트 25.모음 글자 26.옹호자, 주창자, 옹호하다 27.Acoustics 28.inaudible 29.acoustic 30.vowels 31.vocals 32.vocal 33.accord 34.accordance 35.Concord 36.discord 37.vocation 38.evokes 39.cordiality 40.cordial 41.core 42.Courage

해석

27.음향학은 소리 과학이다. 28.그 휘파람 소리 같은 소리는 사람의 귀에는 들리지 않았다. 29.그녀는 전자음을 쓰지 않는 아쿠스틱 포크 음악을 듣는 것을 좋아 한다. 30.영어에서 모음은 a, e, i, o, u이다. 31.그 노래는 더 많은 속삭이듯 하는 목소리를 제공한다. 32.그 교수는 그 새 법에 대해 발언을 하는 비평가이다. 33.그는 언행(言行)이 일치하지 않는다. 34.병사들은 장군의 명령에 따라 행동한다. 35.조화(concord)는 사람들, 그룹들, 국가들 등등 사이의 동의이다. 36.고속도로를 건설하려는 계획은 우리 공동체에서 불화를 일으켰다. 37.선생님들, 대부분은 그들의 직업을 단순한 일이 아니라 천직으로 간주한다. 38.추상 예술은 표현 예술보다 더 추상적인 사고 방식을 불러 일으킨다. 39.대화는 매우 생산적이고 따뜻하며 진정성이 특징이었다. 40.우정어린 그리고 충실한 인사나 우정을 묘사하기 위하여 'cordial(성심성의의)'을 사용하시오. 41.네가 무엇의 가장 필수적인 것 혹은 바로 중요한 것을 찾는 중이라면 너는 그것의 핵심(core)을 찾는 중이다. 42.용기(courage)는 고통, 고민, 위험, 불확실 혹은 협박에 정면 도전하는 선택과 의지이다.

## 정답

1.vision 2.improvisation 3.supervise 4.provision 5.proviso 6.revise 7.vista 8.astronomer 9.consider 10.revision 11.preview 12.survey 13.asterisk 14.asteroid 15.점성학 16.즉석에서 하다 17.천문학 18.시야 19.감독, 관리 20.상상하다 21.감독관 22.즉흥 시인, 즉석 연주자 23.제공하다, 준비하다 24.우주 비행사 25.예비 검사, 시연, 시사회 26.볼 수 있는 27.증거 28.시각화하다 29.view 30.consider 31.Revision 32.vision 33.visible 34.visual 35.visualize 36.astronaut 37.Supervision 38.disastrous 39.improvise 40.provides 41.disaster 42.proviso 43.survey 44.Improvisation

## 해석

29.그 배는 시야로부터 사라졌다. 30.이 주제를 조심스럽게 심사숙고해 봅시다. 31.수정(revision)은 고치는 과정이다. 32.그 연극 감독은 위대한 예술적 시야를 가진 여성이다. 33.그 별들은 육안으로는 거의 볼 수 없다. 34.인간의 뇌는 시각적 기억에 굉장히 효과적이다. 35.그녀는 그가 설명하고 있는 장면을 시각화하려고 노력했다. 36.우주비행사는 우주로 여행을 하는 사람이다. 37.감독은 지휘, 관리, 혹은 감시의 행위이다. 38.이 지역은 해마다 수마가 휩쓸고 지나 간다. 39.시장은 즉석 수락 연설을 해야만 했다. 40.그의 소책자는 지역 서비스 관련 유용한 정보를 제공한다. 41.재난은 지진과 비행기 충돌같은 매우 나쁜 사고이다. 42.유일한 단서는 어떤 손실이나 빚진 돈이 너의 계정 한도 내에 있다는 것이다. 43.시장조사는 사람들의 샘플로부터 정보를 모으는 방법이다. 44.즉석에서 하기(improvisation)는 사전 계획 없이 어떤 것을 행하고 만드는 활동이다.

## 정답

1.biosphere 2.autobiography 3.antibiotics 4.symbiosis 5.symbiotic 6.antecedent 7.decease 8.precedent 9.unprecedented 10.succession 11.successive 12.exceeding 13.bondage 14.묶음, 꾸러미 15.전기 16.생물학자 17.생화학 18.생체리듬, 바이오리듬 19.우수, 탁월(성), 뛰어남 20.끊임없는 21.전임자 22.물러가다, 퇴각하다 23.휴회 24.행진, 행렬 25.절차 26.먼저 일어나다 27.precedes 28.precedent 29.unprecedented 30.bandage 31.bonds 32.bondage 33.bundles 34.predecessor 35.recede 36.process 37.procession 38.biosphere 39.autobiography 40.Antibiotics 41.symbiosis 42.Symbiotic

## 해석

27.폭풍우가 닥치기 전의 고요함이다. 28.이런 규모의 화재는 전례가 없다. 29.범죄가 전례없이 증가하였다. 30.그는 그녀의 손가락에 붕대를 감았다. 31.강한 가족 연대 사회에서 사람들은 더 오래 사는 경향이 있다. 32.노예들은 그들이 죽을 때까지 속박 되었다. 33.우리는 배포를 위한 꾸러미로 회보를 분류하였다. 34.신임 주지사는 전임자보다 낫다. 35.우리는 물이 빠질 때까지 기다릴 것이다. 36.목욕 과정은 샴푸와 린스 및 드라이어가 포함되어 있습니다. 37.행렬이 몇 마일에 걸쳐 뻗어 있었다. 38.생물권은 생명체가 존재하는 지구의 일부로 구성되어 있다. 39.자서전은 자기 자신의 삶에 대한 스스로 쓴 이야기다. 40.항생제는 얼마간의 종류의 박테리아 감염을 치료하기 위하여 사용된다. 41.그 새는 하마와 공생관계로 산다. 42. 공생관계는 바다에서 생명의 중요한 구성 요소다.

## 정답

1.perception 2.receipt 3.capable 4.captain 5.capture 6.captivate 7.captive 8.accept 9.conceit 10.concept 11.deception 12.deceit 13.capital 14.자본주의 15.예외, 제외 16.예외적인, 이례의, 특별한 17.차지하다 18.수락, 승인, 채용 19.성취, 달성, 업적, 공로 20.마음속으로 품다, 임신하다 21.점유자, 거주자, 선점자, 점거자 22.관여, 참여, 관계, 참가 23.참여하는, 참가자 24.인지하다 25.수취, 응접, 환영회 26.받을 수 있는, 수용할 수 있는 27.except 28.exceptional 29.capable 30.capture 31.occupied 32.occupancy 33.capture 34.captives 35.chief 36.Acceptance 37.acceptable 38.captain 39.receipt 40.receive 41.Perceptive 42.reception

## 해석

27.너 말고는 우리는 모두 준비가 돼 있다. 28. 이것은 예외적인 경우다. 29.그 보좌역은 유능하고 능률적이다. 30.그 연주자는 우리의 주목을 끌었다. 31.그들은 3년 동안 그 아파트를 차지하고 있다. 32.호텔 점유율이 전국적으로 떨어지고 있다. 33.사이버 범죄를 범한 사람들은 가끔 체포를 피한다. 34.우리는 여러해 동안 포로 상태에 있었던 군인들을 발견했다. 35.보안군의 새 대장이 방금 임명 되었다. 36.승인(Acceptance)은 받아들여지거나 혹은 받아들일 수 있는 자격이나 상태이다. 37.그의 공연은 받아들일 수 는 있었지만 대단한 것은 아니었다. 38.우리는 빠르게 침몰하고 있는 중이었다. 그래서 선장은 배를 포기하라는 명령을 내렸다. 39.어떤 것을 환불하는 것이 필요할 경우에 대비하여 영수증을 보관하세요. 40.의원들은 금년 4.2프로 임금인상을 받았다. 41.지각 있는(Perceptive) 사람들은 통찰력있고 지성적이고 다른 사람들이 볼 수 없는 것을 볼 수 있다. 42.그 초등학교는 새로운 학생들과 부모님들을 위하여 환영회를 개최할 예정이다.

## 정답

1.currency 2.cursor 3.concur 4.excursion 5.extracurricular 6.incur 7.occur 8.occurrence 9.credit 10.creed 11.discredit 12.믿을 수 없는, 놀랄 만한 13.신임장, 신임하는 14.통용되고 있는, 현재의, 경향 15.교육과정 16.선구자 17.되돌아가다 18.현재 일어나고 있는 19.선구의, 전조의 20.탈 것, 마차 21.진실성, 신뢰성 22.믿을 수 있는 23.충전하다 24.요금청구하다 25.책임 26.혐의 27.(짐이나 사람 등을) 내리다 28.석방하다 29.배출하다 30.해고 31.credibility 32.discredit 33.charge 34.charge 35.discharge 36.career 37.carrier

## 해석

23.이 전기차를 충전하는데 몇 시간 걸린다. 24.현지 박물관은 입장료를 청구하지 않는다. 25.그는 훈련 프로그램을 책임 맡고 있다. 26.그는 강도 혐의로 수배된 자이다. 27.택시는 역에서 손님을 내렸다. 28.정부는 죄수들을 석방했다. 29.그 공장은 연기를 뿜어 낸다. 30.그는 부당한 해고에 대해 그 회사를 고소한다. 31.정부는 모든 신용을 잃었다. 32.그 추문으로 시장은 치명적으로 신용이 떨어졌다. 33.그 군인은 총에 탄알을 장전했다. 34.이 소화기에 화학물이 충전되어 있지 않다. 35.그 항구는 화물 선적과 하역을 위해 사용된다. 36.커리어(career)는 학습, 일, 그리고 다른 여러 가지의 삶에 관한 개인의 은유적인 여행(journey)이다. 37.운반하는 것(a carrier)은 사람들 특히 군인들, 혹은 물건들을 운반하기 위하여 사용되는 수송 수단이다.

**정답**

1.induct 2.induction 3.inductive 4.seduce 5.seduction 6.seductive 7.introduction 8.introductive, introductory 9.reduction 10.reproduce 11.reproduction 12.reproductive 13.abduct 14.유괴 15.도움이 되다, 이끌다 16.행위, 행동, 지도, 수행하다 17.끌기, 유도, 전도 18.전도(성)의, 전도력이 있는 19. 설득하여 ~하게 하다 20.유인, 유도, 권유, 장려 21.교육, 훈육, 훈도, 양성 22.교육받은, 교양 있는, 숙련된 23.뺌, 공제, 연역(법) 24.추리의, 연역적인 25.생산하다, 농산물 26.생산적인, 다산의 27.seductive 28.seduce 29.abduct 30.conduces 31.conducted 32.conduction 33.inducement 34.induct 35.deductions 36.deducts 37.deduction 38.Induction 39.Inductive 40.reduction 41.Induction 42.seduction

**해석**

27.저것은 매혹적인 이브닝 드레스다. 28.그 변호사는 한 여성 의뢰인을 유혹했다. 29.한 남자가 자신의 사업 동료를 납치하기 위하여 대리자를 고용했다. 30.기술적인 진보가 인간의 행복을 가져온다. 31.그 선거는 새로운 선거법에 따라 행해졌다. 32.열 에너지는 전도, 대류, 복사로 전달 된다. 33.그들은 외국 기업들이 그들 국가에 투자하도록 모든 장려책을 제안한다. 34.그 안내원이 학생들이 외국어를 쓰도록 유도했다. 35.셜록홈즈는 예리한 추론을 하는 것으로 유명했다. 36.그 회사는 나의 급료에서 건강보험을 위하여 매주 35달러를 공제한다. 37.내가 나의 저축성 계정에서 받은 이자는 세금공제 후에 지불 받는다. 38.귀납법은 사물이 어떻게 작동하는가에 대하여 일반화를 이끌어내는 의견을 낸다. 39.논리학에서 연역추론은 특별한 사건에서 일반적 상황으로의 추론이다. 40.American Airlines은 경영관리 직원들의 30% 감축을 계획한다. 41.인도식은 어떤 사람을 새 직업이나 조직 혹은 삶의 방식으로 소개하는 절차나 의식이다. 42.한때 유혹은 많은 주에서 범죄였다. 그러나 유혹은 더 이상 범죄가 아니다.

**정답**

1.dictate 2.dictation 3.dictator 4.dictatorship 5.diction 6.dictionary 7.malediction 8.contradict 9.contradiction 10.indication 11.indicate 12.prediction 13.predict 14.공평, 평등, 순자산 15.공평한, 정당한 16.평등 17.같은 것, 평형, 방정식 18.적도 19.동등한 20.평형을 유지하다 21.평형, 균형, 평정 22.불균형, 불안정 23.등변의 24.춘분, 추분 25.두가지 뜻으로 해석되는, 뜻이 애매 모호한 26.불평등한 27.indicates 28.predicts 29.indications 30.Equivocal 31.dictation 32.predictions 33.equate 34.equity 35.equivalent 36.equilibrium 37.Disequilibrium 38.equilateral 39.equator 40.malediction 41.dictate 42.dictatorship

**해석**

27.열은 질병의 징후이다. 28.그는 그 경향이 계속될 것이라고 예언한다. 29.실업자가 증가할 징후가 보인다. 30.'애매 모호한(Equivocal)'은 여러 가지 다른 의미를 갖는 것이다. 31.우리의 프랑스어 받아쓰기는 30분 동안 지속되었다. 32.내일 회의 결과에 대해 어떠한 예측도 하지 마라. 33.얼마간의 사람들은 때때로 돈을 행복과 같다고 생각한다. 34.그 판사는 판결의 공정성으로 유명했다. 35.이 수치는 매일 약 43명에 해당한다. 36.압력들은 그녀가 그녀의 평정을 잃게 했다. 37.불균형은 평형이 없거나 반대다. 38.정삼각형은 모든 세 면이 똑같은 삼각형이다. 39.적도는 지구의 표면을 가로지르는 가상의 선이다. 40.저주(a malediction)는 파괴나 악을 가져오도록 의도된 말이다. 41.대부분의 종교는 신자들이 친절함, 동정, 헌신, 그리고 비폭력을 행사해야 한다고 지시한다. 42.독재 국가는 한사람이나 혹은 한 정당이 절대 권력을 가지고 있는 정부 형태다.

**정답**

1.fiction 2.infect 3.infection 4.infectious 5.manufacture 6.magnificent 7.profit 8.proficient 9.suffice 10.sufficient 11.sufficiency 12.affair 13.facility 14.애정 깊은, 사랑에 넘친 15.이익, 수당, (~s) 연금 16.은혜를 베풂, 은혜 17.위조의, 가짜 18.결함 19.결함 있는 20.부족 21.효과적인 22.능률, 효율 23.능률적인, 효과적인, 효율적인 24.사실에 입각한 25.애정, 호의 26.교수진, 재능, 능력, 재산 27.manufacture 28.defect 29.counterfeit 30.defective 31.deficient 32.deficiencies 33.facility 34.facility 35.faculty 36.faculties 37.affect 38.affection 39.affectionate 40.manufactures 41.Profit 42.Infectious

**해석**

27.이 자동차는 국산이다. 28.그 과학자는 청각 장애를 가지고 태어났다. 29.그 100달러짜리 지폐는 위조지폐로 판명되었다. 30.그녀의 시력이 점차로 안 좋아 지고 있었다. 31.칼슘이 부족한 식사는 약한 뼈로 이어질 수 있다. 32.그 사고는 엔진 결함에 의해서 야기되었다. 33.언어에 대한 그의 능력은 놀랍다. 34.그 연구원들은 한 연구 기관에서 열심히 일하고 있었다. 35.그는 20년 동안 대학에서 교수진이었다. 36.100세의 나이에도 그녀는 여전히 그녀의 모든 능력을 가지고 있다. 37.임금인상은 그들의 인생에 크게 영향을 미칠 것이다. 38.국민들은 그들 국가에 깊은 애정을 가지고 있다. 39.넬슨은 그의 부모님에 관하여 애정이 넘치는 생각을 표현했다. 40.우리 회사는 모직과 면직물 의류를 제조한다. 41.이익은 사업체가 모든 비용을 계산한 후 사업체가 버는 돈이다. 42.전염병은 박테리아나 바이러스와 같은 극히 작은 세균에 의해서 야기된다.

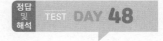

**정답**

1.sufferance 2.preference 3.refer 4.reference 5.transference 6.fluid 7.fluent 8.fluency 9.influence 10.influenza 11.influential 12.flux 13.influx 14.요새화하다, 강하게 만들다 15.(본인·동일물)을 확인하다 16.옳다고 하다, 정당화하다 17.확대하다, 크게 보이게 하다 18.자격을 주다 19.의미하다, 뜻하다 20.겁나게 하다, 무서워하게 하다 21.증명하다, 입증하다 22.수여하다, 의논하다 23.회의 24.미루다, 연기하다 25.추론 26.공물, 헌금, 헌납, 제공 27.confers 28.deferr 29.magnify 30.qualify 31.signify 32.terrifies 33.preference 34.Transference 35.infer 36.Flux 37.influx 38.Fluids 39.inferences 40.justify 41.Conference 42.reference

**해석**

27.그 법은 이러한 공공의 권리를 제공한다. 28.그들은 2월까지 결정을 미뤘다. 29.그 렌즈는 자연미를 확대해 줄 것이다. 30.그들은 보상금 지급에 자격을 갖추지 못했다. 31.이 구절은 어떤 의미입니까? 32. 핵전쟁의 가능성은 전세계를 공포스럽게 한다. 33.나는 물리보다 화학을 좋아한다. 34.우주에서 지구로 이동은 하룻밤에 결코 일어나지 않는다. 35.이러한 사실로부터 우리는 그 범죄가 증가하고 있다고 추론할 수 있다. 36.유량(flux)은 물리학에서 표면이나 물체의 공간을 통과하는 흐름의 비율이다. 37.유입은 대량의 사람들이나 물건이 유입되거나 도착하는 것이다. 38.유동체는 물질의 한 단계이고 액체, 가스, 플라즈마를 포함한다. 39.관찰되지 않는 사건들에 대한 우리의 추론은 이 같은 자명한 원리에 따른다. 40.종교적 자유는 흑인 커뮤니티에 대한 차별을 정당화하지 않는다. 41.회의(conference)는 공통된 관심사에 대한 문제들을 토론하기 위한 2명 이상의 회의다. 42.참고 목록에 대한 목적은 너의 독자들이 출처를 찾는 것을 허락하는 것이다.

## 정답

1.finance 2.obliterate 3.financial 4.confine 5.indefinite 6.definitive 7.definition 8.refine 9.infinity 10.literate 11.infinite 12.finite 13.illiteracy 14.형식에 구애됨, 격식을 차림 15.형성, 성립, 설립, 편제 16.모양을 이루는, 형성하는 17.모양 없이 하다, 불구로 하다 18.비공식의, 약식의, 격식 차리지 않는 19.비공식, 약식 20.문학의, 문필의 21.정보의, 지식을 주는 22.개혁, 개정, 개선 23.개혁의, 쇄신하는 24.방식, 공식 25.무식한, 문맹의 26.피날레, 최후의 막 27.literate 28.literacy 29.illiteracy 30.literal 31.illiterate 32.Literature 33.definite 34.confine 35.confines 36.defines 37.refine 38.refined 39.infinite 40.formula 41.formula 42.Infinity

## 해석

27.네가 literate라면, 너는 읽고 쓸 수 있다. 28.그들의 목표는 기본적인 읽고 쓸 수 있는 능력을 성취하는 것이다. 29.건강 문맹은 미국에서 새로운 것이 아니다. 30.문자 그대로의 자유는 이 세상에서 불가능하다. 31.인구의 70 퍼센트가 이 지역에서 문맹이다. 32.가장 일반적으로 문학은 씌어진 작품들이다. 33.우리는 어떤 분명한 계획도 없다. 34.우리의 발언을 사실에만 한정하자. 35.우리는 법의 한계 내에서 활동해야 한다. 36.계약은 고객의 의무를 규정한다. 37.이 책은 학생들이 그들의 글쓰기 스타일을 세련되도록 도와준다. 38.그 신부는 매우 세련된 매너를 가졌다. 39.이는 진실을 알리는 인간의 무한한 욕구이다. 40.이 공식 2πr은 원의 길이를 계산하기 위하여 사용된다. 41.그 음료 회사는 비밀 방식을 철저히 보호했다. 42.무한대(∞-infinity)는 어떠한 경계도 없는 것을 설명하는 개념이다.

## 정답

1.gender 2.generate 3.aggressive 4.congress 5.ingredient 6.transgress 7.degrade 8.degradation 9.general 10.generalization 11.generous 12.genuine 13.congenial 14.동종의 15.독창적인 16.솔직한, 꾸밈없는 17.발명의 재주, 창의력, 재간 18.임신한 19.점차적인 20.전진하는, 진보적인 21.퇴행하다, 퇴보하다, 후퇴 22.후퇴의, 역행하는 23.(법을) 어기다, 넘어서다 24.뒤로 되돌아가다, 후퇴하다 25.유전의 26.게놈 27.congenial 28.genuine 29.genetic 30.gender 31.genius 32.aggressive 33.gradation 34.gradual 35.aggression 36.degree 37.ingredient 38.degrade 39.progress 40.progressive 41.retrogress 42.gene

## 해석

27.그녀는 마음이 맞고 태평하다. 28.이 소설 속에는 진짜 즐거움이 있다. 29.그는 희귀한 유전병으로 고생하고 있다. 30.사람은 성별로 남성 혹은 여성이다. 31.천재는 매우 재능있고 창조적이고 지성적인 사람이다. 32.그 범인은 매우 비협조적이고 공격적이다. 33.음악의 각각의 곡에서 템포의 단계는 매우 미묘하다. 34.그녀의 성공은 14년 경력 동안 점차적인 진행이었다. 35.해상에서 발사된 핵순항 미사일은 핵 공격을 막는데 도움이 된다. 36.이 직업은 높은 정도의 기술을 요구한다. 37.성분은 혼합물 일부를 형성하는 물질이다. 38.가난은 개인의 품성을 떨어뜨리고 그들에게서 품위와 가치를 떨어지게 하지 않는다. 39.어둠이 나의 진보를 막지 못했다. 40.그녀는 여성의 권리, 노동 개혁 그리고 다른 진보적인 대의명분을 위하여 일했다. 41.도전받지 않으면 국가는 압제적인 통치로 후퇴할 수 있다. 42.유전자는 그것의 물리적 특성, 성장, 발전을 통제하는 살아 있는 것에 있는 세포 일부다.

# 색인 (INDEX)

# [강남권 최 우수학생들 수강후기들]

## 논리와 암기가 잘 조화된 학습방법 by 스탠포드 졸업생

스탠포드 대학 3학년 재학 중인 학생입니다.

제가 손창연 선생님께 문법을 배운것이 중학교 때였는데, 그때까지만 해도 Writing이 많이 부족하고 영어 내신 시험에서도 까다로운 문법 문제를 꼭 한두개씩 틀려오곤 했습니다. 그러다 어느 날 영문학을 전공하신 아버지께서 서점에서 책을 사 가지고 오시며, 당신이 본 문법책 중에 제일 논리적으로 정리가 잘 되어있으니 꼭 한 번 보라고 말씀하셨습니다. 그 책이 바로 〈뼈에 사무치는 영어문법〉이었습니다.

그렇게 하여 손창연쌤 논리영어에 등록을 하게 되었는데, 다녀 본 문법 학원들 중에서 가장 만족했습니다. 무조건 외우는 문법이 아니라 논리와 암기가 잘 조화된 학습 방법 덕에 문법 체계가 확실히 잡히게 되었습니다. 중요한 내용을 반복적으로 강조하시고 큰 그림을 잘 그려주셔서 그 때 배운 문법과 예문들이 아직도 머리속에 떠오릅니다.

그렇게 하고 나니 대원외고에 진학해서도 영어 학원을 따로 다니지 않아도 내신이 항상 잘 나왔고, 스탠포드에 와서도 에세이를 쓸 때 문법적 오류는 거의 내지 않습니다. 선생님이 하라는 대로 잘 따라하고 책에 있는 예문들을 열심히 외워서 영어 문법을 한 번 제대로 다져 놓으면 그 이후로는 정말 편한 것 같습니다. 손창연 쌤은 마음도 정말 따뜻하셔서 학생 개개인을 잘 챙겨주시고 신경 써 주십니다.

## 학생들에게 정말 추천하는 학원이에요!

seeenglish.com

저자 손 창연 선생님 강의 수강 후기들!!

# [강남권 최 우수학생들 수강후기들]

## 영문법, 원리를 알면 재미있고 매력적!! by J,S,Y

≪몇 번을 유명한 학원에서 강의를 들어도 한 달만 지나면 까맣게 잊어버리는 부분.영어
에는 자신이 있는 사람들도 무척이나 힘들어하는 부분. 바로, 영문법이다.

영문법은 영어 글쓰기, 독해, 내신 분만아니라 영어의 모든 방면에 스며 들어 있다.
그러나, 나는 문법의 중요성을 느끼지 못한 채 욕심에 토플을 했었다.
그러나, 영어 실력은 예전과 달라진게 그리 크지 않았고, 문법에 대한 지식은 점점 잊혀져
갔다.

이때, 엄마께서 하루 서점에 가셔서 "뼈에 사무치는 영어 문법"을 집어 드시며,이 책을 한
번 집에서 읽어 보라고 하셨다. 이로써 손창연 논리 영어 학원에 다니게 되었다.

손창연 선생님의 장점은 크게 두 가지가 있다.

첫째, 문법이 단순 암기 과목이라는 틀을 한국 최초로 깨신 분이다. 보통 다른 학원선생님
들은 시제나 형식 등 소단원을 하나하나씩 가르쳐주시는 편이다. 그러나, 이렇게 배우는
것은 각각의 부분에서는 효과가 있을 수 있겠지만, 전체를 속의 각각의 역할을 가르쳐주
시는 손창연 선생님의 수업을 따라갈 수 없다. 선생님의 수업을 듣고
나면, 수업 내용이 체계적으로 머릿속에 정리되고 잊혀지지 않는다.

둘째, 암기가 필요한 부분에서는, 선생님께서 직접 고민하셔서 얻어낸 암기법을 손수 물
려주신다. 많은 학생들은 암기를 회피하려 하고, 단순 암기는 장기기억이 아닌 단기기억
으로 무의미해 질 분이다. 그러나, 선생님께서는 인상깊은 암기법을 가르쳐 주셔서 암기
를 재미있고, 오래가게 만들어 주신다. 예를 들어, 2형식이 될 수 있는 동사중 '~되다'라는
분야의 동사를 '고개코로 포탄이 비오듯이 떨어져 왔구려 호호!' 하고 알려주시기도 하셨
다.

문법이 단순 암기이며 절대 완주할 수 없다고 생각하는 여러분들께. 문법은 깊이 팔수록,
그 원리를 알수록, 재미있고 매력있는 과목입니다. 그 점을 느낄 수 있게 해주는 길잡이
역할을 손창연 선생님께 부탁하세요~≫

# 저자 손 창연 선생님 강의 수강 후기들!!

## [강남권 최 우수학생들 수강후기들]

### [고등영어 내신시험에도 잘 활용되는 수업 -S,M,C]

중 1말 때 4~5개월 다니고 미국 갔다 와서 작년 말부터 다시 다니기 시작하여 1년 쯤 가까이 손창연 논리 영어 재원 중인 학생입니다. 저는 문법적인 기초가 아예 없었고 또 그런 상태로 대치동에 와서 많이 불안해했습니다. 성적이 이를 보여주듯 잘 나오지 않았고요. 저는 이판사판이라는 마음으로 여러 영어 학원을 수소문하다 손창연 논리 영어에 오게 되었습니다. 그렇게 1년 가까이 문법과 어휘 등을 집중적으로 배웠습니다.

지금은 중동고에서 내신 2등급까지 나오게 되었습니다. 사실 중간고사에서는 어려운 문제는 거의 다 맞았는데 너무 많이 연습했던 문법문제를 어이없이 실수하였고 기말에는 오히려 쉬운 내용파악에서 실수하여서 아깝게 몇 명 차이로 2등급이 되어 아쉽기는 합니다. 내신기간에는 선생님께서 교과서 2개과, 기출모의고사 8~10개 지문, TED 2개과 등 내신범위를 꼼꼼하게 준비해주었습니다.

손창연 논리 영어에서는 손창연 선생님께서 직접 강의하시는데, 보통 학원에서 배우기 힘든 디테일적인 문법 요소까지 세세하게 가르쳐 주시는 부분이 많은 도움이 되었습니다. 특히 이해하기 힘든 어렵게 풀이된 문법 용어들을 이해하기 쉽게 설명해 주시는 점이 굉장한 메리트로 작용했습니다. 또한 영어에서 가장 기본이 되는 voca도 어원에 따라 그림으로 익히고 여러 가지 단어 뜻을 가진 다의어의 경우, 단어 뜻이 나오는 원리를 스토리텔링식으로 가르쳐 주시는데, 이렇게 단어를 무조건 외우지 않고 이치를 이해하면서 배우니 독해에서 잊어버려 잘 모르는 단어를 만나도 연계해서 어떻게든 다시 기억해낼 수 있게 되었습니다.

### [ 항상 원리에 입각하여 이해하도록 하는 수업 -K,J,W]

손창연 선생님 수강생입니다. 처음 손창연 선생님에 대한 이야기를 들었을 때, 문법에 약한 저로서는 좋은 기회가 되겠다는 생각이 들었습니다. 저는 어법에 대한 감이 좋은 편이라서 문법적 오류를 곧잘 찾아내곤 했지만, 항상 그 이유를 설명하지 못해서 답답했습니다. 그러나 손창연 선생님의 수업을 듣고, 그 이유들을 알아갈 수 있었습니다. 대부분의 문법이론들을 단순 암기하도록 하는 다른 수업들과는 다르게, 손창연 선생님은 항상 원리에 입각하여 이해하도록 하는 수업을 진행해주셨습니다. 덕분에 항상 감으로 맞췄던 문제들을 설명할 수 있게 되었고. 제 답에 확신을 가질 수 있게 되었습니다. 만약 자신이 감으로 풀지만 정확히 설명할 수 없거나, 단순암기식의 문법공부가 싫다면 손창연 선생님의 수업을 들어보는 것을 추천합니다.